Helmuth Mosberg

Schlemihls Schatten

Helmuth Mosberg

Schlemihls Schatten

Geschichte einer ostpreußischen Familie

Universitas

Hans Horaczek in dankbarer Erinnerung an
langjährige Zusammenarbeit.

Schutzumschlag: Adolf Bachmann, Reischach
Titelfoto: Bildagentur Jürgens, Berlin
Satz und Druck: Jos. C. Huber KG, Dießen
Gedruckt auf chlorfrei gebleichtem Papier
Binden: Buchbinderei Oldenbourg
Printed in Germany
ISBN 3-8004-1296-9

»Verurteile Deinen Nächsten nicht: Du weißt nicht, was Du in seiner Lage getan hättest.«

Sprüche der Väter

»Die Fremdlinge sollt Ihr nicht unterdrücken; denn Ihr wißt um der Fremdlinge Herz, dieweil auch Ihr Fremdlinge im Ägyptenland gewesen.«

Zweites Buch Moses

Inhalt

Prolog . . . 9
Statt eines Vorwortes . . . 11

Paul Mosberg . . . 19

Hans Mosberg
Jugend vor dem Ersten Weltkrieg . . . 27
Freiwillig Soldat am Anfang und am Ende des Krieges . . . 31
Eine Existenz im Zwielicht . . . 43
Die zweite preußische Heimat . . . 51
Familiengründung . . . 61
Reichswehr und Stahlhelm . . . 72
Zwischenstation Danzig – dann Jahre in Warschau . . . 82
Die amerikanische Verlockung . . . 93
KO China . . . 114
Prozeß in Shanghai . . . 120
Als Kriegsverbrecher in Landsberg . . . 131
Das Ende einer Dienstreise . . . 144

Helmuth Mosberg
Kindheitsparadies Samland . . . 149
Eine Jugend im Halbschatten – Danzig und Zoppot . . . 176
Fluchtpunkt Berlin – Schrecken ohne Ende . . . 233
Zusammenbruch an der Ostsee – Ende des Schreckens . . . 270
Flüchtling in Bayern . . . 286
Kopfsprung in den Journalismus . . . 306
Nachrichtendienst – Unter falschem Namen . . . 343

Fazit . . . 352

Prolog

Der Verfasser hat in seiner Jugend historische Persönlichkeiten wie Hermann Rauschning oder Carl Jacob Burckhardt als handelnde Personen erlebt, in späteren Jahren als homo politicus ihre Bücher als Darstellungen des selbst erlebten Zeitgeschehens studiert und erfährt jetzt aus Zeitungskommentaren von ihrer Demontage, weil eine neue Generation von Historikern ihre autobiographischen Schilderungen kritisch zerpflückt.

Dem muß sich wohl jeder Schreibende aussetzen. Ohne sich auch nur annähernd mit den genannten Autoren messen zu können, glaubt der Verfasser, ein ganz anderes Werk nennen zu sollen, das ihn von Jugend an zum Nachdenken angeregt hat. Es ist ein romantisches Märchen mit autobiographischem Hintergrund. Das soll nicht heißen, der Verfasser wolle die Darstellung seines Lebens als ein Märchen gestalten. Er hat seine Zeit so beschrieben, wie er sie erlebt hat, doch mag der Leser überlegen, ob nicht Adelbert von Chamissos

»Peter Schlemihls wundersame Geschichte«,

im Jahre 1814 geschrieben, genauso »die Besonderheit des Individuums« Chamisso aufscheinen läßt, wie die Kapitel des dritten Teils der Familiengeschichte.

Zuvor einige Sätze über den Autor der Geschichte von Schlemihl (d.h. im Hebräischen Pechvogel, Unglücksmensch). Bekanntlich verkauft dieser seinen Schatten gegen einen unerschöpflichen Beutel mit Gold an einen »Grauen Herren«, der mit dem fehlenden Schatten die menschliche Existenz Schlemihls so verändert, daß ihm endlich auch seine Seele verfallen muß.

Der 1781 als Sohn eines Grafen auf Schloß Boncourt geborene Adelbert von Chamisso verließ im Alter von 9 Jahren, durch die Revolution vertrieben, sein französisches Vaterland. Er wurde in Preußen Page der Königin und Leutnant, ging zweimal nach

Frankreich zurück (u. a. als Freund der bekannten Schriftstellerin Mme. de Staël), aber seine Heimat war zerstört, und ab 1812 lebte er wieder in Berlin. Dort entstand der »Schlemihl«, bevor v. Chamisso als Teilnehmer einer russischen Weltumsegelung bereits als Literat geachtet und berühmt wurde. Der in Preußen lebende Franzose hatte 1807 geschrieben »denn ein Deutscher, aber ein freier Deutscher bin ich in meinem Herzen und bleib ich auch immerdar.« Aber gerade nach Ausbruch des Befreiungskrieges gegen Frankreich heißt es bei ihm 1813: »Ohne Schatten ist derjenige, der keinen Beruf hat, der sich keiner Nation zugehörig fühlt und keine Bindung zu einer Gesellschaftsschicht besitzt... Ich bin nirgends am Platz, ich bin überall fremd.«

Rund 30 Jahre später schreibt Arnold Ruge über Chamisso und sein Leben zwischen Frankreich und Deutschland: »Das national angeheizte Klima jener Zeit, machte ein Wesen, welches bisher ein Schatten zu sein schien und nicht höher geachtet wurde, die Nationalität, das Volkstum zum Schicksal und jeden, der es nicht hatte, mit unerbittlicher Roheit zu einem paßlosen Auswürfling und Vagabunden.« Das macht m. E. dieses romantische Märchen und das Leben seines Verfassers zu einer »heutigen« Autobiographie.

Statt eines Vorwortes

Dieses ist eine Familiengeschichte, die beansprucht, das aus dem Rahmen fallende Schicksal dreier Familienmitglieder für die Nachwelt aufzuzeichnen. Es sind keine Haupt- und Staatsaktionen, die hier vorgelegt werden, sondern die Lebensgeschichte von Personen, die durch Haupt- und Staatsaktionen durcheinandergewirbelt wurde; die durch die Politik in Deutschland zwischen den Weltkriegen und nach den Weltkriegen eine Bedeutung gewann, die sonst Privatpersonen nicht zu ihrem Schaden oder ihrem Nutzen erleben oder erleiden müssen. Der Leser wird gebeten, toleranter als dieses Zeitalter über das Verhalten der drei Männer zu urteilen.

Diese Lebensbilder erzählen von drei Deutschen – und hier stockt schon die Feder –, die sich selbst zu definieren haben als deutsche Juden, als jüdische Deutsche oder einfach als Deutsche mosaischer Glaubensrichtung bzw. Herkunft. Es gibt sehr viele Bücher und Gedanken über die jüdisch-deutsche Geschichte vor 1933. Besonders in der ausländischen Literatur kommen die deutschen Juden als Negativbeispiel für Volks- und Religionsverrat vor, Assimilation und Konversion werden als schimpflich verdammt. Der Verfasser stammt aus einer Familie, die aus Überzeugung preußisch und deutsch votierte (was ihr im NS-Staat nicht geholfen hat) und möchte jetzt zum Abschluß seines Lebens die Geschichte dieser Familie erzählen.

Die drei Männer, die den Antrag auf eine Beurteilung ihres Lebens stellen, haben für Deutschland votiert, aber Deutschland wollte sie nicht. Es gibt eine Theorie, daß man sich über den Antisemitismus definiert: weil es Antisemitismus gäbe, sei man jüdisch. Ich habe viel darüber nachdenken müssen ob mein Großvater und mein Vater deutsche Juden waren oder jüdische Deutsche. Für mich selbst ist die Entscheidung klar gewesen. Ich war nie Jude, auch dann nicht, als das Dritte Reich mich per Gesetzgebung dazu machen wollte. Aber dieser Antrag ist ja nicht von mir gestellt, um eine Vergangenheitsbewältigung zu betreiben, schon dieses Wort ist verdächtig. Es geht auch nicht um Wiedergutmachung, denn dieser Begriff schmeckt nach materiellen Leistungen.

Die Ambivalenz der deutsch-jüdischen Geschichte kommt in dieser Zeit, in der nach der Vereinigung Deutschlands z. B. auch der gesamte historische Begriff des Antifaschismus überdacht werden muß, als Thema nicht nur auf mich zu. Der im besetzten Frankreich umgekommene französische Historiker Marc Bloch hat einmal geschrieben, die Geschichte sei der immerwährende Dialog der Lebenden mit den Toten. Es kommt nicht so sehr darauf an, was wir heute Lebenden – oder noch Lebenden – aus dem Gestern machen, sondern darauf, wie die Vergangenheit unsere Gegenwart heimsucht. Noch immer reden die Toten, aber man muß das, was sie sagen, auch schriftlich niederlegen, weil es sonst so leicht vergessen wird. So ist die Begründung für diese Geschichte auch die Tatsache, daß das, was meine Kindheit in Ostpreußen oder das Leben meines Vaters und meines Großvaters in Berlin ausgemacht hat, kaum noch von Augenzeugen geschildert werden kann. Ich bin jetzt so alt, daß ich nicht weiß, wie lange ich noch schreiben kann. In 20 Jahren weiß keiner mehr, wie es damals war. In mir leben Menschen aus der Vergangenheit. Meine Substanz ist in meiner Geschichte. Einzelne und Gruppen, die ihre Geschichte verleugnen, sind in Gefahr, und die Verleugnung ist eine große Gefahr für Menschen, denen es wegen ihrer Abstammung oder wegen ihrer Religion oder auch nur, weil sie Fremde waren, vielleicht opportun erscheint, über ihre Vergangenheit, über ihre Geschichte, nicht zu sprechen und zu schreiben.

Die Bewältigung der Zeit des Nationalsozialismus war bis vor kurzem ein Kernthema der öffentlichen Debatte in Deutschland. Nun ist es still geworden, weil mit der Wiedervereinigung die peinliche Vergangenheitsbewältigung abgeschlossen worden ist. Glaubt man wenigstens. Denn jetzt steht die Vergangenheit derer im Vordergrund, die es mit der SED und dem Kommunismus in

Deutschland zu eng und vielleicht auch zu geschäftstüchtig getrieben haben. Aber die Vergangenheit des Antisemitismus? Die peinliche Nachkriegsgeschichte des Philosemitismus, die vieles überdeckt hat, ist nur eine Fassade, die sehr leicht einstürzen kann.

Da kommt wieder diese Ambivalenz des deutsch-jüdischen Verhältnisses schon in der Zeit meines Großvaters. Als der Erste Weltkrieg ausbrach, haben nicht nur in Deutschland die deutschen Juden, die assimilierten, für Deutschland gekämpft. Die jüdischen Zeitungen in New York haben Deutschland den Sieg gewünscht; die Masse der Juden in Deutschland und Österreich stand zu den regierenden Kräften. Arnold Zweig zieht daraus die Folgerung, die deutschen Juden trügen die Mitschuld am Werden ihrer eigenen Katastrophe. Zugegeben, angesichts der anschwellenden Flut des Antisemitismus haben viele deutsche Juden den Gedanken an Assimilierung und Integration als hoffnungslos aufgegeben und besannen sich auf die Wurzeln ihrer jüdischen Herkunft. Aber das war nicht der einzige Weg.

Meiner Familie war die jüdische Tradition schon vor 1933 durch die Assimilation entrückt, und für meine Generation oder besser noch für die Generation meines Sohnes gilt es, Abschied zu nehmen vom »Gedenkstätten-, vom deutschen Staatsjudentum« der Nachkriegszeit. Es sei noch einmal wiederholt: Wir wollten keine Juden sein, als uns die Nazis dazu machen wollten. Wir sind auch jetzt keine Juden, selbst wenn es sich pekuniär auszahlt!

Walter Rathenau hat 1916 geschrieben: »Mein Volk sind die Deutschen, niemand sonst. Die Juden sind für mich ein deutscher Stamm, wie Sachsen, Bayern oder Wenden.« Das Selbstbewußtsein dieses großen Mannes sei hier nur zitiert, meine Familie will sich damit nicht vergleichen. Aber für uns kommt noch etwas dazu, was ganz entscheidend ist, das ist die enge Bindung an die Heimat, an Preußen. Man kann einen Menschen aus der Heimat vertreiben, so ist es meinem Vater geschehen, aber nicht die Heimat aus einem Menschen. Und wenn von den Nationalsozialisten behauptet wurde, die Juden seien »vaterlandslose Gesellen« – eine Formulierung, die einst Bismarck auf die Sozialisten gemünzt hatte –, so habe ich zwar in dieser Familiengeschichte darzustellen versucht, wie die Wirklichkeit war, aber dieses Schimpfwort war prophetisch, denn die Juden wurden wirklich vaterlandslos. Wir, die wir uns nicht dazu bekennen wollten, blieben unserem Vaterlande treu, auch wenn es mit großen Opfern verbunden war; mit Opfern an Leben und, wenn man so will, mit dem Opfer einer fremdgewordenen jüdischen Vergangenheit.

Die deutschen Juden sind oft genug negativ kategorisiert worden. Damit wird man aber der Vergangenheit nicht gerecht. Der ganze Verlauf der deutschen Geschichte kann nicht länger prinzipiell aus der Perspektive von 1945 gesehen werden, also von der Katastrophe ausgehend rückwärts. Die deutschen Juden strebten vor 1900 ihre volle Integration in die deutsche Gesellschaft an. Eine Erforschung dieser Geschichte ist heute mit Schuldgefühlen und Unbehagen überladen. Jahrzehntelang haben sich die meisten Studien über das deutsche Judentum um die »jüdischen Beiträge« zur deutschen Kultur und die unerwiderte Liebe, die die Juden den Deutschen entgegenbrachten, gedreht. Es war leicht, diese Erfahrungen mit den Deutschen in die sog. weinerliche Tradition jüdischer Geschichtsschreibung einzupassen, die sich allein mit den Leiden der Juden befaßt. Das mag richtig und soll es für die Vergangenheit auch sein, aber das ist nur die eine Seite der Geschichte. Die Geschichte als Spiegel der Vergangenheit, als erzähltes und reflektiertes Leben, übermittelt einen Sinn für die komplizierte Wirklichkeit. Sicher war die Geschichtsschreibung im Deutschland früherer Jahrzehnte nationalistisch getönt und verzerrt, aber geschichtslos in der politischen Welt darzustehen, erscheint mir als Einladung zum Irrweg und Verderben. »Ich gehöre einem der letzten Jahrgänge an, die die Erfahrung des Terrorregimes noch mitbekommen haben; ich glaube, wir sind alle von dieser Erfahrung geprägt, wir kennen den Terror, den nackten Terror und den idealistisch verklärten Terror. Es war für uns, die Überlebenden, eine teure Erziehung. Eine Erziehung, wie sie hoffentlich nie wieder eine Generation erhalten wird« (Fritz Stern in seinem Essay über Ernst Reuter).

Diese Sätze sollen auch für mich gelten und die Begründung abschließen, die ich für mein Vorhaben gebe. Die Geschichte der

Menschen, die ich schildern werde, wird vielleicht mehr überzeugen als alle theoretischen Begründungen.

Die Lebensgeschichten von Paul und Hans Mosberg sind in Form und Inhalt von mir anhand von Dokumenten mit der Absicht niedergeschrieben worden, ein möglichst objektives Bild zu geben.

Bei dem Versuch, mein eigenes Leben bis zum Tode meines Vaters zu schildern, kann ich nicht aus meiner eigenen Biographie heraustreten und sie sozusagen von außerhalb kühl und abwägend betrachten. Deshalb wird meine Lebensgeschichte ohne die Fiktion geschildert, man könne über Ereignisse, die sich vor Jahren abgespielt haben, so berichten, als ob man die weitere Entwicklung und die heutige Anschauung von der Sache einfach abschalten könne.

Es gibt vielfältige Formen der Biographie. Selbst wenn man eine gewisse Portion Eitelkeit in Rechnung stellt, so ist die Biographie doch stets ein Stückchen Personalgeschichte und zumeist damit ein Baustein für die Darstellung geschichtlicher Vorgänge überhaupt. Die Einwände der Fachhistoriker gegen den Quellenwert von Autobiographien in Ehren, aber sind nicht die Darstellungen der Historiker auch ins Gerede der Einseitigkeit, persönlicher Färbung oder gar des bewußten Weglassens von Fakten um der vertretenen Theorie des Autors willen gekommen?

In meiner Jugend habe ich historische Persönlichkeiten wie Hermann Rauschning oder Carl Jacob Burckhardt als handelnde Personen erlebt, in späteren Jahren ihre Bücher als Darstellung des selbst erlebten Zeitgeschehens studiert und lese jetzt in Zeitungskommentaren von ihrer Demontage, weil eine neue Generation von Historikern ihre autobiographischen Schilderungen kritisch zerpflückt.

*

Mein Vater war aus Warschau, der polnischen Hauptstadt, in die Freie Stadt Danzig gekommen, um seine Familie zu besuchen. Ich freute mich nicht so besonders darüber, denn meistens waren bei solchen Gelegenheiten seine Fragen nach meinen nicht gerade hervorragenden schulischen Leistungen fällig. Dieses Mal war es anders. Meine Dienste waren gefordert. Am Abend dieses stockdunklen Novembertages des Jahres 1938 sollte ich mit meinem Fahrrad in den Nachbarort Oliva fahren, um dort einem Offizier der deutschen »Abwehr« einen Brief meines Vaters zu übergeben. Für mich ein aufregender Auftrag, denn ich wußte, daß mein Vater, der ehemals aktive Offizier des Weltkrieges und Freikorpskämpfer im Baltikum, als Auslandsjournalist getarnt, in geheimer Mission für die Wehrmacht tätig war.

Ich kam mir wie ein Soldat im Einsatz in dieser geheimnisvollen Welt vor, die ich nur aus Spionageromanen kannte. Natürlich waren die Polen hinter Vaters Bericht her, stellte ich mir vor, als ich mit schnurrendem Dynamo in Richtung Oliva strampelte. Und dann die Überraschung: Vor einem Geschäft eine Menschenmenge und der Knall einer splitternden Schaufensterscheibe. Ich fuhr neugierig näher heran. Da standen SA-Männer, die mich nicht durchließen. »Jetzt bekommen die Juden ihre Abreibung!« klärte mich einer von ihnen auf. Ich fuhr weiter, denn der Brief mußte pünktlich und unbemerkt von Passanten an »Ho« übergeben werden.

Der Tourenwagen mit der Königsberger IC-Nummer stand mit ausgeschalteten Scheinwerfern an der verabredeten Stelle. Die Insassen waren nicht ausgestiegen. Ich stellte mein Fahrrad an einen Baum und schlüpfte auf einen der hinteren Sitze. »Ho«, der neben dem Fahrer saß, prüfte kurz den Verschluß des Briefes und wollte mich mit einem »Grüß Deinen Vater« verabschieden. Aber ich wollte wissen, welche Bewandtnis es mit dem Auflauf vor dem jüdischen Geschäft auf sich hatte. Doch der sonst immer so freundliche Offizier knurrte mich nur an: »Hau bloß ab. Da ist eine Mordsschweinerei wie im Reich im Gange!« Ich schwang mich auf mein Rad und fuhr nach Zoppot. Die Neugier plagte mich, ob auch hier so etwas passierte. Und tatsächlich, vor der Synagoge SA und Feuerwehr. Im Gebäude brannte die Inneneinrichtung. Auch in der nahen Seestraße Tumult, aufgebrochene und teilweise geplünderte Geschäfte. Keine Polizei, die eingeschritten wäre. Die Herumstehenden waren nur neugierig. Sie zeigten keine Haßgefühle gegen die Juden, aber auch kein Mitleid und schon gar nicht Protest gegen die Vorgänge.

Als ich nach Hause kam, brannte nirgendwo Licht. Meine Eltern saßen stumm im Dunkeln und lauschten auf das Klirren von eingeworfenen Fensterscheiben in der näheren Umgebung, wo zahlreiche jüdische Familien wohnten. Die aufgeregte Erzählung von meinen Abenteuern quittierten sie mit Schweigen. Als einzige Reaktion kam von meinem Vater schließlich: »Geh in Dein Zimmer!«

Da saß ich nun mit meinen wirren Gedanken. Die brennende Synagoge, das Wort »Mordsschweinerei«, das merkwürdige Verhalten der Eltern. Ich stellte mir Fragen, Fragen, die ich gerne Erwachsenen gestellt hätte, aber ich fühlte, daß ich hier an eine Tabuzone rührte. Das Schicksal der Juden – was ging mich das an?

Es ging mich etwas an. Das erfuhr ich 1942 auf der HJ-Bannführung. Unter vier Augen eröffnete mir ein HJ-Führer: »Die Partei hat uns mitgeteilt, daß Dein Vater Jude ist. Du wirst aus der Hitlerjugend ausgeschlossen.« Ich hatte zwar eine Ahnung, aber noch keine konkrete Vorstellung von den Konsequenzen. Noch in HJ-Uniform legte ich im März 1942 meine Abiturprüfung ab. Einen Monat später wurde ich als Kriegsfreiwilliger für das Heer angenommen. Auf eine Weisung an das Wehrbezirkskommando erhielt mein Wehrpaß aber die Eintragung »Ersatzreserve II n.z.v.« (nicht zu verwenden). Ich war »wehrunwürdig«.

Nach einer ersten Phase der Panik erwachte in mir der Wille zum Widerstand. Wenigstens nach außen sollte die Fassade gewahrt bleiben. Die Partei sollte nicht triumphieren. Mein geliebtes Mädchen durfte nichts erfahren. Ich mußte sie und die Heimat verlassen und in der Anonymität der Großstadt Berlin untertauchen. Der Stolz auf meinen Vater, der trotz des Rassenwahns der Nazis seine vermeintliche Pflicht für Deutschland erfüllte, war noch gewachsen. Wenn ich schon keinen »Ariernachweis«, wie ihn das Dritte Reich als Daseinsberechtigung verlangte, vorzuweisen hatte, wollte ich wenigstens wissen, wer und was meine Vorfahren waren. Das Schicksal der Juden – es ging mich doch etwas an!

*

Paul Mosberg

In einer amtlichen Eintragung mit der Nr. 93 heißt es: »Laut Verhandlung vom 21. April 1860 – Vol. I HAL 214/15 der Noten über die Beglaubigung der Geburtsfälle unter den Juden ist die Ehefrau des jüdischen Kaufmanns Adolf Mosberg, zu Hagen, Henriette geb. Trier, am 19. April dieses Jahres nachmittags 1 Uhr von einem Knaben entbunden worden, dem der Vorname Paul beigelegt ist. Eingetragen: Hagen am 13. April 1860.«

In den jüdischen Zivilstandsregistern für den Gerichtsbezirk Hagen von 1847–1874 (Sign. P 5 Nr. 77/79) sind folgende Einträge auf den Namen Mosberg ermittelt worden:

Adolf Mosberg, Kaufmann in Hagen,
verheiratet mit Henriette Trier
Kinder:
Laura, geb. 08. 07. 1855
Max, geb. 28. 07. 1856
Julius, geb. 18. 12. 1857, gest. 08. 01. 1858
Paul, geb. 19. 04. 1860
Betti, geb. 23. 10. 1861
Carl, geb. 19. 03. 1864
Clara, geb. 30. 11. 1866
Otto, geb. 28. 06. 1869

Paul war also das 4. Kind des Ehepaares Adolf und Henriette Mosberg in Hagen (Westf.). Beide Eltern stammten nicht aus Hagen, das nordrhein-westfälische Personenstandsarchiv Westfalen-Lippe in Detmold ist jedoch nicht in der Lage festzustellen, woher sie nach Hagen zugezogen sind. Die Familie dieses Kaufmanns war »wohlsituiert« und konnte allen Kindern eine gute Erziehung geben. In dieser Zeit hatte die Judenemanzipation in Preußen erhebliche Fortschritte gemacht, so daß es möglich war, daß Paul Mosberg das Gymnasium besuchte, das Abitur machte und Medizin studierte. Er wurde 1883 bei Geheimrat Prof. Dr. Gerhardt an der Universität Würzburg als »Dr. der Medicin, Chirurgie und Geburtshülfe« promoviert.

»Der praktische Arzt Dr. medicinae Paul Mosberg, israelitisch, wohnhaft in Berlin, Friedrichstraße 27, jetzt Friedrichstraße 217, geb. am 19. April 1860 in Hagen in Westfalen und die ledige Anna Valentin, israelitisch, wohnhaft in Lüneburg, geb. am 27. August 1870 in Sarstedt haben am 19. Februar 1893 vor dem Standesamt Lüneburg die Ehe geschlossen.«

Während der Vater Adolf Mosberg als jüdischer Kaufmann bezeichnet wird, ist jetzt der praktische Arzt Dr. Paul Mosberg israelitisch. Er heiratet in eine Bankiersfamilie in Lüneburg ein, die aus Sarstedt bei Nienburg bzw. aus Velsen/Grafschaft Hoyer kommt und mit der Familie Jacobson verwandt ist. Die Familie Valentin ist weit verzweigt, eine ganze Reihe von Valentins ist ins Ausland gegangen. Der vielleicht Bekannteste ist der berühmte Kunsthändler in New York, Kurt Valentin, gewesen.

Der Arzt Dr. Paul Mosberg hat in der Nähe der Charité seine Praxis, er hat zwei Kinder und kann sich in der Zeit des Aufstiegs Berlins zur Hauptstadt des Kaiserreiches in der Friedrichstraße eine große Wohnung und eine große Praxis einrichten.

Der vielbeschäftigte Sanitätsrat hatte eine besondere Technik der Urlaubsgestaltung entwickelt. Er fuhr mit seiner Familie gemeinsam an einen Urlaubsort, und außerdem machte er noch einen zweiten Urlaub für Erholung und Entspannung ganz allein. Ein bevorzugtes Ziel seiner Reisen war das Wildbad Innichen in Südtirol. Dieses Bad ist bereits im 16. Jahrhundert eifrig besucht worden, aber erst im Jahre 1856 wurde ein großes Badehaus errichtet. Graf Friedrich Beckers machte daraus eine Hotelanlage, die neben dem Grand Hotel in Toblach die größte des Pustertales war. Für Wildbad Innichen, wie es Dr. Paul Mosberg kannte und liebte, gibt es eine zeitgenössische Schilderung aus dem Jahre 1910, die darauf hinweist, daß es ein in der ganzen Donaumonarchie bekannter Ort wie Bad Gastein, Bad Eger oder Bad Ischl gewesen sei. Den Arzt Dr. Mosberg dürften vor allem die

Heilwirkung der Schwefelquelle, der Stahlquelle und der Eisenquelle interessiert haben. Die Wässer wurden abgefüllt und als »Kaiserwasser« verkauft, wobei darauf hingewiesen wurde, daß die deutschen Kaiser Wilhelm und Friedrich, sowie der österreichische Kaiser Karl es getrunken haben.

Nach der Gewährung voller Religionsfreiheit im Kaiserreich integriert sich die Familie Dr. Mosbergs voll in die Gesellschaft und schließt den Prozeß der Assimilation mit der Konversion ab.

In der Kartei der evangelischen Ziviltaufbücher Altberlins heißt es:

»Mosberg Paul, prakt. Arzt Dr. med., Friedrichstraße 127, Eltern Adolf Mosberg, Kaufmann, mosaisch, Henriette, geb. Trier mosaisch, getauft 28. 04. 1901 in der Lutherkirche. Paten: Herr Straube, Fräulein Lina Witte. Pfarrer: C. Witte. Mosberg, geb. Valentin, Anna, geb. 27. 08. 1870 in Sarstedt, Friedrichstraße 217. Eltern: Jacob Falk Valentin, Fabrikant, mosaisch, Friederike geb. Jacobson, mosaisch. Paten: Herr Straube, Fräulein Lina Witte. Pfarrer: C. Witte, getauft 28. 04. 1901, Lutherkirche.

Seite 21 Nr. 251 und Nr. 252«

Auf Anfrage teilte die Verwaltung der Kirchenkartei weiterhin mit, daß die Taufbücher der Lutherkirche nicht mehr vorliegen, die Taufkartei hat bei Proselytentaufen (= Judentaufen) lediglich noch die Juden erfaßt, deren Geburtsdatum vor dem 01. 01. 1875 lag, auch wenn die Taufe erst wesentlich später erfolgte. Eintragungen die Kinder der Eheleute Mosberg betreffend, sind daher auch nicht mehr in der Kirchenkartei. Wahrscheinlich sind die Kinder zusammen mit den Eltern getauft worden.

Wieder ein Wechsel der Bezeichnungen. Bei den Eltern der getauften Anna Mosberg, geb. Trier, heißt es nicht jüdisch oder israelitisch sondern mosaisch. Diese Bezeichnung findet sich auch bei den Geburtsurkunden der Kinder Gertrud und Hans Mosberg, Taufscheine sind nicht mehr auffindbar.

Mit dem Kriegsausbruch im August 1914 veränderte sich auch für den Sanitätsrat Dr. Paul Mosberg die Welt. Ein bisher erfolgreiches Berufsleben, eine glückliche Familie und die anscheinend unaufhaltsame Entwicklung des Fortschritts im kaiserlichen

Deutschland fanden ein jähes Ende. Es gibt keine Unterlagen darüber, wann genau 1914 Dr. Mosberg als Kriegsfreiwilliger in das preußische Heer eingetreten ist. Unweit seiner Praxis befand sich gegenüber der Charité die Kaiser-Wilhelm-Akademie zur Ausbildung von Militärärzten. Die Akademie an der Invalidenstraße/Ecke Scharnhorststraße war erst 1910 fertig geworden und sollte den Bedarf an Kriegsärzten decken.

Dr. Paul Mosberg war 54 Jahre alt, und es war für ihn selbstverständlich, seinem Vaterland zu dienen. Nach der Revolution 1848 hatte der preußische König Friedrich Wilhelm IV. erwogen, die Wehrpflicht für jüdische Bürger aufzuheben. Diese empfanden das als Auslöschen eines errungenen Rechtes und als Erniedrigung. Paul Mosberg war durch seine Taufe von keinerlei Einschränkungen gegenüber jüdischen Mitbürgern betroffen. Er ging als Stabsarzt an die Front und konnte bei seinem Sohn Hans, der in den Karpaten eine Schrapnellverwundung erlitten hatte, durch seinen ärztlichen Rat die im Feldlazarett vorgesehene Amputation eines Beines verhindern. Während des Rumänienfeldzuges deutscher Truppen unter Mackensen übernahm der Oberstabsarzt Dr. Mosberg die Seuchenbaracken eines deutschen Lazaretts am »Eisernen Tor«. Er infizierte sich mit Flecktyphus und starb dort am 27. März 1918 als Opfer des Ersten Weltkrieges.

Der Weltkrieg bedeutete für das alte Österreich den Ruin. Bei seinem Kriegsdienst als Stabsarzt hatte Dr. Paul Mosberg vor allem an Feldzügen zur Verteidigung der K.u.K.-Monarchie teilzunehmen, die deren Zusammenbruch nicht verhindern konnten. Es war eine Folge dieses unaufhaltsamen Endes einer tausendjährigen Geschichte, daß auch sein geliebtes Wildbad Innichen, wo er so oft bei dem Grafen Beckers seinen Urlaub verbracht hatte, dem Ruin verfiel. Mit der Abtrennung Südtirols blieben die Stammgäste aus, die Hotelanlage mußte Anfang der dreißiger Jahre nach dem Tode Beckers versteigert werden und wurde regelrecht geplündert und ausgeschlachtet. Die Baulichkeiten verfielen, und heute stehen nur noch Ruinen, während die heilkräftigen Quellen in Rohrleitungen gefaßt und ins Tal nach Innichen zum weiteren Verkauf des »Kaiserwassers« geleitet werden. Nur die aus dem Jahre 1594 stammende Kapelle St. Salvator steht unbeschädigt neben den Hotelruinen.

Der Domherr Wilhelm Kaluza schrieb der Witwe Anna Mosberg aus Turn-Severin: »Solange ich Pfarrer in Turn-Severin sein werde, werde ich für das Grab sorgen, schon aus dem Grunde, weil ich mit Dr. Mosberg persönlich in besten Beziehungen war und ich es auch als meine besondere Pflicht halte, mich seines Grabes anzunehmen, und wir wollen ja hoffen, daß der hiesige Militärfriedhof, wo 124 Soldaten und Offiziere ruhen, stets in bester Ordnung gehalten wird.«

Dieser Militärfriedhof ist dem Stausee des Donaudurchbruchs am Eisernen Tor zum Opfer gefallen. Das Grab von Dr. Paul Mosberg ist nicht mehr auffindbar. Der als Jude geborene Paul Mosberg ist als preußischer Oberstabsarzt im Alter von beinahe 60 Jahren für sein deutsches Vaterland gestorben. Da er kein aktiver Militärarzt gewesen ist, mußte seine Witwe Praxis und Wohnung räumen, zumal das Vermögen durch Kriegsanleihen und Inflation verlorengegangen war. Frau Anna Mosberg zog nach Berlin-Charlottenburg in die Hölderlinstraße 11 (im gleichen Hause wohnten die Eltern der bekannten Filmschauspielerin Lilly Palmer) und ist am 7. August 1929 gestorben.

*

Über das Leben von Paul Mosberg und seiner Familie ist mir nur wenig bekannt, ich habe meine Großeltern nie kennengelernt. Die Suche nach Verwandten ist vergeblich geblieben. Durch einen Hinweis aus Bielefeld, wo eine ganze Reihe Mosbergs gelebt haben, kam der Facharzt für Orthopädie und Chirurgie Dr. Bernhard Mosberg in das Blickfeld des Verfassers. Dieser Dr. Mosberg war Leiter der orthopädischen Abteilung der Anstalten der Evangelischen Inneren Mission in Bethel. Gleichzeitig wurde er Leiter des orthopädischen Instituts für Schwerkriegsversehrte in Deutschland und orthopädischer Berater beim VII. Armeestab Westfalen/Rheinland während des Ersten Weltkrieges. Aufgrund der Judenverfolgungen verließ Dr. Mosberg 1938 Deutschland und emigrierte nach Holland, er starb 1944 im Konzentrationslager Auschwitz. Weitere 14 Personen mit dem Namen Mosberg sind in Theresienstadt, Auschwitz und anderen Lagern getötet worden. Das sind Personen, die mir schriftlich aus Bielefeld benannt worden sind. Es entzieht sich meiner Kenntnis, wie weit dieses Schicksal noch weitere Mitglieder der Familie Mosberg betroffen hat.

Von diesem Teil der Geschichte der Familie Mosberg in Deutschland her betrachtet sind das Leben und der Tod von Paul Mosberg eigentlich ein Irrtum. Aber es war ein gewollter Irrtum. Es ist das Leben und der Tod eines Menschen, der Deutscher sein wollte und nicht Jude. Wäre sein Leben anders verlaufen, wenn er das Dritte Reich noch erlebt hätte? Hätte er die Erfahrung gemacht, daß für die Mehrheit der Deutschen nicht nur die Allmacht der Polizei, sondern auch ihre antijüdischen Vorurteile sie daran hinderten, sich in irgendeiner Weise solidarisch mit den verfolgten Juden zu verhalten? Aber Paul Mosberg war ja durch seine Taufe kein Jude mehr. Ihn betraf es nicht, wenn studentische Korporationen keine Juden als Mitglieder dulden wollten (Beispiel: VdSt) oder daß bestimmte Karrieren, als Richter, als Professoren, als leitende Beamte, vom praktischen Ausschluß aus dem Offizierskorps gar nicht zu reden, während des Kaiserreiches immer noch nicht möglich waren. Er wurde auch nicht von der im Jahre 1916 erfolgten statistischen Erhebung über die Dienstverhältnisse der deutschen Juden betroffen, die klären sollte, ob sich die Juden, wie es oft kolportiert wurde, dem Kriegsdienst entzögen. Aber wissen konnte er davon. Paul Mosberg war kein Außenseiter der Gesellschaft. Er wäre es auch als Jude nicht gewesen. Eine Beurteilung seines Lebens, das vor dem Ende des Ersten Weltkrieges bereits gewaltsam abgeschlossen war, kann nicht vom sog. Holocaust, dieser durch das Fremdwort vernebelten Bezeichnung für den Judenmord, ausgehen.

Es soll nicht verschwiegen werden, daß auch unter den Mosbergs, die in Theresienstadt sterben mußten, Menschen waren, die entrüstet reagiert hätten, wenn man sie als Jude angeredet hätte. Schon das Wort war ein Hammer, mit dem man einen erschlagen konnte. Würde man jemanden auf der Straße anreden mit »Du Christ«, so würde ihn das komisch berühren. Die Anrede »Du Jude« war eine Ohrfeige für den Menschen, der sich in nichts von den anderen Deutschen unterscheiden wollte. Und nun diese Juden aus den polnischen und russischen Ghettos mit Kaftan und Peies, die waren ja »nicht sehr angenehme Zeitgenossen«. Der Gedanke war peinlich, daß die Ahnen auch so ausgesehen haben sollten. Für die Mosbergs war das eine überlebte Lebensform, die sie zugunsten der »höherstehenden« deutschen Kultur aufgegeben hatten. »Deutsche Ordnung, deutsche Sitte trat in Judas niedrige Hütte«, stand in einem Gebetbuch. Seit Hitler, der die Juden wieder zu Juden machte, ganz gleich welcher Religion sie waren, ist die Auffassung verbreitet worden, daß sich die deutschen Juden als feige und servil gezeigt hätten. Paul Mosberg war weder feige noch servil. Man mag aber einwenden, er kannte Hitler nicht und das, was mit ihm über Deutschland kam. Jedoch die Grundüberzeugung vieler deutscher Juden war, daß ihnen die Deutschen und ihre Wesensart am nächsten standen, daß die deutsche Kultur ihre Kultur war, daß letztlich eine Assimilation die erwünschte Lösung für die Schwierigkeiten der Vergangenheit sei. Diese Überzeugung hat Paul Mosberg geteilt. Soll man ihn rückwirkend als Illusionisten oder gar Verräter an seinem Volk verurteilen? Ich glaube, wer nicht vom Ende her urteilt, sondern aus der Zeit heraus, der wird zugeben müssen, daß der Jude Paul Mosberg im Gymnasium, an der Universität und im Beruf ein Erfolg war. Er wird zugeben müssen, daß der Deutsche Paul Mosberg im Beruf und dann in seinem Einsatz für das Vaterland in seiner Art auch ein Erfolg war.

Die entscheidende Weichenstellung ist die Taufe gewesen. Der deutsche Jude, der aus dem Gefühl des Deutschseins heraus zum Protestantismus übertrat, der Patriot, der wie viele Deutsche, Millionen von Deutschen, alle Anstrengungen auf den erhofften Sieg im Ersten Weltkrieg richtete und der dafür sein Leben gab, all das begann mit der Konversion. Eine Spekulation über die Hintergründe dieser Taufe, ob einer echten religiösen Erweckung oder nur einer Anpassung aus durchaus materiellen Gründen, verbietet sich aus Unkenntnis. Als Paul Mosberg und seine Frau vor dem Beginn des Nationalsozialismus starben, hatten sie ihr jüdisches Blut, wie man das in der Rassentheorie der Nazis nannte, an ihre Kinder weitergegeben. Vielleicht glaubten sie wirklich, daß die Taufe aus ihren Kindern nun Deutsche gemacht hätte. Die Nationalsozialisten sahen das anders. Im nächsten Kapitel über den Sohn von Paul Mosberg werden sich die Folgen dieses Irrtums zeigen.

Hans Mosberg

Jugend vor dem Ersten Weltkrieg

Das Standesamt Berlin Mitte, Berlin N 4, Artilleriestraße 31, hat seine Register immer noch verlagert. Personenstandsurkunden können daher nicht gefertigt werden. Es gibt aber provisorische Ausfertigungen, nach denen ist Hans Adolf Mosberg, geb. 25. Februar 1896, mosaischer Religion, unter der Nummer 262/1896 des Standesamtes 1–2, jetzt Mitte, eingetragen.

Hans Mosberg hat von seiner glücklichen Jugend gesprochen, allerdings wenig darüber erzählt. Bei seinen Eltern war der Vater beruflich sehr eingespannt, die Mutter gesellschaftlich stark engagiert. Sein eigentlicher Bezugspunkt zur Kindheit blieb seine Kinderfrau Regine, nach der er auch den Vornamen seiner Tochter ausgewählt hat. Diese Kinderfrau hat ihm noch ins Feld Briefe geschrieben mit Verhaltensmaßregeln, die einem jungen Frontsoldaten wahrscheinlich etwas merkwürdig vorkamen, aber er war sehr beglückt über diesen Kontakt mit ihr. Diese Briefe hat er noch lange aufgehoben. Der Haushalt in der Friedrichstraße war von großem Zuschnitt. Es gab außer der Kinderfrau selbstverständlich Köchin und Hausmädchen. Da die Praxis auf dem gleichen Stockwerk lag, war für den Vater selbstverständlich, daß er alle Mahlzeiten in der Familie einnahm. Die Erziehung von Hans Mosberg und seiner um wenige Jahre älteren Schwester Gertrud war die im Kaiserreich in den bürgerlichen Familien übliche. Es gibt keinerlei Hinweise auf die Zeit vor der Taufe im Jahre 1901, jüdisches Brauchtum hat es wohl schon vorher in dieser Familie nicht gegeben. Es existiert noch eine Aufzeichnung von Hans Mosbergs Hand, sein Lebenslauf, den er in der Prima vor dem Abitur bei der Schule eingereicht hat. Lassen wir ihn mit seinen eigenen Worten über Kindheit und Jugend berichten:

»Lebenslauf

Ich, Hans Adolf Mosberg, wurde am 25. Februar 1896 als Sohn des Arztes Paul Mosberg zu Berlin geboren. Vom Jahre 1902 an besuchte ich die königliche Vorschule in der Kochstraße. Nachdem ich hier im Jahre 1905 die Schlußprüfung bestanden hatte, trat ich auf Wunsch meines Vaters in die Sexta des königlichen Kaiser-Wilhelm-Realgymnasiums ein, dessen Schüler ich bis jetzt geblieben bin. Im Jahre 1910, als Untersekundaner, erhielt ich Konfirmandenunterricht bei Pastor Fischer von der Jerusalemgemeinde, der mich im März 1911 einsegnete.

Schon 1 Jahr vorher war ich in den an dem Realgymnasium bestehenden Ruderverein eingetreten. Neben der körperlichen Ausbildung, die mir hier zuteil wurde, gab er mir auch die Möglichkeit, die Umgebung Berlins auf eine unvergleichlich angenehme und gesunde Weise kennenzulernen. Auf einer großen Anzahl kürzerer Fahrten konnte ich so die Schönheiten der Mark Brandenburg genießen, bis zum Spreewald und zu den Seegebieten Mecklenburgs gelangten wir auf dem Wasserwege. In den Sommerferien des Jahres 1913 führte uns unser Weg sogar durch den Süden und Westen Deutschlands: Von Bamberg an den Main hinunter bis zu seiner Mündung, dann den Rhein bis Godesberg hinab und endlich auf Fulda und Weser von Kassel bis Minden in Westfalen.

Doch auch außerdeutsches Gebiet lernte ich bereits kennen. Schon früh nahmen mich meine Eltern in den Sommerferien auf ihre Reisen mit, die meistens die Alpen zum Ziel hatten. Die Schönheit und die Macht der Berge machte stets großen Eindruck auf mich, besonders waren es die Dolomiten mit ihren zackigen, verwitterten Felsen, die ich liebgewann. Jedenfalls ziehe ich das Gebirge der See vor, wenn ich auch die Reize der Ostsee zu würdigen verstehe, vor allem die des schönen Kopenhagens und seiner prachtvollen Umgebung.

Ohne Zweifel waren die Eindrücke, die ich auf diesen Reisen empfing, von großer Bedeutung für meine geistige Entwicklung.

Als Kind hatte ich nur ein Interesse, und dieses galt dem Militär. Lange Zeit hindurch war es mein Wunsch, Offizier zu werden, während mein Vater es stets am liebsten gesehen hätte, wenn ich Militärarzt geworden wäre. Hierzu ist jedoch bei mir keine Neigung vorhanden, vielmehr interessiere ich mich während der letzten Jahre in immer steigendem Maße einerseits für die Kunst, und zwar vor allem für die Literatur, andererseits für geographische und nationalökonomische Dinge. Daher habe ich mich nun entschlossen, die Rechtswissenschaft zu studieren, um später, wenn möglich, in die Konsulatslaufbahn einzutreten. Außerdem hoffe ich, auf der Universität Gelegenheit zu haben, mich auch auf kunstgeschichtlichem Gebiet weiterzubilden.«

Daß Hans Mosberg in diesem Lebenslauf so großen Wert auf seine Betätigung im Ruderverein der Schule legt, ist nicht zuletzt daraus zu erklären, daß er ein erfolgreicher Ruderer im sog. Kaiservierer gewesen ist und mit diesem Lebenslauf Lorbeerblätter von Regatten in Grünau von 1910, 1911 und 1912 aufbewahrt hat. Das Abiturzeugnis des Kaiser-Wilhelm-Realgymnasiums zu Berlin zeigt keine besonderen Stärken und Schwächen. »Dem Hans Adolf Mosberg, geb. dem 25. Februar 1896 zu Berlin, evangelischen Bekenntnisses, Sohn des Sanitätsrates Dr. Mosberg zu Berlin wird bescheinigt, daß er 9 Jahre auf dem Kaiser-Wilhelm-Realgymnasium und zwar 2 Jahre in Prima verbracht hat.« Die Noten in Religion, Deutsch, Lateinisch und Englisch sowie Singen waren gut, alles andere wurde mit genügend zensiert, lediglich bei Physik stand bei dieser Zensur noch vermerkt: Klassenleistungen und schriftliche Prüfungsarbeit waren noch gerade ausreichend. »Die Prüfungskommission hat ihm das Zeugnis der Reife zuerkannt, entläßt ihn mit den besten Wünschen und Hoffnungen. Er will Rechtswissenschaften studieren.« Das Zeugnis vom 16. März 1914 ist nicht nur vom Direktor Schjerning, sondern auch von einem »Kommissar« Bruhn unterzeichnet.

Im Soldbuch von Hans Mosberg ist unter der Ziffer 6 (Tag des Eintritts in das stehende Heer) vermerkt, er sei am 23. März 1914 beim Kaiser Franz Gardegrenadierregiment II eingetreten (dieses dürfte der Tag der Eintragung als sog. Einjähriger gewesen sein).

Das Sommersemester 1914 hat Hans Mosberg an der Universität Würzburg als Student der Staatswissenschaften erlebt. Er selbst hat von diesem Studium lediglich berichtet, daß er viel auf dem Main gerudert habe, daß er den fränkischen Bocksbeutel schätzen lernte und daß er als Aktiver dem Corps Makaria beigetreten sei.

*

Hans Mosberg war Berliner. Er war in Berlin geboren und hat die ersten 18 Jahre seines Lebens dort eine schöne und von den Schatten der Abstammung nicht verdunkelte Kindheit und Jugend verbracht. Bevor er bei Kriegsausbruch aus dem Hause Friedrichstraße 248 in Berlin SW 48 als Kriegsfreiwilliger ins Feld ging, hatten Schule und Studium unter optimalen Bedingungen stattfinden können. In Berlin war im Herbst 1879 die Gesellschaft der neuen Judenfeinde und der Begriff Antisemitismus entstanden. Hans Mosberg war ein getaufter Jude, aber für die Antisemiten in ihrer rassistischen Prägung war weder die Taufe erwünscht noch die Assimilation an die deutsche Kultur oder die vollständige Integration in die deutsche Gesellschaft, im Gegenteil: Alles das, so wurde fortan argumentiert, würde die Juden nur weniger sichtbar und damit um so gefährlicher machen. Hans Mosberg hat nie erwähnt, daß er in dieser Zeit seine jüdische Abstammung überhaupt gekannt hat. Auf jeden Fall hat er sich nie darauf berufen. Daß er beispielsweise in eine schlagende Verbindung eintrat – viele von ihnen nahmen seit den 1890er Jahren keine Juden mehr als Mitglieder auf – zeigt, daß er sich in keiner Weise eingeschränkt fühlte. Ein jüdischer Autor hat über die Gymnasiasten jener Zeit geschrieben, der Unterschied zwischen christlichen und jüdischen Gymnasiasten sei lediglich der gewesen, daß die einen nicht in die Kirche und die anderen nicht in die Synagoge gegangen wären. Kurzum: Hans Mosberg hatte im kaiserlichen Berlin eine »normale« Jugend.

Freiwillig Soldat am Anfang und am Ende des Krieges

Der Kriegsfreiwillige Hans Mosberg ist bei einem Berliner Gardegrenadierregiment eingerückt und nach relativ kurzer Ausbildung zu einer Fronteinheit gekommen.

Am 16. September 1914 teilt der Kriegsfreiwillige Hans Mosberg aus der Baracke 31 des Truppenübungsplatzes Döberitz seinen Eltern mit, daß man nach Buchow-Carpzow abmarschieren werde, um dann eingekleidet zu werden (die Felddienstübungen fanden noch »in Zivilklamotten« statt). Am 1. Oktober gab es neue Uniformen, und am folgenden Tage wurden die jungen Soldaten gegen Typhus geimpft.

Am 12. Oktober werden die so kurz ausgebildeten »Männer« aus Döberitz in Güterwagen (mit je 50 Mann belegt) nach Flandern gefahren, in Aalst ausgeladen und in langen Märschen bei dem Château de Dixmuide in den Kampf geworfen. Die Tragödie und der Mythos von Langenmarck hatte in Flandern begonnen.

Der erste Feldpostbrief von der Front vom 22. Oktober lautet: *»Außerdem liegen wir seit Montag im Gefecht gegen einen anscheinend recht starken Gegner, so daß ich jetzt erst, wo wir während des Artilleriekampfes in eingebauten Schützengräben liegen, Zeit finde. Der Kampf begann etwa 20 km von Ostende entfernt bei Werckem und Bovekerke, der Feind zog sich dann dauernd zurück, stets von dem Gewehrfeuer der Bewohner gedeckt, so daß wir leider schon viele Dörfer und teilweise auch eine eroberte Stadt, Eessen, wo auch vom Kirchturm gefeuert wurde, in Brand stecken mußten. Die Strapazen waren teilweise recht groß, die Verluste mäßig (2 Tote bei der Komp.), zwei Tage lang hatten wir überhaupt nichts zu essen, auch Nachtruhe gab es natürlich nicht. Jetzt liegen wir vor Dixmuide, wo der Gegner anscheinend in starken Stellungen steht, und warten ab, was unsere Artillerie und unsere Pioniere machen. Der Schützengraben ist gut gegen*

Gewehr- und Schrapnellfeuer geschützt. Heute gab es plötzlich einen großen Krach, der Überbau stürzte teilweise ein. Eine dicke Mastsau war eingebrochen und schrie fürchterlich.«

Schon zwei Tage später schreibt Hans Mosberg:

»In der Hoffnung, daß ich bald wieder Gelegenheit haben werde, Post abzugeben, schreibe ich diesen Brief. Seit Montag sind wir aus dem Gefecht nicht mehr herausgekommen, das jetzt dazu geführt haben scheint, daß die verbündeten Truppen hier in einer Stärke von 50 000 bis 60 000 Mann völlig eingeschlossen sind. Wir haben schon alle Arten von Gefecht durchgemacht, Straßenkampf, vor allem abends und nachts, offenes Vorgehen gegen Schützenlinien, Schrapnellfeuer und Franctireurkampf. Am unangenehmsten war es am Dienstag, wo wir im heftigsten Feuer hintereinander in einem einzigen Kahn über einen Kanal herüber mußten und in der folgenden Nacht, in der wir, in dichter Kolonne auf einem Bahndamm vorgehend, plötzlich Flankenfeuer erhielten. Seit vorgestern liegt unser Zug hier untätig hinter zwei Strohhaufen in vorgeschobener Stellung, ab und zu wird auf feindliche Patrouillen geknallt oder ein Haus niedergebrannt, aus dem geschossen wurde. Wir selbst werden eigentlich ohne Unterbrechung beschossen, ohne daß unsere Verluste bisher allzu groß gewesen wären. Die Wiese hinter unserer Deckung ist dick mit Schrapnellhülsen und Granatsplittern bedeckt, ein paar Blindgänger waren nur etwa 10 m von uns entfernt. Man ist jetzt aber gegen das ewige Pfeifen und Krachen schon sehr abgebrüht und bildet sich so allmählich zum Fatalisten aus ... Post haben wir noch nicht gekriegt, wir warten sehr auf die Bestätigung von allerhand Gerüchten (250 000 Russen bei Lemberg gefangen, Ultimatum Frankreichs an England, Krieg zwischen Holland und England, etc. etc.). Augenblicklich schießt die Bande wieder verflucht dicht.«

29. Oktober 1914 geschrieben am Yserkanal

»... Es ist jetzt nachts schon bitterkalt, wenn wir auch nur etwa 15 km von der Küste entfernt stehen. Wenn man doch mal ein Quartier hätte, in dem man die Sachen vom Leibe kriegte! Wir kennen nur noch den Schützengraben, und es ist schon ein Ereig-

nis, wenn man sich einmal wäscht. Aber die Hauptsache, daß man gesund ist, was gar nicht natürlich ist, denn unsere ehemals kriegsstarke Kompanie zählt nur noch etwa 140 Mann... Ein Schuß machte mein Gewehr unbrauchbar, ein anderer ging hinten durch den Mantel und blieb unerklärlicherweise dann hängen. Es gab einen mächtigen Schlag, das Geschoß habe ich mir aufgehoben.«

Im Oktober hatte Hans Mosberg noch Glück gehabt, aber bei den andauernden schweren Kämpfen am Yser-Kanal wird er verwundet. Am 1. Oktober war der achtzehn Jahre alte »Krieger« in Uniform gesteckt worden, nach Kurzausbildung in die Flandernschlacht geworfen worden, und nun muß er am 4. November seiner Mutter aus Bovekerke mitteilen:

»Ein Bataillon belgischer Infanterie ging noch links von unserem linken Flügel gegen den Kanaldamm vor und war bereits auf einige 100 Meter herangekommen. Unser Zug ging daraufhin sofort längs des Kanals im Laufschritt nach links und befeuerte, unterstützt von einem Maschinengewehr, den Feind so heftig, daß er bald kehrt machte. Da gab es für uns kein Halten mehr, und wir liefen mit Hurrah und aufgepflanztem Seitengewehr, nur etwa 20 Mann stark, vorwärts auf einen Graben zu, in dem etwa 60 Belgier, verwundet und unverwundet, saßen. Gerade wollte ich nun in den Graben hineinspringen, in dem alles mit angstverzerrtem Gesicht die Hände erhoben hatte, als der letzte Mann im Graben, der schon verwundet war, anlegte. Im selben Augenblick fühlte ich einen starken Schlag gegen die linke Wade, daß ich in den Graben fiel und dort zwischen lauter Belgiern liegen blieb. Mit anderen Worten, ich habe einen Schuß durch die linke Wade, der glatt durchgegangen ist. Dafür war aber auch der Erfolg schön, alle vorhandenen Belgier wurden von unseren paar Mann gefangengenommen. Ich wurde nachmittags verbunden, nachdem ich schon vorher ein Verbandspäckchen auf die Wunde gelegt hatte. Dann schleppten mich ein paar Kameraden über den Kanal, spät abends brachte eine Art Hotelomnibus drei verwundete Belgier und einen verwundeten Kameraden von meinem Zuge und mich zum Bataillonsverbandsplatz. Nach einer Nacht wurden wir von einem Sanitätswagen zum Feldlazarett in Bovekerke

gebracht, wo ich neu verbunden wurde. Morgen hoffe ich zur nächsten Bahnstation, Thouront, befördert zu werden.«

Seiner Schwester berichtet er am gleichen Tag von seiner Verwundung mit der Bemerkung: »Ich habe schon große Angst davor, von Dir gepflegt zu werden.« Ernster sind die folgenden Sätze: »Die Belgier, mit denen zusammen ich transportiert wurde, waren Einjährige, der eine ein Graf, stud. rer. pol., der andere ein Baron, stud. ing. und Multimillionär, Wir verkehrten durchaus kameradschaftlich. Obwohl beide Deutschland gut kennen, waren sie der festen Überzeugung, daß wir alle Gefangenen töten, ihre Offiziere und ihre Zeitungen erzählen ihnen das. Um so größer war ihre Begeisterung über die Behandlung, die sie erfuhren.«

Hans Mosberg wurde in ein Krankenhaus in Zerbst/Anhalt gebracht und versuchte, mit dem Hinweis auf die militärärztliche Tätigkeit seines Vaters nach Berlin verlegt zu werden. Da mußte eine ganze Bürokratie in Bewegung gesetzt werden. »Das Gesuch schickt Ihr am besten an Herrn S. F., der, wenn es soweit ist, sein Gutachten darunter setzt. Dann geht es an die hiesige Lazarettkommission, von dort an das Sanitätskorps des VI. Armeekorps und dann endlich an das Garde-Korps.« Aber erst Mitte Februar kann er seiner Schwester mitteilen:

»O, welche Wendung durch Gottes Fügung! Geh bei's Militär, Du lachst Dir tot! Wir sind hier in Holzbaracken im neuen Lager Wünsdorf, in dem vorher Gefangene lagen. Die Krüppel alle zusammen; ich hoffe, sehr bald Urlaub zu kriegen. Umgebung herrlich: Oben Himmel, unten Erde, in der Mitte Bretter- und Stacheldrahtzäune. Das Essen war nicht ganz wie Fasan. Schreib an die Eltern! Meine Adresse hier ist: Gefr. H. M., Ersatzbataillon 202, Übungsplatz Zossen, Neues Lager Wünsdorf.«

Von ihm existiert ein Foto aus dieser Zeit, ein Soldat mit Pickelhaube. »R 202« steht auf dem Helmbezug. Auf dem nächsten Foto hat er selber eingetragen »Auf der Fahrt von Raczki nach Wilkowischki April 1915«. Er wird mehrfach verwundet (insgesamt 8mal) und ist sowohl an der West- wie an der Ostfront eingesetzt. Am 13. August 1915 erhält er das Eiserne Kreuz zweiter Klasse, am 27. Januar 1916 das Eiserne Kreuz erster

Klasse. Er wird zum Leutnant im Königlich Preußischen Infanterieregiment Keith befördert, einem Jägerregiment aus Oberschlesien. Die Verleihung des Eisernen Kreuzes erster Klasse ist auch in einem Korps-Tagesbefehl vom 12. Januar 1916 verzeichnet, als er mit Unteroffizieren und Mannschaften der 12. Kompanie bei einem Patrouillengang am 8. und 10. Januar 1916 einen Franzosen gefangen nehmen kann.

Nach erneuter Verwundung und Lazarettaufenthalten wird Hans Mosberg eine besondere Auszeichnung zuteil. Anfang Dezember 1916 wird er der Leibwache Wilhelm II. zugeteilt und macht Dienst im kaiserlichen Hauptquartier. Aus dieser Zeit sind zwei Tischordnungen erhalten, auf denen der bürgerliche Leutnant Mosberg bei der »königlichen Frühstückstafel« am 9. Dezember 1916 am gleichen Tisch sitzt mit Wilhelm II., dem König von Bayern, Reichskanzler von Bethmann-Hollweg, Generalfeldmarschall von Hindenburg, General Ludendorff und zahlreichen anderen Hof- und Militärchargen. Er hat von allen am Tisch Sitzenden den niedrigsten Dienstgrad und ist unter 36 Adeligen einer der 6 Bürgerlichen, unter denen allerdings die Generale Ludendorff und Gröner sowie der Staatssekretär Zimmermann und Prof. Lohse »gesellschaftlich« weit über ihm stehen. Auch bei einer weitaus kleineren Hoftafel mit 22 Personen am Tisch des Kaisers sind Hauptmann Zeyss und Leutnant Mosberg die einzigen Bürgerlichen, die ihre Anwesenheit lediglich der Tatsache verdanken, daß sie zur Leibwache von SM gehören.

Die Episode von Pleß (Oberschlesien), wo sich damals der Kaiser mit seinem Hauptquartier aufhält, wird beendet durch einen bezeichnenden Vorfall. Leutnant Mosberg will zurück zu seinen Kameraden an der Front. Er meldet das dienstlich und wird daraufhin zu Wilhelm II. befohlen. Der Kaiser fragte ihn kurz nach seinen Beweggründen und stimmte dann ungnädig zu mit der Bemerkung: »Der Schutz Ihres Königs ist Ihnen wohl nicht genug.« Er ordnet allerdings an, daß der Leutnant sich erst einmal einer ärztlichen Untersuchung zu unterwerfen habe. Der zuständige Stabsarzt untersucht den mehrfach verwundeten Leutnant und erklärt ihm, er sei jederzeit bereit zu attestieren, daß er nicht frontdienstverwendungsfähig sei. Bei dem Stabsarzt lag das Mißverständnis, der Leutnant wolle sich vor einer Rückbeorderung an die Front drücken. Hans Mosberg besteht auf seiner Rückversetzung zur Truppe und erreicht auch den entsprechenden Einsatzbefehl.

Aus seiner Zeit in Pleß, von der auch ein prächtiges Foto existiert, bringt er außer einem »Frühstücksorden« tiefen Respekt für Wilhelm II. mit. Im Unterschied zu vielen seiner Offizierskameraden hat der ehemalige Leutnant bei der Stabswache Seiner Majestät damals und auch später die Meinung vertreten, Wilhelm II. sei nicht der aufgeblasene Popanz seiner Gegner, sondern ein Mann voll guten Willens und außerordentlichem Verantwortungsgefühl gewesen.

Sein oberschlesisches Jägerregiment wird in den schweren Bergkämpfen in den Karpaten zur Stabilisierung der österreich-ungarischen Verteidiger eingesetzt, er wird dabei schwer verwundet. Mehrere Schrapnellkugeln treffen Gesäß und Unterschenkel, im Feldlazarett soll ein Bein amputiert werden. Es gelingt ihm, seinen Vater aus dessen Einsatzlazarett an sein Bett zu holen. Dieser kann die Ärzte davon überzeugen, daß eine Amputation nicht unbedingt notwendig sei. So behält er sein Bein bzw. seine beiden Beine. Das eine wird aber sein Leben lang etwas verkürzt und versteift sein, und immer im Frühjahr beginnen die Wunden zu »buttern«. Nach einem längeren Lazarettaufenthalt und der Mitteilung vom Tod seines Vaters bei der Rumänienarmee wird er nicht mehr an der Front, sondern in dem inzwischen besiegten Rußland bei einer Sicherungstruppe eingesetzt. Auf diese Weise gelangte er bis an den Kaukasus und an das Schwarze Meer, wo deutsche Erfassungskommissionen versuchen, die ukrainischen Getreidereserven für die hungernde deutsche Bevölkerung nach Westen zu schaffen.

Der Reserveleutnant hatte sich 1917 entschlossen, aktiver Offizier zu werden und wird als Leutnant dem Grenadierregiment 1 (Kronprinz), dem ältesten preußischen Grenadierregiment mit Heimatstandort Königsberg, zugeteilt.

Als in Deutschland die Revolution ausbricht, ist der Leutnant Hans Mosberg immer noch in Rußland. Er wird z. B. vom Generalkommando I. A. K. zu Verhandlungen zu dem Kommando des VIII. Ukrainischen Corps geschickt, sein damaliger Standort ist Jekaterinoslaw. Die wenigen deutschen Einheiten müssen in der Ukraine mit zahlreichen, sich untereinander bekämpfenden russischen Truppenteilen auskommen. So wird Leutnant Mosberg auch mit dem Kosaken-Ataman Simon Petljura, dem starken Mann des antisowjetischen ukrainischen Staates und Verbündeten Pilsudskis, verhandeln. Er bekommt von diesem für sich und seine Truppe Siedlungsland in der Ukraine versprochen. Aber die deutschen Truppenteile müssen sich unter dem Druck der Westalliierten aus Rußland zurückziehen.

Die militärische Niederlage des Kaiserreiches, die Revolution und Ausrufung der Republik haben den aktiven Offizier Hans Mosberg, der einmal als Kriegsfreiwilliger patriotisch begeistert 1914 ins Feld gezogen war, desillusioniert. Aber er wird wieder Kriegsfreiwilliger, er geht zu den deutschen Einheiten ins Baltikum und wird ab 16. Mai 1919 von der »Baltischen Landeswehr« als Kompanieführer baltendeutscher Freiwilliger verwendet. Eine entscheidende Rolle spielt dabei die Person des Chefs der Baltischen Landeswehr, Major Fletcher. In ihm sah Hans Mosberg einen militärischen und politischen Führer von Format, der den jungen Leutnant zu begeistern verstand und ihn auch zu seinem Adjutanten machte. Der Leutnant und Adjutant Mosberg gehört zur Gruppe von Jena, in der Reichsdeutsche und Baltendeutsche gemeinsam dienen.

Diese Einheit kämpfte vor allen Dingen im Bereich von Riga. Als die Bolschewisten 1918 eine lettische Sowjetrepublik ausriefen und die »Lettischen Roten Schützenregimenter« als Eliteeinheiten der Bolschewisten nach Lettland vorstießen, vereinbarten Deutschland und Lettland die Aufstellung einer »Baltischen Landeswehr« und ihre Ausrüstung mit deutschen Waffen. Diese Landeswehr bestand aus baltendeutschen Freiwilligen, vor allem Angehörigen des Adels, zusätzlich wurden deutsche Freikorps angeworben und eingesetzt. Die lettische Regierung stellte den reichsdeutschen Freiwilligen Siedlungsland in Aussicht. Die Roten Schützen hatten am 3. Januar 1919 Riga eingenommen und den größten Teil Lettlands besetzt. Der deutsche Gegenstoß im Februar 1919 wurde zusammen mit antibolschewistischen russischen Einheiten unter dem Fürsten General Bermont-Awaloff in Gang gesetzt. Die Baltische Landeswehr setzte am 16. April 1919 auch die lettische Regierung ab, bevor sie am 22. Mai 1919 Riga zurückerobern konnte. Aber nach weiterem Vormarsch nach Estland wurden die Truppen bei Wenden zum Rückzug gezwungen, und im Juni 1919 wurde der Rückzug aller deutschen Einheiten aus Lettland befohlen. Die Baltische Landeswehr wurde unter lettischen Befehl gestellt. Das Verhältnis zwischen Letten und Deutschen war so schlecht geworden, daß Lettland im November 1919 die Beziehungen zu Deutschland abbrach und sich als im Kriegszustand mit Deutschland befindlich betrachtete. Dieser lettisch-deutsche Krieg, der einzige, den die Weimarer Republik zu führen hatte, fand allerdings nur auf dem Papier statt. Die Auseinandersetzungen an der Ostseeküste zwischen Letten und Baltendeutschen gingen weiter.

Bei einer Patrouille geriet Leutnant Mosberg am 17. Oktober 1919 zusammen mit einem deutsch-baltischen Freiwilligen in lettische Gefangenschaft. Der Balte wurde sofort als Landesverräter erschossen. Mosberg kam nach Aufenthalt in mehreren Lagern und vielfältigen Verhören am 26. November in das Rigaer Zentralgefängnis in die Zelle Nr. 23 in Einzelhaft. Er erkrankte schwer an Hungertyphus und verdankte sein Leben dem Besuch einer westalliierten Militärkommission, deren Mitglied Juchter von ihm auf Englisch angesprochen und darauf hingewiesen wurde, daß es sich bei ihm um einen deutschen Offizier handele (die Letten hatten ihm sämtliche Uniformstücke ausgezogen. Schon bei der Gefangennahme hatten sie seine Stiefel gestohlen). Der Engländer setzte sich für ihn ein, und es wechselten im Januar 1920 seine Besuche und lettische Verhöre im Gefängnis, bis endlich am 11. Februar 1920 die Mitteilung kam, er werde nach Deutschland ausgewiesen. Aber erst am 20. März war Mosberg fieberfrei und konnte nach Deutschland ausreisen.

Der Empfang in der Heimat, in diesem Falle in Eydtkunen/Ostpreußen, an der Grenze zu Litauen, setzte einen deprimierenden Schlußpunkt unter das militärische Engagement des Freiwilligen Hans Mosberg. Er wurde sofort von deutscher Polizei verhaftet und ins Gefängnis gesteckt. Warum? Man erklärte ihm, es lägen sichere Meldungen vor, daß Leutnant Mosberg vor Riga gefallen sei, es handelte sich bei ihm offensichtlich um einen Betrüger und Hochstapler. Nach mehrfachem Hin und Her, Rückfragen beim Regimentsstab des Infanterieregiments Nr. 1 in Königsberg (es hieß nun selbstverständlich nicht mehr Regiment Kronprinz) wurde Mosberg aus der Haft entlassen und nach Königsberg geschickt. Er kam dort abends an, völlig mittellos, praktisch in Lumpen gekleidet und immer noch vom Fleckfieber gezeichnet. Er kam etwa 5 Minuten nach 18 Uhr zum Roten Kreuz, um dort eine Fahrkarte in seine Heimatstadt Berlin zu erbitten. Die dortige Sekretärin warf ihn hinaus, denn ihre Dienstzeit endete um 18 Uhr. Er solle am nächsten Tag kommen. Er hat die Nacht auf den Stufen des Rot-Kreuz-Büros verbracht, er war physisch und psychisch nicht mehr in der Lage, ein Quartier zu suchen. Hans Mosberg fuhr dann nach Berlin, legte sich in der Wohnung seiner Mutter ins Bett und erklärte, nicht mehr aufstehen zu wollen.

Vielleicht ist eine Erklärung für das Verhalten der Menschen in Eydtkunen und Königsberg im »Kapp-Putsch« zu sehen, der im März 1920 Berlin, ganz Deutschland und vor allem auch Ostpreußen, aus dem Kapp gekommen war, in Verwirrung gestürzt hatte.

*

Der Weg Hans Mosbergs vom 18jährigen Kriegsfreiwilligen des Jahres 1914 zum »Baltikumer«, dem Freikorpskämpfer, der von den Gegnern der selbstgewählten Aufgabe des Schutzes der Ostgrenze als »Landsknecht« geschmäht wurde, ist nicht selbstverständlich. Dieser Weg lag weder in seiner Erziehung im Elternhaus, die zwar grundkonservativ in ihrer Basis war, jedoch eine ausgesprochen liberale Ausprägung hatte. Dieser Weg lag auch nicht etwa im Berufswunsch des jungen Mannes, der in seinem Lebenslauf für das Abitur noch völlig unbehelligt von kriegerischen, militärischen oder politischen Vorahnungen ist. Das, was so viele Schriftsteller von Rang, wie Ernst Jünger und andere, als das Entscheidende bezeichnet haben, das Kriegserlebnis, die Frontkameradschaft, ist wohl der Hauptgrund für den Entschluß gewesen, aktiver Offizier zu werden. Dabei war Hans

Mosberg nicht der Typ, der die Auffassung vertrat, »königlich-preußischer Leutnant zu sein, ist das Höchste, was einem Mann im Leben zu erreichen vergönnt sei«. Er war auch kein Militarist, kein Kommißkopf, der das Soldatentum oder gar die Offizierskaste als das Maß aller Dinge ansah. Man muß wohl die Erlebnisse im Revolutionsjahr 1918 heranziehen, um zu verstehen, warum nach dem Zusammenbruch Preußens und seiner Armee dieser Leutnant nicht, wie die meisten anderen, einfach nach Hause ging, sondern sich weiterhin zur Verfügung stellte. Ich glaube, er war ein Patriot im besten Sinne dieses Wortes. Und ich sage das in dem Bewußtsein, daß die Entscheidung für den Offiziersberuf eigentlich ein Bruch in seiner Biographie gewesen ist. Diesen Bruch haben Tausende seiner Generation erlebt. Sie haben ganz verschiedenartige Konsequenzen daraus gezogen. Für Hans Mosberg war die Konsequenz das soldatische Engagement.

Vielleicht war in keinem anderen Land das Offizierskorps so angesehen wie in Deutschland vor 1914. Man muß sich in Erinnerung rufen, welche Bedeutung die Armee in der Hierarchie der Macht und der Werte hatte. Sie verkörperte selbstverständlich in Übereinstimmung mit der öffentlichen Meinung die edelsten Traditionen wie Tapferkeit, Ehre, Dienst und Männlichkeit. Hans Mosberg teilte diese Auffassung.

Er hat seinem Sohn ein Buch geschenkt, dessen Verfasser Generaloberst von Seeckt im Jahre 1931 war, »Moltke ein Vorbild«. Hans Mosberg hat seinem Sohn nach diesem Feldmarschall von Moltke den Vornamen Helmuth gegeben, weil er in ihm das große Vorbild sah.

Seeckt hatte über Moltke geschrieben:

»Es mag verführerisch sein, in Stammes- und Familiengeschichten nach Eigentümlichkeiten und Grundlagen zu suchen; doch wird man sich dabei leicht auf Irrwegen befinden und geneigt sein, um einmal gefaßter Theorien willen der Wirklichkeit Gewalt anzutun. Die Vererbungstheorie steht jedenfalls auf so schwachen Füßen, daß das Suchen nach den Gesetzen der Fortpflanzung von besonderen Eigenarten meist ein unterhaltendes Spiel bleibt, und im Gegensatz zu Goethes scherzendem Wort werden wir doch immer wieder ›den ganzen Wicht Original‹

nennen müssen. Man braucht den ›Ruf des Blutes‹ nicht zu überhören, aber man soll ihm auch nicht allzu große Bedeutung beimessen. Aus welchen Elementen sich letzten Endes eine Rasse zusammengesetzt hat, ist schwer festzustellen und an sich bedeutungslos. Denn es kommt nicht auf die Elemente selbst, sondern auf ihr Ergebnis an, von Wert ist nur, daß die Ergebnisse so sind, daß sie die geeignete Voraussetzung für eine bestimmte Entwicklung des Einzelnen geben. Die Mischung der Rassen ist in keinem deutschen Lande so deutlich, aber auch so fruchtbringend gewesen wie in Preußen. Moltke war auch, wie so viele Männer der preußischen Geschichte, kein geborener, sondern ein Wahlpreuße. Er sollte, wollte und mußte nach der Familientradition Soldat werden. Das Wo spielte damals, noch unter dem Einfluß einer vergangenen Epoche, gar nicht die entscheidende Rolle; so ist nichts Auffallendes daran, daß der dänische Kadett preußischer Leutnant wurde. Das Preußentum, das in Moltke einen der typischen Vertreter einer besonderen Seite seiner Eigenart fand, hat durch solchen Zuzug immer neu gewonnen und immer schärfere Prägung gefunden.«

Auch Hans Mosberg war letztlich ein Wahlpreuße, und seine soldatische Haltung und Qualifikation paßten überhaupt nicht zu der später herrschenden Rassentheorie, die ganz im Gegensatz zu Seeckts Auffassung stand. Bleibt die Frage, warum Hans Mosberg Freikorpskämpfer wurde. Es ist historisch ein vieldiskutiertes Phänomen, daß, nachdem das Heimat- und Frontheer größtenteils auseinandergelaufen oder gar zur extremen Linken übergegangen war, nach 4 Jahren Krieg Tausende von Soldaten und Offizieren in den Freikorps noch einmal – und zwar freiwillig – ihr Leben aufs Spiel setzten. In den Jahren nach 1918 nannte man die Freikorpsleute oft »Landsknechte«. Darunter versteht man Menschen, die ohne ideelle Motivation sich ausschließlich des Soldes wegen dem bewaffneten Kampf verschreiben. Dieses traf für die Freikorpskämpfer überhaupt nicht zu. Was war denn die Motivation? Die Ostgrenzen des Reiches waren entblößt, die Rote Armee drohte über das Baltikum nach Ostpreußen vorzudringen. Die militärische Schwäche des Sowjetstaates war auf deutscher Seite nicht in vollem Umfang bekannt, wohl aber war man sich der eigenen Machtlosigkeit voll bewußt. Der Schutz der bedrohten Ostgrenzen und für die politischen Köpfe auch der Schutz vor dem Bolschewismus spielten die entscheidende Rolle. Hinzu kam der »Frontgeist«, das Erlebnis der Kameradschaft, das man im Kriege konkret erfahren hatte. Die Front war zumal für diejenigen, die im August 1914 als 18jährige ins Feld gezogen waren, wie Hans Mosberg, zur eigentlichen »Heimat« geworden, nicht die Universität, nicht ein Beruf oder die bürgerliche Gesellschaft, der sie zwar entstammten, aus der sie aber der Krieg entlassen hatte. Daneben spielte die Persönlichkeit eines Freikorpsführers eine entscheidende Rolle. Für Hans Mosberg war es Major Fletcher in der Baltischen Landeswehr. Wir werden ihm auch im nächsten Lebensabschnitt begegnen. Bei allen Freikorpsoffizieren stand das »nationale« Motiv im Vordergrund, bei den Balten der Schutz der eigenen Heimat.

Hans Mosberg hat seine Zeit im Baltikum sehr nüchtern beurteilt. Ein Buch wie »Die letzten Reiter« von Dwinger bezeichnete er als »Quatsch mit Soße«. Und auch gegenüber den Ausführungen Ernst von Salomons in »Das Buch vom deutschen Freikorpskämpfer« hatte er eine große Portion Skepsis. Salomon hatte postuliert: »Die Männer der Freikorps waren nicht getrieben von einer Idee, sie waren getrieben von dem Bewußtsein einer Gefahr. Sie waren der Staat und sonst niemand. Wo sie standen war der Staat. Die Freikorps kämpften als eine Schar, die einzig dazu dienen konnte, die Kräfte des Staates zu fördern. Keine Gesellschaft als eine, die unmittelbar dem Staat hingegeben war, keine Ordnung als eine, die das nützliche Gefüge des Staates sein mußte.«

Selbst die schlimmen Erlebnisse in lettischer Gefangenschaft, wo er dem Tod näher gewesen war als im eigentlichen Kampf, und der deprimierende Empfang in der Heimat haben seine Erinnerung an diese kurze Periode seines soldatischen Lebens nicht »überhöhen« können: Dieser Kampf war lediglich die Fortsetzung der Kriegsjahre – patriotische Pflichterfüllung.

Eine Existenz im Zwielicht

Der im wörtlichen Sinne des Wortes »abgekämpfte« Mann, der da in der Berliner Witwenwohnung seiner Mutter nicht mehr wußte, was nun werden sollte, dieser Oberleutnant a. D., dem die Mittel zur Neuaufnahme des Studiums genauso fehlten wie die Lust dazu, er mußte einen neuen Anfang machen.

Die alte bürgerliche Welt hatte sich noch einmal brieflich gemeldet, der Text sprach für sich:

»Corps Makaria, Würzburg 22. 04. 20. Unseren herzlichen Gruß zuvor! Seinem lb. i. A. I. d. C. Mosberg erlaubt sich unterfertigter C. C. den Empfang des Schreibens vom 19. 04. 20 bestens dankend zu bestätigen. Es war unterfertigtem C. C. eine wenn auch stolze, so doch unangenehme Pflicht gewesen, einen seiner lieben Aktiven als in lettischer Kriegsgefangenschaft befindlich zu führen. War es doch allen klar, daß diejenigen, die nach langen Kriegsjahren noch einmal auszogen, um des zertrümmerten Deutschlands Ostgrenze nochmals mit Einsatz ihres Lebens zu schützen, durchaus keine leichte Arbeit zu lösen hatten und daß diejenigen, die unglücklicherweise den Gegnern in die Hände fielen, zumindestens kein besseres Los zu tragen hatten als die Kriegsgefangenen der vorhergehenden Jahre. Umso mehr freut sich unterfertigter C. C., daß nun auch der letzte in Gefangenschaft gewesene Corpsbruder glücklich zurückgekehrt ist. Unterfertigter C. C. möchte nicht versäumen, seinem lb. i. A. I. d. C. Mosberg zu seiner Heimkehr und zu all den glänzenden Kriegstaten seine aufrichtigsten Glückwünsche auszusprechen und gibt der Hoffnung Ausdruck, seinen lieben i. A. I. d. C. Mosberg bald wieder auf seinem Corpshause begrüßen zu können.

Natürlich bedauert unterfertigter C. C. die Umstände, die seinem lieben i. A. I. d. C. Mosberg ein weiteres Studium in Würzburg und damit eine weitere Aktivität unmöglich machen. Aber in der Erkenntnis, daß es ideales, aufopferungsfreudiges Pflichtbewußtsein wäre, was letzten Endes jetzt ein Fernbleiben von

Würzburg bedingt, und die Überzeugung, daß der F. Mosberg von 1914 trotz 6jähriger Abwesenheit dem Corps echte, feste Treue und nicht verblaßtes Interesse bewahrt hat, veranlaßt unterfertigten C.C., seinem lieben F. Mosberg die Corpsschleife zu verleihen und ihn mit Farben zu inaktivieren. Gleichzeitig stellt Unterfertigter C.C. seinem lieben i.A. I.d.C. Mosberg anheim, nach einer genügenden Partie ein Gesuch um Verleihung des Corpsbandes einzureichen. Unterfertigter C.C. wünscht seinem lieben i.A. I.d.C. Mosberg für seinen ferneren Lebensweg alles Gute. Der C.C. der Makaria

Lang II«

Die Corpsschleife der Makaria konnte Hans Mosberg nun in die Schachtel mit seinen vielen Kriesauszeichnungen legen, von denen er das Goldene Verwundetenabzeichen am höchsten achtete. Das von dem C.C. Lang II angesprochene »ideale aufopferungsfreudige Pflichtbewußtsein« war die Mitteilung Hans Mosbergs, er werde wieder nach dem Osten gehen.

Seine Mutter hatte sich und ihrem Sohn nicht mehr anders zu helfen gewußt, als einen Kriegskameraden einzuschalten. Heinrich Graf Dönhoff aus Friedrichstein (der ältere Bruder von Marion Gräfin Dönhoff) war auch als Kriegsfreiwilliger »in den großen Orlog« gezogen, auch er war danach ins Baltikum gegangen, wie Mosberg hatte er zum Stabe des Majors Fletcher von der Baltischen Landeswehr gehört. Als Frau Mosberg ihn von dem Zustand ihres Sohnes benachrichtigte, lud er ihn sofort ein, nach Ostpreußen zu kommen. Auf den ostpreußischen Gütern lebten damals zu Tausenden demobilisierte Soldaten, die sinnvoll beschäftigt werden sollten. Sie wurden vor allen Dingen als Forstarbeiter eingesetzt, im Hintergrund stand aber auch der Gedanke, sie im Falle einer russischen oder polnischen Invasion nach Ostpreußen sofort wieder zu den Waffen rufen zu können. Graf Dönhoff bot Mosberg an, eine solche Gruppe ehemaliger Soldaten auf seinem Gut Quittainen zu beaufsichtigen und zu leiten. Für den Berliner Hans Mosberg war Ostpreußen mit seiner Hauptstadt Königsberg nicht nur der Standort seines Regimentes, es gehörte wie das Baltikum zu jenem Teil Deutschlands, der durch seine Insellage (durch den sog. polnischen

Korridor vom Reich getrennt) am ehesten in Gefahr geraten konnte.

Diese preußische Provinz, die mit ihren 37 000 km² an dritter Stelle in Preußen stand, während mit 2,25 Millionen Einwohnern nur die 7. Stelle erreicht wurde, war damals politisch äußerst interessant. Nicht nur, daß der Putschistenführer Kapp aus Königsberg gekommen war, wo der sozialdemokratische Oberpräsident August Winnig und der Reichswehrkommandeur sich mit Kapp solidarisch erklärten, was den Zusammenbruch des Putsches allerdings in keiner Weise aufhielt, sondern es war vor allem die Frage der Grenzziehung zu Polen. Zu den Auflagen der alliierten Siegermächte gehörte, daß in bestimmten Gebieten in Ost- und Westpreußen durch Volksabstimmung der Bevölkerung die Möglichkeit gegeben werden sollte, sich zwischen einem Verbleib beim Deutschen Reich oder zu einem Anschluß an die neue Republik Polen zu entscheiden. Die fremdsprachigen Minderheiten in Ostpreußen machten etwa 5–6% der Gesamtbevölkerung aus. Es gab etwa 20 000 Einwohner mit ausschließlich polnischer und 24 000 mit polnisch-deutscher Muttersprache, ferner 50 000 Menschen mit masurischer und etwas über 30 000 mit masurisch-deutscher Muttersprache, sowie eine relativ kleine litauische Minderheit mit etwas über 4200 Angehörigen, die nur litauischer und über 3000, die litauisch-deutscher Muttersprache waren. Diese Minderheiten im Ermland, Masuren und der Umgebung Tilsits waren kein geschlossener Block.

Im Juli 1920 fand die Volksabstimmung statt und stachelte die nationalen Emotionen nicht nur in Ostpreußen, sondern auch im Reich gewaltig an. Der überraschend hohe Erfolg für die deutsche Sache bei der Abstimmung am 20. Juli 1920 war auch das Ergebnis der Arbeit des »Ostpreußischen Heimatdienstes«. In diesem Zusammenhang kommt Hans Mosberg über Heinrich Graf Dönhoff aus Quittainen wieder in Verbindung mit seinem ehemaligen Chef, Major Fletcher, der jetzt der führende Kopf des »Heimatbund Ostpreußen« ist.

Diese Organisation war bereits ins Leben gerufen worden, als Mosberg noch in lettischer Gefangenschaft war. Mitte Juni 1919 hatte Fletcher den Oberbefehl über die Baltische Landeswehr auf

Druck der Alliierten niederlegen und mit seinen deutschen Offizieren nach Ostpreußen zurückkehren müssen. Aus seiner langjährigen Dienstzeit im ostpreußischen Feldartillerieregiment 22 vor und im Kriege kannte er Ostpreußen sehr genau und verfügte über weitreichende Verbindungen. Stärkster Helfer war dabei der ostpreußische Major von Weiß auf seinem Gut Plauen, der am 6. April 1919 als Generalstabsoffizier und Organisator des »Ostpreußischen Freiwilligencorps« beim I A.K. zurückgetreten war und seinen Abschied genommen hatte.

Am 25. November 1919 fand eine vertrauliche Versammlung in Königsberg statt, in der der Heimatbund Ostpreußen gegründet wurde. Erster Vorsitzender war der ostpreußische Generallandschaftsdirektor Kapp, sein Vertreter der Landeshauptmann von Brünneck. In dem ersten Satzungsentwurf trägt der Bund den Namen »Deutscher Heimatbund«. Er sollte über die Grenzen Ostpreußens hinausgreifen, aber die wachsende Bedrohung dieser abgespaltenen Provinz trat immer mehr in den Vordergrund, und man wollte einen Geheimbund, der sich »Bund zur Errettung Ostpreußens« nannte, organisieren. Auch dieses Projekt wurde aufgegeben. Nunmehr nannte sich der Bund »Ostpreußen-Heimatschutz«. Dieser Name erregte die Aufmerksamkeit der Entente-Kommission, die überall nach geheimen Waffenlagern in der Provinz suchte und dabei von Angehörigen des Heimatschutzes beobachtet und behindert wurde.

Im Dezember 1919 kam es zur endgültigen Namengebung »Heimatbund Ostpreußen«, der als Zweck und Ziel »den Schutz Ostpreußens vor äußeren und inneren Feinden, vor Bolschewismus und Kommunismus und Stärkung des nationalen Gedankens« verkündete. Der Heimatbund band sich an keine politische Partei, auch nicht an die der Rechten, er sagte ganz offen, »wir müssen Truppen aufstellen, die den Willen haben, gegen den Bolschewismus und Kommunismus zu kämpfen. Wir müssen Geld aufbringen.« Vorsitzender des Arbeitsausschusses des HBO wurde Major Fletcher, sein Stellvertreter Major a.D. von Weiß, die einen Beirat mit zahlreichen bekannten Namen des ostpreußischen Adels zur Seite hatten. Genannt seien nur Geheimrat von Berg, Kammerherr von Oldenburg-Januschau, Graf Friedrich zu

Eulenburg und der Burggraf zu Dohna. Der Sitz der Zentrale des HBO war Königsberg, Schloßteichstraße Nr. 4. Die Nachrichtenabteilung war in der Hohenzollernstraße 15 untergebracht.

Nach dem mißglückten Kapp-Putsch wurden der ehemalige Oberpräsidialrat von Hassell, der wegen seiner Beteiligung an dem Umsturzversuch den Dienst quittieren mußte, und Major a. D. Alfred Fletcher erster und zweiter Vorsitzender im Heimatbund. Er wurde als vorwiegend defensiv eingestellter Selbstschutzverein aufgezogen. Die linksgerichtete preußische Regierung, insbesondere das Innenministerium in Berlin, sahen in ihm den »Sammelpunkt der Opposition und Reaktion« und eine »zentralisierte Kraftreserve« rechtsradikaler Kreise. Diese Ansicht beruhte nicht zuletzt darauf, daß der Heimatbund nicht nur den kooperativen Anschluß der Krieger-, Schützen- und Jugendvereine bewirkte, sondern in Form der »Vaterländischen Arbeitsgemeinschaft« und der »Staatsbürgerlichen Arbeitsgemeinschaft« – letztere stand unter Leitung des Freiherrn von Gayl – auch Nebenorganisationen hatte, die ihm einen großen Einfluß in der gesamten Provinz sicherte.

Hans Mosberg war von 1920 hauptberuflich im Heimatbund Ostpreußen tätig, bis sich dieser 1933 selbst auflöste. Unter Major Fletcher arbeiteten eine Reihe ehemaliger aktiver Offiziere in der Militärorganisation des HBO. Fletcher hatte sich dem jeweiligen Befehlshaber im Wehrkreis I Ostpreußen verpflichtet, alles Erforderliche für die Provinz nur zu treuen Händen der Reichswehr auszuüben und auch militärisch in der Provinz nichts zu unternehmen, ohne wenigstens das stille Einvernehmen des Befehlshabers in Ostpreußen gefunden zu haben. Diese Abmachung ist strengstens eingehalten worden. Als die Reichswehr wieder eine festgefügte Truppe geworden war und damit die militärische Organisation des HBO überflüssig wurde, konnte im Jahre 1926 der HBO der Reichswehr Waffen für 3 Divisionen übergeben, die er durch Kauf und auf sonstigen Wegen gesammelt und einsatzfähig gehalten hatte.

Hans Mosberg arbeitete in der Zentrale des Heimatbundes, die damals in der Brahmsstraße 11 in Königsberg lag. Es gab dort ein Zentralamt zum Verkehr mit den Behörden, eine Unterabteilung

Politik, die vor allem die ausländische Politik und die Vorgänge im Reich zu beobachten hatte, eine Nachrichtenabteilung mit Nah- und Fernaufklärung, die ein eigenes Agentennetz in der Provinz und in den Randstaaten und Sowjetrußland unterhielt und Lageberichte für die militärischen und Regierungsstellen erstellte. Es gab auch einen eigenen Agentendienst in der Provinz Ostpreußen, der vor allen Dingen die Vorgänge in der KPD und USPD beobachtete, und außerdem gab es kleine Agentenzentralen in Posen, Warschau, Kowno, Libau, Riga, Reval und Moskau. Die Presseabteilung gab eine »Correspondenz für Ostfragen« und eine »Antibolschewistencorrespondenz« heraus.

Der HBO unterhielt Bezirks- und Kreisstellen und in den Abstimmungsgebieten Allenstein und Westpreußen sog. »Schutztrupps«, die vom HBO besoldet wurden. Die Arbeit in der Zentrale lief unter dem geschäftsführenden Direktor Carl von Hassell, der auch neue Arbeitsgebiete, wie die »Jungpreußische Bewegung«, zur Wahrung der Tradition und die Wehrertüchtigung der Jugend in Angriff nahm. Nach außen wurde der HBO bis August 1928 von Landeshauptmann Graf von Brünneck repräsentiert. Sein Nachfolger wurde dann der frühere Oberpräsident von Berg, der den HBO bis zu seiner Selbstauflösung leitete.

Ein sorgfältig abgeschirmtes Arbeitsgebiet des Heimatbundes war die Organisation des bewaffneten Selbst- und Grenzschutzes. Hierfür hatte er in erster Linie seine materiellen Mittel eingesetzt und jahrelange Auseinandersetzungen mit dem Oberpräsidenten und den übrigen Behörden um den maßgebenden Einfluß auf die Einwohner in den Grenzgebieten zu Polen geführt. Aus eigener Machtvollkommenheit wurden Waffen gesammelt und ehemalige Offiziere in den Dienst genommen, damit wurden indirekt die späteren Grenzschutzorganisationen der Reichswehr vorbereitet. Auf derselben Linie lag es, wenn der HBO sich 1921 und 1922 finanziell an wehrwirtschaftlichen Aufrüstungsversuchen in Ostpreußen beteiligte und nicht nur in Einzelfällen helfend eingriff, sondern das gesamte Programm mit »weitgehendsten Zusagen« gefördert hat.

Durch Inflation und Währungsreform begannen aber die privaten Geldquellen zu versiegen, und als die politischen Verhältnisse, insbesondere durch die interne Auseinandersetzung der Gegner Rußland und Polen den unmittelbaren Daseinszweck der Selbstschutzorganisationen in Frage stellten, begann auch der HBO an Gewicht einzubüßen. Ab 1924 mußte er dem Zeitalter der Massenorganisationen weichen, das in Ostpreußen mit der raschen Ausbreitung des »Stahlhelm – Bund der Frontsoldaten« seinen Einzug hielt. Am 12. Januar 1924 entstand in Ostpreußen ein eigener Landesverband des Stahlhelms, den der letzte Kommandeur des 1. Garderegiments zu Fuß, Siegfried Graf zu Eulenburg-Wicken, führte. Der ostpreußische Stahlhelm, Adresse Brahmsstraße 11 wie der HBO, entwickelte sich zu einer starken Organisation, die auf dem Gebiet des außermilitärischen Grenzschutzes die Tradition des Heimatbundes fortsetzte und hierbei der maßgebende Partner der Reichswehr war. Graf Eulenburg wollte den Stahlhelm zum »Kern der Landesverteidigung« machen und sprach sich 1932 gegen die zunehmende Politisierung des Stahlhelms aus, er verteidigte den Grundsatz der Überparteilichkeit. Aber die Entwicklung verlief in andere Richtung – siehe »Harzburger Front«, und Graf Eulenburg legte 1933 sein Amt sofort nieder.

Die Tätigkeit von Hans Mosberg im Heimatbund Ostpreußen war sehr vielfältig, sie reicht von dem unmittelbaren Aufbau der militärischen Schutzverbände bis zur Organisation der Behinderung der interalliierten »Schnüffelkommissionen« bei deren Suche nach versteckten Waffenlagern. Er wirkte auch publizistisch und in der öffentlichen Auseinandersetzung, insbesondere in der Studentenschaft der Königsberger Universität, schließlich engagierte er sich für den Bau des Tannenberg-Ehrenmals. Im Laufe der Jahre wurde aber das nachrichtendienstliche Element seiner Arbeit immer stärker und brachte ihn in engen Konnex mit der Reichswehrführung. Im Hause Brahmsstraße arbeitete er neben von Hassell vor allen Dingen auch mit Konteradmiral Hans Küsel zusammen.

*

Der Großstädter Hans Mosberg aus Berlin, jetzt in engster

Zusammenarbeit mit ostelbischen Großagrariern in einer isolierten Provinz, das ist eigentlich nur aus der vorherigen Frontkameradschaft zu erklären. Aber es gibt noch etwas Neues in dieser Geschichte, nämlich die Liebe zur östlichen Landschaft, zu den Menschen dort und die Verbundenheit mit ihrem bedrohten Schicksal. Der Oberleutnant a. D. hatte keine militärische Zukunft, denn erstens war er als »Baltikumer« praktisch von einer Weiterverwendung in der Reichswehr ausgeschlossen, zweitens war er nicht mehr frontdienstverwendungsfähig wegen seiner vielen Verwundungen, und drittens war er schon vom Typ her nicht der Mann, der sich mit dem »Gamaschendienst« in dieser auf Kader geschrumpften Truppe abfinden mochte. Beim Heimatbund gab es seinen Neigungen und seiner Intelligenz entsprechende Verwendung, ob er sich um die journalistische, die politische oder die nachrichtendienstliche Seite seiner Betätigung handelte. Er nahm dafür in Kauf, daß es eine zwielichtige Existenz war, die Mißverständnissen und Verdächtigungen ausgesetzt wurde. Das Ergebnis dieser dutzend Jahre war: Hans Mosberg wurde zum überzeugten Ostpreußen. Der Heimatbund fiel Hitler zum Opfer, wie so vieles andere in Deutschland. In seiner persönlichen Situation, die im Kreis seiner Kameraden nie eine Rolle gespielt hatte, wurde er wegen der Rassenpolitik der neuen Machthaber genötigt, Ostpreußen zu verlassen. Das war das Ende der 12 Jahre beim Heimatbund Ostpreußen, es ist noch mehr über den Beginn zu berichten.

Die zweite preußische Heimat

Hans Mosberg kam aus der Kaiserstadt Berlin in die historische Hauptstadt Preußens, Königsberg, wo sein Regiment Kronprinz jetzt als IR 1 eine stolze Tradition fortsetzte. Auch die Bevölkerung war stolz auf die Tradition der Stadt, in der der erste preußische König geboren und gekrönt wurde und auch Kaiser Wilhelm I. sich als preußischer König krönen ließ. Wenn die Kapelle des IR 1 vor dem Schloß aufzog, so kamen nicht nur militärbegeisterte Erwachsene, sondern vor allen Dingen Kinder in hellen Scharen. Hatte diese Kapelle doch etwas ganz besonderes, nämlich einen »Paukenhund«. Dieser Bernhardiner oder Neufundländer trug die große Pauke mit Gelassenheit. Er war vielleicht nicht so imposant anzusehen wie ein Kesselpauker der Kavallerie, der auf seinem Pferd »Stast machte«, er war aber vor allem für die Kinder viel mehr als ein Maskottchen, er war einfach »ihr Paukenhund«.

Das Königsberger Schloß, in dessen Krönungskirche die Wappenschilder aller Träger des Schwarzen Adlerordens hingen, hatte eine lange Geschichte erlebt. Es war der Mittelpunkt der Stadt, die etwa in kreisrunder Form mit ihren jetzt unnützen militärischen Bastionen längst den alten Radius überschritten hatte.

Vom Schloß ging der schmale Schloßteich aus, direkt nach Norden, und wurde durch den breiten Oberteich als Radius sogar noch betont. Vom Osten kam der Pregel mit zwei langen Armen in die Stadt hinein und umklammerte das Herz der Stadt, den Kneiphof, vollständig und floß als breiter Strom zwischen den Hafenkais nach Westen wieder hinaus. Es war eine Stadt, die zwar nicht direkt am Meer lag, aber die weite Welt kam zu ihr mit Frachtschiffen, die so groß waren, daß sie beinahe das in der Stadt sehr enge Flußbett ausfüllten. Der Fluß durchschnitt die Stadt im Zentrum. Sie klammerte sich an ihn mit ihren Kais, mit ihren schönen alten Speichern, mit den großen neuen Lagerhäusern, und sie war stolz darauf, durch die Verbindung des Seekanals mit Pillau direkten Zugang zur Ostsee zu haben sowie den Ruf, ein eisfreier Hafen zu sein.

Hans Mosberg wohnte im Büro des Heimatbundes in der Brahmsstraße in dem Vorort »die Hufen«. Der lag außerhalb der alten Festungen und Mauern und war ein sehr schönes Wohnviertel, dessen historische Tradition um den Namen der Königin Luise kreiste. Sie war auf der Flucht von Berlin, als Napoleon die Hauptstadt Preußens erobert hatte, hier einige Zeit in Königsberg wohnhaft geworden, und die Bürger dieser Stadt hingen an dieser Tradition und gaben einem schönen Park, wo ihr kleines Haus stand, einer Kirche und auch einem hölzernen Operettentheater den Namen der Königin Luise. Als dieses durch ein steinernes »Neues Schauspielhaus« ersetzt wurde und außerdem der große Tiergarten zu einem der schönsten in Deutschland ausgebaut wurde, hatten »die Hufen« Anziehungspunkte für viele Königsberger Bürger. An diesem Schauspielhaus zweigte die Brahmsstraße von der Hufenallee ab, in deren Nummer 11 der Heimatbund und damit auch Hans Mosberg bis 1933 seinen Sitz hatte. In der Nähe lag auch der »Walter-Simon-Platz«, ein großes Sportgelände, das ein jüdischer Mitbürger der Stadt gestiftet hatte. Überhaupt waren »auf den Hufen« viele Grundstücke und Häuser von gutsituierten Juden bewohnt.

Wer aus dem »Reich« in die abgetrennte Provinz fuhr, den Ärger über die polnischen Schikanen im »Korridor« und die große Weichselbrücke bei Dirschau hinter sich hatte, der fuhr über Marienburg mit seinem Hochmeisterschloß und Elbing mit der Schichauwerft auf Königsberg zu, doch machte der Zug plötzlich einen großen Bogen nach Schlobitten. »Typisch ostpreußisch«. Dort hielten die meisten Züge, weil der Fürst Dohna-Schlobitten, ein Freund des Kaisers und Mitglied des preußischen Herrenhauses, es angeblich durch das Ziehen der Notbremse jedesmal wenn sich der Zug seinem Gut näherte, so weit gebracht hatte, daß extra dort ein Bahnhof gebaut wurde. Der letzte Fürst war auch ein Mann des Heimatbundes, und Hans Mosberg kam mit ihm noch in nähere Berührung. Braunsberg war die letzte Station des D-Zuges vor Königsberg, und dann kam die Ankunft in dieser Stadt, die für einen Berliner, der sie nur flüchtig kannte, zur zweiten Heimat werden sollte.

Nach einigen Jahren der Eingewöhnung hat Hans Mosberg Besuchern aus dem Reich gerne ein kleines Buch von Robert Budzinski mit dem Titel »Die Entdeckung Ostpreußens« geschenkt. In der »größten Verlagsbuchhandlung der Welt«, wie man in Königsberg zu sagen pflegte, bei Gräfe & Unzer, wurde dieses Buch gut verkauft, das in satirischer Form aus der Sicht eines Ostpreußen den Entdeckern dieses Landes aus dem »fernen Westen« klarmachen sollte, auf welches Abenteuer sie sich mit dem Besuch einließen. Über Königsberg heißt es da:

»Die Hauptstadt des Landes ist Königsberg am Pregel, die Stadt der reinen Vernunft. Das kann man am besten beobachten auf dem sog. Paradeplatz oder Königsgarten. Kommt man vom Bahnhof in die Nähe des Schlosses, so steht da ein riesengroßer Polizist und hält den einen Arm mit dem Signal hoch, so daß man stehenbleiben muß. Es ist aber nur der alte Kaiser Wilhelm bei der Krönung, und Bismarck steht etwas abseits und sieht zu, ob er es auch richtig macht. Nicht weit davon sind die beiden größten Sehenswürdigkeiten der Stadt, die Fischweiber und das Blutgericht. Die Fischweiber sind nicht etwa Wesen in der lustigen Art der schönen Lau, der schönen Magelone, sondern sehr gediegen und wiegen nicht unter 2 Zentnern. Sie sitzen seit Jahrhunderten hier an der grünen Brücke zu allen Tages- und Jahreszeiten. Oberbürgermeister kommen und gehen, sie sitzen, Staatsformen treten auf und verschwinden, sie sitzen. Die Menschen beten katholisch, sie sitzen. Sie beten evangelisch, sie sitzen immer noch. Die Menschen beten überhaupt nicht, aber die Fischweiber werden auch dann noch sitzen. Ihre Sprache ist ewig. Wenn alle Welt vielleicht schon längst Esperanto sprechen wird, werden diese Nornen ihr angeborenes uraltes Königsbergsches sprechen. Sonst aber verkaufen sie Flundern, Stinte, Bücklinge und Räucherheringe.

Das Blutgericht ist ein Weinlokal im Schloßhof. Früher war es das hochnotpeinliche Gericht, das manchen den Kopf absprach, weshalb auch jetzt noch manch einer die dunklen Gemächer kopflos verlassen muß. Aber vielleicht ist es gut, von Zeit zu Zeit einmal von seinem Kopfe befreit zu werden, sieht man doch allerorten, wie wenig notwendig er im Grunde genommen doch ist.

Andere Sehenswürdigkeiten in dieser Stadt sind: Der Schloßteich mit Brücken und Schwänen, der Richtblock mit echtem Blut im Prussiamuseum, der Samlandbahnhof am Sommersonntagmorgen, die Kunsthandlungen Riesenau und Einthaler und Teichert mit Schreckenskammern, der neue Hauptbahnhof, der im Jahre 2007 n. Chr. fertig wird, die Alkoholströme auf dem Messegelände zur Zeit der Herbstmesse, das Publikum beim Pferderennen im Karolinenhof, die Angler am Oberteich, das Gedränge in den Kunstausstellungen der Kunsthalle, die Gesichter der Zuschauer in den Kinos, der Hammerkrug mit der Kunstakademie, das Universitätsgebäude auf dem Paradeplatz mit seinem berühmten Strahlenkranz honoris causa, ihr gegenüber die Buchhandlung Gräfe & Unzer, die vornehmste unseres Planetensystems. Die Stadt hat ungefähr 280 000 lebende und sehr viel mehr tote Einwohner, die lebendigsten sind E. T. A. Hoffmann und Kant!«

Budzinski hat in ähnlicher Art über die Provinz berichtet und schrieb zur Vorgeschichte:

»Dann lebten hier die alten Preußen, die leider Heiden waren. Sie verehrten drei Götter: Perkunos, Pikollos, Potrimpos und schlachteten sich gegenseitig fleißig zu Ehren dieser Gottheiten ab. Sie wurden beherrscht von einem Oberkonsistorialpräsidenten Bruteno und einem Oberpräsidenten Widewud. Als diese beiden die Altersgrenze erreicht hatten, stiegen sie, wie es damals üblich war, auf einen Scheiterhaufen und ließen sich bei lebendigem Leibe verbrennen. Vorher aber ermahnten sie das Volk, immer und ewig den alten Göttern treu zu bleiben, weil es das einzig Richtige ist. Aber leider waren auch damals schon Sozialdemokraten, die behaupteten, daß es nicht nötig sei, sich verbrennen zu lassen und den Göttern Menschen zu schlachten. Die Folge davon war, daß Uneinigkeit, Mord und Totschlag überhand nahmen. Da kam der Rittenorden ins Land und brachte langsam Ordnung und Ruhe, und zwar vollständigste, indem er mit Ausnahme des Herrn von Perbandt das ganze Preußenvolk ausrottete.« Auch ein Perbandt gehörte zum Heimatbund und zum Freundeskreis Hans Mosbergs. Die Angehörigen dieser Familie und der Familie Kalnein stammten noch aus dem pruzzischen Adel. Es waren also ältere Geschlechter als die Abkömmlinge der Ordensritter und jener adeligen Landsknechtführer, die später vom Orden mit der Vergabe der Rittergüter belehnt wurden.

Über die Ostpreußen der Zeit nach dem Ersten Weltkrieg schreibt Budzinski:

»Sie ähneln äußerlich den Kulturmenschen. Durchschnittliche Größe 1,65 m, Behaarung wie üblich, bei den Männern in verschiedenen Lebensaltern verschieden gefärbt, bei den Frauen je nach der Mode. Augen und Bauch öfter sehr ausdrucksvoll, Gesichtsausdruck einnehmend, besonders auf dem Lande. Die Frauen genießen sehr hohe Achtung und Ehrfurcht. Man sieht in den Schaufenstern und Modesalons der größeren Städte sehr häufig weibliche Götterbilder, die bewundernd angeschaut werden. Die Ehe halten sie heilig, zu ihrem Schutze dienen viele Vorrichtungen, namentlich die Heiratsbüros. Kinder sehr zahlreich, der größere Teil der Bevölkerung besteht aus ihnen, namentlich in politischer Beziehung.

Die Bevölkerung nährt sich von Essen und Trinken, mit Ausnahme der Künstler, die beides nicht nötig haben, in der Hauptstadt Königsberg von Klops und Marzipan und Rinderfleck. Sie sind Christen und zwar wie ich erkennen konnte, ebensolche gute wie wir, denn sie haben eine Menge Kirchen, Armenhäuser, Gefängnisse und Gerichte. Das religiöse Leben scheint hier sogar mächtig in der Steigerung begriffen zu sein, denn ich fand häufig Leute mit dem Kreuzesabzeichen, doch scheint es dabei einen Haken zu haben.

Die Mehrzahl der Ostpreußen lebt gesittet, nur einige wenige wilde Völkerschaften sind in Überresten vorhanden und zwar nur noch in Königsberg, wo sie gehalten sind, sich deutlich erkennbar in verschiedenen Farben zu kleiden. Es sind dies die Vandalen, Teutonen, Borussen, Zimbern und andere; diese haben auch noch die Sitte des Tätowierens beibehalten, außer ihnen nur noch die Hafenarbeiter. Hautfarbe weiß, auch gehen sie in Kleidern, die

Männer tragen Hosen mit zwei Hosenbeinen, viele Frauen solche mit einem nur. Menschenfresser habe ich meines Wissens nirgends gefunden.«

(Das Zitat aus dem Buch »Die Entdeckung Ostpreußens« stammt aus der 4. Auflage von 1929, das Buch ist jetzt nur noch in Antiquariaten erhältlich.)

Hans Mosberg lernte Ostpreußen gründlich kennen, vom Memelgebiet im Norden, wo die Burg Rombinus mit einem Opferstein des Perkunos stand und die Naturschönheiten der Kurischen Nehrung (litauisch Neringa, weibliche Sagengestalt), viele Besucher anlockte. Das Samland mit der Bernsteinküste, wo es wunderschöne Fundstücke mit Einschlüssen gab (Budzinski: »Der berühmteste Einschluß zeigt einen Mann, der beim Lesen einer ostpreußischen Zeitung eingeschlafen ist und von dem herabstürzenden Harz eingeschlossen und zum ewigen Andenken der Menschheit aufbewahrt wurde. Die Züge dieses Menschen sind von einer außerordentlichen Geistigkeit.«) Das Samland wies auch den höchsten »Berg« Ostpreußens auf, den Galtgarben (111 m), der für die heidnischen Pruzzen ein zentrales Heiligtum gewesen ist. Im Samland hatte es noch 1525 einen Aufstand gegen den zum neuen Glauben übergetretenen Herzog Albrecht und den Adel gegeben, 8000 Aufständische wurden hingerichtet, daher soll der Keller im Königsberger Schloß den Namen »Blutgericht« bekommen haben und nicht etwa von den später dort ausgeschenkten Rotweinen.

Herzog Albrecht war wegen seiner Stiftung der Königsberger Universität (die alte war um den Dom herum auf dem Kneiphof gebaut, die neue stand am Paradeplatz) auch im modernen Königsberg noch gegenwärtig. In jedem Jahr schmückten sich die Abiturienten mit sog. Albertussen, goldenen Abbildern des Kopfes dieses Herzogs, der im Alter übrigens aus Königsberg verjagt und verbittert in Tapiau gestorben ist.

Ein Teil Ostpreußens, in den Hans Mosbergs Fahrten immer wieder führten, war Masuren. Die polnischen Ansprüche auf dieses Grenzland waren in der Abstimmung abgewiesen worden. Dennoch wurde dort besonders intensiv der Grenzschutzgedanke gepflegt. Dieser Teil Ostpreußens hieß früher Sudauen, das ist Südland. Die vielen Seen und riesigen Wälder, in denen mehrere zaristische Armeen ihren Untergang fanden, als sie zu Beginn des Ersten Weltkrieges nach Ostpreußen vorrückten, waren von einem ganz besonderen Menschenschlag besiedelt. (Budzinski: »Diese nähren sich, wie behauptet wird, vom Stehlen und vom Bärenfang. Das ist aber eine abscheuliche Lüge, wie ich mich selbst überzeugen konnte. Auch eine andere Lüge sei sofort hier aufgedeckt, die in dem Sprichwort liegt: ›Wo sich aufhört der Kultur, da sich anfängt das Masur.‹«)

Das westliche Ostpreußen um Elbing, das Ermland, Allenstein, Marienburg und Marienwerder hatte bis zum Versailler Vertrag zu der Provinz Westpreußen gehört und bildet jetzt einen eigenen Regierungsbezirk in der Provinz Ostpreußen. Die Weichselgrenze war heftig umstritten und führte zu ständigen Reibereien mit Polen. Die im 19. Jahrhundert wieder aufgebaute Marienburg und das Schlachtfeld von Tannenberg waren symbolträchtige Anziehungspunkte für alle »nationalgesinnten« Ostpreußen und auch Reichsdeutschen. Der Heimatbund förderte diese Gefühle publizistisch und setzte sich mit anderen Verbänden für den Bau des Tannenbergdenkmals ein, den die preußische Regierung durch ein Sammlungsverbot behinderte. Obwohl der preußische Ministerpräsident Braun aus Ostpreußen stammte und sich selbst als Preuße ansah, kam es doch zu ständigen Konflikten zwischen dem »nationalen« Teil der Bevölkerung und den staatlichen Instanzen, insbesondere dem Innenminister Severing und dem Königsberger Polizeipräsidenten Lübbering.

Hans Mosberg wurde wegen eines scharfen Zeitungsartikels gegen den Polizeipräsidenten in einer Königsberger Tageszeitung zu einer Geldstrafe verurteilt. Er hielt engen Kontakt zur Studentenschaft, versuchte aber auch, sein Studium durch Besuch von Vorlesungen, u. a. bei dem Historiker Prof. Rothfels, fortzusetzen. Dieser Kontakt zur Universität brachte dann auch seine engste Bindung an Ostpreußen zustande, seine Ehe mit einer Ostpreußin.

*

Dieses Ostpreußen, das Hans Mosberg so geliebt hat, gibt es

heute nicht mehr. Geteilt in eine nördliche russisch regierte Zone und einen Südteil, der heute zu Polen gehört, ist Ostpreußen zwar noch Ziel vieler Erinnerungsreisen heimwehkranker früherer Bewohner, es hat aber seinen ursprünglichen Charakter, vielleicht mit Ausnahme von Masuren, fast völlig verloren. Der polnische Teil Masuren und Ermland hatte auch nach Kriegsende noch erhebliche Teile der ursprünglichen Bevölkerung. Die geschäftstüchtigen Polen merkten bald, daß in diesem teilweise bitterarmen Gebiet durch westliche Touristen positive wirtschaftliche Anstöße zu erwarten waren. Die ursprüngliche masurische Bevölkerung gibt es nicht mehr. Hatten sich schon bei der Abstimmung 1920 nur 2,16 Prozent der Bevölkerung für Polen entschieden, so waren nach dem Ende des Zweiten Weltkrieges sog. Autochthone, etwa 115 000 Menschen, zurückgeblieben, die nicht wie die dort lebenden Deutschen sofort vertrieben wurden. Aber bis 1981 sind 105 298 Spätaussiedler aus Südostpreußen in die Bundesrepublik gekommen. Sie verließen Polen, denn, wie es ein polnischer Historiker ausgedrückt hat: »Was die Preußen in mehr als 400 Jahren nicht geschafft haben, das haben wir Polen in einer Generation geschafft, nämlich aus den Masuren bewußte Deutsche zu machen.«

Es ist geradezu grotesk, daß ausgerechnet die Trümmer des Führerhauptquartiers bei Rastenburg und das von Polen mit viel Mühe wieder aufgebaute Ordensschloß in Marienburg die Hauptanziehungspunkte für den Tourismus geworden sind. Das riesige Tannenbergdenkmal ist allerdings völlig verschwunden, dafür haben die Polen auf dem Schlachtfeld von Grunwald (Tannenberg) ein Denkmal zur Erinnerung an den Sieg polnisch-litauischer Truppen 1410 über den Deutschen Orden gebaut. Für die polnischen Besucher Masurens, aber auch für die nachgewachsenen deutschen Generationen sind es vor allen Dingen die großen Seen und die Wälder, die zu einem Besuch dieses Landes locken.

Ganz anders ist die Situation im nördlichen Ostpreußen, wo die sowjetrussische Regierung erst im Jahre 1991 die Möglichkeit eröffnet hat, daß deutsche Besucher den »Oblast Kaliningrad« bereisen können. Die Stadt Kaliningrad hat mit der alten Stadt

Königsberg nur noch einige Vororte gemein. Die historische Stadtmitte ist zuerst im August 1944 von einem anglo-amerikanischen Terrorangriff vernichtet worden. Ich benutze bewußt diesen Ausdruck, weil der historische Stadtkern, der ohne jede militärische Bedeutung war, vernichtet wurde. Die gesamten, für die Kriegsführung damals noch interessanten Objekte, die beiden großen Bahnhöfe, die vielen Kasernenanlagen, die Industrie und der Hafen, all das blieb stehen. Die zweite Zerstörungswelle setzte mit der Belagerung im Frühjahr 1945 ein, als in wochenlangen erbitterten Kämpfen vieles, was noch stand, in Schutt und Asche sank. Im Anschluß daran sind auch systematische Brandstiftungen durch russische Truppen zu verzeichnen gewesen. Aber die eigentliche Zerstörung der Stadt, z. B. auch der Ruine des großen Ordensschlosses, setzten erst viel später ein, als man systematisch alles abriß, sprengte und einebnete, was an die Geschichte Preußens und Deutschlands erinnerte. Um die Ruine des Doms herum, der angeblich diese Abrißserie überlebte, weil dort das Grabmal von Immanuel Kant an der Außenmauer stand, ist eine Stadt »wie Irkutsk« in Kaliningrad entstanden.

Bei Kriegsbeginn wohnten in Königsberg etwa 370 000 Deutsche; als die fürchterlichen Kämpfe 1945 von General Lasch durch Kapitulation beendet wurden, lebten noch etwa 100 000 Deutsche in Königsberg. Bis auf 25 000, die 1947/48 nach Deutschland abtransportiert wurden, sind 75 000 Deutsche verhungert, erfroren, an Krankheiten gestorben und erschlagen worden. Heute gibt es wieder einige Deutsche dort, zumeist kommen sie aus den Vertreibungsgebieten der Wolgadeutschen und versuchen, in der Stadt eine neue Gemeinschaft und sogar eine kirchliche Gemeinde zu bilden. Kaliningrad hat heute, nach russischen Angaben, mehr Einwohner als früher Königsberg. Darunter sind sehr viele Soldaten, denn dieser Oblast Kaliningrad ist vor allen Dingen ein Militärgebiet. Hatte man vor 1990 jeden Bezug auf Preußen und Deutschland austilgen wollen und hatte man noch unter Breschnew das Ordensschloß bis auf die Grundmauern zerstört, um dort einen riesigen Betonkoloß als Sitz des Stadtsowjets aufzubauen (er ist nie fertig geworden und droht zusammenzustürzen), so werden jetzt die deutschen Restbestände in den Vororten sorgfältig für deutsche Heimwehtouristen präpariert. Ständig besuchen Touristengruppen die Domruine oder die Luisenkirche auf den Hufen, die allerdings keine Kirche mehr ist, sondern ein Puppenmuseum. Die Behörden haben sogar zugelassen, daß in der Nähe der ältesten Kirche, die noch existiert, im Vorort Juditten (sie ist jetzt russisch-orthodoxe Kirche) ein schlichtes Holzkreuz an die vielen verstorbenen und ermordeten deutschen Einwohner Königsbergs erinnert.

Auf dem Lande sieht es noch schlimmer aus. Daß man aus ideologischen Gründen die Herrenhäuser systematisch zerstört hat, daß viele Orte völlig verschwunden sind und die blühende Landwirtschaft zu großen Teilen versteppt und verdorben wurde, das muß mit Bitterkeit festgestellt werden. Es gibt Ausnahmen: In Palmnicken ist der Bernsteintagebau neben der abgesoffenen deutschen Anlage in neuen Gruben wieder in Gang gesetzt worden. Die Kirche steht und ist als orthodoxe Kirche wieder benutzt. In den Badeorten an der Bernsteinküste herrscht reges Leben. Man hat allerdings riesige Neubauten als Erholungsheime für das Militär und Betriebe errichtet, die teilweise schon verfallener aussehen als alte deutsche Bauten aus der Zeit der Jahrhundertwende. Auch der Seehafen Pillau ist voll in Betrieb. Kaliningrad als der westlichste eisfreie Hafen der Sowjetunion wird nach Instandsetzung des Seekanals durch das Frische Haff nach Königsberg von einer Fischereiflotte, aber auch von anderen Handelsschiffen, stark genutzt. Überraschend positiv ist der Eindruck im Memelgebiet. Die Litauer haben sehr viel schneller als die Russen den Aufbau des Tourismus betrieben, und die Kurische Nehrung ist heute bereits wieder ein reizvolles Erholungsgebiet.

Familiengründung

Der Anker, der das Lebensschiff von Hans Mosberg an Ostpreußen band, war die Liebe zu seiner Frau. Helene Ehlert, genannt Leni, war ein ostpreußisches »Marjellchen« aus einer bürgerlichen Familie, die wie die Mosbergs durch den großen Krieg in Mitleidenschaft gezogen worden war. Der einzige, sehr geliebte Bruder, war von diesem Krieg, zu dem er sich 1914 sofort bei den Wrangel-Kürassieren in Königsberg gemeldet hatte, verschlungen worden. Das Vermögen der Familie hatte der Vater, ein etwas weltfremder Pädagoge, zu Beginn der Inflation aufs Spiel gesetzt und verloren. Das junge Mädchen, das Hans Mosberg in Studentenkreisen traf, war lustig und hübsch, manchmal kokett. Sie war erst 22 Jahre alt, als sie sich kennenlernten, und sie wurde vielleicht von dem Ernst und der Andersartigkeit dieses Mannes angezogen, der so gar nicht in ihre gewohnte Umgebung zu passen schien.

Die Eltern von Leni Ehlert stammten beide vom Lande. Der Vater, aus einer Salzburger Einwandererfamilie, war sehr fromm. In seinem Gesangbuch aus dem Jahre 1879 schrieb er auf das Deckblatt in deutscher Schrift:

»Dieses Gesangbuch bekam ich zu meiner Einsegnung in der evangelischen Kirche St. Johann bei Bartenstein, Ostpreußen, am 12. September 1880. Dann kamen bald andere Gesangbücher mit anderen Liedern und veränderten Texten in Gebrauch, die ich mir anschaffte; aber meine Eltern haben das alte Quandtsche weiterbenutzt und viel darin gelesen und Trost darin gefunden. Meine Mutter kannte alle Melodien und sang nicht nur sonntags mit Vater zusammen bei den Hausandachten, sondern öfter auch alltags bei der Arbeit. Ich sang mit und las am Sonntag das Evangelium und die Epistel vor. Otto Ehlert, Taubstummenoberlehrer!«

Der Vater von Otto Ehlert war Schuhmacher gewesen, er war in einer Gegend aufgewachsen, wo sonntags auch noch litauisch gepredigt wurde. Er war ein zarter Mann mit empfindlichem Magen und wude wegen seiner Intelligenz von einem Onkel auf höhere Schulen geschickt, dann zur Lehrerausbildung und schließlich zu einer Sonderausbildung als Taubstummenlehrer. Als Lehrer an einer Taubstummenanstalt lernte er seine spätere Frau, Gertrud Möller aus Krattlau im Samland, kennen. Sie kam aus einem völlig anderen Milieu. Sie war die Erbin eines Gutes, die ihren Vater und ihren Stiefvater schon in der Kindheit verloren hatte. Die Familie stammte ursprünglich aus dem Danziger Werder, wahrscheinlich von holländischen oder niederdeutschen Einwanderern, die dort als gute Wasserbauer aus dem ständig überschwemmten Weichseldelta gute landwirtschaftliche Böden entwickelt hatten. Der Familie gehörte dort das Gut »Danziger Haupt«, das dem späteren Weichseldurchstich in Richtung Ostsee geopfert wurde. In Krattlau lebte sie auf dem Erbe ihrer Mutter bei ihren Verwandten in einer »begüterten« Familie ein sorgenfreies Leben. Als sie den jungen Taubstummenlehrer heiratete, der ihr intellektuell überlegen war, erhoffte sie sich ein Leben in der Stadt. Doch zuerst zog man von einer Taubstummenanstalt in die andere, diese lagen zumeist in Kleinstädten. So kam es, daß die jüngste Tochter Helene als drittes Kind der Familie in Angerburg in Masuren geboren wurde. Leni hatte, wie der Vater meinte, ein »sarmatisches« Aussehen, ein mehr slawisches als deutsches Gesicht. Sie war eine gute Turnerin und von schneller Auffassungsgabe in der Schule. Als Oberlehrer war der Vater nach Königsberg versetzt worden und hatte von dem ausgezahlten Erbteil seiner Frau zwei große Mietshäuser in bester Lage der Stadt, in der Schönstraße (gegenüber der »Regierung«) gekauft, wo die Familie in einer großen Wohnung lebte. Die Tochter ging in ein privates Lyzeum, das, wie so viele vor dem Ersten Weltkrieg, noch nicht zum abschließenden Abitur führte. Mit der Mittleren Reife wurde sie, wie auch ihre ältere Schwester, ins »Pensionat« geschickt. Sie kam nach Heidelberg.

In dieser Heidelberger Zeit lernte sie Fremdsprachen, aber auch eine gute Kenntnis der deutschen Literatur wurde vermittelt und mit 16/17 Jahren begannen die Freundschaften mit den dortigen Pennälern. Leni Ehlert wurde in Heidelberg die »Flamme« eines jungen einheimischen Badeners mit Namen Sommerlath. Weder sie noch er konnten damals ahnen, daß er einmal der Vater der schwedischen Königin sein würde. Der von ihr »Siou« genannte Sommerlath verhalf ihr beim Ausbruch der Revolution im November 1918 zur Fahrt quer durch das in Chaos gestürzte Deutschland von Heidelberg nach Königsberg. Noch jahrelang, auch nach seiner Auswanderung nach Argentinien, seiner Eheschließung und seiner kaufmännischen Karriere als Kaffeehändler, hat er an seine frühere Flamme geschrieben und ihr viele Fotos von sich und seiner Familie geschickt.

Der Zusammenbruch der Monarchie beendete die sorglosen Tage im Pensionat. Aber Leni Ehlert schloß schnell neue Freundschaften und war bald bei den Königsberger Studenten ein gern gesehener Gast. Unter der Leitung des Chefs des Technischen Hilfswerks in Königsberg, Schwaneberg, kamen die Studenten und ihre »jungen Damen« oft zu Einsätzen bei den damals zahlreichen Streiks. Bei einer dieser Gelegenheiten lernte Leni Ehlert Hans Mosberg kennen und verlobte sich mit ihm.

Im Winter 1922/1923 hatte die Inflation bereits die Wirtschaft des Landes ruiniert. Alle Leute versuchten verzweifelt, wenigstens die notwendigsten Lebensmittel zu besorgen, was selbst in einer Agrarprovinz wie Ostpreußen für die Städter in Königsberg nicht einfach war. Damals wurde Hans Mosberg nicht mit Geld vom Heimatbund bezahlt, sondern die der Vereinigung nahestehenden Landwirte bezahlten in Zentnern Roggen. Das war eine bessere Lebensgrundlage als das wertlose Papiergeld.

Die Familien Mosberg und Ehlert waren beide durch die Inflation gleich arm, die finanziellen Voraussetzungen für die Gründung eines Ehestandes waren sehr schlecht. Leni Ehlert brachte von ihrer Mitgift von 100 000 »Goldmark« nun als einziges Möbelstück, das noch davon angeschafft werden konnte, einen Nähtisch mit in die Ehe. Hans Mosberg hatte in seinem Bürozimmer neben einem Feldbett einen Schrank, der den Namen »Herr Höflich« trug, weil er immer, wenn man die Tür aufmachte, sich nach vorne neigte und zusammenzufallen drohte.

Die Ehe wurde am 1. Juni 1923 geschlossen und zwar nicht vor dem Militärpfarrer Müller, den die beiden jungen Eheleute instinktiv ablehnten (es handelt sich um den späteren »Reichsbischof« Müller, was damals noch niemand ahnen konnte), sondern vor dem Dompfarrer Willigmann. Trauzeuge Hans Mosbergs war Major Fletcher, sein alter Chef im Baltikum und jetzt beim Heimatbund Ostpreußen in Königsberg. Geldmangel beherrschte die erste Ehezeit des Paares Hans und Leni Mosberg, doch im Sommer 1923 konnten die jungen Leute sich auf eine »standesgemäße« Hochzeitsreise begeben. Schon der Sanitätsrat Mosberg war vor dem Ersten Weltkrieg im Sommer häufig mit seiner Familie nach Wildbad-Innichen im Pustertal gefahren. Sein dortiger Quartiergeber, Graf Beckers, war ihm ausgesprochen dankbar für den Vorschlag, für das Kurieren der oft an Rheuma und Gliederschmerzen leidenden Bergbauern Heubäder einzurichten. Zwischen den Familien Mosberg und Beckers hatte sich eine Freundschaft entwickelt, die auch das Kriegsende, den Zerfall der beiden Kaiserreiche und die Abtrennung Südtirols und damit Innichens überdauerte. Auf Einladung des Grafen konnte das junge Ehepaar nach Südtirol fahren und dort mehrere herrliche Wochen im Pustertal verleben.

Bettelarm und immer in der Holzklasse fuhren sie die weite Strecke zurück, die Folgen dieser Hochzeitsreise zeigten sich dann im Februar 1924, als der Sohn Helmuth in Königsberg geboren wurde. Da war die Inflation bereits zu Ende, und eine gewisse finanzielle Konsolidierung machte es möglich, eine größere Wohnung im Heimatbundbaus Brahmsstraße 11 zu beziehen. Der Lebenszuschnitt war immer noch spartanisch, und die junge Frau mußte oft »zaubern«, um die agrarischen Gäste ihres Mannes, die aus ihren adeligen Herrenhäusern zumindestens im Bereich der Lebensmittel keinerlei Knappheit kannten, wenigstens mit Miniportionen zu bewirten. Sie lernte durch ihren Mann eine völlig andere Gesellschaftsschicht kennen und hat die Güter der Eulenburgs (Gallingen und Wicken), der Dönhoffs (Friedrichstein und Quittainen), der Dohnas (Schlobitten und Finkenstein) und andere Heimatbundprotektoren häufig besucht. Am besten gefiel es ihr bei den Lehndorffs in Steinort am Mauersee in Masuren (dort befand sich im Zweiten Weltkrieg im Steinorter

Mauerwald das Führerhauptquartier, das Schloß selbst wurde von Außenminister von Ribbentrop als Quartier requiriert).

Die Familie Ehlert war von dieser »adligen Sippschaft« nicht gerade begeistert. Aber Hans Mosberg wurde seinerseits nun auch in die Landverwandtschaft bürgerlicher Herkunft auf den samländischen Gütern Krattlau, Willkau, Adl. Linkau, Bohnau und St. Lorenz eingeführt. Die junge Frau verbanden Freundschaften mit beiden Seiten, so hatte sie enge Beziehungen zu Christa Gräfin Dönhoff (der Schwester von Marion Gräfin Dönhoff), deren Mann Baron von Dellingshausen beim Heimatbund mitarbeitete, und auf der anderen Seite mit der Gutsbesitzerstochter Erika Heubach aus Kapkeim, die eine hervorragende Reiterin war. Der bürgerliche Gutsbesitzer Heubach war im Unterschied zu den genannten Adligen ein Millionär und konnte es sich leisten, an sein Gutshaus einen Musiksaal anzubauen, in dem hervorragende Interpreten Konzerte gaben, wie der Geiger Hubermann.

Auch in Königsberg wurden die geselligen Beziehungen gepflegt, z.B. zu dem letzten Geheimdienstchef des Kaiserreiches, Oberst a.D. Walter Nicolai, dessen Tochter und Schwiegersohn noch nach dem Zweiten Weltkrieg in Düsseldorf mit der Familie Mosberg Kontakt hielten. Über Nicolai ergab sich auch eine Verbindung zu dem Leiter der Abwehrstelle Ostpreußen in den Jahren 1923/24 in Königsberg, dem damaligen Reichswehrhauptmann von Weiß. Eine andere Freundin von Leni Mosberg war Asta Rees, die beide intensiv die Musik pflegten. Sie war die Frau des Rechtsanwalts Rees, der nach dem Zweiten Weltkrieg als Vorsitzender der Ostpreußischen Landsmannschaft zuerst Bundestagsabgeordneter der SPD und dann der CDU war. Hans Mosberg konnte später aus der westdeutschen Industrie, die immer wieder um Unterstützung für die ostpreußischen Aktivitäten gebeten wurde, vom IG-Farben-Vorstand den Manager Ter Haar zu seinem Hochzeitsurlaub ins Samland einladen. Die Verbindungen zwischen Ostpreußen und dem Reich wurden damals sehr sorgfältig gepflegt und hatten z.B. zur Folge, daß der Duisburger Industrielle Hugo Stinnes das Grabdenkmal für Immanuel Kant am Königsberger Dom stiftete, das heute noch steht.

In dieser Zeit interessierte sich kein Mensch für die jüdische Abstammung von Hans Mosberg, die er wohl niemandem mitgeteilt hat. In der Königsberger Gesellschaft gab es sehr angesehene Juden. So war der Vater der Rothfelsschülerin Hanna Arendt, die später eine bedeutende Schriftstellerin und Philosophin wurde, Max Arendt, Stadtverordnetenvorsteher von Königsberg.

Mit steigendem Wohlstand der jungen Familie, die auch zu der Anschaffung eines Autos führte, wurde der Plan gefaßt, in einem der schönsten Orte des Samlandes, im Ostseebad Rauschen, ein Haus zu bauen. Über Rauschen und das Samland hat schon der erste berühmte deutsche Reiseschriftsteller, Ferdinand Gregorovius, in seinem Buch »Wanderjahre in Italien« in der ersten Ausgabe in Leipzig 1856 berichtet. Gregorovius stammte aus der Ordensstadt Neidenburg und brachte es bis zum Ehrenbürger von Rom. Die hier wiedergegebenen Schilderungen »Idyllen vom Baltischen Ufer« entstanden in Königsberg kurz vor seiner Ausreise nach den großen Lebenszielen im Süden um 1851.

»Rauschen ist nach Neukuhren der größte Badeort dieser Gegend. Hohe Sanddünen und buschige Berge trennen es von der See. Es liegt tief in einem Sandkessel und auf dem Abhang der Seeberge, an einem malerischen weit hingezogenen Teiche, in dem sich die Häuser und die Berge spiegeln. Nach der Landseite zu steigen die Berge hoch an; lilafarbige Heide blüht auf ihnen. Berg und schmaler Teich geben dieser Partie einen überraschend fremden, fast schottischen Charakter. Ich sehe einen Hohlweg, über den Tannen stehend führt er zum Eingang des Dorfes. Dort liegt das kleine Gasthaus, schon in der Ferne erkennbar durch sein Dach von geteerter Pappe und seine weißen Wände. Unmittelbar hinter ihm erheben sich waldige Berge; ein klarer Quell rauscht da hervor, fällt in den Teich und betreibt ganz in der Nähe eine Mühle. Unter der Linde am Mühlenteiche pflegen sich die Badegäste abends zu versammeln. Mittags findet man eine zahlreiche Gesellschaft vor dem Gasthause, wo ein öffentliches Zelt von Laub zum Frühstück oder zu einer Partie Domino oder Schach einladen. Die Wirtschaft ist echt dörflich. Im Saal wird an offener Tafel gespeist, am Instrument gesungen, an gewissen Tagen eine Tanzsoiree gehalten; bei 30 Réaumur springt das junge Volk in einer unsäglichen Dampfatmosphäre zur schrillen Geige und zu Hyons Horn. Die Jugend bildet in Rauschen, wie freilich fast überall, einen anarchischen Staat. Rauschen ist das Asyl der Professoren, der Pastoren, der Gymnasialdirektoren, der Beamten und des ganzen unseligen Geschlechts der Hieronymus Jobse, welche hier ihre Herbarienseelen 4 Hundstagswochen lang vom feuchten Seewind durchziehen lassen. Alle Tage um 10 Uhr morgens sieht man sie, das Handtuch um den Leib, mühsam die Dünen emporklettern, unten im Angesicht des keuschen Meeres die Kleider ablegen und in nackter Schöne als Borghese'sche Fechter auf dem Sande spazieren. Kant und Herbart sind die Schutzheiligen von Rauschen.

Schlagen wir uns seitwärts nach der Seeküste zu. Gleich von Rauschen ab westlich beginnt das Ufer steil und waldig zu werden. Hier drängen die schönsten Gruppen zusammen, Partien, welche ihnen vielleicht schon aus Abbildungen bekannt sein werden. Tiefe Schluchten, wie sie Rügen nicht hat, zerreißen hier das Gestade und bilden groteske Uferformationen. Zunächst liegt die Gossupp-Schlucht, ein dichtes Waldgelände mit einer quelldurchrieselten, in das Meer hinabgehenden Kluft, deren eines Ufer sandig ist, während das andere von den schönsten pittoresken Waldgruppen überdeckt wird. Von hier wandert man immer hart am Ufer durch einen Wald nach dem einsam gelegenen Waldhäuschen. Überall gibt es Schluchten und Ruhepunkte am Ufer unter Tannen und Eichen, von wo aus man einen herrlichen Blick auf das Meer und das ausgebuchtete Gestade genießt. Dann führt der Küstenweg nach der Schlucht von Georgswalde. Sie ist eine der schönsten des Samlandes, weil sie eng zwischen steilen Uferwänden in den mannigfachsten Windungen fortläuft. Überwölbt von himmelanstrebenden Buchen und breitwipfeligen Eichen und umrankt von blühendem Gestrüpp, während nach der See zu das Ufer wild hinunterstürzt und hier und da eine Sandgruppe aufragt, aus welcher ein halbentwurzelter Baum als verlorener Posten steht.«

Dieser romantischen Schilderung von 1851 sei eine satirische von Budzinski aus dem Jahre 1925 angefügt:

»Weiter an der Küste entlang sind dann die Schwestern dieses

Seebades, z.B. das liebliche Rauschen, das für zartere Naturen jetzt in seinem romantischen Dorfteich eine Badeanstalt baut, um die Brutalitäten des Meeres auszuschalten. Denn die gewaltigen Meereswogen sollen hier künstlich, aber ungefährlich durch Elektromotoren erzeugt werden. An der Hochküste bei Rauschen hat ein besonders schöner Punkt den sinnigen Namen Venusspitze. Die Aussicht ist hier wirklich göttlich, aber die Bezeichnung scheint einen mythologischen Irrtum einzuschließen. Denn Venus, griechisch Aphrodite, hatte keine Spitze sondern nur Rundungen, falls man hier nicht gerade den Meeresbusen mit diesem Ausdruck Spitze in Verbindung bringen will; ferner war diese Dame für gewöhnlich unbekleidet, am allerwenigsten aber mit Spitzen, nur ihre modernen Nachfolgerinnen bevorzugen diese Bekleidungsart. Es ist jedoch möglich, daß in diesem Namen irgend eine andere Spitze enthalten ist.«

In Rauschen hatten schon die Eltern von Leni Mosberg vor dem Ersten Weltkrieg im Sommer oft gewohnt. Der Ort hatte sich durch den Bau der Samlandbahn rasch entwickelt und auf der früher unbebauten Düne an der See hatte sich das Ostseebad mit vielen Einrichtungen etabliert. Hier noch ein schönes Grundstück zu finden, gelang Leni Mosberg mehr oder minder durch Zufall in der Nähe des Bahnhofs Rauschen-Düne. Im Verzeichnis der Grundstücke des Ostseebades Rauschen ist das Haus Mosberg als Nummer 13 verzeichnet, und auf dem Lageplan liegt es als eines der letzten Häuser in Richtung der Jugendherberge Georgenswalde an der Westendstraße. Hans Mosberg erwarb ein Grundstück von 2520 m^2 mit teils sandigem, teils torfartigem Grund und baute darauf ein Sommerhaus von nur 67,50 m^2 Grundfläche, dafür aber mit ausgebautem Dachgeschoß, mit Gas- und Wasseranschluß, mit elektrischem Licht und vor allem mit einer wundervollen Glasveranda als Wohnzimmer. Auf den Giebelfirst kam ein echter, in Holz geschnitzter Kurenwimpel, neben das Haus wurde eine Birke gepflanzt, die genauso alt war wie der Sohn der Familie, und an einer hohen Fahnenstange wurde an jedem Morgen die schwarz-weiß-rote Fahne aufgezogen und am Abend eingeholt. Auf dem großen Grundstück gab es die in der Gegend üblichen Baumarten, vor allen Dingen Birken,

Fichten, hier wurden sie nur Tannenbäume genannt, sehr viele Erlen und hinter dem hölzernen Garagenschuppen auch ein paar Gemüsebeete.

Dieses Sommerhaus war das Paradies der Familie Mosberg, hierher kamen immer Kinder der Verwandtschaft und auch von Freunden, z.B. vom Oberförster des größten Elchreviers Europas in Ibenhorst, von Tresckow, zu Besuch, aber auch z.B. die Kinder der Familien Goerdeler, weil zwei Häuser entfernt die Schwiegermutter von Carl Goerdeler, Frau Ulrich, das Haus Nummer 16 bewohnte. Den ganzen Sommer über, auch wenn Hans Mosberg in Königsberg seinem Beruf nachging, wohnte die Familie in dem Rauschener Haus. Der Sohn besuchte im Sommer die Rauschener Fischerschule, im Winter die Königsberger Volksschule. Der Hausherr kam entweder mit der gewaltige Rauchwolken ausstoßenden, klingelnden und pfeifenden Samlandbahn nach Rauschen oder später mit seinem Auto, dessen weiche Federung die schlechte Straße gar nicht mochte. Besonders die Berliner Verwandtschaft und deren Kinder waren häufig zu Gast bei den Mosbergs an der Samlandküste. Sogar eine englische Haustochter gab es einen Sommer lang dort. Alle genossen das Baden in der Brandung der See, die über einen eigenen Abgang von der Steilküste in einer finsteren Schlucht erreicht wurde.

Die Erwachsenen gingen oft auch in das eigentliche Ortszentrum, wo es in dem herrlichen Lärchenpark Konzerte und eine Fontäne gab. Sie besuchten auch häufig zusammen mit der Landverwandtschaft den Renn- und Turnierplatz, wo die ostpreußischen Trakehner ihr ganzes Können zeigten.

In der Sommerfrische Rauschen faßte Thomas Mann übrigens den Entschluß, in Nidden ein Haus zu bauen.

*

Rückwirkend gesehen war die Zeit in Königsberg und Rauschen für die Familie Mosberg ein Leben mit aufsteigender Linie. Ein Leben bald mit eigenem Haus, mit vielfältigen Beziehungen zu interessanten Menschen, zwar anfangs mit finanziellen Sorgen, die von den Schwiegereltern Ehlert unterstützend ausgeglichen werden konnten. In das Jahr 1929 fiel der Tod der Mutter von Hans Mosberg in einem Berliner Sanatorium und davor die Hochzeit seiner Schwester mit einem österreichischen Siemensingenieur, der sie in die Vereinigten Staaten führte. Es gab familiäre und gesellschaftliche Kontakte aller Art, aber die Wolken am Horizont waren nicht zu übersehen, die Ostpreußen 1945 vernichten sollten.

Wer heute nach Rauschen (Svetlogorsk) kommt, konnte 1991 feststellen, daß dieser Ort im Unterschied zu Königsberg nicht durch den Krieg zerstört wurde, aber durch zahlreiche Neubauten seinen ursprünglichen Charakter als kleines Seebad weitgehend eingebüßt hat. Zwar ist die Natur noch immer sehr schön, aber im Stundentakt fahrende elektrische Schnellzüge bringen Massen von Kalingrader Erholungssuchende an die See, deren Strand durch mangelnde Pflege der Buhnen sehr schmal und steinig geworden ist. Die Russen kippen jetzt zum Schutz der Küste ausgegrabene Steine von den zahllosen Neubauten direkt von der Promenade ins Meer, was nicht gerade zu dessen Badequalität beiträgt. Die Steilküste ist heute haltbarer als früher, weil stärker bewachsen. Der Wildwuchs von Birken, Erlen und Gestrüpp hat auch von vielen Gärten Besitz ergriffen.

Das Sommerhaus der Mosbergs ist beinahe von wucherndem Unterholz begraben. Die wundervolle Glasveranda ist verschwunden. Auf Befragen erklärten die jetzigen Bewohner, dort wären zwei Kühe gehalten worden und das hätte der Holzboden nicht ausgehalten. Die Kühe mußten im Haus gehalten werden, weil ihr Besitz als Privateigentum lange Zeit verboten war. Es gibt auch keine Fischer mehr, weder am Strand noch in den Dünen Boote, die auf den Sand gezogen wurden. Angeblich ist auch der Besitz von Booten verboten, weil befürchtet wurde, daß die Besitzer über die See nach Schweden fliehen würden. Das Militär hat viele der Häuser, gerade die besterhaltenen deutschen, für Erholungszwecke belegt, daneben hat man viele Neubauten errichtet und auch dort in der Westendstraße, wo das Mosbergsche Haus steht, sind nach Georgenswalde hin riesige Sanatoriumsgebäude aus Beton in die Natur gestellt worden.

Schule und die evangelische Kirche stehen noch. Im Lärchenpark gibt es mehrere deutsche Plastiken, die angeblich erst 1944 aufgestellt worden sind und nach Auskunft des russischen Dolmetschers von Arno Breker stammen sollen. In Wirklichkeit sind sie von einem früher in Georgenswalde ansässigen deutschen Bildhauer namens Brachert, dessen Haus jetzt von deutschen Liebhabern seiner Werke zu einem kleinen Museum umgebaut werden soll. Denn deutsche Liebhaber Rauschens sind jetzt reichlich als Heimwehtouristen anzutreffen, und sie haben bereits guten Kontakt mit den russischen Behörden, die sie als Devisenbringer sehr zu schätzen wissen. Die deutschen Reisegesellschaften des Jahres 1991 hatten Rauschen fast immer auf ihrem Ostpreußen-Programm, und außer in Königsberg selbst werden Gäste, die in Ostpreußen wohnen wollen, vorwiegend in Rauschen untergebracht. Die Russen bemühen sich, das Angebot zu verbessern, weil sie gemerkt haben, daß die deutschen Reisegesellschaften lieber in den jetzt litauischen Teil Ostpreußens auf die Nehrung gehen, wo Nidden zu einem Anziehungspunkt erster Ordnung geworden ist. Was Gregorovius und Budzinski geschildert haben, die natürliche Umgebung der Bernsteinküste, ist in weiten Teilen noch vorhanden, die Rückerinnerung an die Zeit vor 1933 macht den Verlust dieser Heimat noch schmerzlicher.

Reichswehr und Stahlhelm

Ab 1924 kam für Hans Mosberg neben seiner Arbeit im Heimatbund die aktive Mitarbeit beim Landesverband des »Bund der Frontsoldaten«, der wie er allgemein nur genannt wurde, beim »Stahlhelm« hinzu. Am 12. Januar 1924 war in Ostpreußen ein eigener Landesverband des »Stahlhelms« entstanden, den Siegfried Graf zu Eulenburg-Wicken führte. Eulenburg war im Ersten Weltkrieg mit dem »Pour le mérite mit Eichenlaub« ausgezeichnet worden, ein sehr selten verliehener Tapferkeitsorden. Der Vater seiner Schwiegertochter war Staatssekretär Ernst von Weizsäcker. Der ostpreußische »Stahlhelm« entwickelte sich unter seiner Führung zu einer starken Organisation, die auf dem Gebiet des außermilitärischen Grenzschutzes die Traditionen des Heimatbundes fortsetzte und hierbei der maßgebende Partner der Reichswehr war.

Die Büros des Heimatbundes und des Landesverbandes des »Stahlhelm« waren beide in dem gleichen Hause in Königsberg, Brahmsstraße 11, untergebracht, in dem auch Hans Mosberg seine Dienstwohnung hatte. Die Reichswehr war seit 1923 bemüht, auf dem Gebiet des regionalen Grenzschutzes den Spielraum der örtlichen Wehrverbände durch zentrale Lenkung einzuengen, so daß die Sonderorganisationen an Gewicht verloren und der »Stahlhelm« als Hauptpartner zur Verfügung stand.

Über den Heimatbund hatte die politische Polizei der preußischen Regierung schon im Sommer 1921 die Meldung abgegeben: »Der Heimatbund vereinigt in sich eine Reihe führender Männer der Rechtsparteien, er ist nicht unpolitisch und parteilos, sondern durchaus stark nach rechts orientiert. Er ist der Sammelpunkt der Opposition und Reaktion der Provinz.« (Ostpreußische Meldestelle an den Staatskommissar für die öffentliche Ordnung – GStA, Rep. 203).

In dieses Bild paßt auch ein Besuch der führenden Männer des Heimatbundes bei Adolf Hitler. Im Winter 1922/23 wurde Hitler in München im Hause eines Professors Funk von Major Fletcher, dem Oberpräsidialrat von Hassell, dem Fürsten Dohna-Schlobitten, dem Grafen Hermann zu Dohna-Finkenstein und Hans Mosberg aufgesucht. Ihn hatte man vor allen Dingen wegen seines guten Gedächtnisses mitgenommen, weil Hitler sich bei der Verabredung zu dem Gespräch ausdrücklich verbeten hatte, daß schriftliche Aufzeichnungen gemacht wurden. Hitler war damals erst seit 1 ½ Jahren Vorsitzender der NSDAP, und seine Erfolge hielten sich durchaus noch in Grenzen. Er verlangte aber sofort die alleinige Verfügungsgewalt über den Heimatbund, was ihm natürlich nicht zugesagt wurde, obwohl damals noch niemand ahnte, daß er neun Monate später, im November 1923, einen Putsch in München starten würde.

Hans Mosberg hat später über dieses Gespräch eine eigenartige Bemerkung gemacht. Nach seinem Eindruck von Hitler gefragt, meinte er, er hätte ein ähnliches Gefühl wie beim Betrachten des berühmten Bildes von Leonardo da Vinci, der »Mona Lisa«, gehabt. Deren rätselhaftes Lächeln sei nicht zu ergründen. Ähnlich sei es ihm mit Adolf Hitler ergangen, er fühlte sich zugleich fasziniert und irritiert, irgend etwas an diesem Mann sei nicht zu ergründen.

Der Heimatbund suchte auch Kontakt zu anderen Organisationen, etwa der Orgesch (Organisation Escherich), blieb aber letztlich sowohl selbständig als auch auf Ostpreußen isoliert. Seine führenden Männer waren ganz anderer Ansicht als der Berichterstatter der politischen Polizei des preußischen Innenministeriums. Durch ihr loyales Verhalten konnten Vorstand und Mitglieder nicht nur den »Kapp-Putsch« überstehen, sondern auch alle Anklagen aus dem Ministerium Severing, bis Hitler an die Macht kam und den Heimatbund Ostpreußen zwang, sich selbst aufzulösen.

Eine andere Persönlichkeit machte auf Hans Mosberg einen ausgesprochenen positiven Eindruck, der älteste Sohn des Kronprinzen, Prinz Wilhelm von Preußen. Der von monarchistischen Kreisen geschätzte Prinz war bei einer Wiederherstellung der Monarchie anstelle seines Vaters als Thronfolger ausersehen. Er war Soldat aus Leidenschaft und nahm auch an militärischen

Übungen des »Stahlhelm« teil, dem er als Mitglied angehörte. Der Prinz hat auch die Wohnung von Hans Mosberg in der Königsberger Brahmsstraße 11 besucht, wo es anschließend einen Heidenkrach gab, weil der kleine Sohn sich erdreistet hatte, auf dem Flur mit der »Plempe« des Prinzen zu spielen. Die Teilnahme des Prinzen an einem Reichswehrmanöver wurde mittelbar Anlaß zum Sturz des Reichswehrchefs von Seeckt.

Der Behelfshaber im Wehrkreis Ostpreußen, General von Blomberg, war mit Hans Mosberg persönlich bekannt. Er war Anthroposoph, galt in Militärkreisen als »weich«, was ihm den Spitznamen »Gummilöwe« eintrug. Schon vor 1933 kam er unter dem Einfluß seines Stabschefs, Oberst von Reichenau, einem überzeugten Nationalsozialisten, in Berührung mit der NSDAP. Ein Mittelsmann war dabei Wehrkreispfarrer Ludwig Müller, der es später zum Reichsbischof der »Deutschen Christen« unter Hitler brachte. In dessen Königsberger Wohnung hat Blomberg mit Hitler konferiert, um das Mißtrauen Hindenburgs gegen den »böhmischen Gefreiten« zu besänftigen. Es gab bei den Reichswehroffizieren einen sog. »Königsberger Kreis«, in dem die Probleme einer nationalen Revolution diskutiert wurden.

Dennoch gab es zwischen der NSDAP und dem »Stahlhelm« heftige innenpolitische Auseinandersetzungen in Ostpreußen, z. B. bei der Reichspräsidentenwahl, als Hitler gegen Hindenburg kandidierte. Diese Auseinandersetzung, die auch zu Schießereien zwischen »Stahlhelm« und SA führte (»von Reaktion erschossen« im Horst-Wessel-Lied) wurde von der Reichswehr um der Landesverteidigungs willen mit Sorge betrachtet, so daß Reichenau Hitler gebeten hat, die ostpreußische SA und NSDAP anzuweisen, beim innenpolitischen Kampf auf die besondere Lage der Provinz Rücksicht zu nehmen. Hitler sagte das zwar zu, jedoch blieb es bei den Spannungen in Ostpreußen, während der Gesamt-»Stahlhelm« durch seinen Eintritt in die »Harzburger Front« auf die Linie Hitlers einschwenkte.

Die häufigen Wahlen im Jahre 1932 wurden in Königsberg von zahlreichen Terroranschlägen der SA begleitet. So wurde am 31. Juli ein Stadtverordneter ermordet, später wurden der Regierungspräsident von Bahrfeldt, der Chefredakteur Wyrgatsch und der Stadtverordnete Zirpiens durch Revolverschüsse verletzt. Das Attentat auf den Regierungspräsidenten war ein Beweis für den gnadenlosen Kampf der Nationalsozialisten um die Macht, denn von Bahrfeldt war ein Mitglied der Deutschen Volkspartei und konnte kaum als »Linker« verdächtigt werden.

In dieser politisch so aufgewühlten Zeit baute Hans Mosberg seine Verbindungen zur Reichswehr und zur Presse aus, wobei allein in Königsberg neben der schon 1640 gegründeten »Hartungschen Zeitung«, die gutbürgerlich war, als größte Zeitung die »Königsberger Allgemeine Zeitung« zweimal täglich herauskam, sie stand der Deutschen Volkspartei nahe. Außerdem gab es die konservative »Ostpreußische Zeitung«, das Massenblatt »Königsberger Tageblatt«, die sozialdemokratische »Königsberger Volkszeitung« und als Organ der NSDAP die »Preußische Zeitung«. In der konservativen »Ostpreußischen Zeitung« schrieb u. a. die Dichterin Agnes Miegel. Hans Mosberg schrieb auch Artikel für Blätter im »Reich«, so die »Deutsche Allgemeine Zeitung« in Berlin und für die »Berliner Börsenzeitung«.

Entscheidend war jedoch seine Beziehung zur Reichswehr, hier zum militärischen Nachrichtendienst, der allgemein kurz »Abwehr« genannt wurde. Nach Kriegsende 1918 war der militärische deutsche Nachrichtendienst völlig zerschlagen worden. Sein verabschiedeter Leiter, Oberst Nicolai, lebte als Pensionär in Königsberg. Sein Nachfolger, Oberst Gempp, war der einzige Offizier in der Reichswehr, der von dem ehemaligen Nachrichtendienst übernommen worden war. In Ostpreußen gab es nur einen einzigen aktiven Offizier für den geheimen Nachrichtendienst, das war Hauptmann Walter von Weiß (im Zweiten Weltkrieg Generaloberst und Oberbefehlshaber einer Armee), der mit drei ehemaligen Offizieren eine Spionageabwehrorganisation in der gefährdeten Provinz aufbaute. An der südlichen Grenze Ostpreußens zu Polen wurde ein Spannungsnetz geschaffen, dem der Heimatbund Ostpreußen zahlreiche Dienste leistete. In Ostpreußen waren damals nur eine Infanterie- und eine Kavalleriedivision stationiert, denen jenseits der Grenze sehr viel stärkere polnische Kräfte gegenüberstanden.

Mit der Bildung der Reichswehr, des 100 000-Mann-Heeres,

am 1. Januar 1921 wurde die sog. Abwehrgruppe im Reichswehrministerium in Berlin ins Leben gerufen. Sie hatte nur zwei Referate, nämlich Referat Ost und Referat West. In jedem der sieben Wehrkreise wurde eine Abwehrstelle errichtet, die aus einem Generalstabsoffizier und nur einem Gehilfen bestand.

Neben der polnischen Grenze gab es für die Reichswehr in Ostpreußen auch noch die zu Litauen, das durch die widerrechtliche Besetzung des Memelgebietes viel böses Blut in Königsberg gemacht hatte. Dennoch kam es schon früh zu freundschaftlichen Beziehungen zwischen der Abwehr und der II. Abteilung des litauischen Generalstabes, die den Geheimdienst des Landes leitete. Die Verbindung führte zu einem begrenzten Nachrichtenaustausch über Erkundungsergebnisse gegen Polen, denn die Litauer waren wegen der Besetzung ihrer Hauptstadt Wilna durch polnische Truppen stark antipolnisch eingestellt. Von den Polen wußte man, daß die II. Abteilung des polnischen Generalstabes einen militärischen Aufklärungsdienst in großem Maßstab aufgezogen hatte, wobei die gegen Ostpreußen gerichteten Erkundungen hauptsächlich von der Bromberger Dienststelle auf dem Weg über Danzig liefen. Auf deutscher Seite versuchte man, durch enge Zusammenarbeit mit der Kriminal- und Grenzpolizei die polnischen Erkundungen abzufangen, jedoch verbot das preußische Innenministerium, dem diese Polizeien unterstanden, im Jahre 1929 die Zusammenarbeit mit dem militärischen Abwehrdienst.

In Ostpreußen war es vor allen Dingen Oberleutnant a.D. Heinrich Rauch (im Zweiten Weltkrieg zuletzt Generalleutnant der Luftwaffe), der als Zivilangestellter von Marienburg aus die Aufklärungsarbeit gegen Polen leistete. Rauch sprach russisch und polnisch und führte vor allem eine sehr sorgfältige Auswertung polnischer Zeitungen ein, die eine Menge verwertbares Material enthielten, ohne daß man dafür Agenten einzusetzen brauchte. Die zentrale Auswertungsarbeit der Abwehrstelle in Königsberg leistete Leutnant Horaczek (zuletzt Oberstleutnant im Zweiten Weltkrieg), der für Hans Mosberg eine wirklich lebensentscheidende Verbindung wurde.

Diese Aufzeichnungen sind dem Andenken dieses stets hilfsbereiten Freundes, eines untadeligen Offiziers und großen Patrioten, gewidmet.

Hans Horaczek stammte aus Sabrze (Hindenburg) in Oberschlesien und war, was in der Reichswehr sehr selten war, aus dem Unteroffiziersstand zum Offizier aufgestiegen. Klein und untersetzt, entsprach er überhaupt nicht dem damaligen Idealtypus des Offiziers, außerdem erlaubte er sich noch, »eine Dame vom Theater« zu heiraten, was in den vielfach noch den alten Konventionen verhafteten Kreisen der ostpreußischen Reichswehr zu viel Gerede Anlaß gab. Für seine Arbeit bei der Abwehr war Hans Horaczek hervorragend geeignet, zumal er fließend polnisch sprach. Er machte genauso wie sein Kollege Rauch aus der Not eine Tugend und hat von Anfang an die Zusammenarbeit mit Journalisten gesucht. Denn über die Auswertung von polnischen Zeitungen hinaus versuchte er, durch deutsche Journalisten, die das Nachbarland bereisten und Berichte schrieben, zusätzliche Erkenntnisse zu sammeln. So ist es auch zu der Verbindung mit Hans Mosberg gekommen, der sich als Angestellter des Heimatbundes speziell für die Minderheitenproblematik der Deutschen in Westpreußen und Posen und besonders auch für die Situation der Freien Stadt Danzig interessierte.

Um seine juristische Ausbildung fortzusetzen, ging Mosberg eine Zeitlang nach Genf, wo er wiederum gezielt die Minderheitenpolitik des Völkerbundes beobachtete. Neben ausgedehnten Reisen im osteuropäischen Raum hat er nahezu 10 Jahre im Zusammenhang mit seiner Arbeit in Genf beim Völkerbund und beim Völkerbundsrat Material gesammelt, Beziehungen zu ausländischen Journalisten angeknüpft, aber auch zu dort studierenden Deutschen, wie zu Hubertus Prinz zu Löwenstein, und die Ergebnisse dieser Arbeit auch der deutschen Abwehr zur Verfügung gestellt. Er sprach Russich, Französisch und Englisch und galt bald als eine Art Ostexperte. Aber auch seine Gegner hatten ihn nicht vergessen. Als er mit seiner Frau von Genf einmal nach Paris fahren wollte, wurde ihm das Überschreiten der französischen Grenze mit dem Hinweis auf seine Tätigkeit beim Heimatbund Ostpreußen gegen die alliierten »Schnüffelkommissionen« verwehrt. Genf war für ihn die dritte Universität nach Würzburg und Königsberg, seine Mutter erhoffte sich davon den Abschluß seines Studiums, aber das Schicksal wollte es anders.

*

War dieser als Jude geborene Hans Mosberg wegen seiner Entscheidung für das deutsche Militär als Kriegsfreiwilliger, als aktiver Offizier, als »Baltikumer«, als Mitarbeiter des Heimatbundes Ostpreußens, des »Stahlhelm« und der »Abwehr« ein Militarist?

Aus dem Abstand vieler Jahre könnte dieser Lebenslauf zu der Schlußfolgerung führen, Hans Mosberg sei ein Nur-Soldat gewesen, dessen Engagement auf der rechten Seite des politischen Spektrums der Weimarer Republik einen deutlich antidemokratischen Zug hatte. Was aber war damals demokratisch? In Ostpreußen sah man mehr die Schwächen dieser Weimarer Republik als ihre unbestreitbaren Erfolge beim Aufbau eines neuen Staates. Man muß Hans Mosberg und seine konservativen Freunde aus dem politischen Geschehen der damaligen Zeit heraus beurteilen. Das war für viele Menschen, die später die Führer jener »rechten« Opposition gegen Hitler waren, die ihren Einsatz gegen Hitler mit dem Tode büßen mußten, eine Aufforderung zum Handeln gegen den »Systemstaat«. Unter Hans Mosbergs Freunden und Bekannten, ich nenne hier Carl Friedrich Goerdeler und seinen Königsberger Bruder, den beim Röhmputsch ermordeten Schriftsteller Edgar Jung (Verfasser der Marburger Rede von Papens), den Danziger Senatspräsidenten Dr. Hermann Rauschning sowie viele Offizierskameraden, einschließlich des Abwehrchefs Admiral Canaris und General Oster, wurde der 30. Januar 1933 zuerst einmal begrüßt und unterstützt. Der danach sofort einsetzende Terror, den auch der greise Reichspräsident nicht mehr bremsen konnte, öffnete ihnen erst die Augen, als die Macht Hitlers und der NSDAP schon so gefestigt war, daß keine Opposition eine echte Chance hatte. Für Hans Mosberg wurde eine ganz besondere Facette Hitlers und der Nationalsozialisten lebensbedrohlich, das war der Antisemitismus.

Antisemitismus, das war bei der NSDAP als Schlagwort nur Camouflage, in Wirklichkeit handelte es sich um Judenhaß. Die

»Lösung der Judenfrage« war nach Ansicht Hitlers unausweichlich. Schließlich gaben die Nationalsozialisten nicht nur antijüdische Verordnungen heraus, sondern führten eine neue, rassische Definition des Juden ein. Die Rasse, nicht die Religionszugehörigkeit bestimmte die Stellung und das Schicksal einer Person; die Taufe, die Mitgliedschaft in einer christlichen Gemeinschaft waren nicht mehr wichtig. Dieses war eine direkte Herausforderung der christlichen Lehre und Praxis, die aus den Eltern von Hans Mosberg Christen gemacht hatte, die nicht mehr als Juden galten. Aber die Evangelische Kirche führte schon im September 1933 den sogenannten Arierparagraphen in verschiedenen protestantischen Kirchen ein. Zu Beginn der Herrschaft Hitlers begannen die »Deutschen Christen«, die die Dogmen des neuen Regimes übernommen hatten, einen großen Teil der Geistlichkeit für sich einzunehmen, besonders die jüngeren Pastoren.

Für Hitler waren die Juden an allen Übeln der Welt schuld, sie erstrebten angeblich die Weltherrschaft. Nur ihre Vertreibung und schließliche Ausrottung könne dem deutschen Volk die Erlösung bringen. Die Wahnidee Hitlers führte zu so abstrusen Einteilungen wie »Volljude«, »Halbjude«, »Vierteljude« usw., die gesetzlich verfestigt wurden. Schließlich kam es dann zur Ermordung von Millionen.

Die im Jahre 1934 erfolgte Annäherung Polens an Hitlerdeutschland, die zum Abschluß eines Nichtangriffspaktes führte – Polen war das erste Land Europas, das einen derartigen Vertrag mit Hitler schloß –, diente Warschau in einem nicht unerheblichen Maße der Neutralisierung der polnischen Verpflichtungen den Minderheiten gegenüber, insbesondere auch der deutschen Minderheit, für die Hans Mosberg sich stets eingesetzt hatte. In Polen waren eine weitere große Minderheit die in weiten Teilen des Landes lebenden Juden. Bei aller Unterschiedlichkeit der Regime Hitlers und Pilsudskis konnte es dennoch geschehen, daß man sich im Polen der Obristen durchaus positiv auf die »Nürnberger Gesetze« berief. Verschiedene Berufsverbände bekannten sich zu einer Praxis des Ausschlusses von Juden, die sich in ihrer Begründung von diversen Arierparagraphen in Deutschland kaum unterschied. Hinsichtlich der jüdischen Bevölkerung zielte die Polonisierungspolitik Pilsudskis unmißverständlich auf Auswanderung. Die Vorstellung, sich der jüdischen Bevölkerung zu entledigen, führte im Polen jener Jahre auch zu jenem Plan, die Insel Madagaskar zu einem jüdischen Reservat zu machen.

Hans Mosberg stand im Frühjahr 1933 plötzlich vor der Tatsache, daß er für den neuen Staat Hitlers ein Jude war, daß all seine »nationalen« Verdienste ihn nicht schützen konnten. Ein Mann mit seinen Auslandserfahrungen und mit seinem Einblick in die inneren politischen Verhältnisse Deutschlands, das er so sehr liebte, mußte gehen. Diese Entscheidung war kein aktiver Widerstand, sondern erzwungen. Wer den Häschern ins Ausland zu entkommen versuchte, wünschte genauso wie die vielen anderen, die das nicht konnten oder wollten, zu überleben und nicht hilfloses Opfer zu werden.

Mit der Herrschaft des Nationalsozialismus wurde der Heimatbund Ostpreußens überflüssig, sein Haus wurde vom Vorstand der Reichswehr übertragen, die militärpolitischen Netze waren schon lange vom »Stahlhelm« und von der Reichswehr ingetriert worden. Die wesentlichen Träger des HBO, aber auch des ostpreußischen »Stahlhelm«, die Gutsbesitzer, die vielen adligen Offiziere des Ersten Weltkrieges standen einem Statthalter Hitlers gegenüber, der nicht umsonst den Spitznamen »der rote Erich« trug. Der Gauleiter und bald Oberpräsident von Ostpreußen, Erich Koch, hatte seine großen Wahlerfolge in Ostpreußen nicht zuletzt dadurch errungen, daß er die Landarbeiter gegen die konservativen Gutsbesitzer aufhetzte.

Schon 1933 hatte sich Koch das Barockschloß Hohendorf angeeignet. Die nationale Rechte, die gerade in Ostpreußen mit Hindenburg im Hintergrund meinte, sie könne noch etwas gegen die Übergriffe des Nationalsozialismus tun, versuchte, über Blomberg und Reichenau etwas gegen Koch zu unternehmen. Beide versprachen das Ihre zu tun, um die Ernennung von Koch zum Oberpräsidenten zu verhindern, doch nichts geschah. Hitler selbst war schon 1932 bei den Dohnas in Finckenstein gewesen und kam 1933 im Sommer erneut mit großem Gefolge auf das Gut. Auch mit Himmler und Göring wurde Kontakt aufgenommen, der als begeisterter Jäger nur zu gern in Prökelwitz auf die

Bockjagd ging und in Schlobitten als jovialer Gesprächspartner auftrat. Gauleiter Koch wurde auf Betreiben von Göring und Himmler im Herbst 1935 von seinem Posten suspendiert, doch durch direkte Intervention Hitlers wurde die Suspendierung rückgängig gemacht, und Koch konnte seine Macht mehren. Die »großen Herren« in Ostpreußen waren längst machtlos geworden.

Hans Mosberg liebte Deutschland, für das er sich vom frühen Mannesalter mit allen Kräften eingesetzt hatte. Der Entschluß zu gehen, von dem seine Familie noch nicht unterrichtet war, fiel ihm sehr schwer. Wenn er zum Emigranten wurde, wurde er nicht zum Gegner Deutschlands, nicht einmal dieses Deutschlands. Eine Entscheidung, die aus heutiger Sicht sehr vielen Menschen, auch einigen seiner Angehörigen, völlig unverständlich geblieben ist. Aber damals hoffte nicht nur er, daß Hitler sich bald wieder vom Sessel des Reichskanzlers verabschieden müßte, man glaubte immer noch an Hindenburg. Der als vorübergehend gedachte Schritt über die Reichsgrenze wurde jedoch für Hans Mosberg endgültig.

Zwischenstation Danzig – dann Jahre in Warschau

Der Entschluß Hans Mosbergs, 1933 das Deutsche Reich zu verlassen, wurde durch zwei Umstände begünstigt. Das Ziel, die Freie Stadt Danzig, war deutschsprachig und durch ihre unmittelbare Verbindung zwischen Ostpreußen und Polen ein geeigneter Standort für seine publizistische und nachrichtendienstliche Tätigkeit, insbesondere auch für die Beschäftigung mit Fragen der deutschen Minderheiten Polens. Zum anderen war es die Wahl eines alten Bekannten, Dr. Hermann Rauschning, zum Senatspräsidenten und damit zum Staatsoberhaupt dieser Freien Stadt Danzig.

Der 1887 geborene Rauschning stammte aus Thorn, das jetzt im polnischen Staatsgebiet lag. Dort war er in der deutschen Minderheitenbewegung tätig gewesen und mit Hans Mosberg bekannt geworden. Als er in die Freie Stadt Danzig übersiedelte, hatte er sich eine, wie er selber sagte, »Zuckerrübenklitsche« gekauft, war Landwirt und hatte einen guten Ruf als Experte in Agrarfragen. Er wurde zum Präsidenten des Danziger Landbundes gewählt und wurde als solcher von der NSDAP an die Spitze ihrer Wahlliste für die Volkstagswahlen im Frühjahr 1933 gesetzt. Die NSDAP gewann die Mehrheit mit 50,03 Prozent aller Stimmen und Rauschning wurde Regierungschef. In seiner Regierungserklärung versprach er wirtschaftlichen Wiederaufbau, eine versöhnliche Regierungspolitik und Nicht-Einführung des Arierparagraphen in der Freien Stadt. Sein Vertreter Arthur Greiser war der Sohn eines aus Posen vertriebenen Schullehrers, er kam aus dem Kriege als Flieger in der Staffel Richthofens und mußte sich in Danzig u.a. dadurch sein Geld verdienen, daß er am Zoppoter Seesteg zwei kleine Motorboote »Seepeter« und »Seerose« (von den Zoppotern »Rehsoße« genannt) betrieb, die Gäste zu den auf Reede liegenden Schiffen brachten. Der eigentliche starke Mann aber war der Gauleiter der NSDAP, Albert Forster aus Fürth, der nicht Danziger, sondern deutscher Staatsbürger war und Hitler direkt unterstand.

Rauschning gehörte zu jenen rechten Politikern, die kurze Zeit glaubten, der Nationalsozialismus werde eine große konservative Revolution einleiten. Ein preußischer Konservativismus mit seinen strengen ethischen Forderungen werde auferstehen, Preußentum und Sozialismus, straffer Beamtenstaat und gut ausgebildete Staatsdiener, würden sich im »Dritten Reich« durchsetzen. Er mußte seinen Irrtum bald einsehen, vor allen Dingen, weil er im Gegensatz zu Forster an eine Entspannung zwischen Deutschland und Polen glaubte und mit seiner ausgleichenden Haltung direkte Gespräche mit der polnischen Regierung führte. Der vorher in Genf vor dem Völkerbund ständig geführte Streit zwischen Polen und der Freien Stadt Danzig verschwand von der Tagesordnung des Völkerbundsrates. Noch wenige Tage vor dem Austritt Deutschlands aus dem Völkerbund hielt Rauschning auf der Genfer Ratstagung eine Rede, die betonte, daß das Problem der Freien Stadt Danzig für den Frieden keine Gefahr mehr bilde. Rauschning meinte, er spreche damit im Namen Hitlers, aber seine Danziger Umgebung wollte von einer Versöhnung mit Polen nichts hören, obwohl Hitler ihn persönlich beauftragte, eine Zusammenkunft mit dem polnischen Staatschef Pilsudski zu arrangieren.

Auch mit den Sowjets kam Raunschning ins Gespräch, weil diese Danzig in seinen Differenzen mit Polen oft unterstützt hatten. Bei Rauschning kam hinzu, daß aus seiner volksdeutschen Vergangenheit und seinem preußischen Traditionsdenken die Sympathie für Rußland eine gewisse Rolle spielte. Gleich nach seinem Amtsantritt hatte er zum russischen Botschafter in Warschau Kontakt gesucht und auch gefunden, und es waren nicht nur wirtschaftliche, sondern vor allem Fragen der allgemeinen Politik, die sie gemeinsam erörterten. Es kam zu immer erneuten Kontroversen mit der Danziger NSDAP, die ihn bei Hitler ständig anschwärzte.

Hans Mosberg siedelte in die Freie Stadt Danzig über, nachdem er dort ein Haus in der Ziegelstraße 31 gefunden hatte (am Ende dieser Straße sollte sich später Gauleiter Forster auf dem Gelände einer ehemaligen Ziegelei ein festungsartiges Privathaus bauen). Zur Vorbereitung fuhr er oft zwischen Ostpreußen und Danzig hin und her, nie über die Nogat- und Weichselbrücken in Marienburg und Dirschau, sondern immer über die kleine Fähre bei Einlage an der Nogatgrenze, um sicherzugehen, daß diese Reisen weder von den Nazis noch den Polen registriert wurden.

Neben der Verbindung zu Rauschning kam nun mit großer Intensität die Arbeit für die Abwehrabteilung der Reichswehr hinzu. Vor Hitlers Machtantritt und der damit verbundenen Wiederaufrüstung hatte die Abwehrstelle Ostpreußen in Königsberg eine sehr knappe personelle Besetzung. Leiter war Hauptmann I. G. Wollmann (während des Zweiten Weltkrieges Generalleutnant). Die Referenten mit der Aufgabe der Aufklärung gegen Polen waren der Angestellte Rauch und Leutnant Horaczeck, der Referent für Spionageabwehr Rittmeister a. D. Rudolph (später Oberst) und Leutnant a. D. Cartellieri (später Oberst). Außerdem gab es einen Auswerter und mehrere Büro- und Schreibkräfte. Ab 1923 hatte die Abwehr in dem Danziger Polizeibeamten Oscar Reile einen sehr erfolgreichen Mitarbeiter. Nach 11 Jahren seiner Tätigkeit in Danzig geriet er in heftige Auseinandersetzungen mit dem damaligen Vertreter des Senatspräsidenten Rauschning, Arthur Greiser, der auch Senator für Inneres war, er bat die Abwehr um Übernahme als hauptamtlicher Mitarbeiter und nahm im September 1934 als Abwehroffizier seinen Dienst auf. Der zum Hauptmann beförderte Horaczek von der Abwehrstelle in Königsberg war bemüht, die Verbindungen nach Danzig und Polen weiter zu intensivieren. Hans Mosberg wurde vom Senatspräsidenten Rauschning als sein persönlicher Emissär nach Warschau geschickt, um dort die politischen Strömungen zu analysieren und ihm darüber zu berichten. An dieser Aufgabe war die Abwehr natürlich sehr stark interessiert, denn weil die deutsch-polnische Politik zwischen den häufig wechselnden Intentionen Hitlers und dem ebenfalls lavierenden Marschall Pilsudski pendelte, war eine kontinuierliche Berichterstattung über die Entwicklung in Warschau sowohl für den Danziger Senatspräsidenten als auch für die deutsche Armeeführung von großem Interesse. Hans Mosberg hatte seine Villa in Danzig, in die auch seine Schwiegereltern eingezogen waren, mit einem möblierten Zimmer in Warschau getauscht. Als Rauschning gestürzt wurde, wußte er, daß in einem nationalsozialistischen Freistaat mit der Führungsspitze Greiser/Forster für ihn kein Platz mehr war. Mosberg zog nach Warschau um, nachdem er dort eine schöne Wohnung in der Koszykowa, einer Verbindungsstraße zwischen der Marszalkowska und der Aleje Ujazdowskie gefunden hatte. Seine Frau mit der Haustochter folgten, der gerade 10 Jahre alte Sohn wurde als Sextaner in das Alumnat des traditionsreichen Danziger Humanistischen Gymnasiums »Conradinum« gegeben. Bis zum Sommer 1939, als der Kriegsausbruch zwischen Deutschland und Polen vor der Tür stand, blieb Hans Mosberg in Warschau. Nach außen war er Korrespondent deutscher Zeitungen, vor allen Dingen der »Deutschen Allgemeinen Zeitung« in Berlin, deren Chefredakteur Karl Silex geworden war, den er gut kannte. Silex war an die Stelle von Fritz Klein getreten, der den Nationalsozialisten weichen mußte. Die DAZ wurde auch als »deutsche Times« bezeichnet, sie gehörte dem Industriellen Hugo Stinnes jun. Auch für die nationalkonservativ eingestellte Berliner Börsen-Zeitung schrieb Hans Mosberg Artikel, die von einem Königsberger Bekannten, dem Chefredakteur Jügler, abgedruckt wurden, obwohl er genau wußte, daß Mosberg dem Arierparagraphen des neuen Schriftleitergesetzes nicht entsprach. Ein besonderer Glücksfall für Hans Mosberg war, daß der deutsche Botschafter von Moltke und sein Presseattaché Stein politische Ansichten vertraten, die alles andere als nazistisch waren.

Die Verbindung mit Botschafter von Moltke hatte auch eine dramatische persönliche Konsequenz. Als Rauschning von der Gestapo verhaftet werden sollte, erfuhr von Moltke das auf dienstlichem Wege. Er ließ Hans Mosberg zu sich kommen und forderte ihn auf, Rauschning zu warnen. Mosberg fuhr sofort nach Danzig und schickte seine Frau in die Klinik, in der Rauschnings Frau nach der Entbindung eines Kindes lag. Dort traf Leni Mosberg mit dem ehemaligen Senatspräsidenten zusammen, teilte den Auftrag Moltkes mit, der Rauschning zur sofortigen Flucht über die Landesgrenze riet. (Als Rauschning nach dem Zweiten Weltkrieg im Rhein-Ruhr-Club in Essen auf Einladung des damaligen Vorsitzenden Gustav Heinemann einen Vortrag hielt, traf er noch einmal mit Frau Leni Mosberg zusammen und sagte zu ihr: »Sie haben mir damals das Leben gerettet.«)

Dr. Hermann Rauschning mußte 1934 seinen Posten als Senatspräsident niederlegen, 1936 floh er zuerst nach Polen, dann in die Schweiz und nach Frankreich, um schließlich in den Vereinigten Staaten eine Farm im Staate Oregon zu erwerben. Zwischen dem Verlust seines Amtes und der endgültigen Emigration in die Vereinigten Staaten hat er publizistisch gegen Hitler und die NSDAP gekämpft und als erster eine eingehende Analyse des Nationalsozialismus in seinem Buch »Die Revolution des Nihilismus« geliefert. In der Einleitung hat er Sätze geschrieben, die bei anderer Ausgangslage und anderen Konsequenzen auch für Hans Mosberg gelten konnten:

»Mein Ausscheiden aus der nationalsozialistischen Partei und meine Gegnerschaft zu dem heutigen Regierungssystem beruhen in nichts anderem, als daß ich zur deutschen Politik in wachsendem Maße aus sachlichen Gründen in Gegensatz kam und kommen mußte, wenn ich nicht pflichtwidrig und gewissenlos handeln wollte. Ich verleugne meine Gesinnung keineswegs, die mich einmal in die Reihen des Nationalsozialismus führte. Ich bekenne mich nach wie vor zu einigen wesentlichen der Motive, die mich zu meiner früheren politischen Haltung bewogen. Als die Partei mir die strikte Forderung der Gleichschaltung Danzigs stellte, mit dem Verlangen der Verhaftung unliebsamer katholischer Geistlicher, der Entrechtung der jüdischen Bevölkerung und der Aufhebung der Parteien, rief ich die Entscheidung des obersten Parteiführers an, dem ich zugleich die Gründe meiner, den nationalsozialistischen Wünschen nach außen- und wirtschaftspolitisch entgegenstehenden Konzeptionen, darlegte. Der oberste Parteiführer (gemeint ist Hitler) lehnte eine eigene Entscheidung ab und überließ es meinem sachlichen Gegner, dem nationalsozialistischen Gauleiter, selbst zu entscheiden. Damit war mein Rücktritt unabwendbar. Alles andere gehört in den Bereich der Verunglimpfung, der Entstellung und bewußten Fälschung.«

Mit den Nachfolgern Rauschnings in der Freien Stadt Danzig hatte Hans Mosberg keinerlei Berührungspunkte. Er konzentrierte sich jetzt auf seine Arbeit in Polen, wobei er – nicht nur im Interesse der deutschen Abwehr – mit den Vertretern der deutschen Minderheit Kontakt hielt. 1938 wurden die gegen die Deutschen in Polen gerichteten Bestimmungen und Maßnahmen stark verschärft. Es kam auch zu Massenkundgebungen vor den deutschen Konsulaten in Polen, wobei die »Rota« gesungen wurde, eine Hymne, deren Wortlaut denjenigen Gottes Lohn verspricht, die einen Deutschen hängen. Diese Stimmung war durch die Besetzung Österreichs und den Beginn der Sudetenkrise beeinflußt. Im Oktober 1938 kam es zu einem Höhepunkt der Deutschenverfolgungen in Polen. In diesem Monat besetzten die Polen das Teschener Industriegebiet an der Olsa. Hitler hatte seine polnischen Gesprächspartner stets ermutigt, diesen Distrikt der Tschechoslowakei wieder abzunehmen. Aber sobald die Polen dort die Herrschaft ausübten, wurden alle Deutschen und deutschfreundlichen Bewohner wie Feinde behandelt. Infolgedessen flüchteten 20 Prozent der deutschen Bevölkerung aus dem Olsagebiet um Teschen bereits innerhalb der ersten 4 Wochen nach der polnischen Besetzung. Alle deutschen Schulen wurden geschlossen, und einige Monate später drohten die Polen den verbliebenen Deutschen mit Entlassung aus ihren Arbeitsstellen, wenn sie ihre Kinder nicht in polnische Schulen schickten. Der damalige deutsche Botschafter in Warschau, Hans Adolf von Moltke, versuchte weiterhin, mit dem polnischen Außenminister Beck ein gutes Verhältnis herzustellen, leider vergeblich. Dennoch unterstützte Hitler die Polen, als es am 23. September 1938 zu sowjetischen Drohungen gegen Polen kam, in deren Verlauf sogar Luftkämpfe im Grenzgebiet stattfanden. Hitler half Beck über alle Schwierigkeiten hinweg und versprach Beistand gegen die Sowjetunion.

Hans Mosberg hatte die schwierige Aufgabe, der Abwehr neben seinen Erkenntnissen über die polnische Politik, Rüstung und militärische Vorbereitungen auch zu berichten, wie sich die deutsche Minderheit durch innere Auseinandersetzungen schwächte. Im Gefolge der NSDAP hatte sich eine »Jungdeutsche

Partei für Polen« etabliert, die »als Erneuerer« gegen die bewährten Organisationen und deren Führungen auftrat.

Vor einer verblüfften polnischen Öffentlichkeit spielten sich zwischen den Jungdeutschen und der von Dr. Hans Kohnert geführten »Deutschen Vereinigung« in Posen und Pommerellen sowie in Oberschlesien und in Lodz Auseinandersetzungen ab, die das Deutschtum in Polen nur schwächten. Die Jungdeutschen hatten wenige reale Verbindungen zu den reichsdeutschen Betreuern der volksdeutschen Organisationen, denen es niemals gelang, die zerstrittenen Gruppen unter einen Hut zu bringen. In der sich immer schneller drehenden Spirale der psychologischen Aufheizung deutsch-polnischer Gegnerschaft haben die Volksdeutschen besonders in Bromberg in den ersten Kriegstagen einen hohen Blutzoll zahlen müssen, nach dem Polenfeldzug kam die fürchterliche Rache der deutschen Verwaltung am gesamten polnischen Volk.

Hans Mosberg war in seiner Zeit in Ostpreußen nie ein besonderer Freund der Polen gewesen, aber durch seinen jahrelangen Aufenthalt in Warschau begann er sie besser zu verstehen und auch in Grenzen hoch zu schätzen. Dabei halfen ihm auch die Kontakte mit exilierten deutschen Kollegen wie dem Journalisten Emanuel Birnbaum aus Königsberg, der seit 1919 hauptberuflich für die SPD arbeitete. Birnbaum ging bereits lange vor Hitlers Machtantritt für die »Vossische Zeitung« als Korrespondent nach Warschau. Er arbeitete mit dem Gesandten (später Botschafter) von Moltke zusammen, dessen Vater als früherer Oberpräsident von Ostpreußen den Vater Birnbaums gut kannte. Als der Verlag der »Vossischen Zeitung« (Ullstein) den neuen Kurs Hitlers mitmachen mußte, kündigte Birnbaum und arbeitete dann noch zwei Jahre für die »Frankfurter Zeitung«. Birnbaum trat übrigens in Warschau vom jüdischen Glauben zu der deutschsprachigen Kirche Augsburger Konfession in Polen über. Nebenberuflich wurde Birnbaum Presseattaché der österreichischen Gesandtschaft in Warschau, was mit dem sog. Anschluß Österreichs an das deutsche Reich sofort endete. Rechtzeitig vor Kriegsausbruch konnte er nach Riga flüchten.

Ein weiterer deutscher Journalist, der wegen seiner sozialdemokratischen Gesinnung nach Warschau emigrierte, war der spätere Chef des größten westdeutschen Zeitungskonzerns (WAZ), Erich Brost aus Danzig. Daß Hans Mosberg zu Vertretern der Opposition Kontakte hatte, führte auch dazu, daß er sich auf der anderen Seite mit Vertretern der neuen NS-Presse gutstellen mußte. Dabei hatte er vor allem einen menschlich sehr angenehmen Kontakt zu dem Vertreter des »Völkischen Beobachters«, Dr. Thimm. Dem Legationssekretär an der deutschen Botschaft in Warschau, Rudolph von Scheliha, ist Hans Mosberg mehrfach begegnet, man verkehrte auch gesellschaftlich miteinander. Von Scheliha wurde im Oktober 1942 in Berlin Plötzensee wegen Landesverrats hingerichtet, weil ihm Verbindungen zu der sowjetisch gesteuerten Spionageorganisation »Rote Kapelle« zur Last gelegt worden sind. Ein weiteres Systemopfer, freilich erst der angeblich »antifaschistischen« SED, das Hans Mosberg in Warschau kennenlernte, war der Journalist Rudolph Herrnstadt, der nach 1945 eine führende Person in der Ulbrichtgruppe wurde, u.a. Chefredakteur des SED-Zentralorgans »Neues Deutschland«, aber plötzlich im Zuge der antisemitischen Prozesse im gesamten Ostblock des Verrats angeklagt und hingerichtet wurde.

Hans Mosbergs Verbindungsleute zur deutschen Abwehr waren kurz vor Kriegsbeginn in Königsberg Major Henke (später General der Luftwaffe) und der Leiter der Abwehrnebenstelle in Elbing, Hauptmann Horaczeck. Persönliche Begegnungen wurden meistens in der Freien Stadt Danzig erledigt. Mosberg hat die Grenze des deutschen Reiches nach 1933 nur ganz selten überschritten. Er hatte einen von der Warschauer Botschaft ausgestellten gültigen deutschen Paß, seine »Emigration« war öffentlich nicht bekannt. So erhielt er von dem Landesführer des »Stahlhelm« in Ostpreußen vor dessen Überführung in die SA ein Dankschreiben, in dem es hieß:

Ich weiß, welche Erfahrungen und Kenntnisse auf dem Gebiet der Ostpolitik Sie gesammelt hatten und wie Sie bereit waren, diese stets dem Stahlhelm zur Verfügung zu stellen. So ist es mit Ihr Verdienst, daß der Stahlhelm in den letzten Jahren in der Ostpolitik einen klaren sicheren Weg gegangen ist... Selbstver-

ständlich werden Sie weiter als beurlaubt im Landesverband Ostpreußen geführt werden.«

Als dann aber wenig später die Mitteilung einging, er sei zum Sturmbannführer der SA-Reserve ernannt, warf Hans Mosberg diese Mitteilung empört in den Papierkorb. Daß ihm noch nach Warschau österreichische Kriegserinnerungsmedaillen mit Schwertern und das deutsche Frontkämpferehrenzeichen nachgeschickt wurden, konnte er nur resigniert zur Kenntnis nehmen, denn nach dem Tode Hindenburgs genossen jüdische Frontkämpfer im Dritten Reich keinen Schutz vor den Antisemiten mehr.

Je mehr die Spannung zwischen Polen und Deutschland dem Kriege zutrieb, desto wichtiger wurde seine Nachrichtentätigkeit dür die deutsche Abwehr. Aber deren Chef, Admiral Canaris, machte sich auch Gedanken über Mosbergs Schicksal bei einem etwaigen Kriegsbeginn. Die Familie lebte in Zoppot, seit 1935 ein zweites Kind, eine Tochter geboren worden war, in unmittelbarer Nähe der polnischen Grenze. Von Zoppot aus trat Hans Mosberg im Juli 1939 mit einem schwedischen Schiff die Fahrt in die Vereinigten Staaten an. Er hatte dort den Auftrag, den ukrainischen General Krivitzky, einen hochrangigen Mitarbeiter des sowjetischen Geheimdienstes, der mit wichtigen Unterlagen in die Vereinigten Staaten geflohen war, zu kontaktieren. Bevor Hans Mosberg noch in New York eintraf, war Krivitzky bereits von sowjetischen Agenten ermordet worden. Mosberg war jetzt in den Vereinigten Staaten mit einem Besuchervisum aus der Sicht der Abwehr zuerst einmal vor etwaigen Nachstellungen der nationalsozialistischen Rassenpolitik in Sicherheit. Man hatte ihm beim Amt Ausland/Abwehr in Berlin zugesagt, im Falle eines Kriegsausbruchs seine Familie aus Danzig in Sicherheit zu bringen. Dieses Versprechen hat die Abwehr gehalten. In der Nacht zum 1. September 1939 kam ein Auto mit Wehrmachtskennzeichen aus Königsberg über die Grenze in die damals noch existierende Freie Stadt Danzig und holte die Familie Mosberg aus Zoppot hinter die damals bereits besetzte erste Widerstandslinie nach Danzig.

Am Rande sei vermerkt, daß der zuständige Sachbearbeiter der

Abwehrzentrale in Berlin, Hauptmann Baun (später Oberstleutnant), zusammen mit dem inzwischen zum Major beförderten Hans Horaczeck (später Oberstleutnant) im Auftrage von Admiral Canaris auch nach der Besetzung Polens einer ganzen Reihe von Verfolgten geholfen hat. So wurde der Oberrabbiner von Polen im noch brennenden Warschau von Horaczeck mit falschem Paß versehen und, von einem Vertrauensmann der Abwehr begleitet, in das neutrale Rumänien gebracht. Von dort erreichte er New York.

*

Vom Verlassen Deutschlands im Jahre 1933 bis kurz vor Kriegsausbruch 1939 hat Hans Mosberg in Danzig und Warschau für den deutschen militärischen Nachrichtendienst gearbeitet. Hat er damit nicht auch den Überfall Hitlers auf Polen mit vorbereiten helfen? Von heute aus geurteilt, könnte man zu dieser Ansicht gelangen. Hans Mosberg hat das damals ganz anders gesehen. Seine nachrichtendienstliche und politische Arbeit war immer eine vorbeugende Verteidigung der deutschen Ostprovinzen gegen drohende polnische Angriffsabsichten gewesen, vor und auch nach 1933. Er hat die Polen weder gehaßt noch verachtet, geliebt hat er sie sicherlich nicht.

Heute wird das Pilsudski-Polen als das erste Kriegsopfer Hitlers bedauert und damit u. a. auch begründet, warum Deutschland zu Recht seine Ostprovinzen zugunsten Polens eingebüßt habe. Diese Sicht der Ereignisse ist zwar angesichts der riesigen Menschenopfer Polens, wobei oft die deutschen Opfer der Vertreibung nur ganz beiläufig erwähnt werden, zur weit verbreiteten Ansicht der Historiker geworden, doch manches stimmt an diesem Bilde nicht. Die Konfliktsituation um Danzig war durch den Versailler Vertrag programmiert, und das polnische Verhalten gegenüber Danzig, aber auch ganz allgemein gegenüber den Deutschen in seinem Machtbereich, war verhängnisvoll. Die Hybris der polnischen Politik des Säbelrasselns zuerst einem schwachen Deutschland gegenüber und dann die Wahnideen einer Eroberung Berlins bei einem Krieg gegen Hitler hatten entsetzliche Folgen. Die Selbstüberschätzung der polnischen

Obristenregierung hatte eine Psychose gezüchtet, die Hitler geradezu in die Hände arbeitete. Die Nemesis vernichtete beide.

Hans Mosbergs Mitarbeit bei der Abwehr hatte ihm die Erfahrung vermittelt, daß ein großer Teil der höheren polnischen Offiziere für Geld käuflich war, so daß es kaum einen Aufmarsch oder Dislozierungsplan polnischer Streitkräfte gab, den man nicht für Deutschland und notabene auch für die Sowjetunion in Polen von Polen erwerben konnte. Hans Mosberg hat die politische Sensation des Hitler-Stalinpaktes nicht mehr in Europa erlebt, vermutlich hat er etwas derartiges auch nicht erwartet. Es bleibt die Frage, warum ein Mann, für den im Dritten Reich trotz seiner Verdienste im Ersten Weltkrieg und danach kein Platz mehr war, für dieses Dritte Reich weitergearbeitet hat. Zumindest indirekt tat er das, allerdings in dem Bewußtsein, daß gerade seine Freunde in der Wehrmacht alles andere als Hitleranhänger waren. Es bleibt ein Rest Unverständnis. Im Grunde genommen gilt als Gegengewicht nur seine oft wiederholte Erklärung, er lasse sich von den Nazis nicht zum Juden machen, er sei ein deutscher Patriot, der in jeder Situation zu seinem Land stehe, selbst wenn dessen Regierung aus Menschen bestehe, die ihn und seinesgleichen verfolgten. Auch die Frage, warum er seine Familie im Machtbereich dieser Regierung ließ – von der Freien Stadt Danzig aus war die Grenze ins Ausland leicht zu überschreiten – ist nur aus der Unsicherheit seiner Existenz zu erklären, an die er die Familie nicht binden wollte. Hinzu kam die Einstellung seiner Frau und ihrer Eltern, die auf keinen Fall den deutschen Kulturkreis verlassen wollten. Außer dem kurzen Zwischenspiel in Warschau ging die Familie nicht in die Emigration, weil Leni Mosberg das nicht wollte. Weder sie noch ihr Mann konnten die Entwicklung des Zweiten Weltkrieges und die damit verbundenen Katastrophen voraussehen.

Die amerikanische Verlockung

Gut einen Monat vor dem Kriegsbeginn in Danzig fuhr Hans Mosberg auf einem schwedischen Schiff von Zoppot ab, um in die Vereinigten Staaten zu reisen. Er hatte ein Besuchervisum. Offiziell wollte er die Weltausstellung in New York besuchen. Die Abreise war turbulent, das Schiff war überfüllt mit Menschen, die aus dem Spannungsgebiet wegkommen wollten. Der Zoll war so nervös, daß alle unter Deck bleiben mußten und auch Hans Mosberg keinen Abschiedsgruß zu seinen Familienangehörigen auf der Seestegplattform winken konnte. Die Fahrt ging nach Göteborg und von dort mit der schwedischen Amerikalinie weiter. Die schnellere Fahrt über Großbritannien war vom Tirpitzufer abgelehnt worden: »Zu gefährlich«. Die Familie erhielt die erste schriftliche Nachricht Mosbergs von Bord der MS Kungsholm, datiert vom 8. August 1939, Mitte des Monates. In gewollt heiterem Ton berichtet der Amerikafahrer in seinem Brief:

»Eine Woche Seefahrt habe ich nun hinter mich gebracht. Wir sind bereits bei Neufundland angelangt und haben also die eigentliche Überquerung des ollen Ozeans glücklich überstanden. Da habe ich meinen braven Kabinenkoffer als Tisch zwischen den beiden Betten meines Kämmerchens installiert und mein ältestes Durchschlagpapier zu vornehmem Überseepapier befördert, um einmal etwas von der bisherigen Reise erzählen zu können.

Zunächst einmal vom Wetter, das ja für das mehr oder weniger große Wohlbefinden auf einer solchen Reise so wichtig ist, daß es nicht nur ein Verlegenheitsthema bedeutet. Die ersten drei Tage waren durchschnittlich sehr schön, mit viel Sonne und ruhiger See. Die Nacht vom Donnerstag zum Freitag (3.–4.), als wir bei vollem Mondschein zwischen Nordschottland und den Orkney-Inseln hindurchfuhren, war sogar ganz wundervoll. Sonnabend kam mit Regen und Sturm aus Nordwesten der Umschlag. Auf das Abendbrot verzichtete ich bereits, und den Sonntag benutzte ich, um in der Zurückgezogenheit meiner Kabine gründlich über meine Sünden nachzudenken, denn die Windstärke betrug 8. Montag früh schlossen der Wind und mein Magen einen Kompromiß, und seitdem bin ich im wahrsten Sinne des Wortes wieder auf Deck. Aber die Sonne haben wir seitdem kaum gesehen, und seitdem wir uns Neufundland genähert haben, herrscht der für diese Gegend ja in sämtlichen Reisebeschreibungen obligatorische dicke Nebel, woraus man wieder einmal sehen kann, daß wenigstens außerhalb Europas nicht alle Berichterstatter schwindeln.

Wir bahnen uns also dumpf tutend unseren Weg, und es wird behauptet, für diese Jahreszeit wäre das doch etwas ganz Ungewöhnliches, ebenso wie der Eisberg, mit dem gestern früh nicht allzuweit von uns ein Schiff eine peinliche Unterwasserbegegnung gehabt hat. Es hat sich jedoch entschlossen, dem berühmten Beispiel der »Titanic« nicht zu folgen, sondern mit geringen Beschädigungen seinen Weg von Kanada nach England fortzusetzen. Angeblich soll das schöne Wetter spätestens heute Abend wieder einsetzen und uns auf die Hitze von New York vorbereiten.

Jedem, dem ich erzähle, daß ich mir New York anschauen wolle, gibt mir sogleich den guten Rat, sofort nach der Ankunft abzureisen, denn es sei dort im August vollkommen unerträglich. Man macht mir Mut!

Das Schiff ist von den Teilnehmern einer Gesellschaftsreise besetzt. Die Leute, ausschließlich Amerikaner, sind bereits einen Monat und länger unterwegs und haben Island, das Nordkap, die norwegische Küste, Schweden und als prickelnde Sensation Leningrad und ausflugsweise Moskau über sich ergehen lassen, bevor sie von Göteborg aus die Heimreise antraten.

Die Amerikaner hier an Bord sind durchschnittlich wohlhabender Mittelstand, höhere Beamte, mittlere Kaufleute usw. Darunter ziemlich viele aus den West- und Südstaaten, für die ein »nordischer Sommer« eine besondere Attraktion bedeutet. Es sind auch einige wenige sehr reiche Leute darunter, die es sich erlauben können, einen solchen Ausflug in den teuersten Kabinen mit Kindern und eigener Bedienung zu machen. Das »gute Stück« ist die über 80 Jahre alte Frau Taft, die Witwe des ehemaligen

Präsidenten der USA. Wenn man sich diese guten Leute näher besieht, kommt man zu der Überzeugung, daß sie im allgemeinen behagliche Spießer mit beneidenswert guten Nerven sind, die sich, von gewissen Äußerlichkeiten abgesehen, eigentlich von unseren engeren Landsleuten nur dadurch zu unterscheiden scheinen, daß sie daran gewöhnt sind, daß ihnen für alle Bedürfnisse des Lebens, die jenseits vom Geldverdienen liegen, ein Manager die Notwendigkeit abnimmt, selbst nachzudenken. Diese Manager sind wohlgemerkt privater Natur. Viel stärker ist, wie ich finde, der Unterschied bei der Jugend zu spüren. Diese Lässigkeit und Problemlosigkeit der sehr zahlreichen jungen Mädchen und Burschen, die an dem Ausflug teilnehmen, ist für den aus dem östlichen Mitteleuropa Kommenden immer wieder eine Sensation. Nichts als Sport und Flirt. Dabei machen die jungen Leute alle einen körperlich besseren und trainierteren Eindruck als gleichaltrige Deutsche. Das Unglaubliche ist die Verwandlung, die täglich in den Abendstunden vor sich geht. Tagsüber machen nämlich vor allem die jungen Mädchen den Eindruck halbwilder Wesen, die sich in den phantastischsten Gewandungen und Stellungen bewegen, wobei aber sowohl Gewandungen wie Stellungen bei näherem Zusehen immer den denkbaren Höhepunkt an Bequemlichkeit bedeuten. Meistens tragen die Mädchen und jungen Frauen Hosen (Shorts werden überhaupt nicht getragen) aus einem leichten farbigen Stoff und dazu kurzärmelige Jacken, die ganz weit geschnitten sind, so etwa wie Nachtjacken von dunnemals. Aber sie sind eben sehr bequem und lassen für den Sport jede Bewegungsfreiheit. Und abends erscheint selbst der jüngste Backfisch als ganz große Dame, frisiert und dekolletiert, mit und ohne Krinolinen.

Einige der Mädchen sind übrigens ganz entzückend, fast alles dunkelhaarige Wesen aus den Südstaaten, die es nicht notwendig haben, so nachzuhelfen wie die meisten ziemlich langweilig aussehenden Blondinen. Als größte Schönheiten gelten Mädchen, die französisches (oder auch spanisches) sowie schottisches oder irisches Blut in sich haben.

Der einzige hier an Bord, mit dem ich mich etwas angefreundet habe, ist ein junger amerikanischer Bildhauer-Architekt namens Kappel, der gerade ein dreijähriges Studium in Italien hinter sich hat und sehr vielseitig interessiert und auch gut unterrichtet ist. Er ist geduldig genug, sich mein Englisch anzuhören und mich zu verbessern; für mich ist das eine gute Übung. Er will mich auch mit allerhand interessanten Leuten in NY bekanntmachen und gibt mir manchen brauchbaren Fingerzeig. An die Leute der bereits über einen Monat lang aneinander gewöhnten Gesellschaftsreise heranzukommen, ist natürlich schwer, zumal es keine Empfehlung bedeutet, als Deutscher vorgestellt zu werden. Wenn man aus Polen kommt, wo man als Ausländer sogleich mit doppeltem Entgegenkommen und doppeltem Interesse behandelt wird, und wo man durch die vielseitige Sprachgewandtheit der »Eingeborenen« ja unglaublich verwöhnt ist, so muß man sehr umlernen. Ich glaube, trotz Danzig ist ein Durchschnittspole einem Deutschen gegenüber heute dreimal so liebenswürdig wie ein Amerikaner.«

Als sich in New York herausstellte, daß der Treff mit General Krivitzky wegen dessen Ermordung nicht mehr möglich war, lag eine Rückfahrt Mosbergs nicht im Interesse der Abwehr, die ihn ja aus der Schußlinie hatte bringen wollen und froh war, einen zusätzlichen Mann in den Vereinigten Staaten zu haben. Er mußte sich von allen politischen Aktivitäten fernhalten, denn gerade in New York, wo sehr viele deutsche Emigranten lebten, war es zu erheblichen Auseinandersetzungen zwischen Befürwortern und Gegnern Hitlers gekommen. Der Amerikadeutsche Volksbund unter Leitung von Fritz Kuhn war von der amerikanischen Justiz unter Anklage gestellt worden, weil er angeblich Gelder, die die Amerikadeutschen für die Winterhilfe im Dritten Reich gesammelt hatten, nur zum Teil nach Deutschland transferiert hatte. Es gab eine heftige Pressekampagne gegen ihn, an der sich vor allem auch deutsche Emigranten, wie der später so bekannte Schriftsteller Stefan Heym, beteiligten. Andererseits gelang es den amerikadeutschen Nazis, New Yorks größte Versammlungshalle, den Madison Square Garden, mit 15 000 Anhängern zu füllen, obwohl der dort auftretende Kuhn bereits unter Anklage stand. Die deutschen Gegner, die Emigranten vor allen Dingen aus dem linken Spektrum, waren wegen des Hitler-Stalin-Paktes zerstritten und gespalten.

Aus allen diesen Dingen, die mit Deutschen zu tun haben, muß sich Hans Mosberg sorgfältig heraushalten, versucht jedoch, seiner Familie ein Bild New Yorks in Briefen zu geben.

»New York, 17. 8. 39

Das ›Rockefeller Center‹ allein lohnt die Reise – eine ganze Gruppe neu errichteter Wolkenkratzer, die beweist, daß man mit diesen modernen Ausdrucksformen architektonische Werke von allergrößter Schönheit schaffen kann.

Heute machte ich eine Stadtbesichtigungsfahrt mit, bei der es u.a. durch die farbigen Viertel, das Ghetto und die Slums am Hafen, genannt ›the hell's kitchen‹ ging. Davon kann man allerdings schlecht träumen.

12 Stunden lang paradierten heute 150 000 organisierte Arbeiter durch die 5th Avenue, die Hauptstraße. Unbeschreiblich harmlos und vergnügt, jeder einzelne mit einer Nationalflagge, Herr La Guardia an der Spitze, der alles andere als ein Bolschewist ist. Unzählige Musikkapellen, auch Damenkapellen aus Varietés in historischen Militär-Uniformen! Die Führer der einzelnen Arbeitergruppen in dicken Autos. Bezeichnend für die Grundhaltung Transparente mit Aufschriften wie ›Den Gewerkschaften verdanken wir unseren Wohlstand‹ und ›Gebt uns die 30stundenwoche (5 Tage à 6 Stunden) und Ihr löst die Arbeitslosenfrage bequem.‹ Keine rote Fahne im Zuge, wenig ›coloured people‹, keine Betrunkenen. Die Polizei regelte den riesigen Verkehr so ganz ›nebenbei‹. Die Arbeiter fast einheitlich: Weiße Strohhüte, weiße Hemden, graue Hosen, weiße Schuhe. Zwischendurch Gruppen der patriotischen Kriegsteilnehmerverbände. Für mich war diese Manifestation hochinteressant.

Hinter den Kulissen gibt es schwere Kämpfe um Roosevelt: die große Industrie und Finanz bekämpft ihn erbittert; sie haben den Propagandaapparat, das wohlhabende Bürgertum und die Mehrzahl der heutigen Kongreßabgeordneten und Senatoren hinter sich. Die Arbeiterorganisationen und die Mehrheit der Farmer sind für Roosevelt und seine großen, allerdings kostspieligen und die Wirtschaft finanziell belastenden sozialen Reformpläne, die zugleich eine gewisse staatliche zentrale Lenkung des Wirtschaftslebens bezwecken sollen. Das einzige, worin sich die Gegner ziemlich einig zu sein scheinen, ist offensichtlich die Außenpolitik.

Klare Einheitsfront gegen gewisse Mächte, zugleich aber der Wunsch, sich möglichst wenig mit diesem ›verrückten Europa‹ befassen zu müssen.

Morgen (Sonntag) will ich den ganzen Tag auf dem Hudson sein, der weiter oberhalb sehr schön sein soll. – In meinem Hotelzimmer sind 7 verschiedene Beleuchtungskörper. Im dazugehörenden Bad Brause für warmes, kaltes und Eiswasser. Leichte Seife (schwimmend) zum Baden, schwere zum Waschen. Stöße von Handtüchern. Vom Klo (gleichfalls im Baderaum) mußte man erst einen Papierstreifen mit dem Aufdruck ›Für Sie desinfiziert‹ ablösen. Die Gläser sind gleichfalls desinfiziert und in Cellophan verpackt. Drückt man auf einen Knopf der Nachttischschublade, so hat man Radio angestellt. – Wäsche tut man bis 1 Uhr nachts in einen besonderen Hohlraum der Zimmertür, Servidor genannt. Morgens um 8 Uhr ist sie wieder da, verpackt wie neu aus einem eleganten Geschäft geliefert.«

Hans Mosberg fährt als erstes Reiseziel die Hauptstadt Washington an, die ihm sehr gefällt. Dann beschreibt ein Brief einen Besuch in Pennsylvanien.

»Pittsburgh, 3. 9. 39

An dem Tag, der einen neuen Weltkrieg bedeuten kann, bin ich im Herzen der amerikanischen Schwerindustrie. Man kann beinahe denken, man sei im Ruhrgebiet, überall Hochöfen, riesige Verwaltungsgebäude und Massen von Arbeitern, die sich zur Zeit des Schichtwechsels durch die Fabriktore drängen. Dieses Pittsburgh, ja der überwiegende Teil des Staates Pennsylvanien, lebt von der Schwerindustrie und sein Ausdruck sind Schornsteine, Walzwerke, Maschinenfabriken und die endlosen Bänder der Kohlenzüge auf den Eisenbahnen und Brücken. Doch hier ist es etwas anders als im Ruhrgebiet. Der Kohlenpott ist der wichtigste und sozial ungesundeste Teil Deutschlands. Das wesentliche Pennsylvanien mit Pittsburgh, Baltimore und Philadelphia ist wohl Zentrum der Stahlindustrie, aber für die USA ist die Nahrungsmittelproduktion und die Textilindustrie wichtiger, sie erzeugen größere Werte und beschäftigen auch mehr Arbeiter. So kommt es, daß vor Pennsylvaniens Zentren New York, Chicago, Boston und Detroit liegen. Es ist das typische an der amerikani-

schen Industrie, daß sie weit verteilt ist und zum Beispiel gerade in Philadelphia, das als Industriezentrum an dritter Stelle in den USA steht, auch ein geistiger Mittelpunkt liegt, in dem die weltbekannte Quaker-Organisation ihre Zentrale hat.

Pennsylvanien hat in ähnlicher Verbindung wie die Ruhr reiche Eisenerz- und Kohlenlager in unmittelbarer Nähe, wozu noch reiche Erdölfunde kommen. Doch der amerikanische Arbeiter hat es leichter. Die Kohlenflöze liegen dicht unter der Oberfläche und werden zum Teil im Tagebau abgebaut. Der gute Farmboden rings um die Städte sorge für ausreichende Frischkostnahrung und das Elend der Kleinbetriebe für spezialisierte Fertigwaren ist durch die rasche Entwicklung und die großzügige Modernisierung erst gar nicht aufgekommen. Die Arbeiter sind gewerkschaftlich gut organisiert und daher auch gut bezahlt, die Betriebe sind kapitalkräftig und daher maschinell glänzend ausgerüstet. Die Europäischen Kriegsfanfaren lassen für Pittsburgh einen »boom« erwarten, die großen Aufträge liegen jedoch wahrscheinlich nicht so sehr bei der Waffenfabrikation, sondern für Schiffbau und Eisenbahnen.«

Am 6. September besucht Hans Mosberg die Weltausstellung, die ja sein offizieller Reisegrund ist; sie hat ihn nicht sehr beeindruckt. Dafür bringt ein Besuch in Chicago positive Eindrücke. Im Oktober fährt Hans Mosberg quer durch die Vereinigten Staaten und kommt am 10. Oktober in Los Angeles an. In San Francisco will er sich mit seinem Vetter Albert Valentin treffen, der früher der landwirtschaftliche Leiter der Bismarckschen Güter in Pommern war und als Jude emigrieren mußte. Aus Kalifornien schreibt Hans Mosberg am 15. Oktober u. a.:

»Neben den Anhängern der Siesta und den Hollywoodern beherbergt diese Gegend jetzt viele neue Leute. Die Amerikaner sehen schon lange argwöhnisch nach Japan herüber, die Westküste wird ein Bollwerk des Schiffsbaues und der Flugzeugproduktion. Natürlich spielen die englischen Aufträge eine große Rolle, aber in Kalifornien ist man auch dabei, auszuprobieren, was man im Ernstfalle leisten kann. Die Stapelläufe von Serienschiffen erfolgen pausenlos, ein Triumph moderner Technik, der von konservativen Marinern noch nicht voll anerkannt wird. Doch das Fließ-

band hat sich wahrscheinlich endgültig im Schiffbau seinen Platz errungen. Es geht hier um Schnelligkeit der Lieferung, und so entstehen neue amerikanische Schiffstypen, die sicher nicht mehrere Jahrzehnte auf dem Wasser bleiben, die keine hohe Geschwindigkeit laufen und wahrscheinlich auch keine Lebensversicherung in Gegenden wie Kap Horn oder Biskaya bedeuten. Aber die Stapelläufe auf den Werften reißen nicht ab, die Flotte wächst. Die Flugzeugproduktion ist vielleicht noch mehr forciert worden und wird von großen Firmen betrieben, die früher Autos oder Eisschränke bauten. Der Flugzeugbestand Amerikas war schon immer hoch, weil die großen Entfernungen für den Schnellverkehr mit Bahn oder Auto ein zu großes Hindernis bedeuteten. So konnten aus leistungsfähigen Langstreckenmodellen der Post und der Passagierlinien Bombertypen entwickelt werden, die für die großen Wasserflächen des Stillen Ozeans wie geschaffen sind.

An Treibstoff wird kein Mangel sein, gerade hier im südlichen Kalifornien fließen reiche Ölquellen, ziehen sich die Pipelines nach den Raffinerien und entstehen neue Wälder von Bohrtürmen. Öl war nach dem Gold der große Schlager Kaliforniens, jetzt hat sich der Schwerpunkt mehr nach Texas verlagert, und auch die Ölquellen des mexikanischen Nachbarn werden von amerikanischen Gesellschaften ausgebeutet. Amerika ist von den großen Erdölländern finanziell am stärksten, und der Konkurrenzkampf der amerikanischen Standard-Oil gegen die englische Royal Dutch Shell wird auch nach dem Tode der beiden großen Gegner Rockefeller und Sir Deterding weitergeführt. Zu Hause in den USA ist man jedoch bemüht, Ölfelder als Reserven nicht auszupumpen, so sind weitere Strecken für die Marine reserviert, die nicht ›angebohrt‹ werden, man verbraucht lieber Öl aus Venezuela oder dem Nahen Osten. Aber am besten an Kalifornien ist und bleibt der schöne Wein und das wunderbare Obst, das bis hinauf nach British Columbia gedeiht. Die Westküste ist der Fruchtgarten des Kontinents.«

Der Emigrant und sein Besucher fahren in die Hauptstadt des Staates Oregon nach Salem, von wo aus Mosberg am 11. November einen überschwenglichen Bericht an seine Familie schickt. Hintergrund ist der abenteuerliche Plan, mit seinem gesparten

Geld und den landwirtschaftlichen Kenntnissen seines Vetters in Oregon, ähnlich wie der aus Danzig geflüchtete Senatspräsident Dr. Rauschning, eine Farm zu betreiben.

Über die Mormonenhauptstadt Salt Lake City geht es zurück nach New York. Ein Brief aus der Autostadt Detroit vom 8. März beschäftigt sich mit der amerikanischen Automobilindustrie. Es heißt darin:

»Einem amerikanischen Reklamefachmann in die Hände zu fallen ist beinahe so, als ob man sich mit Haut und Haaren auf dem Standesamt verkauft hat. Ich bin einem ins Garn gegangen. Wie man aus dem Absendeort ersehen kann, einem Autoverkäufer. Aber er ist auch auf mich hereingefallen, ich will gar kein Auto und trotzdem führt der Gute mich ununterbrochen redend und Tabellen schwingend durch die größte Autostadt der Welt. Hier werden die märchenhaften Roadsters und Limousinen gebaut, welche die amerikanische Industrie täglich zu tausenden auf den Markt wirft. Gesamteindruck: gute Maschinen, gute Arbeiter. Das laufende Band ist zur größten Vervollkommnung gediehen und macht es dem Produzenten wie dem Käufer leicht, für ein paar hundert Dollar ein gutes Auto zu fahren. Man kann tatsächlich den Bau ›seines‹ Wagens von den ersten Rohteilen bis zur Abnahme auf dem Prüfstand verfolgen, in drei Stunden hat man den Wagen, von dem vor der Bestellung noch nicht einmal ein Chassis vorhanden war.

Die amerikanischen Wagen sind nach ganz anderen Prinzipien gebaut als unsere deutschen. Großzügiger in der Materialverwendung (man hat ja alles), auf höheren Benzinverbrauch zugeschnitten (denn man braucht bei den Preisen hier wirklich nicht zu sparen) und auf eine kürzere Lebenszeit berechnet. Zwar sind die Ganzstahlkarosserien der alten Fords unverwüstlich und können hundert Jahre bestehen, doch der Reklamefachmann überzeugt mich mit ein paar eindeutigen Berechnungen, daß es hierzulande billiger ist, sich alle drei Jahre ein neues Auto zu kaufen. Erstens kauft man auf Abzahlung. Die ganze Geschichte ist nicht teurer als die wöchentlichen Ausgaben für Zigaretten und Drinks. Kaum ist man fertig mit der Geldstotterei, da kauft die Firma den Wagen schon für ein paar Dutzend Dollar zurück und bietet dafür den neueren, das weiter entwickelte Modell, zu einem günstigen Preis. Die Abzahlung und der Rückkauf machen die Sache für den Besitzer sehr rentabel, er hat immer einen neuen und modernen Wagen. Bei den guten Straßen und den großen unkomplizierten Maschinen gibt es auch verhältnismäßig wenig Reparaturkosten. Nur die Garagen sind teuer.

Für die Fabrik ist die Sache noch billiger. Der alte Wagen wird entweder ausgeschlachtet, was bei den genormten Serientypen eine lohnende Sache ist oder wird als second-hand weiter nach Südamerika geschickt.«

In einem Brief aus New York vom 8. Mai berichtet Hans Mosberg, daß er, um beweglicher zu werden, den Führerschein machen will, ein Autokauf war ihm ja schon schmackhaft gemacht worden. Der letzte Absatz des Briefes beschäftigt sich, ohne daß es ausdrücklich ausgesprochen wird, wieder mit der Farm in Oregon, die er vielleicht kaufen wird.

»New York, 8. 5. 40

Nun haben wir hier plötzlich Sommer – nicht den Frühling. So warm ist es wie bei uns im Juli oder August, wenn nicht gerade die großen Ferien verregnen. Aber glücklicherweise fehlt noch die schreckliche Luftfeuchtigkeit, die hier den Sommer so schwer erträglich macht. Ich gehe in einem auf neu renovierten Danziger ›Hellgrauen‹ herum und komme mir sehr elegant vor. Und überall blüht es, und die Bäume werden sozusagen über Nacht grün. Es ist eine schöne Zeit. Ich laufe allein umher und denke dabei daran, meine stattliche Figur ein wenig weniger stattlich werden zu lassen.

Ich bin zur Zeit dabei, den amerikanischen Führerschein zu erwerben. Meinen alten deutschen und den Internationalen Schein, deren Besitz mir das erspart hätte, habe ich leider nicht hierher mitgebracht, und namentlich, wenn ich für die Sommermonate in die Umgebung auf's Land ziehen sollte, ist es unbedingt notwendig, daß ich in der Lage bin, notwendigenfalls einen Wagen zu steuern. Gern bin ich zum ersten Male probegefahren, es war doch ein merkwürdiges Gefühl nach so langer Zeit und im New Yorker Verkehr. Am vergangenen Sonntag war ich mit meinem ›Freund‹ Bob Howard – hierzulande ist man grundsätz-

lich ›Freund‹ – und seinem Sweetheart im Auto auf dem Besitz seines Vaters im benachbarten Staate New Jersey, etwa 50 Meilen (80 km) von der Stadt.

Ich habe die Fahrt und den Aufenthalt sehr genossen, es ist eine wunderschöne, sehr hügelige Gegend, allerdings wenig richtige Landwirtschaft und mehr Ruhesitz wohlhabender New Yorker. Es ist die größte Pferdegegend hier im Osten – wir besuchten eine Reihe Besitzungen der Umgegend, auf denen edle Pferde, namentlich Polopferde, gezogen werden, sowie Hundemeuten für Fuchsjagden. Alles sehr schön und elegant, die Tiere herrlich und vorbildlich gepflegt, die Stallungen imposant. Das Howard'sche Haus liegt auf einem Hügel, etwa 80 Morgen gehören dazu, die eigentlich nur aus Rasenflächen und Weiden bestehen. Das Haus im sogenannten Kolonialstil, langgestreckt mit großen Bäumen im Erdgeschoß und niedrigem Obergeschoß, mit rohen Balkendekken, Fußböden und Treppenstufen, wie man das hierzulande in einer gewissen romantischen Sentimentalität liebt.«

In den folgenden Briefen wird deutlich, daß der Aufenthalt in den Vereinigten Staaten für Mosberg nicht nur angenehme Seiten hat. So schreibt er am 1. Juni 1940:

»Ich habe viele Gedanken, das kommt wohl davon, daß ich hier soviel allein bin wie noch nie vorher in meinem Leben, wenn ich von den Monaten unter Verschluß in Riga absehe. Manchmal überrasche ich mich dabei, wie ich zu mir allein oder zu Gegenständen in meinem Zimmer spreche. Aber glaubt gar nicht, daß ich den Kopf hängen lasse, ich weiß sehr wohl, wieviel Grund ich persönlich zur Dankbarkeit habe.«

Die Nabelschnur seiner Familie ist die Luftpost, die nicht immer funktioniert. So schreibt Hans Mosberg am 21. Juni nach Hause:

»Wir haben schon wieder Grund, mit dem Clipper-Dienst sehr unzufrieden zu sein. ›Widrige Winde‹, von denen wir hier allerdings kaum etwas gemerkt haben, ließen die amerikanischen Flugboote in letzter Zeit mehrfach in beiden Richtungen im britischen Bermuda zwischenlanden, wo natürlich die Post sogleich beschlagnahmt wird. Mich erinnert das an die während des Weltkrieges in der deutschen Fliegertruppe übliche Einrichtung

der ›Personalböen‹. Damals war Fliegen noch etwas ganz besonderes und Neues, und die Flieger wurden dauernd durch liebe Kameraden und vor allem Vorgesetzte gequält, ›einmal mitfliegen zu dürfen‹. Um sich diese lästigen Passagiere vom Halse zu halten, erzielten die Piloten ständig Böen und Luftlöcher, so daß es sich bald herumsprach, das Fliegen sei doch eine höchst ungemütliche Angelegenheit, und das nannten die bösen Flieger die Personalböen. Es scheint mir, daß es mit den bösen Gegenwinden bei Bermuda sich ähnlich verhält, zumal sie erstaunlicherweise gleichzeitig in beiden Richtungen wirksam sind. Nun, es wird davon gemunkelt, daß dieses Land eventuell die bewußte Insel ganz übernehmen soll, und dann werden ja wohl hoffentlich diese dauernden Schwierigkeiten und Verzögerungen fortfallen.«

Im Juli verläßt Mosberg New York und zieht auf eine Farm im Staate New York. Er schreibt nach Hause, daß er hoffe, dort eine ganze Menge zu lernen und auch praktisch mitarbeiten zu können. Auch hierhin liegt wieder eine Andeutung für den geplanten Kauf der Farm in Oregon. Hans Mosberg hat inzwischen den amerikanischen Führerschein erworben und kündigt den Kauf eines Wagens an. Er will in der beginnenden Kampagne für die amerikanische Präsidentenwahl Eindrücke in verschiedenen Gegenden des Landes sammeln. Mosberg wechselt seinen Aufenthaltsort und startet am 30. August nach dem Kauf eines »Plymouth« zu einer Reise über 3500 Meilen nach Westen. Über Milwaukee am Michigansee und den Rocky Mountains National Park im Staat Colorado fährt er über den Mormonenstaat Utah wieder in den Staat Oregon an der Westküste der Vereinigten Staaten.

»Foothills Farm, 25. 9. 40
Carlton/Oregon

Über die hiesigen politischen Auffassungen kann ich nicht viel schreiben. Eines ist sicher: Der Durchschnittsamerikaner, namentlich hier im Westen, der Europa nicht aus eigener Anschauung kennt und keine engen familiären oder persönlichen Bindungen mehr zu einer der europäischen Nationen besitzt, wünscht sich seit langem, schon seit dem Weltkrieg, daß diese ›verrückten‹ Europäer sich einmal zusammensetzen und zu einer Einheit kommen, anstatt sich alle Vierteljahrhundert zu bekriegen und, das ist hier immer entscheidend für jede Beurteilung, das Geschäft zu verderben. Der Gedanke einer europäischen Neuordnung ist hier also grundsätzlich durchaus bejaht und erwünscht. (Im Gegensatz zu gewissen Wirtschaftskreisen an der Ostküste, die aus einer europäischen Union unter starker Führung eine zu starke Konkurrenz im Welthandel besorgen). Was die Leute auf Grund ihrer Erziehung jedoch nicht wollen, das ist eine europäische Ordnung, die mit dem Schwerte und nicht am Konferenztisch erzwungen wird.

Es ist für den Deutschen gerade in unserer Zeit nahezu unmöglich, das amerikanische Denken zu begreifen. Ich bin nun mehr als ein Jahr hier im Lande, habe mehr von den Staaten gesehen als die meisten Ausländer, die schon viel länger hier sind, und beginne gerade so ein wenig, die Menschen hier zu verstehen. Vor allem darf man nicht vergessen, daß es sich immer noch um ein Kolonialvolk handelt und daß im letzten Farmarbeiter oder Autobusfahrer im Unterbewußtsein noch immer ein wenig die Überzeugung festsitzt, daß jede Einschränkung der persönlichen Freiheiten, sei es politisch, sozial oder wirtschaftlich, ein Mißbrauch der Regierungsgewalt sei. Das hat manche menschlich gute Seite. Wir haben hier einen sehr tüchtigen Motorpflugführer und Landarbeiter angestellt, daß er und seine Frau mich als erstes nach meinem Vornamen fragten und mich seitdem nur noch damit anreden, war eine Selbstverständlichkeit, das gleiche gilt für das Verhältnis von Betriebsleiter und Gefolgschaft. Der Mann wünschte auch keinerlei Arbeitsvertrag, obgleich er ihm angeboten wurde; er meint, entweder würde es ihm gefallen, dann bleibe er eben, oder aber er wollte die Freiheit behalten, jeden Tag weggehen zu können. Dann packen solche Leute ihre paar Kinder, Haustiere und Möbel auf ihr altes Auto nebst Anhänger und ziehen irgendwohin, möglichst in einen anderen Staat, um einmal etwas anderes auszuprobieren, eventuell in einem ganz anderen Beruf.

Typisch für die amerikanische Denkweise ist folgender Vorgang: In einer der größten New Yorker Kampfbahnen fand ein Baseball-Spiel zwischen zwei führenden Mannschaften statt; die Entscheidung eines Schiedsrichters gefiel vielen Zuschauern nicht; ein Mann rannte in die Innenbahn und verprügelte den Schieds-

richter. Darauf etwa folgende Stellungnahme einer der großen Zeitungen: ›Das durfte natürlich nicht sein, und die Strafe, Gefängnis- oder Geldstrafe, wird nicht ausbleiben. Aber als Nation begrüßen wir diesen Vorgang, der uns zeigt, daß unser Volk noch keiner Massenhysterie unterliegt, sondern da mit persönlichem Verantwortungsgefühl eingreift, wo es die Gerechtigkeit für gefährdet hält.‹

Im übrigen macht dieses Volk einen gewaltigen Umwandlungsprozeß durch, und da es zu Extremen neigt, glaube ich, daß es hier einen sehr krassen amerikanischen Militarismus geben wird. Während bisher der Gedanke der allgemeinen Wehrpflicht im Frieden als die Demokratie gefährdend abgelehnt wurde, da die Zentralregierung dadurch zu viel Macht in die Hände bekäme. Das ist ja auch eine der großen Überraschungen: Der ungeheure Partikularismus der Einzelstaaten, der viel größer ist, als es der im alten Deutschland war. Auch das Problem der Arbeitslosigkeit liegt hier ganz anders als drüben. Hunderttausende, ja, Millionen von Großstadtproletariern, größtenteils Südeuropäer und Neger, sind in den Zeiten der Nachweltkriegsprosperity nach New York, Chicago usw. gewandert und bleiben dort einfach sitzen, weil es ihnen in ihrer Armut und ihrem Schmutz nun einmal so gefällt. Well, sagt man hier, es ist ihre Sache, wofür sie sich entscheiden. Aber gerade in dieser Hinsicht stehen wir bestimmt vor starken Veränderungen, zumal hier eine große Beschäftigungswelle eingesetzt hat. Das Problem dieses Landes lautet ja: Elend des Überflusses, zu viel Produktion und zu wenig Menschen, nicht zu viele!«

»Foothills Farm, 6. Oktober 1940

Nun muß ich doch versuchen, den Platz und seine Lage ein wenig zu beschreiben. Es ist so etwas wie ein ›Handtuch‹, das sich ziemlich genau von Osten nach Westen zieht. Aber mit etwas Poesie, die noch durch eine Fliegerfotografie unterstützt wird, kann man auch sagen, es sind zwei große Flügel, zumal eine Straße von Norden nach Süden ziemlich genau in der Mitte hindurchläuft. Da das Kind doch früher oder später einen Namen haben soll und muß, sind wir daher schon auf die Idee gekommen, es

›Twowings-Farm‹ zu nennen. Im Süden, Osten und Westen sieht man auf bewaldete Hügelketten und im Hintergrund auf höhere Berge, Ausläufer des Küstengebirges; das gibt namentlich im Süden und Westen den Eindruck eines ›Tälchens‹, das sehr, sehr stark an Zoppot erinnert! Nach Osten ist alles offener und weiter. Die ganze Senke umfaßt die Felder, unterbrochen durch Gräben mit Buschwerk und einzelne schöne Baumgruppen. Am Nordrand der Felder zieht sich ein breiter Streifen Weideland hin, gerodeter Urwald, von dem nur noch Gruppen mächtiger alter Eichen übriggeblieben sind, unter dem natürlich schon wieder lustig junges Holz emporwächst. Ziemlich genau in der Mitte des Nordrandes, beiderseits der vorhin erwähnten Straße, liegt der Hofplatz; westlich der große Platz, an dem die beiden Wohnhäuser liegen; auf dem Rasen und an den Eingängen von der Straße her stehen gleichfalls riesenhafte Eichenpaare.

Die Wirtschaftsgebäude auf der Ostseite sind sehr weiträumig angelegt, aber im übrigen würden wohl meine lieben ostpreußischen Landonkels die Hände über dem Kopf zusammenschlagen, wenn sie diese alten Holzdinger sehen würden, ganz abgesehen von der zu erwartenden Verblüffung einer wohllöblichen Baupolizei. Aber es ist alles da, was man braucht, es ist alles praktisch und wenig kostspielig in der Unterhaltung. Wir leben in dem neueren Haus, das wirklich ganz reizend ist und sich sehr sehr praktisch bewirtschaften läßt. Es enthält ein sehr hübsches, wenn auch nicht großes Wohnzimmer mit einem großen Fenster auf der Ost- und kleineren auf der Südseite, eine ausreichend große Küche, in der nach amerikanischer Weise alles notwendige an Schubladen, Schränken, Plättbrett, Ausgüssen usw. eingebaut ist, und zwischen Küche und Wohnzimmer einen sehr reizenden Zwischenraum zum Essen, also gerade die praktische Anordnung, wie wir sie uns manchmal als ideal ausgedacht hatten, wenn wir zu der Überzeugung kamen, daß ein großes Eßzimmer eigentlich Unsinn ist. Außerdem im Erdgeschoß zwei Schlafzimmer und Bad. Im Dachgeschoß läßt sich mit geringer Mühe ein weiterer Raum ausbauen. Vieles ist sehr modern und praktisch. So wirft man aus dem Badezimmer die schmutzige Wäsche einfach durch einen Schacht in die im Keller gelegene Waschküche, aus dem Keller führt ein

Aufzug zum Wohnzimmer, um Kaminholz für den offenen Feuerplatz bereit zu haben, die Antenne ist in die Wand eingebaut usw. Die Heizung ist die hier allgemein übliche, das Einfachste und Billigste, was man sich denken kann: Im Keller wird mit Holzkloben geheizt, die direkt warme Luft erzeugen und nach oben steigen lassen, wo sie durch eine mit einem Gitter verschlossene Öffnung einfach in die Wohnräume zieht. Das Haus ist sozusagen im Handumdrehen warm. Holz ist in diesem waldreichen Gebiet sehr billig. Es ist wirklich alles reizend und hell, der gesamte Lebensstil ist hier ganz anders. Ich denke, man würde manche seiner Eigenheiten gern übernehmen. Man hat viel kleinere Räume, viel weniger und vor allem viel leichtere Möbel, und vor allem keine Wände, um sie aufzustellen. Schränke sind hier nahezu unbekannt, ganz allgemein hat man tiefe Wandschränke, eigentlich kleine Seitenkammern mit eigener Beleuchtung für Kleidung, Wäsche usw. (Diese nennt man hierzulande ›Closets‹, mit dem Ton auf der ersten Silbe!) Daß Herd, Eisschrank und Waschmaschine elektrisch sind, ist nahezu eine Selbstverständlichkeit.

Eine sehr angenehme Zugabe, die keineswegs eine Selbstverständlichkeit ist, bedeutet das reichlich vorhandene Qellwasser, wie überhaupt in den beiden kleinen Gewässern, die durch die Farm fließen (Soap-Creek und Berry-Creek) sowie in anderen Quellen selbst am Ende dieses ungewöhnlich trockenen Sommers reichlich Wasser vorhanden war, so daß wir vielleicht später daran denken können, einem Teil des Bodens zusätzliche künstliche Bewässerung durch eine Berieselungsanlage zu geben. Ziemlich dürftig und enttäuschend ist der Obst- und Gemüsegarten, aus dem sich an sich viel machen ließe.

Aber die Frauen tun eben hierzulande keine derartige Arbeit und sagen, es sei alles so schrecklich billig zu kaufen, was gar nicht so unbedingt richtig ist. Na, wir haben ja immerhin rund 1500 junge Haselnußbäume, die in diesem Jahr erst ihre zweite Ernte geben, die recht gut zu werden verspricht und 4 junge Walnußbäume sind auch da. Und was ich ganz besonders schön finde, diese Farm und ebenso die Nachbargrundstücke bilden ein freiwilliges Wild- und Vogelschutzrevier, Ihr könnt Euch kaum vorstel-

len, wie viele Vögelchen man hier beim Spazierengehen sieht, u.a. Fasanen in rauhen Mengen.

Monmouth, 7. Oktober 1940

Das Farmen ist hier etwas völlig anderes als die Landwirtschaft in Deutschland. Mit verhältnismäßig geringen Mitteln kann man sich auf einer durchaus erträglichen Basis auch heute noch selbständig machen, allerdings unter Einsatz körperlicher Arbeit. Dazu braucht man zwei Voraussetzungen: Erstens eine gediegene wissenschaftliche Ausbildung, die z.B. hier in nächster Nachbarschaft auf dem College in Corvallis zu haben wäre, wobei ich der Auffassung bin, daß es wirklich kaum etwas Vierseitigeres, Zukunftsreicheres und Interessanteres gibt als die moderne landwirtschaftliche Biologie, und zweitens die praktische technische Schulung. Hier ist ja alles in einem solchen Maße maschinisiert, daß es ein ungeheurer Vorteil für jeden auf dem Lande Tätigen ist, wenn er gelernt hat, mit Maschinen umzugehen, Werkzeuge richtig zu verwenden und kleinere Reparaturen selbst auszuführen.

In diesem Lande kann man nur gut leben, wenn man entweder viel Geld hat oder harte Spezialarbeit zu leisten im Stande ist. Aber auch eine wirklich gründliche und solide Geistesbildung ist hier viel seltener als drüben, und wenn man beides zu vereinigen versteht, sollte man eigentlich hier erfolgreich sein und nicht vor die Hunde gehen, wie so viele Europäer im Osten dieses Landes, die glauben, sie könnten so ohne weiteres ihr Leben leben, wenn sie nichts anderes mitbringen als eine kümmerliche Durchschnittsbildung und irgendwelche Abiturientenexamen oder dergleichen.

Was die gesetzlichen Bestimmungen für die hiesigen Arbeitsmöglichkeiten betrifft, so hängt alles davon ab, mit welchem Visumtyp man hier einreist. Ich bin auf ein kurzfristiges Besuchervisum hierher gekommen, und darauf gibt es keine Arbeitserlaubnis. Ganz anders aber ist es z.B., wenn jemand als Student hierherkommt oder überhaupt eine anerkannte wissenschaftliche Betätigung ausübt. Dafür gibt es Vorzugsvisen und alle möglichen anderen Erleichterungen.«

Ende Oktober ist Hans Mosberg nach vollendeter vierter Durchquerung des Kontinents wieder in New York, er hat sich dort offensichtlich auch umgesehen, ob es für ihn eine Möglichkeit der Tätigkeit in der amerikanischen Presse gibt. Das Ergebnis ist negativ. Er schreibt nach Zoppot:

»New York, Januar 1941

Interessant ist für mich hier die Feststellung, daß es einem in Deutschland, oder man kann sogar ruhig sagen in Europa, aufgewachsenen und erzogenen Menschen kaum möglich ist, in den amerikanischen Journalismus hineinzuwachsen. Es wird hier unter so ganz anderen Bedingungen jeder Art gearbeitet. Man wird dem Wesen der hiesigen großen Zeitungen nicht gerecht, wenn man sie als sensationshungrig abtun will. Gewiß wird hier gerade in politischen Dingen vielfach sehr skrupellos mit Sensationen gearbeitet, wobei mit einer in Europa nahezu unbekannten Schonungslosigkeit persönliche und familiäre Angelegenheiten herausgezogen werden, und ähnliches gilt für die Behandlung vieler anderer Fragen, an denen ein öffentliches Interesse vorausgesetzt werden kann. Oft stehen die ›headlines‹, die fetten Schlagzeilen, im Gegensatz zur wirklichen Bedeutung der Meldung; da der größte Teil der Leser vom politischen Teil nur diese Schlagzeilen liest, haben sie eine besondere Bedeutung. Andererseits muß man aber sagen, daß die großen Blätter eine ungeheuer umfassende und sorgsame Auslandsberichterstattung haben, wobei sie oft widersprechende Meldungen verschiedener Quellen nebeneinander abdrucken und in eigenen Kommentaren es letzten Endes dem Leser überlassen, welche Version er für sich anzunehmen gewillt ist.

Aber der politische Teil spielt ja in den meisten und vor allem in den meistgelesenen Zeitungen nicht die ausschlaggebende Rolle, neben der Erörterung politischer Tagesfragen spielt die Presse hier eine lebendige Rolle im täglichen Leben, die bei uns niemals vorhanden gewesen ist. Von den örtlichen Tagesereignissen über den Sportteil und den hier sehr beliebten und umfangreichen Briefkasten bis zum Anzeigenteil beherrscht eine beneidenswerte Lebendigkeit und Frische; man gewinnt den Eindruck, daß wirklich das Publikum selbst mitarbeitet. Ständige ›Abstimmungen‹ und Diskussionen über alle möglichen Tagesfragen werden ge-

schickt hineingearbeitet, der Mitarbeiterstab ist geradezu unerschöpflich und die Bildberichterstattung spielt eine gewaltige Rolle.

Es kommt die unglaublich volkstümliche Behandlung der Sprache hinzu, die allein es einem Ausländer unmöglich macht, so zu schreiben, wie es das Publikum hier wünscht. Zwar gibt es auch so etwas wie ein Zeitungsenglisch; aber das bleibt doch auf wenige ›Editorials‹ beschränkt, wie man hier die Leitartikel nenne; im übrigen wird eine überaus drastische und zumeist sehr humorgewürzte Sprache geschrieben. Alles wird sehr bildhaft dargestellt, oft unter Schaffung ganz neuer Worte und Wortzusammenstellungen, oft unter Heranziehung irgendwelcher geschichtlich bekannter Bilder, um irgendetwas völlig Ungeschichtliches klarzumachen. So schrieb kürzlich eine bekannte Schauspielerin, deren Auftreten seitens des Stadtrates in Boston, der sittenstrengen Kulturzentrale Neuenglands, wegen allzu geringer Kleidung Schwierigkeiten bereitet wurde, in einer New Yorker Zeitung, sie wünschte die Herren Stadträte von Boston in den dortigen Hafen zu werfen, wie es die Bostoner seinerzeit mit dem Tee gemacht hätten. Eine Anspielung auf den Beginn des amerikanischen Befreiungskampfes gegen die Engländer, der ja im Bostoner Hafen seinen Anfang nahm. Das ist ein Vergleich, den jeder versteht und schmunzelnd entgegennimmt, ohne irgendwie zu empfinden, daß eine derartige Vermengung geschichtlicher Tatsachen mit höchstpersönlichen Unwichtigkeiten eigentlich unzulässig sein sollte. Es werden auch ständig Worte aus fremden Sprachen übernommen, so ist der Ausdruck ›Blitzkrieg‹ geradezu beliebt geworden, und er wird vielfach auch auf ganz unmilitärische und unpolitische Dinge, wie z.B. auf Liebesaffären usw. angewandt.

Besonders schön fand ich vor kurzem eine Überschrift, bei der es sich um die Grenzkämpfe zwischen Thailand und Indochina handelte. Sie lautete: Siamese Baby-Blitz. In diesen drei Worten ist dem Leser alles gesagt. Die Tatsache, daß an der dortigen Grenze eine Angriffshandlung im Gange ist ebenso, wie das sich neben den großen Kriegshandlungen in Europa etwas spaßig ausnehmende Ausmaß dieses Kolonialkrieges.«

Der Brief deutet die Schwierigkeiten für Hans Mosberg an, sich als Journalist in Amerika niederzulassen und seine Familie nachzuholen. Dennoch hat er bei den Rechtsanwälten Ross und Ford in Salem/Oregon über die Pioneer Trust Companie die Farm gekauft und seinen Vetter Albert Valentin als Betreiber der Farm registrieren lassen.

Letztlich stellt sich heraus, daß für Staatsangehörige der sog. Achenmächte die Besuchervisen nicht verlängert werden, so daß Hans Mosberg die Vereinigten Staaten verlassen muß. Er erhält Order, über Japan nach Shanghai zu fahren, das damals so ähnlich wie früher die Freie Stadt Danzig einer der wenigen »offenen« Häfen und Städte ist, wo Emigranten aus aller Welt noch einreisen können.

Mitte März verläßt er New York und fährt nach Los Angeles. Sein letzter Brief aus den Vereinigten Staaten stammt vom 20. März 41, in dem er mitteilt, daß er von einem der Häfen von Los Angeles, San Pedro, den Pazifik überqueren wird, was annähernd drei Wochen dauern würde.

*

Der Aufenthalt in den Vereinigten Staaten war für Hans Mosberg die letzte Chance zur Emigration. Er konnte sich nicht dazu durchringen, das Band zwischen sich und Deutschland zu zerschneiden. Das mag daran gelegen haben, daß seine Familie im deutschen Machtbereich lebte und praktisch Repressalien ausgesetzt werden würde, als Geiseln im Falle seiner Abkehr von Deutschland. Er hat zwar die Farm gekauft, aber wenn man den vorherigen und den späteren Ablauf seines Lebens bedenkt, eine Trennung von Deutschland nicht vollziehen können. Seine Bindungen nicht nur an die Familie, sondern an dieses Land, dem er immer gedient hatte, waren zu stark, um alles hinzuwerfen. Die Vereinigten Staaten haben ihm imponiert, die Amerikaner als Menschen sind ihm fremd geblieben, und auch die Verbindung zu seinen Verwandten und seinem früheren Chef Dr. Rauschning konnten das Gefühl der Fremde nicht überbrücken. Das Jahr in Amerika war keine verlorene Zeit für Hans Mosberg, es langte jedoch nicht dazu, der Verlockung dortzubleiben nachzugeben.

Es gab in den Vereinigten Staaten und gerade in New York eine ganze Reihe deutscher Emigranten, die vor, während und nach dem letzten Weltkrieg sich denjenigen überlegen fühlten und mit Fingern auf diejenigen zeigten, die in Deutschland geblieben waren, die geblieben waren, weil sie Deutschland liebten und eigentlich nicht fassen konnten, was in ihrem Land vor sich ging. Sie haben dann die Zeche bezahlen müssen. Auch Hans Mosberg hat auf seine Art zu denen gehört, die dafür bezahlen mußten, daß sie Deutschland treu blieben.

(Zu dem Farmkauf sei noch hinzugefügt, daß nach der Kriegserklärung Hitlers an die Vereinigten Staaten die Farm beschlagnahmt und zugunsten des Fiskus zwangsversteigert wurde. Albert Valentin wurde wegen Verbindung zu einem »deutschen Spion« inhaftiert und hat später mit Groll auf diese Episode mit Hans Mosberg zurückgeblickt. Dieser hat ihm selbstverständlich nicht erzählt, daß er für die Abwehr arbeitete, und Albert Valentin hat aus vielleicht verständlichen Gründen nach dem Kriege jede Verbindung mit ihm abgelehnt. Das beschlagnahmte deutsche Eigentum ist von den Vereinigten Staaten, als einem der ganz wenigen Kriegsgegner, unter dem Vorwand, man müsse die amerikanischen Soldaten, die in deutscher Gefangenschaft gewesen seien, entschädigen, nicht zurückgegeben worden. Die etwa 12 000 Dollar, die beim Alien Property Custodian nach der Zwangsversteigerung der Farm deponiert wurden, sind vom amerikanischen Justizministerium trotz des Hinweises auf die rassische Verfolgung Mosbergs im dritten Reich nicht zurückgezahlt worden.)

Die Berichte Hans Mosbergs aus den Vereinigten Staaten an das Amt Ausland/Abwehr sind nicht bekannt. Aus seinen privaten Briefen an die Familie geht hervor, daß er viele Reisen unternahm und die politische Stimmung analysierte. Wichtiger waren wahrscheinlich seine Meldungen über das wirtschaftlich-industrielle Potential der USA. Die Unterschätzung Amerikas durch die deutsche Führung haben die Berichte des deutschen Nachrichtendienstes nicht ändern können, die Folge war die größenwahnsinnige Kriegserklärung Hitlers im Gefolge des japanischen Überfalls auf Pearl Harbour.

KO China

Nach der Zwischenstation in Japan, wo Hans Mosberg von den Vertretern der Abwehr instruiert wurde, ein neues Aufgabengebiet in China zu übernehmen, ohne daß er seine journalistische Tätigkeit fortsetzen sollte, ging es weiter nach Shanghai. In dieser Millionenstadt, die trotz des chinesisch-japanischen Krieges noch immer fast autonome ausländische Niederlassungen und auch ein International Settlement hatte, gab es die »Kriegsorganisation China«, abgekürzt KO genannt. Vor Ausbruch des Krieges hatte es auf Veranlassung von Admiral Canaris einen losen Kontakt zwischen der deutschen Abwehr und dem japanischen Marinenachrichtendienst gegeben. Nach Kriegsausbruch kam es vor allen Dingen darauf an, in den Häfen des pazifischen Ozeans schnellstmöglich ein Nachrichtennetz aufzubauen, durch das laufend brauchbare Nachrichten über Schiffsbewegungen usw. an die Seekriegsleitung gelangten. Der japanische Nachrichtendienst sollte wegen der Neutralität des Landes nur informell unterrichtet werden. In Shanghai liefen bedeutende Schiffahrtsinteressen zusammen. Auch noch in den Kriegsjahren wurde dieser Hafen von allen Flaggen angelaufen, da die Stadt für die Versorgung, Reparatur und Ausrüstung der Schiffahrt alle Möglichkeiten bot. Zudem war sie im Jahre 1940 von Angehörigen aller Nationen bewohnt, so daß sich auch für die Auswahl von geeigneten Nachrichtenträgern und Übermittlern besonders günstige Ansatzpunkte ergaben. Die Internationale Konzession (International Settlement), die den Kern von Shanghai umfaßte, zusammen mit der japanischen, der französischen und der britischen Konzession war für einen Nachrichtenoffizier das ergiebigste Sammelbecken.

Die KO China wurde von Louis Theodor Siefken geleitet, einem früher in Spanien tätigen Mann des Amtes Canaris. Siefken war aber weder der deutschen Botschaft in Nanking, dem Generalkonsulat in Shanghai, dem die deutsche Gemeinde überwachenden Gestapomann Kahner und dessen Vorgesetzten in Tokio, noch dem berüchtigten SS-Standartenführer Meisinger genehm. Sie beschuldigten ihn, homosexuell zu sein, und Siefken wurde durch seinen bisherigen Vertreter Major Lothar Eisenträger (zuletzt Oberstleutnant) ersetzt. Der parallel für die KO sowie das OKW arbeitende Wolf Schenke, der hauptberuflich als Journalist in China war, beschäftigte Siefken unter dem Decknamen Galen weiter. In Shanghai war unter den Deutschen eine interne Auseinandersetzung im Gange. Es gab die große Gruppe der mit dem Tschiang-Kai-schek-Regime sympathisierenden Chinadeutschen, die oft schon sehr lange in diesem Land lebten und gute Beziehungen zu den Chinesen hielten. Auch die militärische Zusammenarbeit zwischen Tschiang Kai-schek und Deutschland hatte eine lange Tradition, so war Generaloberst von Seeckt längere Zeit bei Tschiang Kai-schek attachiert, und bis zum Ende seiner Regierungstätigkeit in China stand ihm der frühere SA-Führer Stennes zur Seite.

Ursprünglich aktiver Offizier und dann im preußischen Polizeidienst wurde Stennes in der sog. Kampfzeit eine Zeitlang von Hitler zum Führer der SA in Deutschland östlich der Elbe (einschließlich Berlin) ernannt. Nach dem Abfall Otto Strassers von Hitler kam es 1931 zur sog. Stennesrevolte, als Hitler den ihm unbequemen SA-Führer abschieben wollte. Nach Hitlers Machtübernahme wurde Stennes verhaftet, jedoch auf Intervention von Göring, mit dem er zusammen im Kadettenkorps gewesen war, nach China abgeschoben, wo er sicherheits- und nachrichtendienstliche Sonderaufgaben übernahm.

Mit diesen Deutschen hielt Schenke Kontakt, der dadurch auch mit der nationalchinesischen Führung in Tschungking Verbindungslinien hatte. Andere Deutsche arbeiteten mit den japanischen Besatzern zusammen. Das waren vor allen Dingen die offiziellen Stellen und auch die KO, die besonders nach dem Kriegseintritt Japans gegen die Vereinigten Staaten und Großbritannien ständig engen Kontakt mit den Japanern hielt und in ihrem Büro den japanischen Verbindungsoffizier Takashima beschäftigte.

Die dritte Gruppe waren die zahlreichen deutschen Emigranten, von denen es beinahe 30 000 in Shanghai gab, wo es keine

Visabeschränkungen gab, so daß ein jüdisches Hilfskomitee die Flüchtlinge aus Hitlers Machtbereich vielfach dort hinleitete. Andere Länder nahmen sie wegen Vermögenslosigkeit nicht auf. Hatten sie doch durch die sog. Reichsfluchtsteuer und andere Schikanen nur noch die Möglichkeit gehabt, lediglich 10 Reichsmark mit über die Grenze zu nehmen. Selbst in das »gelobte Land« Palästina konnten sie nur mit Geld kommen, denn die britischen Behörden verlangten dort von jedem Einwanderer 500 britische Pfund. Die Flüchtlinge aus Deutschland galten erst einmal als Deutsche, denn die Japaner kennen keinen Antisemitismus. Aber bei ihrem Krieg gegen die Chinesen hatten sie auch in Shanghai Stacheldrahtzäune und Kontrollstellen rund um die europäischen Konzessionen gezogen, die nur mit speziellen Ausweispapieren passiert werden konnten.

Das deutsche Generalkonsulat in Shanghai bürgerte die Juden aus. Damit wurden sie zu staatenlosen Flüchtlingen. Der deutsche Konsul in Kanton, Fritz Wiedemann, der im Ersten Weltkrieg der Vorgesetzte des Gefreiten Hitler war, wehrte sich gegen den Druck des Generalkonsulates in Shanghai und unterstützte die deutschen Juden so gut er konnte. Die deutschen Emigranten waren in dem Stadtteil Hongkew zusammengepfercht, sie wurden von dem deutschen Pastor Maass betreut. Hans Mosberg und Maass waren eng befreundet. Mosberg regte die Schaffung der »Association of Central European Protestants«, also einer jüdisch christlichen Gemeinde mit an und hatte zahlreiche Anschuldigungen und Anfeindungen seitens der Gestapo und der Japaner wegen seiner Hilfe für die Juden zu erdulden. Er nannte Maass »unseren Niemöller«. Die NSDAP wollte Maass aus seinem Amt werfen, weil er sich weigerte, die seelsorgerische Betreuung der Judenchristen in Hongkew aufzugeben. Daß diese Gruppe weder deutsch- noch japanerfreundlich war, konnte man sich vorstellen. Aber viele von ihnen fühlten sich wie Hans Mosberg nach wie vor als Deutsche, obwohl sie von den Nazis verfolgt wurden.

Hans Mosberg hat in Shanghai unter Siefken und später Eisenträger (Deckname Ehrhardt) als Ostspezialist gearbeitet. Er wurde vom Generalkonsulat regelrecht dienstverpflichtet und arbeitete in der Dienststelle der KO in der Ferry Road, vor allem bei der Funküberwachung der sowjetischen Dienststellen in Sibirien. Da bei den riesigen Entfernungen in Asien fast der gesamte militärische Nachrichtenverkehr über Funk abgewickelt wurde, der von Spezialisten der KO abgehört wurde, konnten die Meldungen über Truppentransporte aus dem Fernen Osten an die Front gegen Deutschland in Shanghai ausgewertet und nach Verschlüsselung wiederum über Funk nach Berlin gegeben werden. Diese Dienststelle der deutschen Abwehr hatte in den Augen Mosbergs einen Riesenfehler, sie war viel zu vielen Leuten und damit auch dem Gegner als Zentrale einer nachrichtendienstlichen Tätigkeit bekannt. Er selbst, der nicht wie Schenke eine Tarnung als Journalist in Shanghai haben konnte, war damit als deutscher Agent abgestempelt. Grotesk war es in seinem Fall, daß ihm offiziell vom Generalkonsul des Dritten Reiches das Kriegsverdienstkreuz verliehen wurde. An die Arierparagraphen hatte man dabei wohl nicht mehr gedacht.

Die KO oder das »Büro Ehrhardt« wurde bis zur Kapitulation die Arbeitsstelle Mosbergs. Zu dem Apparat der KO gehörten Abwehrstellen in Peking und Kanton. Jeder der beiden gehörten 30 bis 40 geschulte Funker, Entschlüssler und andere Spezialisten an. Die meisten von ihnen waren auf deutschen Schiffen zur See gefahren und bei Kriegsausbruch in den Häfen gestrandet. Die Abhörstellen hatten seit 1943 in wenigen Wochen 80 bis 90 russische, englische und amerikanische Funkstationen ausgemacht, die regelmäßig Nachrichten durchgaben und daher fortlaufend abgehört werden konnten. Erstaunlicherweise verschlüsselten viele von ihnen die Funksprüche nicht, obwohl sie des öfteren vertrauliche und sogar geheime Angelegenheiten betrafen. Ein anderer Teil der Funksprüche konnte von einem Mitarbeiter der KO, dem Hauptmann der Reserve Habenicht, entschlüsselt werden. Es gelang Habenicht u. a., den Küstennachrichtencode der amerikanischen Kriegsmarine zu entschlüsseln, der von den Amerikanern bei allen amphibischen Operationen verwendet wurde.

Die Ergebnisse dieser Arbeit wurden nicht nur dem Amt Ausland/Abwehr in Berlin, sondern auch den zuständigen japanischen Stellen zugeleitet. Bis zu 2000 Funksprüche täglich wurden von den Abhörstellen in Kanton und Peking aufgenommen. Für Hans Mosberg war vor allen Dingen die Abhörstelle in Peking wichtig, weil sie die in der Mongolei und Sibirien befindlichen sowjetischen Stationen abhörte. Die dortigen Kommandostellen, Eisenbahnknotenpunkte, Materialdepots und Rüstungsbetriebe lieferten täglich wichtige militärische, politische und wirtschaftspolitische Nachrichten über sowjetische Maßnahmen, Bedürfnisse und Planungen im ostasiatischen Raum. Der gesamten KO gehörten im Fernen Osten etwa 100 Personen an. Als die deutsche Wehrmacht am 8. Mai 1945 kapitulierte, hat Oberstleutnant Eisenträger kurz danach die Demobilisierung seiner Mitarbeiter verfügt.

*

In Shanghai hat Hans Mosberg zum ersten Mal durch die enge Verbindung mit Pastor Maass und einer Reihe von deutschen Emigranten Kontakt mit der deutschen Opposition aufgenommen. Unter den besonderen Bedingungen der japanischen Besatzung und der ungeheuren Entfernungen sowohl zum Heimatland als auch zu den Alliierten war das mehr ein moralischer als ein praktisch wirksamer Entschluß. Zwar hat in den schweren Monaten nach der Kapitulation Hans Mosberg den persönlichen Anwürfen von Emigranten gegenüber diese Seite seines Handelns offenbart, er blieb jedoch bei seiner Leitlinie, er sei kein Jude, sondern Deutscher, und im Kriege habe er als Offizier seine Pflicht erfüllt, selbst wenn die Wehrmacht unter dem Kommando Hitlers stand.

In Shanghai hat er vielfältige kulturelle Beziehungen zu Chinesen und Einwanderern in diese internationale Stadt gepflegt. Ein Verwandter von ihm mit dem Namen Mosberg hatte schon vor dem Ersten Weltkrieg als Arzt in Shanghai gelebt, Spuren von ihm konnte er kaum noch ausfindig machen. Neben Pastor Maass hatte er sich auch mit Wolf Schenke angefreundet, obwohl er dessen Mitarbeiter, seinen früheren Vorgesetzten Siefken, in keiner Weise schätzte. Auch Hans Mosberg war von der prochinesischen Denkweise der Chinadeutschen beeinflußt. Er hat nie aktiv die japanische Politik gefördert oder behindert, das ließ sein Pflichtgefühl nicht zu. Die tägliche Zusammenarbeit mit dem japanischen Verbindungsoffizier Takashima und dessen Vorgesetzten Mori war reibungslos, aber privat hatte ihn besonders die Kultur Chinas so eingefangen, daß ihm der japanische Militarismus mit seiner rücksichtslosen Politik gegen die unterworfenen Völker Schrecken einflößte. Japanische Truppen kämpften in China und Südostasien im Namen der »Ostasiatischen Co-Prosperitätssphäre«, die den weißen Kolonisten abzutrotzen und unter der Führung des japanischen Kaisers zu schaffen sei. Die japanische Strategie des »dreifachen Alles« (Sanku Seisaku) galt ab 1942 in Singapur und Korea, auf den Philippinen wie in Indonesien: »Töte alles, verbrenne alles, vernichte alles.« Die Gegner der Japaner waren in ihren Augen keine Menschen, weil man die eigene hochwohlgeborene Yamato-Rasse vergöttlichte. Das Verhältnis zu den Deutschen war nie besonders freundlich, weil man von deren Sympathien zu China wußte. Nach der Kapitulation am 8. Mai 1945 sahen die Japaner in den Deutschen Verräter und Feiglinge und behandelten sie entsprechend.

Prozeß in Shanghai

Nach der Kapitulation Japans vor den Amerikanern waren nationalchinesische Truppen nach Shanghai eingerückt, in ihrem Gefolge auch einige amerikanische Einheiten. Es ging zuerst einmal um die Repatriierung der japanischen Streitkräfte in China. Aber die Amerikaner verlangten auch, die Deutschen aus Shanghai zu entfernen. Dem amerikanischen Drängen auf Repatriierung der Chinadeutschen folgend, hatten die Chinesen das Gelände einer Mittelschule im Vorort Kiangwan als »Internierungslager« eingerichtet, in dem zu wohnen etwa 200 Deutsche mit ihren Familien aufgefordert worden waren. Eine so vornehme Internierung hat es wohl selten gegeben, denn die Deutschen konnten sich Betten und andere Möbel mitbringen und sich in den Räumen der vielen Gebäude auf dem großen Gelände einrichten. Sie durften das Lager aber im allgemeinen nicht verlassen, es sei denn, sie bekamen auf Antrag einmal einan Tag Urlaub in die Stadt. Das Lager stand vollkommen unter der Selbstverwaltung der Insassen, die alle irgendein politisches Amt innegehabt hatten. Die Beamten der offiziellen Vertretungen des Reiches, also des diplomatischen und Konsulardienstes, dazu die Funktionäre der Auslandsorganisationen der NSDAP und schließlich auch die Angehörigen der KO, des Büros Ehrhardt.

Im April 1946 erhoben die Amerikaner gegen eine Reihe von Deutschen, der Kern waren Angehörige der Kriegsorganisation, Anklage wegen Kriegsverbrechen. Aus dem Internierungslager Kiangwan wurden der letzte deutsche Botschafter in Nanking, Ernst Woermann, der 1943 mit einem U-Boot zusammen mit dem Führer der indischen nationalen Bewegung, Bose, aus Deutschland nach Ostasien gelangt war; von der Shanghaier Dienststelle der deutschen Botschaft Generalkonsul Stoller und Legationsrat Elgar von Randow, weiter der Leiter der deutschen Informationsstelle, einer Propagandaorganisation des Auswärtigen Amtes, Jesco von Puttkamer und sein Mitarbeiter Alfred

Romain und schließlich von der KO Hans Mosberg, Jäger, Richter und Peerschke in das von den Amerikanern von den Chinesen gemietete Ward Road-Gefängnis gebracht. Mit den Ankömmlingen aus Kiangwan war das Shanghaier Büro Ehrhardt vollständig im Ward Road-Gefängnis konzentriert.

Der amerikanische Oberstleutnant Jeremiah J. O'Connor verlas den Deutschen ein kurzes Papier:

»Ihr Männer werdet beschuldigt, zwischen dem 8. Mai 1945 und dem 15. August 1945 weiter Krieg gegen die Vereinigten Staaten und ihre Verbündeten geführt, auf diese Weise die bedingungslose deutsche Kapitulation vom 8. Mai gebrochen und so ein Kriegsverbrechen begangen zu haben.«

Mosberg sowie seine Mitgefangenen von Puttkamer und Ulbricht wurden in einer Zelle untergebracht, die neben der Hinrichtungszelle lag, wo der amerikanische Gefängniskommandant von der Militärpolizei, Capt. Clarence R. Parsek auch als Henker amtierte. Dort wurden zum Tode verurteilte Japaner durch den Strang hingerichtet.

Die Amerikaner stützten ihre Behauptung über die Weiterarbeit der Deutschen für die japanische Wehrmacht auf Vorgänge in Kanton. Durch die Denunziation eines dort lebenden Deutschen, Ernst von Reichenau (Bruder des im Kriege verstorbenen Generalfeldmarschalls von Reichenau) wurden sie auf Hauptmann a. D. Heise hingewiesen, der eine mit den Japanern zusammenarbeitende Funkabhörstation unterhalten hatte. Heise hatte seine Funker ermutigt, ihre Arbeit für die Japaner fortzusetzen. Von Reichenau, das schwarze Schaf seiner Familie, war mit seinem Bruder im Sommer 1936 nach Nanking gekommen. General Walter von Reichenau unterzeichnete damals einen Vertrag über den Bau von Waffenfabriken und bei einer davon, dem Arsenal in Kanton, wurde Ernst von Reichenau untergebracht.

Die beiden Funker Ulbricht und Niemann sollten also wegen ihrer Weiterarbeit Kriegsverbrecher sein. Die Frage war, warum auch die Angehörigen des Büros Ehrhardt in Shanghai und Peking, wo effektiv jede militärische Tätigkeit bei Ende des Krieges in Europa eingestellt worden war, warum die diplomatischen Vertreter des Reiches, die politischen Propagandisten, die zu diesem Zeitpunkt nichts mehr zu propagieren hatten, alles in allem 27 Personen, als Kriegsverbrecher vor Gericht gestellt werden sollten.

Am 1. August 1946 bekamen die 27 Deutschen jeder eine Anklageschrift überreicht, in der es hieß:

»Daß zwischen dem 8. Mai und dem 15. August 1945 Lothar Eisenträger alias Ludwig Ehrhardt und – es folgten die Namen der 26 weiteren Angeklagten – als Einzelne und als Beamte, Staatsangehörige, Bürger, Agenten oder Angestellte Deutschlands, ansässig in China und zu einer Zeit, als sich die Vereinigten Staaten mit Japan im Kriege befanden, in einem militärischen Operationsgebiet wissentlich, willentlich und ungesetzlich die bedingungslose deutsche Kapitulation verletzt haben, indem sie militärische Aktivitäten gegen die Vereinigten Staaten und ihrer Alliierten entfalteten und fortsetzten. Sie haben die Leistung von Hilfe, Unterstützung, Information, Rat, Nachrichten, Propaganda und Material an die japanischen Streitkräfte und an Agenturen derselben unternommen, befohlen, autorisiert, erlaubt und nicht gestoppt, und durch solche hinterhältigen Akte in Verletzung der Gesetze und Gebräuche des Krieges Japan geholfen, gegen die Vereinigten Staaten von Amerika Krieg zu führen.«

Diese Anklage basierte auf der Tätigkeit Heises und seiner Funker. Erst in Landsberg in amerikanischer Haft stellte sich wegen einiger Petitionen Heises heraus, daß dieser während der ganzen Zeit für den britischen Intelligence Service tätig gewesen war und für diesen seine Tätigkeit auch nach der Kapitulation Deutschlands fortgesetzt hatte. Das amerikanische Nanking Headquarters Command der US-Armee hatte durch Specialorder Nr. 120 zur Durchführung des Verfahrens ein Militärgericht (Military Commission) ins Leben gerufen. Als Richter fungierten Oberst Daniel H. Mallan, Vorsitzender, und als Beisitzer die Oberstleutnants James F. Leer und C. Radford Berry sowie Hauptmann George Plotkin. Dieser war in dem Gremium der einzige Jurist. Hauptvertreter der Anklage (Chiefprosecutor) wurde Oberstleutnant Jeremia O'Connor, sein Stellvertreter Major Dwyer. Beide waren Juristen und im Zivilberuf Anwälte, wie auch die beiden Offizialverteidiger, Oberstleutnant Charles E. Royer und Fliegeroberstleutnant Edmund J. Bodine.

Als Verteidiger gewann Hans Mosberg seinen jüdischen Freund Dr. Alfred Jacoby, was diesem nicht wenige Anfeindungen von Mitgliedern der Shanghaier jüdischen Emigrantengemeinde einbrachte. Keiner der Angeklagten, vor allem aber auch ihre chinesischen Freunde, wollten glauben, daß dieses Gericht in Shanghai legal Recht sprechen könnte. Es befand sich auf chinesischem Boden, bestand aus amerikanischen Armeeangehörigen und urteilte über Deutsche, die bereits lange in China ansässig waren wegen Taten, die diese angeblich zugunsten der japanischen Besatzungsmacht begangen hätten. Die Jurisdiktion in Shanghai lag eindeutig bei den chinesischen Behörden. Diese hatten jedoch keinerlei Anklage gegen die Deutschen erhoben. Am 13. November 1946 ließen die Amerikaner ihre Anklage gegen 6 Deutsche, darunter Botschafter Ernst Woermann, fallen. Diese Angeklagten wurden jedoch nicht etwa aus der Haft entlassen, sondern wurden weiterhin im Ward Road-Gefängnis gefangengehalten.

Am 17. Januar 1947 erging das Urteil. Der Chef der KO, Lothar Eisenträger, wurde zu lebenslänglicher Haft verurteilt, Hans Mosberg zu 20 Jahren. Am besten mit je 5 Jahren waren die beiden weggekommen, die als einzige tatsächlich nach dem 8. Mai noch an ihren Radios für die Japaner in den militärischen Funkverkehr der Amerikaner hineingehorcht hatten. Ulbricht und Niemann erhielten je 5 Jahre Haft. 20 Verurteilte kamen zusammen auf 253 Jahre Haft. In ganzen 17 Minuten war die Sitzung vorüber. Nach immerhin 5 Monaten Verhandlungsdauer gab es keine mündliche Urteilsbegründung, es wurde auch keine schriftliche angekündigt. Die hat es auch später nie gegeben. Es hatte sich bewahrheitet, was der Hauptankläger den Angeklagten bei der Überführung in das Ward Road-Gefängnis ins Gesicht gesagt hatte: »Sie haben keinerlei Rechte, keine Regierung, die Sie schützt und niemanden, an den Sie sich wenden können.«

Hans Mosberg hat im Ward Road-Jail ein Tagebuch geführt, das sich naturgemäß vor allen Dingen mit dem Verfahren befaßte, das gegen ihn lief. Einzelne Notizen lauten:

»Anfang 1943 erhielt ich meine erste *richtige* Arbeit: Die Auswertung eines russischen Wirtschaftsblattes für Sowjet Fernost. Eine anstrengende Aufgabe, die mich den Sommer über beschäftigte. Dann kam der italienische Umschwung und damit eine neue Lage für die deutschen Nachrichtenorganisationen in China, die ich bis dahin selbst kaum kannte. Sie hatte in Shanghai und Peking die italienischen Funkeinrichtungen der Marine benutzt, die einzige Möglichkeit, unabhängig von den Japanern zu arbeiten. Das ging nun nicht mehr, und infolgedessen kroch das Büro Ehrhardt, wie sich die Dienststelle nun nannte, bei der deutschen Botschaft unter, d.h. es wurde dort nach Verabredung zwischen Auswärtigem Amt und OKW ›eingebaut‹. Dieses Büro Ehrhardt umfaßte aber nur ein paar Leute, zu denen ich nicht gehörte, so daß ich auch gar nicht zur Arbeit und den offiziellen Diensträumen zugelassen war; ich saß zu Hause vor meinem Schreibmaschinchen und wertete die nun häufiger eingehenden Berichte aus. Erst im Sommer 1944 erhielt Ehrhardt nach langen Verhandlungen durch die japanische Armee (unsere Freunde) ein Haus für die Arbeit der ›nichtoffiziellen‹ nicht eingebauten Mitglieder, sehr zum Mißfallen der japanischen Marine (unsere Gegner). Ich bekam ein großes Zimmer zugewiesen und hatte lediglich vormittags Dienst: Auswertung von eingehenden Meldungen, Radioabhördiensten, Pressediensten usw. Es war eine Arbeit wie auf einer Redaktion, nur langsamer und gemütlicher. Das meiste Material war von Abhörmeldungen unserer Zweigstelle in Peking, die den Funkverkehr in Sowjet Fernost und der Äußeren Mongolei überwachte. Außerdem gab es noch eine Zweigstelle in Kanton, die den amerikanischen Transportflugverkehr Indien/China abhörte und statistisch auswertete.

Als wir die deutsche Katastrophe kommen sahen, diskutierten wir mehrfach unsere Haltung zu den Japanern, die ja die Herren der Situation waren und einen Teil der Italiener 1943 sehr »rauh« behandelt hatten. Wir befürchteten, sie würden unsere Weiterarbeit für die japanische Armee verlangen. Wir alle lehnten das von vornherein ab – ich wohl am schärfsten. Wenn ich überhaupt unter den obwaltenden Umständen unter Herrn Hitler weitergearbeitet hatte, so doch in erster Linie, um Dich und die Kinder vor den Nazis zu schützen, und das entfiel ja nun! Die deutsche Kapitulation kam, Ehrhardt telegrafierte nach Deutschland und Tokio, um eine offizielle Bestätigung zu erhalten, und nach 3tägiger Wartezeit ließ er uns alle am Sonnabend, den 12. Mai 1945 vormittags, einen Demobilmachungsbefehl unterzeichnen, in dem die Dienststelle als aufgelöst und seine Kommandogewalt als erloschen bezeichnet wurde. Im übrigen wurden wir verpflichtet, alles ordnungsgemäß der japanischen Armee zu übergeben. 3 Monatsgehälter als Abfindung wurden ausgezahlt, weitere Mittel, soweit noch verfügbar, sollten aufgeteilt werden. An die Dienststellen Kanton und Peking wurden über die Botschaft entsprechende Codetelegramme gesandt, außerdem die Japaner gebeten, den Befehl zu übermitteln, da es unsicher schien, ob Botschaftstelegramme noch durchgegeben würden. Es muß hier hinzugefügt werden, daß sich die Japaner höchst anständig benahmen. Sie beschlagnahmten zwar das Haus mit allem Inventar, erlaubten uns aber die Benutzung der nötigen Räume und des Gartens sowie die Verfügung über die Restbestände unserer Gelder. Keinem wurde ein Angebot zur Weiterarbeit gemacht. Die offizielle Übergabe fand etwa am 25. Mai statt, verbunden mit gemeinsamem Mittagessen, wie das im Osten so üblich ist.«

Ganz anders sah das Ende der deutsch-amerikanischen Konfrontation aus. Hans Mosberg berichtet auf den letzten Seiten seines Tagebuches aus dem Ward Road-Jail:

»Wir sind verurteilt, 21 von uns als Kriegsverbrecher schuldig befunden mit Strafen, die selbst unsere ärgsten Feinde, selbst die Anklagevertreter, erstarren ließen. Nach Monaten eines immer groteskere Formen annehmenden Verfahrens, nach immer stärker auf allen Seiten in Erscheinung tretenden Ermüdungserscheinungen war schließlich ein Zustand erreicht, in dem wir 8 Shanghai-Angeklagten zumindestens nach der Papierform und den ständig wiederholten Ermutigungen der amerikanischen Offizialverteidiger mit glattem Freispruch rechnen *mußten.* Zu überwältigend war das Aufgebot der uns eindeutig entlastenden Zeugen, insbesondere die Aussage des unerschütterlichen Takashima, der in tagelangen Kreuzverhören seitens der Prosecution sich keinerlei Blöße gab und bekundete, daß Mori nicht nur wichtigste

Dinge unter Eid falsch bekundet bzw. verschwiegen hatte, sondern auch im Auftrage der amerikanischen Behörden ihm, Takishima, sofortige Freilassung und Heimtransport nach Japan angeboten hatte für den Fall, daß er entweder gegen uns oder aber überhaupt nicht aussagen würde! Die sichere Freispruchererwartung hatte dazu geführt, daß auf Anraten der Verteidiger 6 von uns überhaupt auf jede Verteidigung verzichteten und keiner von uns 8 in eigener Sache den Zeugenstand einnahm! Ich selbst war wohl der einzige unter uns, der rein intuitiv den Freispruch nicht erwartete. Und schließlich Freitag der 17., der Unglücksnachmittag: Der Saal überfüllt mit ungewohntem Publikum. Sehr viel Amerikaner, Militär und Zivil, sehr viel Offiziersfrauen. Ein Großaufgebot von MPs, auch von ihnen die meisten neue Gesichter, eine neue Sitzordnung der Angeklagten, Presse- und Fotoreporter von noch nie erreichter Zahl; Sprechverbot für die Angeklagten, alles böse Vorzeichen. Das Gericht tritt ein, setzt sich, wendet uns die Stühle zu. Der Vorsitzende verkündet zunächst am Schlußtage des Prozesses (!) zwei Änderungen des Anklagetextes, und dann geht es Schlag auf Schlag: »Guilty«, »Guilty«, »Guilty«. Ehrhardt lebenslänglich, Puttkamer und Romain 30 Jahre, ich, Heisig, Heise je 20 Jahre und so fort bis hinab zu den »kleinen« mit je 5 Jahren. Wir alle haben diesen Schlag gut pariert. Keiner hat geschwankt oder gezagt. Das hat man uns späterhin von allen Seiten versichert. Unsere Verteidiger? Die saßen da, Royer verlegen, Bodine elend und beschämt blickend. Die Staatsanwälte saßen gesenkten Blickes da und hatten es merkwürdig eilig, den Raum zu verlassen. Die ganze Prozedur eine Angelegenheit von 12 Minuten. Wir blieben im leeren Saal zurück. Man nahm uns Langfristigen die Gürtel und die Schuhbänder und Schlipse ab. Man sperrte uns in andere Einzelzellen ein, ohne unsere paar Habseligkeiten, wir waren ja nun Verbrecher.

Wie so viele Millionen anderer Männer verschiedenster Nationen, die ohne subjektives Verschulden in den Abgründen der Weltkatastrophe verschwanden, bin auch ich nun der Maschinerie des Hasses, der Lüge, des Vernichtungswillens anheim gefallen. Vielleicht gerade, weil ich dem Schicksal, wie es den Menschen meiner Art und den Voraussetzungen dieser Ära zugemessen war, glaubte, mit Sicherheit und Komfort entgehen zu können. Noch weiß ich nicht, wie ich mich mit der Zukunft abfinden werde. Aber ich bin mir in einem sicher: Solange ich es *körperlich* tragen kann, werde ich alle nun nahenden Erniedrigungen und Demütigungen, die unendliche Kette der unfreien Monate auf mich nehmen, ohne seelisch und geistig zu kapitulieren.«

Aus Yokohama kommend machte am 19. Februar 1957 die »Marine Jumper« am Kai im Shanghaier Hafenbezirk Yangtsepu fest. Das Schiff hatte im Kriege als Truppen- und Nachschubtransporter gedient; jetzt waren unter US-Armeeoberst Charles F. Arny 1157 Deutsche aus Japan, die Hälfte davon Frauen und Kinder, also zum größten Teil unfreiwillige Passagiere an Bord. Die »Marine Jumper« sollte in Shanghai noch eine Anzahl von Chinadeutschen aufnehmen, die von der ersten Repatriierungswelle mit der »Marine Robin« einige Monate vorher nicht erfaßt worden waren, und schließlich wurden, unter größten Sicherheitsvorkehrungen, die letzten Insassen des Ward Road-Gefängnisses, die 21 Verurteilten und 6 Freigesprochenen, an Bord gebracht. Es war 10 Monate her, daß im April des Vorjahres die Männer der KO China von amerikanischer Militärpolizei verhaftet worden waren.

Die Gefangenen wurden unter Deck ganz vorne im Bug in einem Raum unter der Ladeluke untergebracht. Hier sollten sie die ganze Reise über eingesperrt bleiben, bis auf kurze Unterbrechungen zur Einnahme der Mahlzeiten, zu denen sie in eine Messe geführt wurden, immer streng abgeschirmt von allen anderen Personen an Bord, die sie während der ganzen Reise nicht einmal zu Gesicht bekommen sollten. Die Bewacher ließen sie auch nicht an Deck, als kurze Zeit, nachdem sie ihr neues »Quartier« bezogen hatte, das Schiff losmachte und die lange Fahrt nach Europa antrat. In Colombo hatte es einige Zeit Aufenthalt gegeben, aber die Gefangenen bekamen die Stadt nicht einmal von weitem zu Gesicht. Parsek und seine Garde hatten furchtbare Angst, daß einer über Bord springen würde, wenn sie die Gefangenen eine Stunde am Tag an die frische Luft ließen. Sie durften sich der Bordwand nur bis auf einen Meter nähern, und zwei Mann mit schußbereiten Maschinenpistolen wachten darüber, daß dies auch eingehalten wurde. In Port Said, wo es zum zweiten und gleichzeitig letzten kurzen Stop auf dieser Reise kam, oder auch im Kanal kurz davor, hätte es schon eher reale Fluchtmöglichkeiten gegeben, wenn sie einer hätte wahrnehmen wollen. Da war das Ufer nicht weit. Insofern hatte die Einsperrung der Gefangenen bei mörderischer Hitze unter Deck hier wenigstens einen Sinn. Am 22. März, am 31. Tag nach der Abreise von Shanghai, langte das Schiff in der Wesermündung an.

Der Eisenbahntransport kam nur langsam voran. Bei Tagesanbruch am 24. März kam er durch Bruchsal. Es gab einen Aufenthalt in Ludwigsburg, wo die Repatriierten aus China ausgeladen und auf die Festung Hohenasperg gebracht wurden. Die Lokomotive und der Wagen mit den Gefangenen wurden abgehängt und fuhren bis Augsburg, wo sie lange auf den Rangiergleisen standen. In der Nacht wurde den Gefangenen in Kaufering bedeutet, sie hätten jetzt den Zug zu verlassen, Sie kamen auf einen Lastwagen und erreichten endlich ihr Ziel, die Festung Landsberg, das frühere bayerische Zuchthaus und jetzt WCP (War Crimes Prison).

Hier hatten Adolf Hitler und Rudolf Hess nach dem Putsch am 9. November 1923 ihre kurze Haft (Hitler bekam 5 Jahre Festungshaft, aber wurde schon nach 8 Monaten vorzeitig entlassen) verbracht. Hitler hatte damals mit Unterstützung von Rudolf Hess an seinem Buch »Mein Kampf« gearbeitet.

Den Gefangenen wurden nicht etwa Sträflingsuniformen, sondern ausgesprochene Lumpen angezogen, alte abgetragene Uniformstücke, die weder nach Größe noch Herkunft zusammenpaßten, von Heer, Luftwaffe, Arbeitsdienst und Partei. Nicht eine Hose und eine Jacke, die einer trug, gehörten zusammen. Die Stücke aus dieser Altkleidersammlung waren teils zu weit, teils zu eng. Die Freigesprochenen wurden von Landsberg in das frühere Konzentrationslager Dachau geschafft. Man brachte sie dort in ein Gebäude, das »Bunker« genannt wurde. Es war die verschärfte Abteilung.

*

Hans Mosberg hatte nach 1933, obwohl er als Jude Deutschland verlassen mußte, weiter für das Deutsche Reich und seine Wehrmacht gearbeitet, in Danzig, in Warschau, in den Vereinigten Staaten und zuletzt in China. Nun war er Kriegsverbrecher. Die Quittung für mangelnden Mut zu emigrieren? Hans Mosberg wollte nicht emigrieren, weil er sich als Deutscher fühlte, und er konnte nicht emigrieren, weil seine Familie in Deutschland verblieben war. Es hatte einen Versuch seitens der Abwehr gegeben, die Familie wieder zusammenzuführen. Im Frühjahr 1941 liefen die Vorbereitungen für eine Fahrt mit dem Sibirienexpreß über die Mandschurei nach China an. Die Familie wurde geimpft, die Fahrkarten waren reserviert, und sie hatten gültige Reisepässe mit dem Stempel »Ausreise UdSSR-China«. Die Vorbereitungen liefen schleppend, weil Leni Mosberg sich innerlich gegen das Verlassen Deutschlands und ihrer Eltern sträubte. Der Sohn war schon von der Schule abgemeldet, er sollte in Shanghai das Kaiser-Wilhelm-Gymnasium, eine deutsche Schule, besuchen. Es waren kleine Gespäckstücke bereitgestellt, denn man konnte auf dieser Fahrt nicht viel mitnehmen. Aber Leni Mosberg reagierte auf die Impfungen, die sie in Berlin bekam (gegen Typhus, Paratyphus und Cholera) mit Erkrankung, und der Reisetermin verschob sich weiter. Dann war sie bei Major Hermann Baun im Abwehrbüro zu einer kurzen Rücksprache. Dort wurde ihr zu ihrer Verblüffung gesagt, sie könne nicht mehr nach China reisen. Eine Begründung wurde verweigert, aber schon bald kam die Erklärung: Der Überfall der deutschen Wehrmacht auf die Sowjetunion. Wäre sie rechtzeitig gesund gewesen, wäre ihr wahrscheinlich, wie Hans Mosbergs neuem Chef, die Fahrt nach Shanghai geglückt. Major Lothar Eisenträger kam 8 Stunden vor Beginn der deutschen Offensive gegen Rußland in dem chinesischen Grenzort Manschuli an, von wo er ungestört nach seinem Bestimmungsort Shanghai weiterreisen konnte. Hans Mosberg und seine Familie blieben getrennt. Die Kriegsereignisse in Deutschland und im Fernen Osten überrollten sie. Sie verloren für lange Zeit jede Verbindung miteinander.

Es ist sehr fraglich, ob Hans Mosberg, wenn seine Familie nicht mehr als Geiseln in Deutschland gewesen wären, in Shanghai den Absprung aus der KO China gemacht hätte. Seine Bindung an die dort tätigen Angehörigen der Abwehr war nicht sehr eng, aber die lange Verbundenheit mit seinen Abwehrkameraden in Ostpreußen wirkte fort. Es darf spekuliert werden, ob er nach dem mißlungenen Putsch des 20. Juli 1944 die KO China verlassen hätte, wenn er seine Familie bei sich in Sicherheit gewußt hätte. Er hat es nicht getan, er blieb bis zum Tag der Kapitulation »Sonderführer« der deutschen Wehrmacht mit dem eines Oberstleutnants vergleichbaren Dienstgrad. Das war seine eigentliche Schuld, nicht die Vorwürfe, die ihm ein amerikanisches Kriegsgericht macht. Diese Schuld mußte er nun in Landsberg abtragen.

Als Kriegsverbrecher in Landsberg

Am 17. Januar begann für Hans Mosberg die Haft im War Crime Prison in Landsberg am Lech. Die ersten Tage waren hektisch. Das dauernde»make snell!« »make snell!« der amerikanischen Wächter bei jeder Gelegenheit sollte den Gefangenen zeigen, daß sie sich als Verbrecher in einem Zuchthaus zu fühlen hatten. Die »China Gang« wurde nun vermischt mit Menschen verschiedenster Herkunft und verschiedenster Strafmaße. Da waren die Verurteilten von Nürnberg, da waren Unzählige aus den sog. Dachauer Prozessen vom SS-Führer bis zum KZ-Kapo, vom Feldmarschall bis zu der sogenannten »Kommandeuse von Buchenwald« Ilse Koch. Am Anfang wurden noch keine Besuche gestattet. Alle 6 Monate war ein Besuch zulässig, der erste Besuch von einem Familienmitglied, von Helmuth Mosberg, fand am 25. Juni statt. Der nächste Besuch von Leni Mosberg dann im August. Hans Mosberg mußte zuerst als Kohlentrimmer im Keller arbeiten, obwohl er herzkrank war. Das änderte sich erst Mitte August 1947. Er wurde dann als Sekretär des Gefängnisoffiziers beschäftigt, weil seine Sprachkenntnisse der Ostsprachen nützlich waren. Neben den relativ wenigen amerikanischen Soldaten waren eine ganze Reihe von Polen in schwarzgefärbten amerikanischen Uniformen als Wachleute eingesetzt.

Vom Sommer an begann innerhalb und außerhalb des Gefängnisses die Aktivität, um die in Shanghai Verurteilten aus der Haft zu befreien. Bei Hans Mosberg meldeten sich viele alte Freunde und Bekannte, die jetzt mehr oder minder prominent tätig waren, und versuchten, ihm zu helfen. Es seien hier genannt: Dr. Klaus Mehnert von »Christ und Welt«, von Dewitz von der Redaktion »Die Zeit«, Hasso von Etzdorf vom Auswärtigen Amt, die früheren Diplomaten von Wilpert und Stein. Dr. von Loesch und Werner Hasselblatt, früher Senator von Estland. Auch private Freunde meldeten sich, so der Bursche des Leutnants Mosberg aus dem Ersten Weltkrieg, Frau Ohms aus Danzig und nicht zuletzt der frühere Senatspräsident Rauschning aus Danzig, der aus Oregon schriftlich mitteilte, er wolle sich für ihn einsetzen, weil er geholfen habe, ihn vor den Nazis zu retten.

Für den Häftling Mosberg waren die Tätigkeiten im Gefängnis selbst sehr unterschiedlich. Er wurde Setzerlehrling in der Drukkerei, Knopfannäher und Fadenzupfer in der Sattlerei, machte schriftliche Arbeiten auf seiner alten Remington-Schreibmaschine, war Übersetzer und Bürovorsteher, Dolmetscher und fertigte Besucheranträge an »Provost Marshall Section, I. Military District, US-Army, Bad Tölz«. Bald tat sich auch eine Art Volkshochschule auf, wo er Vorträge hielt und eine Arbeitsgemeinschaft aufzog. Sein ältester Hörer war der frühere Feldmarschall List. Die Vortragstätigkeit übte er zusammen mit einem »guten Freund« aus, den er seiner Familie lediglich als Pfarrer Werner Hess vorstellte. (Hess wurde später ein sehr bekannter SPD-Rundfunkpolitiker, u.a. Intendant des Hessischen Rundfunks). Besonders befriedigend war für Hans Mosberg, daß er seit dem 15. Oktober 1947 Herausgeber der »Parole« wurde. Das Blatt, das 6mal wöchentlich erschien, nannte sich stolz lange Zeit hindurch »die einzige Tageszeitung der amerikanischen Zone«, und später konnte es sich immer noch als »älteste Tageszeitung der amerikanischen Zone« bezeichnen. Das Blatt sollte den Inhaftierten eine schnelle und, soweit irgend möglich, zuverlässige Berichterstattung über die wichtigsten Weltgeschehnisse geben, und es sollte wie eine Chronik der Ereignisse in dem begrenzten Lebenskreis des War Crimes Prison sein. Hans Mosberg hat diese Zeitung genau 2 ¾ Jahre gemacht.

Seine Haupttätigkeit war jedoch der Kampf um die Aufhebung des Urteils und die volle Rehabilitation des von der amerikanischen Presse als »Honorary Aryan by Berlin Abwehr Head Quarters« bezeichneten Häftlings. Da es der einzige Prozeß gegen Deutsche wegen Verletzung der Kapitulationsbestimmungen mit der Behauptung gewesen war, dieses sei ein Kriegsverbrechen, waren nicht nur Juristen an diesem Problem interessiert. Sein Shanghaier Anwalt Dr. Alfred Jacoby war nach der Rückkehr in München starken Pressionen durch den Staatskommissar für die rassisch Verfolgten, Auerbach, ausgesetzt, der später seinen Posten wegen akademischen Betruges verlor. Hans Mosberg versuchte seinen Königsberger Juraprofessor Herbert Krauss, der als Verteidiger des früheren Reichsbankpräsidenten Schacht und namhafter Völkerrechtler schon beim ersten Nürberger Prozeß bekannt geworden war, zu interessieren. Die drei im Nürnberger Hauptprozeß Freigesprochenen, Schacht, Papen und Fritsche, waren übrigens die einzigen Angeklagten, die Hans Mosberg auch persönlich kannte. Es sollte sich sehr bald herausstellen, daß nur eine in den Vereinigten Staaten selbst durchgeführte juristische Aktion für eine Wiederaufnahme des Verfahrens sinnvoll war, weil sich die amerikanische Besatzungsmacht in Deutschland als unzuständig erklärte. Die Lebensbedingungen für die Gefangenen waren besser geworden, so durfte Post unbegrenzt empfangen werden, während Schreiben der Häftlinge nur zweimal wöchentlich zugelassen waren. Paketempfang zweimal monatlich, wobei ab 15. Mai 1947 verfügt wurde, daß keine Eßwaren dabei sein dürften (die Gefangenen bekamen nur amerikanisches Weißbrot und versuchten, ihre Zigarettenration gegen deutsches Schwarzbrot zu tauschen). Das Gefängnis hatte auch einen sehr schönen Garten, aber wenige Meter neben dem Sportplatz standen zwei Galgen, und Sandsackbarrikaden für Erschießungen waren zu sehen. In Landsberg wurden häufig Todesurteile vollstreckt. Die zum Tode Verurteilten hatten rote Jacken an und wurden streng abgesondert. Im Jahre 1948 gab es wieder Einschluß in die Zelle und ab Januar 1949 strengere Behandlung, Besuche nur noch von nahen Angehörigen. Auch der Paketempfang wurde eingeschränkt. Hans Mosberg durfte seine Schreibmaschine nicht mehr privat benutzen, sie wurde außerhalb der Dienststunden eingeschlossen. Er ließ sich nicht entmutigen, er gab weiterhin Kurse, z. B. für Dolmetscherprüfungen, für englische Geschichte »auf Englisch«, zwei Stunden wöchentlich Pressekunde, daneben einen Kurs für Pressestenografen, zwei Stunden allgemeine Geschichte für Realschüler und leitete eine Arbeitsgemeinschaft für angelsächsische Geschichte. Er gab vertretungsweise auch Englischunterricht für weibliche Gefangene (11, darunter war auch Ilse Koch). Schon 1949 hatte Hans Mosberg brieflich mitgeteilt, er wolle keinen Gnadenakt, denn es setzten umfangreiche Gefangenenentlassungen auf Grund der neuen amerikanischen Politik gegenüber Deutschland ein. Entscheidend war dabei, daß der Gefangene ein Gnadenersuchen an den Militärgouverneur richten mußte. Seit Dezember 1949 konnten die Gefangenen wieder mit Gabeln (vorher nur Löffel) essen und erhielten auch Bettlaken und Bezüge. Kurz vor Ostern machte Hans Mosberg ein englisches Dolmetscherexamen im Gefängnis.

Eine besondere Episode, die nirgendwo aktenkundig geworden ist, sei hier festgehalten: Es setzten Bemühungen früherer Abwehroffiziere, vor allen Dingen des Oberstleutnants a.D. Baun ein, Hans Mosberg für den amerikanischen Nachrichtendienst anzuwerben und ihm als Gegenleistung die Entlassung aus dem Gefängnis zu garantieren. Als Ostspezialist war er »interessant«. Der mit deutschen Kräften und amerikanischen Geldern aufgebaute Nachrichtendienst gegen den Ostblock wurde von zwei konkurrierenden Gruppen aufgebaut. Die eine unter Baun bestand zumeist aus früheren Abwehroffizieren, die andere unter dem ehemaligen General Gehlen aus früheren Angehörigen der Abteilung »Fremde Heere Ost«. Es kam im Gefängnis zu mehreren Gesprächen mit Hans Mosberg, die letztlich ergebnislos verliefen, weil er verlangte, daß nicht nur er, sondern auch seine Mitverurteilten aus Shanghai aus der Haft entlassen werden sollten. Trotz dieses Mißerfolges hat Baun sich auch um die Familie gekümmert und ihr materiell geholfen. Frau und Kinder Mosbergs lebten damals in Bayern.

In den noch erhaltenen Briefen von Hans Mosberg aus Landsberg kommt sein weit gespanntes Interesse an allen geistigen Entwicklungen außerhalb des Gefängnisses zum Ausdruck. So heißt es beispielsweise in einem Brief vom 25. Februar 1949:

»Gestern abend hatten wir, gehalten von dem ehemaligen IG-Farben-Gewaltigen von Schnitzler, einen Vortrag über den Existentialismus, fußend mehr oder weniger auf Jaspers. Leider kam keine Aussprache zustande. Ich sehe in dieser neuen Lehre nichts anderes, als daß den Menschen unserer Zeit, die achtlos an der, wenn auch abzulehnenden, so doch gewaltigen Lehre des Marxismus in bürgerlichem Hochmut vorbeigegangen sind, nun endlich die Unmöglichkeit der Ehe zwischen Glauben und Vernunft

aufgeht, die das abendländische Denken seit dem früheren Humanismus beherrscht hat. Und da sie den Weg zum Glauben nicht, oder nicht wieder, oder noch nicht, finden können, stehen sie eben in nackter Existenzangst und graben Leute wie Kierkegaard aus, der im Grunde gar nichts mit der Dekadenz unserer Tage zu tun hat, sondern sich aus der Erkenntnis der Sinnlosigkeit der irdischen Existenz im Sinne einer höheren Absicht zwar vom Positivismus des Kirchenglaubens trennte, um so gewaltiger aber ein eigenes, unabhängiges Glaubensbild in sich trug.«

Zum Christentum, das durch die Freundschaft mit Pastor Maass in Shanghai und Pastor Hess in Landsberg ein ständiges Thema von Hans Mosberg wurde, ein anderes Zitat:

»Der Brief von der Ganado-Mission ist wirklich sehr rührend und Ausdruck des guten, liebenswerten Amerikanertums, dessen Vorhandensein man auch bei noch soviel berechtigter Bitterkeit nie vergessen sollte. Die selbständige, nicht von ›oben‹ befohlene und organisierte Mildtätigkeit drüben ist wirklich prachtvoll, auch wenn sie einer manchmal etwas übertriebenen und uns flach erscheinenden Auffassung von reinem Tatchristentum entsprechen mag. Sie ist jedenfalls dem sich geistig gebenden Gefasel vorzuziehen, das sich in unseren Zeitschriften breitzumachen anfängt und das alle Unklarheiten hinter dem neudeutschen Mißbrauch des Wortes ›Anliegen‹ zu verstecken sucht.«

Auch über moderne Kunst äußerte sich Hans Mosberg von Landsberg im Januar 48:

»Du schriebst kürzlich über die widersprechenden und unbefriedigenden Eindrücke einer Ausstellung moderner Kunst, ich meine moderner Malerei. Wahrhaftige Kunst ist Spiegel einer bestimmten Zeitstimmung, und daß auch heute die wirklich bedeutenden Maler sicherlich Abbildner ihrer Zeitstimmung sind, bin ich überzeugt. Daß daneben aber reichlich viele nur Manieristen sind, die billiges Geschmiere herstellen, versteht sich am Rande, das hat es übrigens auch zu allen Zeiten gegeben. Aber im Vergleich zu früheren Epochen kommt nun noch etwas anderes hinzu, was oft übersehen wird: Früher wurde doch überwiegend in Erfüllung bestimmter Aufträge gemalt. Ob es sich um Portraits oder religiöse Darstellungen handelt: der Rahmen der Aufhän-

gung war von vornherein gegeben, und ebenso Wirkungszweck und Betrachtungsweise. Dann kam die, nach meiner Überzeugung, äußerst fragwürdige internationale Sitte der Museen auf, d.h. die bürgerlich wissenschaftlich fundierte Auswertung der barocken Fürstensammlungen. Und gleichzeitig das ständige Zusammenschrumpfen der Behausungen derjenigen Schichten, die als Abnehmer für wertvolle Bilder überhaupt ernstlich in Frage kommen, während andererseits durch den unheimlichen Aufschwung neureicher Un- und Halbbildung eine ganz neue Schicht völlig Unwissender und geschmacklich unsicherer Schmocks sich als Mäzenatentum gebärdete... Wenn man nun die heute oft gestellte Frage richtig beantworten wollte, ob man selbst sich ›so etwas‹ gern zu Hause aufhängen würde, muß wohl in 99 von 100 Fällen die Antwort ein glattes Nein sein. Doch ebensogut könnte man auch fragen, ob man sich nach eigener Wahl die heutige Zeit zum Darinleben aussuchen würde? Ich denke, daß die Ernsthaften unter den Künstlern sehr wohl verstehen, daß das Wirken ihrer Zeit lediglich das Ringen um etwas Neues bedeutet, aus dem sich dann die Grundlagen zu einer fundierten und weiterführenden Entwicklung ergeben werden. Ich habe in Shanghai Gelegenheit gehabt, Proben neuerer und neuester Sowjetkunst zu sehen, und war immer aufs neue erschüttert, feststellen zu müssen, wie dort der revolutionäre und zumindest als wahrhaftig überzeugende Stil der ersten 10 Jahre umgeschlagen ist in eine unwahrscheinliche Reaktion naturalistischer historischer Großschinken riesenhafter Schaubilder mit Papa Stalin und ähnlichen Heroen im Otto-Gebühr-Stil. Alles gemalt für die nagelneuen Parteihäuser und Arbeiterclubs.«

Im übrigen sind die Briefe aus der Haft ständig beherrscht von den Gedanken um eine Revision des Urteils. Bereits am 10. April 1947 schreibt er als Antwort auf den ersten Brief, den er noch vor einem Lebenszeichen seiner Familie erhält:

»Im übrigen bin ich in ›high spirits‹; besser unschuldig 20 Jahre, als schuldig freigesprochen. Ich empfinde das Ganze als eine Art Satyrspiel, wie es ja auch zur antiken Tragödie gehörte. Wer mich kennt, wird verstehen, was es gerade für mich bedeutet, zwischen den menschlichen Überresten der Furchtbarkeiten des verflosse-

nen Systems auf Grund einer Prozedur zu sitzen, die einem so viele Erinnerungen aufdrängte. Ich bin eingebildet genug zu glauben, daß ich auch in diesem Milieu mit der Zeit manches Gute werde wirken können; glaube mir, es ist dringend notwendig, solch eine allmähliche Auflockerung von innen her, die nur durch eine Art seelischer Führung aus den eigenen Reihen heraus möglich scheint, nach den Erlebnissen dieser vielfach keineswegs verdorbenen Menschen; ich jedenfalls will mich nicht unterkriegen lassen – das fünfte Kapitel des Römerbriefes sagt alles, auch wenn man mich 20 Jahre festhalten sollte.«

In einem Brief an Professor Thielicke (Hamburg) vom 31. Mai 1947 schreibt Hans Mosberg:

»In den vielen schweren Stunden, die hinter mir liegen, ist es mir im vollen Bewußtsein meiner Unschuld vor den Menschen, doch meiner Schuld vor Gott, gelungen, den schlimmsten Seelenfeind, die Bitterkeit des Herzens, abzuwehren. Ich sehe auf der ›anderen Seite‹ mehr Unvermögen, sich aus selbst gelegten Schlingen zu befreien, mehr Verstricktsein in geistige Kriegsschäden am Werk als etwa Böswilligkeit.«

Im Frühjahr 1948 kommt es bei Hans Mosberg zu einer, wie er selber sagt, »nun einer zeitweise nicht kleinzukriegenden Depression«, und er meint, man sollte in einer solchen Phase das Briefeschreiben gänzlich einstellen. Als Reaktion darauf kamen sehr viele Briefe und Päckchen und außerdem ein Besuch seiner Familie. Er schreibt dann:

»Zunächst einmal: Es ist nicht möglich, mich der Masse zu entziehen, jedenfalls mir nicht möglich, in meiner Eigenschaft als a) Mann, der bei der Verwaltung arbeitet, b) der gewisser Kenntnisse der englischen Sprache verdächtig ist, und c) möglicherweise darüber hinaus ein gewisses menschliches Vertrauen genießt, kann ich nicht nein sagen, wenn all die vielen Kameraden mit ihren hundertfachen und ja zumeist so berechtigten und verständlichen Sorgen an mich herantreten. Das frißt eben ganz einfach meine Zeit auf – und zermürbt auf die Dauer meine Nerven.

Die Gesamtatmosphäre hier, diese völlige Unwirklichkeit der Verhältnisse, die Kontakte mit den zum Tode Verurteilten und zum Teil bereits Bestätigten und das Bewußtsein, daß es unter ihnen sicherlich einen hohen Prozentsatz wertvoller Menschen gibt, die objektiv und subjektiv genau so unschuldig sind wie ich selbst. Nach sehr langem und vorsichtigem Studium der hiesigen Lage bin ich zu der festen Überzeugung gelangt, daß etwa 75 % all dieser Menschen hier auf Grund von Verfahren hierher gelangt sind, die dem gleichen System angehören, das wir in Shanghai kennenlernten. Du kannst Dir vorstellen, daß diese Menschen nicht gewillt sind, den jetzigen Zustand als etwas Unabänderliches hinzunehmen, sondern unaufhörlich mit jedem, der ihnen irgendwie dazu geeignet scheint, die Möglichkeiten durchzusprechen suchen, die Dinge zu wenden.«

Abschließend sei aus einem Brief vom 14. August 1949 zitiert:

»Ich stehe jetzt auf dem Standpunkt, daß ein etwa ›drohender‹ Gnadenakt – und davon sprechen sogar die Amerikaner neuerdings viel – mir unerwünscht erscheint, solange halbwegs Aussicht besteht, daß auf gerichtlichem Weg in den Vereinigten Staaten festgestellt wird, daß wir zu Unrecht verurteilt wurden. Das will ich mich sogar noch ein weiteres Jahr meines Lebens hier kosten lassen – und die Mehrzahl von uns denkt ebenso.«

Über die Haftbedingungen der deutschen Gefangenen im WCP Landsberg sind eine Reihe von Schilderungen publiziert worden. Daß es auch komische Szenen gab, wenn die Beteiligten sich einen Rest von Humor in der makabren Umgebung bewahrt hatten, zeigt der nachfolgende Ausschnitt aus Hermann Gieslers Buch »Ein anderer Hitler«:

»Der Alt-Parteigenosse Johann Wolfgang von Goethe.«

Als die Verurteilten aus den Nürnberger Prozessen in das War Crimes Prison Landsberg/Lech eingeliefert waren, verbesserten sich langsam die Haftbedingungen.

Mit Alfried Krupp, Friedrich Flick, einigen ehemaligen Reichsministern, Feldmarschällen, den Generälen, hohen Militär-Ärzten und Forschern, mit den Chemikern der IG Farben, den Industriellen wuchs das Presse-Interesse am WCP-Landsberg. Es kam damit Licht auf das Gefängnis und seine Zu- und Umstände, wenn auch zunächst nur trübe, wie aus einer Tranfunzel.

Ein Colonel, als Soldat ein anständiger, gerecht denkender Mann, wurde als »Prison-Director« mit der Gefängnisleitung beauftragt. Seine Amtsführung beeinflußte bald das Verhalten aller Dienstgrade. Wenn man mit ihm zu tun hatte, zeichnete er Männchen; die hingen am Galgen, und er gab ihnen die von primitiven Karikaturisten geübten Kennzeichen der Haartolle und des Bartes. »All Nazis must be hanged«, sagte er und fühlte sich dabei wohl als Kreuzritter aus Gottes eigenem Land.

Aber er meinte es gar nicht schlimm, er war gutmütig, – es sei denn, er entsprach einem harten Befehl, der aus Heidelberg kam. Unter ihm änderte sich die Gefängnisordnung gründlich. Nach der Tagesarbeit konnten Vorträge gehalten werden, Ausbildungslehrgänge fanden statt und Sprachunterricht. Erstrangige Fachkräfte aller Disziplinen aus den Reihen der Gefangenen stellten sich zur Verfügung. Ausgenommen waren natürlich die Rotjakken.

Für die Koordinierung dieser Lehrtätigkeit und für die Einteilung der Vorträge, die jeweils von der Gefängnisleitung genehmigt werden mußten, war der Mitgefangene Mosberg zuständig. Er war Journalist und gehörte zu den »China-Men«. Das war eine ehemalige Canaris-Gruppe, Männer, die schon vor dem Krieg freiberuflich in Ostasien tätig waren und nach Pearl Harbour von den Japanern als Nachrichten-Team eingesetzt wurden.

Die Amerikaner hatten sie dann als Kriegsverbrecher verurteilt und nach Landsberg verbracht. Mit einer Ausnahme waren alle gute und tüchtige Männer, die sich auch als Kameraden erwiesen, einschließlich Mosberg, der jüdischer Abstammung war. Fast durchweg hatten die Amerikaner sie als »trustees« und Dolmetscher in der Gefängnisverwaltung eingesetzt.

Ich gehörte, neben meiner Arbeit, zum »Lehrkörper« und hatte Umgang und Zwiesprache mit Mosberg. Er erzählte auch die »news«, die sich ihm boten.

»Sie wissen, daß Schwerin zum 200. Geburtstag von Goethe einen Vortrag halten will? Ich habe das der hohen Direktion des Prison formgerecht gemeldet, mit der Bitte um Genehmigung: Gefangener Lutz Graf Schwerin von Krosigh – ehemals Reichsminister der Finanzen – Vortrag über J. W. von Goethe. Doch hier hat der Oberste Chief des Prison eingehakt!«

Mosberg machte eine bedeutsame Pause. Ich schaute ihn an,

seine geblähten Nüstern über den neugierigen Nasenlöchern ließen eine journalistische Delikatesse erwarten.

»Who is this goddam fucking Göte? I am sure, he is another big nazi, – he?« »Nein, Sir, Goethe ist schon vor weit mehr als 100 Jahren verstorben.« »Angenommen, es wäre so, – dann sehe ich nicht ein, weshalb noch über diesen Göte gesprochen werden soll.«

Mosberg grinste: »Aber Schwerin kann dennoch über diesen Göte sprechen.«

Otto von Hentig vom Außenamt der evangelischen Kirche in Frankfurt (geleitet von Martin Niemöller) hatte sich unermüdlich für eine Prozeßrevision eingesetzt. Es war den Shanghai-Verurteilten gelungen, mit dem amerikanischen Anwalt Frank Reel den Fall vor das Distriktgericht Washington zu bringen, das sich jedoch für nicht zuständig erklärte. In der Revision vor dem Appellationsgericht (Circuit Court) wurde am 15. April 1949 im Verfahren gegen die amerikanische Regierung verfügt:

»Wir denken, daß wenn eine Person ihre Freiheit durch den Akt eines Beamten der Vereinigten Staaten außerhalb der territorialen Jurisdiktion irgendeines Distriktgerichtes der Vereinigten Staaten beraubt ist, der Antrag dieser Person auf eine Habeascorpus-Anordnung vor dasjenige Distriktgericht gehört, das territorial für denjenigen Beamten zuständig ist, der über den unmittelbaren Kerkermeister anordnende Gewalt besitzt.«

Die amerikanische Regierung ging in die Berufung, obwohl eine zur Überprüfung der Dachauer und Nürnberger Urteile eingesetzte Untersuchungskommission der US-Armee sich auch mit dem Shanghai-Prozeß beschäftigt hatte und zu dem Schluß gekommen war, daß es sich bei den den »Shanghaiern« zur Last gelegten Handlungen, selbst wenn sie diese begangen hätten, nicht um Kriegsverbrechen handele. Das Oberste Gericht der Vereinigten Staaten, der Supreme Court, hatte am 6. April 1950 mit 6 gegen 3 Stimmen für die Regierung entschieden und den durch das Appellationsgericht eröffneten Rechtsweg wieder verbaut. Die Entscheidung war übrigens vom Vorsitzenden des Gerichts, Bundesrichter Robert Jackson, verkündet worden, der 1945/46 amerikanischer Hauptankläger in Nürnberg gewesen war. Der Anwalt der deutschen Häftlinge teilte aus Washington mit, man habe ihm zu verstehen gegeben, die Sache werde auf »administrativem Wege« bereinigt. Ein Gnadengesuch wollten die Angeklagten nicht einreichen, aber sie wurden im Juni als freie Männer entlassen. Ohne Bedingungen und ohne Unterschrift, man öffnete einfach die Zellentüren und das Gefängnistor mit dem Hinweis, der Rest der Strafe sei ihnen erlassen.

Hans Mosberg bekam ein Entlassungspapier mit der schönen Überschrift »To whom it may concern«, in dem ihm bescheinigt wird, er werde deshalb entlassen weil: Unverbüßter Teil der bestätigten Strafe erlassen. Ermächtigung: Verfügung nach Überprüfung, datiert 6. Juli 1950.

*

Vergleiche hinken fast immer, dennoch sind im Schicksal von Hans Mosberg bemerkenswerte Parallelen am Ende der beiden Weltkriege zu erkennen.

Am Ende des Ersten Weltkrieges und des Kaiserreiches ging der aktive Offizier Hans Mosberg außerhalb der Reichsgrenzen in einen fast aussichtslosen Kampf und dann in ein feindliches Gefängnis. Er folgte einer vermeintlichen Pflicht gegenüber Deutschland. Als er aus der Haft entlassen wurde, wurde er in Deutschland erneut ins Gefängnis gesteckt.

Am Ende des Zweiten Weltkrieges geriet der Sonderführer Hans Mosberg im Ausland ins Gefängnis, weil er seiner vermeintlichen Pflicht gegen Deutschland Folge geleistet hatte. Nach Deutschland zurücktransportiert, saß er wieder im Gefängnis.

Das 2. P.W. Discharge Centre entließ am 28. 8. 1950 Hans Mosberg vom »Wehrmachtsgefolge« in das Flüchtlingslager Friedland. Dieses bescheinigte die Entlassung aus der deutschen Wehrmacht am 20. Juli 1950 an die Kriegsgefangenenbetreuungsstelle Düsseldorf.

Die jahrelange Haft hatte Hans Mosberg mit gesundheitlichen Schäden übestanden. Schwerer wog die anhaltende Trennung von der Familie und die Frage, was beruflich aus ihm werden sollte.

Seine Frau und Tochter, die bei einem Freund und Beschützer der Familie bis zu diesem Jahr in der Oberpfalz gelebt hatten, mußten die Wohnung räumen. Der Sohn Helmuth Mosberg hatte im gleichen Jahr durch die Einstellung seiner Zeitung, bei der er als Redakteur gearbeitet hatte, keinen festen Arbeitsplatz mehr. Für Hans Mosberg selbst hatten Freunde aus der ehemaligen Abwehr in Düsseldorf ein Zimmer bereitgestellt. Die Frage aber, wer einem ehemaligen Kriegsverbrecher in der Bundesrepublik Deutschland eine berufliche Chance geben würde, war noch völlig ungeklärt.

Hans Mosberg hatte 80 Mark Entlassungsgeld, 150 Mark Entlassungsbeihilfe und 250 Mark Übergangsbeihilfe erhalten. Keine sehr große Summe. Sein amerikanisches Vermögen war nach wie vor unerreichbar, seine Erben erhielten später für die rund 11 000 Dollar Eigenanteil an dem Veräußerungsgewinn für die Farm in Höhe von rund 45 000 Dollar einen Bescheid über die Zuerkennung des Anspruchs auf Entschädigung nach dem Reparationsentschädigungsgesetz in Höhe von DM 4400.

Sein Haus in Rauschen/Ostpreußen lag unerreichbar im sowjetischen Sperrgebiet Kaliningrad. Seine Erben erhielten später einen Bescheid über die Schadensfeststellung nach dem Feststellungsgesetz (Lastenausgleich) eine Hauptentschädigung von 5340 DM, die nach dem Einheitswert des Gebäudes für 1935 errechnet wurde. Für die aufgegebenen Wohnungen in Zoppot/Danzig und Warschau gab es nichts.

Seine Offizierspension als Oberleutnant a. D. lebte wieder auf, aber für seine Arbeit für die Abwehr und auch für die direkte Anstellung in Shanghai gab es keine Weiterberechnung der Bezüge, weil er »als Sonderführer unmittelbar dem OKW unterstellt« gewesen sei.

Hans Mosberg hat es strikt abgelehnt, wegen politischer und rassischer Verfolgung im Dritten Reich Wiedergutmachungsansprüche zu erheben. Das entsprach der von ihm durchgehaltenen Auffassung, daß er ein Deutscher sei, der das Gesamtschicksal Deutschlands zu teilen habe. Angeblich entgangene Beförderungen im Dritten Reich waren für ihn obsolet.

So war er nach dem Ende seiner Haft wie nach dem Ersten Weltkrieg mittellos, ohne Ansprüche an irgendwelche staatlichen Instanzen und mußte sich selbst von wohlmeinenden Freunden sagen lassen, sein Einsatz für Deutschland – dieses Deutschland – sei falsch gewesen, habe sich nicht gelohnt, und seine Lage sei letztendlich selbst verschuldet.

Das Ende einer Dienstreise

Vom Lager Friedland, aus dem viele deutsche Kriegsgefangene den ersten Schritt in die Freiheit gingen, die meisten freilich früher als Hans Mosberg, fuhr er nach Düsseldorf. Dort wartete ein alter Freund und Kamerad auf ihn, Oberstleutnant a. D. Horaczek. Dieser Abwehroffizier aus Ostpreußen hatte sich weder General Gehlen noch Oberstleutnant Baun in München angeschlossen, die in amerikanischen Diensten einen Nachrichtendienst gegen den Osten aufbauten. Horaczek war Angehöriger der sog. I.-Stelle der Landesregierung von Nordrhein-Westfalen. Diese Stelle war ein Vorläufer des Landesamtes für Verfassungsschutz und existierte schon früher als das Bundesamt für Verfassungsschutz in Köln. Der seinerzeitige Bundesinnenminister Heinemann hatte sich um Horaczek für den Aufbau der Kölner Dienststelle bemüht, als dieser aber davon unterrichtet wurde, wer der Präsident (Dr. Otto John, am 21. Juli 1954 nach Ostberlin übergelaufen oder aber verschleppt, 1956 vom Bundesgerichtshof zu 4 Jahren Zuchthaus verurteilt) auf Drängen der britischen Regierung werden sollte, verzichtete er. Sein Vorgesetzter in Düsseldorf war Fritz Tejessy, der aus der amerikanischen Emigration nach Deutschland zurückgekehrt war. Tejessy, aus Böhmen stammend und ursprünglich Journalist an sozialdemokratischen Zeitungen, war in der Emigration in einer führenden Funktion der Exil-SPD tätig, zerstritt sich aber mit der in London residierenden Leitung und ging in die Vereinigten Staaten, wo er sich als Weber seinen Lebensunterhalt verdienen mußte. In Düsseldorf war er unter dem sozialdemokratischen Innenminister Menzel (Schwiegersohn des früheren preußischen Innenministers Severing) die graue Eminenz.

Unter dem Einfluß der britischen Besatzungsmacht hatte die Polizei den sog. PSD (Polizeisonderdienst) aufgebaut, der in etwa der politischen Polizei in Preußen vor 1933 entsprach. Die Besatzungsmächte legten aber großen Wert darauf, daß eine neue nachrichtendienstliche Behörde keinerlei Polizeibefugnisse erhielt und so wurde von früheren Abwehroffizieren wie Horaczek und Kleineberg ein nichtmilitärischer, rein innenpolitischer Nachrichtendienst in Nordrhein-Westfalen aufgebaut.

Für Hans Mosberg gab es dort kaum ein Betätigungsfeld, aber seine alten Kameraden brachten ihn in einem möblierten Zimmer unter und gaben ihm Unterstützung für die ersten Wochen. Hans Mosberg verschaffte sich bald durch seine Beziehungen zu Journalisten in Düsseldorf die Möglichkeit, für Zeitungen zu arbeiten. Ein glücklicher Umstand verhalf ihm sogar dazu, seine besonderen fernöstlichen Spezialkenntnisse auszuwerten. Über den im Jahr seiner Entlassung aus Landsberg ausgebrochenen Koreakrieg erhielten die deutschen Zeitungen das Nachrichtenmaterial ausschließlich aus amerikanischen Quellen. Der Verleger Droste der Düsseldorfer Zeitung »Mittag« hatte in einem Gespräch mit Mosberg dessen besondere Kenntnisse über Ostasien und in Sachen Funkauswertung zum Anlaß genommen, ihn sozusagen als seinen Berichterstatter in Ostasien zu etablieren. Mosberg hörte die dortigen Kurzwellensender ab und konnte aufgrund seiner in Shanghai erworbenen chinesischen Sprachkenntnisse nicht nur amerikanische, sondern auch gegnerische Meldungen aufnehmen. So kam es, daß der »Mittag« mit seinem Sonderkorrespondenten oft schnellere und genauere Berichte vom Kriegsschauplatz drucken konnte als andere Zeitungen. Von Düsseldorf aus ging Mosberg auch daran, seine früheren Freunde und Weggefährten aus der Zeit vor Kriegsausbruch aufzusuchen, um einen neuen beruflichen Start in die Wege zu leiten.

Als der Bundesverband der deutschen Industrie und die Bundesvereinigung der Arbeitgeberverbände 1951 das »Deutsche Industrieinstitut« ins Leben riefen, wurde Mosberg als einer seiner ersten Referenten eingestellt. Unter der Leitung des ehemaligen Admirals Mejer sollte das Institut vor allem dazu dienen, die Interessen der deutschen Industrie publizistisch zu vertreten. Der Deutsche Gewerkschaftsbund hatte in Düsseldorf mit seiner Pressestelle und mit seiner gewerkschaftseigenen Zeitung publizistische Instrumente, der die Tarifpartner der anderen Seite nichts entgegenzusetzen hatten. Das Deutsche Industrieinstitut mit Sitz in Köln baute deshalb eigene Pressedienste auf, so den »Schnelldienst des Deutschen Industrieinstituts« und den »Unternehmerbrief des Deutschen Industrieinstituts«, die in einem eigenen Verlag herausgegeben wurden.

Hans Mosberg war im DII Referent für kulturelle Fragen und Auslandsarbeit. Daneben widmete er sich sehr engagiert der Nachwuchsschulung und der Zusammenarbeit mit allen sozialpolitisch tätigen Gruppen, u.a. auch mit den Kirchen. Die Stellung in Köln gab Hans Mosberg eigentlich zum ersten Mal wieder ausreichende materielle Sicherheit. Er konnte in Köln für seine Familie, die vorübergehend von Oberstleutnant Baun in Florenz untergebracht worden war, eine schöne Wohnung schaffen und seinem in Erlangen studierenden Sohn das möblierte Zimmer in Düsseldorf und die Verbindung mit Hans Horaczek weitergeben.

Nach einem Lebenslauf voller Rückschläge und schwerer Prüfungen war jetzt anscheinend eine Lebensphase der Beruhigung, des beginnenden Wohlstandes erreicht.

Am 27. Juli 1952 fuhr Hans Mosberg am Sonntag vormittag mit seinem Dienstwagen zum bischöflichen Ordinariat nach Münster, wo ein Gespräch über sozialpolitische Fragen stattfinden sollte. Aus nie geklärter Ursache kam sein Wagen von der Autobahn bei Recklinghausen ab, überschlug sich, und Hans Mosberg wurde mit schweren Verletzungen, darunter einem Schädelbasisbruch, in das Prosper-Hospital nach Recklinghausen gebracht. Er verstarb am nächsten Morgen, ohne das Bewußtsein wiedererlangt zu haben.

Am 1. August 1952 fand in den Arbeitsräumen des Deutschen Industrieinstituts eine Trauerfeier statt. Nach mehreren Gedenkreden sagte Dr. Schniewind abschließend:

Die Leitung des Bundesverbandes der Deutschen Industrie hat mich beauftragt, Ihnen, verehrte gnädige Frau, und den Angehörigen des Deutschen Industrieinstituts das auszusprechen, was heute auch den Bundesverband der Deutschen Industrie, das Präsidium und vor allem die Hauptgeschäftsführung bewegt: Es ist das tiefe Mitgefühl, das uns die schmerzliche Lücke empfinden läßt, die hier so jäh gerissen worden ist, und es ist zugleich auch das unbewußte Bedürfnis, diese schmerzliche und tiefe Lücke zu versuchen dadurch zu überbrücken, daß wir uns das Wesensbild des Verstorbenen in etwa wieder vergegenwärtigen und damit das Gefühl zu gewinnen, daß er uns nicht ganz verloren ist.

Wir haben etwa ein Jahr lang den Vorzug gehabt, mit Hans Mosberg zusammenzuarbeiten. Dabei hat uns von vornherein überrascht und tief berührt die Art, wie er es möglich machte, mit ihm in engsten Kontakt zu kommen. In jeder Unterhaltung war eine Fülle von Berührungspunkten, und die Berührung vertiefte sich von vornherein in einem sonst selten gekannten Maße. Versuchen wir einmal, uns über die Gründe klar zu werden, so ist es neben dem gütigen Temperament von Hans Mosberg und seinen hervorragenden Fähigkeiten das wechselvolle Schicksal gewesen, das hier schon angeklungen ist: er hat ungeheuer Schweres erlebt, er hat aus dem Schweren Erkenntnisse gezogen, was vielen Menschen nicht möglich ist, die Reife des Urteils, das Gefühl für Gerechtigkeit, das Gefühl für das, was die Mitmenschen empfinden. Und daraus erwuchs jene Fähigkeit, zu allen Menschen eine so enge Berührung zu finden.

Wir stehen tiefbewegt vor dem, was wir hier verloren haben, und können nur ebenso, wie es bisher schon zum Ausdruck kam, versichern, daß das Andenken Hans Mosbergs im Bundesverband der Deutschen Industrie unauslöschlich bleiben wird.

*

Beim Ende seiner Dienstfahrt war Hans Mosberg erst 56 Jahre alt. An seinem Grabe standen neben den engsten Familienangehörigen sein Freund Hans Horaczek und dessen Frau. Ihre Anwesenheit war wie ein Symbol für das Leben von Hans Mosberg: Als junger Mann war er preußischer Offizier geworden. Sein ganzes Leben lang hatte er für Deutschland gearbeitet, sein plötzlicher Unfalltod auf einer Dienstreise war der viel zu frühe, aber »passende« Abschluß des Lebens eines Mannes, der immer im Dienst war.

Dr. Paul Mosberg war nach vier Jahren Kriegsdienst mit 58 Jahren in Rumänien ein Opfer des Krieges geworden. Hans Mosberg war erst 56 Jahre alt, als er auf seiner letzten Dienstreise tödlich verunglückte. Die Ursachen blieben rätselhaft, die Lebensversicherung äußerte die Vermutung, daß der Unfall auf die Herzkrankheit zurückzuführen gewesen sei, die sich Hans Mosberg in amerikanischer Haft zugezogen hatte. Beide Männer, Juden von Geburt, aber Deutsche aus Überzeugung, hatten ihr Leben für Deutschland gelebt, sie waren auch dafür gestorben. Sie teilten dieses Schicksal mit Millionen von deutschen Männern in beiden Weltkriegen. Sie wollten nichts anderes sein als diese, obwohl man sie als andersartig und minderrassig abstempeln wollte. Sie haben keinen Dank erwartet oder gar gefordert, vor der Geschichte standen sie einfach auf der falschen Seite. Auch heute noch werden Juden trotz aller Umerziehungsexperimente und vielleicht gerade wegen der Wiedergutmachungszahlungen an Israel von der Masse der deutschen Bevölkerung nicht als echte Deutsche angesehen. Und für die meisten Juden sind sie einfach Abtrünnige vom eigenen Gott, vom eigenen Volk. Und was das Schlimmste ist, sie haben einer Macht gedient, die das Judentum vernichten wollte. Diese Pauschalurteile gehen an der Tatsache vorbei, daß wir in einem Zeitalter leben, in dem die persönliche Entscheidung des einzelnen für oder gegen eine Religion, für oder gegen ein Volk, für oder gegen einen Staat eine Sache ist, die er allein mit seinem Gewissen in Einklang zu bringen hat. Die Sachzwänge bleiben, sie sind aber letztlich nicht ausschlaggebend für eine Biographie, wenn unser Jahrhundert auch vielfach den Anschein erweckt, die Geschichte folge den Gesetzen der Gesellschaft oder der Staaten.

Helmuth Mosberg

Kindheitsparadies Samland

Der Flug der Aeroflotmaschine Nr. 05256 von Hannover ging nicht, wie vom Reisebüro versprochen, nach Kaliningrad und schon gar nicht nach Königsberg. Erst auf einem riesigem Umweg über Minsk und Memel kamen wir in die Hauptstadt Ostpreußens, meine Geburtsstadt. Nach genau 50 Jahren komme ich wieder dorthin, wo ich 1924 geboren worden bin, jetzt schon ein alter Mann, in Begleitung meiner Ehefrau und erheblich irritiert durch die Mitglieder der Reisegesellschaft, alles ehemalige Ostpreußen, die sich anscheinend Mut antrinken müssen für dieses Wiedersehen und lautstark ihre Erlebnisse mit dem »Iwan«, wie sie die Russen immer nur nennen, erzählen. Es sind sehr negative Erlebnisse, ob die Mitreisenden nun Soldaten waren oder Frauen, die in Ostpreußen von der Sowjetarmee überrollt worden sind. Ich kann mich nur in Gedanken dagegen zur Wehr setzen, daß hier immer wieder von der Vertreibung durch den Iwan gesprochen wird, denn mir ist es ja anders ergangen. Ich bin schon 1933 von Adolf Hitler und seinem ostpreußischen Satrapen Erich Koch vertrieben worden, und für mich ist die Heimat ein Kindheitserlebnis lediglich bis zum 9. Lebensjahr gewesen. Aber vor 50 Jahren, 1941, bin ich noch einmal in Königsberg zu einem kurzen Besuch gewesen. Damals stand die Stadt völlig unzerstört, nach allgemeiner Auffassung für Fliegerangriffe der englischen und dann später der amerikanischen Luftwaffe nicht erreichbar. Sie wirkte wie eine Stadt im Frieden, wenn man einmal die vielen feldgrauen Uniformen unter den Passanten und die Wehrmachtsfahrzeuge auf den Straßen wenig beachtete. Jetzt, 1991, nachdem endlich die sowjetische Regierung die Erlaubnis für den Besuch

Königsbergs und des Samlandes erteilt hat, kommen wir in eine andere Stadt, eben nicht mehr nach Königsberg, sondern nach Kaliningrad.

Die Maschine landet zuerst in Minsk auf einem großen Flugplatzgelände, das aber völlig tot wirkt. Keine startenden und landenden Maschinen, im Abfertigungsgebäude gähnende Leere, außer den Zollschaltern, wo wir in einem langwierigen und ständig stockenden Rhythmus durchgeschleust werden. Die Kontrollen sind oberflächlich, unfreundlich und erinnern an frühere Besuche in Ländern des Ostblocks. Von Minsk geht es nach einer Stunde weiter mit einer kleineren Maschine in Richtung Memel. Der Flugplatz liegt bei dem Seebad Polangen, heißt jetzt Palanga und gehört zu Litauen, das seine Selbständigkeit mit Aufschriften demonstriert. Es ist ein relativ kleiner Flugplatz mit einem primitiven Abfertigungsgebäude. Hier gibt es aber keine Zollkontrollen mehr, so weit geht die Selbständigkeit Litauens noch nicht. Dann stehen wir auf dem Rollfeld und warten auf die Möglichkeit, die bereits dort stehenden Busse zu besteigen. Warum es nicht weitergeht, ist völlig unklar, die Begleiter der Busse wissen es auch nicht. Sie sprechen ein holpriges Deutsch, es sind sowohl Litauer als auch Russen, die nicht sehr freundlich miteinander umgehen, mit uns allerdings auch nicht. Dann kommt eine junge Frau mit wichtiger Miene und einer Liste der Mitreisenden, die einzeln aufgerufen werden. Nachdem alle abgezählt und in die Busse eingewiesen worden sind, fahren wir nach Memel zu einem Essen in der Innenstadt. Wir haben wenig Gelegenheit, die Stadt zu sehen. Wir werden lediglich auf das Denkmal des Ännchen von Tharau vor dem Rathaus hingewiesen. Das reichliche, aber nicht sehr gut schmeckende Essen wird heruntergeschlungen, und dann heißt es wieder warten. Schließlich starten die Busse in Richtung Königsberg. Es wird langsam dunkel, und wir fahren in Tilsit über die Luisenbrücke endlich nach Ostpreußen oder wie es jetzt heißt, »Oblast Kaliningrad«, hinein. Es ist wenig zu erkennen, die Straße ist nicht schlecht, aber die Häuser, die man hin und wieder sieht, wirken entweder heruntergekommen oder unbewohnt. Doch das mag Stimmungssache sein. Jetzt sind unsere im Flugzeug noch so lebendigen

Reisenden in die Vergangenheit ziemlich ruhig geworden. Alles starrt gebannt durch die Scheiben nach außen, und hin und wieder kommen Erinnerungen an dieses früher so schöne und landwirtschaftlich reiche Land und wollen den jetzigen Eindruck verdrängen. Aber es wird Nacht, die Busse fahren und fahren, und erst nach Mitternacht stehen wir nach einer Fahrt durch teilweise hell erleuchtete Straßen einer Großstadt vor dem Hotel »Kaliningrad«.

Nun also sind wir in Königsberg in einem unwirklichen Durcheinander von großen Bauten in Plattenbauweise, kaum beleuchtete Fenster und auf den Straßen so gut wie keinerlei Verkehr. Es stellt sich heraus, daß meine Frau und ich die einzigen Reisenden sind, die nicht in Königsberg wohnen wollen, sondern im Ostseebad Rauschen. Und so fahren wir allein mit einem der Busse noch einmal über eine Stunde durch die Nacht. War schon in Königsberg das Hotel nur mäßig beleuchtet und wie ausgestorben wirkend, so ist unser Quartier in Rauschen, das Erholungsheim Wolna, erst nach langem Klopfen durch den Busfahrer zum Leben zu erwecken, d.h. die Tür geht endlich auf, und ein verschlafener Reiseleiter, der gut Deutsch spricht, nimmt uns in Empfang und bringt uns in das Zimmer. Wir sind müde, auch ein bißchen ärgerlich über die langwierige und umständliche Art dieser Reise, für die wir seinerzeit mit der Behauptung geworben worden waren: Direktflug Hannover/Königsberg. Aber wir wollen erst einmal darüber schlafen.

In der Nacht auf dem schmalen Feldbett träume ich mich in die Kindheit zurück. Es ist ein schöner Traum, und Rauschen ist der zentrale Bezugspunkt, eigentlich mehr als Königsberg, die Geburtsstadt. Aber das ist untrennbar für mich. Das Samland besteht in meiner Kindheit, oder besser gesagt in der Erinnerung an meine Kindheit, als eine Einheit von Großstadt, von Ostseestrand, von den Gütern auf dem Lande und der Kurischen Nehrung. Während ich nun in einem Betonkasten in einer Ortschaft namens Swetlogorsk liege, wie es ihn in Rauschen nie gegeben hat, wird im Traum und dann später auch, als wir durch diesen Ort gehen, die Vergangenheit immer stärker, und ich kann mich wirklich an meine Kindheit erinnern.

Der Reisende von heute kommt in ein Gebiet, das völlig fremd für ihn ist, selbst wenn er, wie ich, dort geboren wurde. Aber schon Robert Budzinski hatte in seinem Buch »Die Entdeckung Ostpreußens« 1929 geschrieben: »Ich beschloß, nach einem der unbekanntesten Gebiete der Erde, nach Ostpreußen, zu reisen, es gewissermaßen erst zu entdecken, da es noch so gut wie ganz unerforscht ist. Ich hatte erfahren, daß man zu einer Reise nach diesem fernen Lande sehr viel Humor, Pelze und Eishacken gebraucht, Lebensmittel dagegen sollten dort zu finden sein. Da ich von Natur ein mutiger Mann bin, hatte ich auch keine Furcht vor Wölfen, Bären und Ostelbiern, von den letzteren sagte man jedoch, daß sie eine Art von Menschen wären. Ich ließ deshalb auch meine Flinten zu Hause; und weil ich im Hochsommer dort anzukommen hoffte, nahm ich nur meinen gewöhnlichen Winterpelz mit und zwei Dutzend Wollstrümpfe, für den Humor einige Bände Bonsels, dazu 50 Pfund Seife und ebensoviel Stearinlichte, sowie reichlich Desinfektions- und Ungeziefermittel. Dann steckte ich mir einige Pfund Papierschnitzel in die Tasche für den Fall, daß ich mich verirren und gesucht werden sollte. Ferner versuchte ich noch, die ostpreußische Sprache zu erlernen. Da es aber dafür kein richtiges Lehrbuch gibt, verließ ich mich auf meine mir angeborene Gabe, die Eingeborenen zu verstehen, auch ohne Sprachkenntnis, wie ich es schon bei Kaffern, Neuseeländern und Indianern erprobt hatte.«

Der bissige Humor Budzinskis geht dem heutigen Reisenden in den Oblast Kaliningrad meistens mit Recht ab. Das Empfinden ist Neugier, gemischt mit Trauer und der Versuch, eine Vergangenheit zu beschwören, die erst unter den Stiefeln der SA und dann unter den Panzerketten der Roten Armee zerstört worden ist.

Weder die SA noch die Rote Armee spielten in meiner Kindheit und in meiner echten Erinnerung an diese Kindheit im Samland eine Rolle. Für mich war das Samland das Paradies meiner Kindheit. Die Erinnerung an das Paradies muß nicht unbedingt mit der Austreibung daraus verbunden werden. Um ehrlich zu sein, als Kind habe ich die Austreibung als solche nicht empfunden. Die ersten 9 Jahre meines Lebens zeigen in meiner Erinnerung bereits das Hakenkreuz und auch Hammer und Sichel, beides allerdings nur auf Fahnen. Es sind politische Hieroglyphen für Dinge, die ich nicht verstehe, die nur für die Erwachsenen bestimmt sind und den Erwachsenen auch sichtlich Sorgen machen, jedenfalls merke ich das in meinem Elternhaus. Mein Elternhaus, so steht es auf meiner Geburtsurkunde, ist in Königsberg, Brahmsstraße 11. Die Brahmsstraße liegt in dem Stadtteil »Die Hufen«, einer schönen Wohngegend. 1991 heißt die Brahmsstraße auch wieder Brahmsstraße, aber geboren bin ich dort nicht. Der kleine Helmuth Mosberg, »das Jungchen«, wurde am 16. Februar 1924, einem Sonntag, wie ihm später erklärt wurde, einen Monat zu früh im Herzen der alten Stadt Königsberg, dem Speicherviertel des Kneiphofs, in der Koggenstraße, geboren. Dort hatte der Frauenarzt Dr. Abernetty eine kleine Privatklinik in einem alten Speichergebäude. Zu der Geburt mußte die Mutter mit der Straßenbahn quer durch die ganze Stadt fahren. Der Vater war, wie so oft, dienstlich im Lande unterwegs. Andere Transportmittel konnte man sich kurz nach dem Ende der furchtbaren Inflation nicht leisten. (Diese Straßenbahnlinie von den Hufen in Richtung Altstadt bis zum Hauptbahnhof ist immer noch in Betrieb.)

»Lenerchen, es ist ein Jungchen!« Diese Worte hörte die Mutter des Kindes als erstes, als sie aus der Narkose aufwachte. Ihre Mutter war bei ihr, die Geburt war sehr schwer gewesen. Ich will hier nicht weiter auf die Eigenart des Ostpreußen eingehen, alle möglichen Worte mit der zärtlich klingenden Endung »chen« zu belegen, sie hat sich in meiner Familie bis auf den heutigen Tag erhalten und ist so unverkennbar ostpreußisch wie die Sprachmelodie. Getauft wurde ich von dem Dompfarrer Willigmann, wegen der prekären finanziellen Situation der Familie nicht etwa in der 1595 gebauten prächtigen Taufkapelle des Königsberger Doms, der ja ganz in der Nähe der Geburtsklinik steht, oder besser gesagt, stand, sondern zu Hause, eben in der Brahmsstraße 11. Von alledem weiß ich natürlich nichts mehr. Meine Erinnerung setzt erst in dieser Brahmsstraße bei dem kleinen Jungen ein, der seine ersten Entdeckungsfahrten in der Wohnung und in dem Büro seines Vaters unternimmt und dabei feststellt, daß dieses Haus, Brahmsstraße 11, nicht nur ein Wohnhaus ist. Der Besitzer des Hauses ist der Heimatbund Ostpreußen e.V., der seine Geschäftsräume im ersten Stock hat. Neben diesen Büros ist die Wohnung der Familie Mosberg. Im Parterre sitzt der Landesverband Ostpreußen des »Bund der Frontsoldaten – Stahlhelm« mit seinem Büro. Außerdem wohnt da der Konteradmiral a.D. Küsel, der, wie Hans Mosberg, beim Heimatbund arbeitet. Für den kleinen Jungen ist allerdings der Hausmeister Berkowsky im dritten Stock die interessanteste Persönlichkeit des Hauses, nicht zuletzt, weil sein Sohn Alwin, etwas älter als Helmuth Mosberg, die ersten Jahre sozusagen der Führungsoffizier des kleinen Jungen wird.

Das Haus liegt in einer ruhigen Straße, nach meiner Erinnerung ist auf der anderen Straßenseite noch ein Reitweg (der ist heute natürlich nicht mehr vorhanden). Alwin und Helmuth haben im Sand dieses Weges gespielt, denn an Reiter kann ich mich nicht erinnern. Die Umgebung war schön, kurze Wege zum Parkgelände in Luisenwahl und zur heute noch vorhandenen Volksschule (jetzt Waisenhaus) waren auch für kleine Beine durchaus zu ertragen. So sehr ich auch in meiner Erinnerung danach forsche, es gibt für diese ersten Jahre wenig über die Eltern zu sagen. Feste Bezugspunkte sind neben Alwin vor allem die Großeltern mit ihrer prächtigen Wohnung in der Schönstraße gegenüber der »Regierung«, wobei auf die Rolle des Großvaters noch einzugehen sein wird. Aber zuerst ist das Dienstmädchen wichtig, eine Baptistin, die dem kleinen Jungen nach mehreren Besuchen in ihrer Kirche, es ist nicht mehr feststellbar, ob im Hintertragheim 12 oder auf dem Haberberg 12, einen Suppenteller mit einem prächtigen biblischen Bild in der Mitte schenkt, das immer zum Vorschein kommt, wenn der kleine Junge seine Suppe oder seinen Brei brav auslöffelt. Mit diesem Bilde wuchs der Appetit und blieb unser Mädchen in meiner dankbaren Erinnerung. Der Zufall wollte es, daß sie in der Nähe meines schleswig-holsteinischen Wohnortes in der Zeitung meinen Namen las und telefonisch mitteilte, daß sie noch am Leben sei und vor allem nach meiner Mutter fragte. Doch damals, 1925/26, waren die Mädchen für Helmuth Mosberg noch nicht so wichtig. Im Vordergrund stand, wie schon anfangs erwähnt, Alwin, mehr im

Hintergrund der Großvater. Alwins wache Intelligenz war stets darauf gerichtet, zu einem zusätzlichen Einkommen zu gelangen, denn sein Taschengeld war minimal bzw. bekam er gar keines. So brachte er den kleinen Helmuth dazu, die prächtige Postkartensammlung mit den Uniformen der historischen preußischen Regimenter, die sein Vater dem Jungen geschenkt hatte, an sich zu nehmen und strahlend seiner Mutter zu verkünden: »Wir gehen betteln«. Durch den Verkauf der Postkarten in den Häusern der Umgebung sollte das Taschengeld aufgebessert werden. Ich weiß heute nicht mehr, wie meine Mutter reagiert hat. Das Betteln war damals eine tägliche Plage, weil durch die große Arbeitslosigkeit immer mehr Menschen an den Rand des Existenzminimums gerieten. So gehört auch zu meinen Kindheitserinnerungen, daß bettelnden Kindern von meiner Mutter ein kräftiges Stück Butterbrot gegeben wurde, weil sie über Hunger klagten. Die beiden »Lorbasse« verschwanden sehr schnell damit auf die Straße, auf der anderen Straßenseite stand ein größerer Junge, der sofort rief: »Hast' was?«, worauf eine wütende Antwort kam: »Nei, ich mussd assen«. Meine Mutter und ich hatten diesen Disput aus dem Fenster gehört. Es war klar, es ging um Geld und nicht um Hunger. Dem Kind waren die Hintergründe dieser Erscheinungen unbekannt, ebenso als Alwin ihn später in der Beethovenstraße zum ersten Mal mit »den Nazis« in Kontakt brachte. Angeblich war Vater Berkowsky Kommunist, was ich mir bei einem Hausmeister in einem Gebäude des Heimatbundes nicht ganz vorstellen kann. Alwin war völlig unpolitisch, und seine Neugier hatte ihn zu den Pimpfen des »Deutschen Jungvolks« geführt, die damals eine der vielen parteipolitischen Jugendorganisationen war. Diese Jugendorganisationen waren sicherlich keine politischen Kaderschmieden, schon gar nicht für Kinder unter 10 Jahren, die überhaupt nicht aufgenommen wurden. Aber Alwin und ich lernten von den Pimpfen z.B., wie man bei den damals sehr häufig stattfindenden Wahlkämpfen die Plakate der Sozialisten mit dem Symbol der drei Pfeile (auch Abzeichen des »Reichsbanners Schwarz/Rot/Gold«) mit einem Stück Kohle oder Farbstift zu drei Regenschirmen umfunktionieren konnte. Das mußte sehr schnell geschehen, denn die Jungen, die zu den

Jugendorganisationen anderer politischer Couleur gehörten, malten wiederum Galgen an jedes Hakenkreuz und waren auch eifrig bedacht, die Plakate der eigenen Gruppe zu schützen. Doch diese Erinnerung greift schon etwas voraus.

Die dominierende Figur meiner Kindheit ist mein Großvater, der Taubstummenoberlehrer, der auf dem Tragheim wohnte. Der herzensgute Mann konnte in allen seinen Handlungen, auch seinem ältesten Enkel gegenüber, niemals den Pädagogen verleugnen. So gehört zu meinen ersten Erinnerungen an Spaziergänge mit den Großeltern seine ständige Ermahnung, ich solle gefälligst nicht mit den Füßen »schlurfen«, denn das Besohlen der Schuhe koste viel Geld. Er war der Sohn eines Schuhmachers und wußte darüber genau Bescheid. Für ein Kind, das hin- und hersprang und nicht in erster Linie an das Bezahlen von Schuhsohlen dachte, waren diese Ermahnungen manchmal lästig. Aber der Opapa erklärte auch in der Stadt die wichtigsten Gebäude. Auf den Hufen waren das Schauspielhaus mit dem Staatsarchiv gegenüber, der große moderne Nordbahnhof, ein riesiges Gebäude mit wenigen lächerlichen Vorortbahnsteigen für die Züge nach Cranz und nach Rauschen, der sogenannte »Bullenwinkel« am Gerichtsgebäude, vor dem zwei kämpfende Wisente standen, die nicht nur zu einer ausgestorbenen Tierart gehörten, sondern von den Königsbergern immer als Staatsanwalt und Rechtsanwalt identifiziert wurden. Am wichtigsten aber waren die Ausflüge nach Luisenwahl, denn in der Hufenschlucht, dem Tiergarten mit Freilichtmuseum und der großen Rodelbahn im Winter, war für jedes Kind dieser Gegend alles an Abenteuermöglichkeiten gegeben, was man sich nur denken konnte. Für die Größeren war dann unweit davon der Walter-Simon-Platz, der auf 6,8 ha Sportplatzanlagen bot, gestiftet vom jüdischen Geheimrat Prof. Dr. Walter Simon.

Von der Wohnung der Großeltern aus wurden dann Ausflüge in die eigentliche Innenstadt gemacht, vor allen Dingen zu dem mächtigen Ordensschloß mit dem Denkmal Wilhelm I., dem im Häusermeer versteckten Gebäude des alten Doms (dessen Ruine als einzige Erinnerung an die Altstadt Königsbergs noch vorhanden ist) und dem darangesetzten häßlichen Grabdenkmal, das im

Geburtsjahr des Jungen von Hugo Stinnes für das Grab von Immanuel Kant gestiftet worden war. Ja, dieser Kant, das war für den Großvater eine ständige Mahnung an seinen Enkel, der auch auf dessen in Bronze gegossene Worte ständig hingewiesen wurde, die an der Mauer des Königsberger Schlosses sagten: »Zwei Dinge erfüllen das Gemüt mit immer neuer und zunehmender Bewunderung und Ehrfurcht, je öfter und anhaltender sich das Nachdenken damit beschäftigt, der gestirnte Himmel über mir und das moralische Gesetz in mir.« Ein Kind kann mit derartigen Sätzen wenig anfangen. Ich glaube, auch die erwachsenen Königsberger lasen darüber hinweg. Das Schloß steht nicht mehr, die Worte Kants sind verschwunden, auch sein Denkmal an der Universität. Dafür existierten 1991 bereits Pläne, die Stadt nicht mehr nach dem sowjetischen Staatspräsidenten Kalinin weiter zu benennen, sondern nach diesem Immanuel Kant, der auch bei den Kommunisten in hohem Ansehen stand. Der Xenotaph für den Philosophen steht an der Domruine und erinnert den Besucher des Jahres 1991 nicht an seine Kindheit, schon eher an die nazistischen Ehrentempel, die Hitler in München für die »Gefallenen der Bewegung« hatte errichten lassen. Aber Walser hat behauptet: »Als Ostpreuße bis du Ethiker«, und so wird es mit Kant wohl auch in Kaliningrad weitergehen, nachdem er schon in Königsberg eine große Vorzeigerolle gespielt hatte. Meine Kindheit ist von ihm, trotz der Belehrungsversuche meines Großvaters, nicht bedeutend beeinflußt worden.

Meine Mutter hat in ihrem 90. Lebensjahr, als ich ihr von der Domruine in Königsberg erzählte, noch eine Erinnerung beigesteuert: Man fuhr traditionell Weihnachten mit der Straßenbahn zur Kirche in den Dom. Dort wurden nach dem Eingangschoral die großen elektrischen Leuchter ausgeschaltet, so daß nur die Kerzen an den riesigen Tannenbäumen neben dem Altar leuchteten. Der kleine Helmuth hatte als Weihnachtsgeschenk eine elektrische Taschenlampe bekommen. Seine helle Stimme war zu hören: »Mutti, hier ist Kurzschluß.« Und schon leuchtete die Taschenlampe auf, was zu der Weihnachtsstimmung der Gottesdienstbesucher so gar nicht passen wollte. Nach dieser Erzählung habe ich dann noch eine eigene Weihnachtserinnerung an die alte

Stadt Königsberg, das Turmblasen vom Schloßturm. Von der Galerie dieses die ganze Stadt überragenden Turms, der übrigens lange nicht so alt war wie das eigentliche Schloß, sondern eine Schöpfung des 19. Jahrhunderts, wurden mit Trompeten Weihnachtschoräle geblasen, mittags um 12 Uhr und abends um 9 Uhr. Diese schöne Erinnerung ist auch in Kiel wieder lebendig geworden, wo ein ehemaliger Königsberger das Choralblasen von einem hochgelegenen Balkon in der Innenstadt finanziert hat.

Je älter der Junge wurde, desto weniger waren es die Erinnerungen an Kindheitseindrücke, wie z.B. den Regulator in der Wohnung des Großvaters, der täglich mit einem Messingschlüssel aufgezogen wurde, oder die goldenen »Albertusse« auf den »Stürmern« der Abiturienten. Es kamen langsam die Erinnerungen an die Schulzeit. Unser geliebter Klassenlehrer Hundrieser, ein Kriegsversehrter des Ersten Weltkrieges, führte uns in die Heimatkunde ein. Er fuhr mit uns zum »höchsten Berg Ostpreußens«, dem Galtgarben, wo man vom Bismarckturm einen herrlichen Rundblick hatte. Der tägliche Schulweg führte an der ganz modernen Mädchengewerbeschule vorbei, mein russischer Führer im Jahre 1991 sagte sofort als Stichwort zu diesem erhaltenen Gebäude: »Klopsabitur wurde dort gemacht.« Er wies uns auch auf die vielen Kasernen der alten Armee in Königsberg hin. Ja, die stehen zum großen Teil heute noch, und ich mußte 1991 unwillkürlich an einen Schriftsteller denken, dessen Verlag behauptet, er habe die höchste Auflage aller deutschen Schriftsteller. Es handelt sich um Herrn Kirst, dessen Kommißtrilogie »Null-acht-fuffzehn« seine eigene Zeit als Spieß in Königsberg, wenn man so will, literarisch verwertet hat. Daß diese Art von Literatur so hohe Auflagen hat, mag ja sein. Ich muß daran denken, daß Ernst Weichert, während meiner Kindheit als Lehrer am Hufengymnasium tätig, in der Familie meiner Großeltern verkehrt hat. Von ihm spricht heute kaum noch ein Mensch. Seine Auflagen werden sicherlich an die Kommißbücher des Herrn Kirst nicht herangekommen sein. Aus dem Blickwinkel des Jahres 1991 kommen auch Kindheitserinnerungen mehr politischer Art.

Für uns Kinder war das, was die Historiker heute den »Flaggenstreit« nennen, wegen der vielen Wahlen eine besondere Form des Anschauungsunterrichtes, wie die politischen Sympathien der Bewohner der uns bekannten Straßen zu deuten waren. Vom Haus des Heimatbundes wehte selbstverständlich die schwarz/weiß/rote Fahne, bei den Amtsgebäuden war es schwarz/rot/gold, was wir Kinder in unserem wohl von den Erwachsenen beeinflußten Jargon nur mit »schwarz/rot/mostrich« bezeichneten, aber es gab auch schon Hakenkreuzfahnen, es gab auch wenige rote Fahnen mit den drei Pfeilen. Nach meiner Erinnerung war schwarz/rot/gold eine ausgesprochene Minderheitenfahne. Der kleine Melmuth wurde einmal direkt in die Auseinandersetzung um die Reichsfarben einbezogen. Ich kann heute nicht mehr sagen, welche Organisation einen vaterländischen Abend an einem der vielen nationalen Feiertage im Gesellschaftshaus des Tiergartens veranstaltete. Vermutlich war es der »Stahlhelm«, dem mein Vater an führender Stelle angehörte. Dort traten wir Jungen im Alter von 7 bis 8 Jahren in Matrosenanzügen auf der Bühne an. Wir waren etwa 20 oder 30 und schwenkten nach der Melodie des von den Anwesenden begeistert gesungenen Liedes »Stolz weht die Flagge schwarz/weiß/rot an unseres Schiffes Mast« kleine Reichskriegsflaggen mit dem Kaiseradler in der Mitte zum Takt der Musik. In meiner Erinnerung suche ich vergeblich nach irgendwelchen nationalen Gefühlen bei diesem Auftritt, aber ich weiß noch genau, wir bekamen als Belohnung Kartoffelsalat mit Wiener Würstchen. Davon habe ich soviel gegessen, daß ich erbrechen mußte.

Eine andere, nur schwache Erinnerung, ist der Versuch meines Vaters, mir die verschiedenen nationalen Jugendorganisationen vertraut zu machen. Da hab es den »Scharnhorst«, den Bund deutscher Jungmannen, den Jung-Stahlhelm, den Deutschnationalen Jugendbund – Großdeutscher Jugendbund, die Freischar junger Nation des Admirals von Trotha, wo man als »Wölfling« eintreten sollte. Aber es gab eben auch das Deutsche Jungvolk der NSDAP, das wegen seiner schon geschilderten Aktivitäten für Alwin und mich eine gewisse Anziehungskraft hatte. Diese Jugendverbände waren alle, mit geringen Mitgliederzahlen, der Öffentlichkeit nur mit ihren verschiedenartigen Abzeichen und Fahnen präsent. Als ich 1991 von den russischen Reiseführern zu den Resten der alten Stadtbefestigungen, zum Dohna- und zum Wrangeltum geführt wurde, kam mir noch einmal die Erinnerung an diese Verbände, die vielfach das Balkenkreuz des Deutschen Ritterordens oder ähnliche Embleme führten. Auch damit verbindet sich eine Kindheitserinnerung. Ich meine damit die »Wallfahrt« unserer Familie zum Tannenbergdenkmal in der Nähe von Hohenstein. Heute existiert diese riesige Anlage, in der der verstorbene Reichspräsident von Hindenburg beigesetzt worden ist, nicht mehr, sie wurde 1945 von Pionieren der Deutschen Wehrmacht gesprengt. Aber damals war eine Fahrt nach Tannenberg ein Höhepunkt nationaler Gefühlsaufwallungen. Das später von Hitler zum »Reichsehrenmal« erklärte Denkmal für Hindenburgs Sieg über die russischen Armeen im Jahre 1914 war auch durch sehr aktive publizistische Tätigkeit meines Vaters für Geldsammlungen zur Errichtung der Anlage unterstützt worden. Das Denkmal lag in einem Gebiet, das heute zu Polen gehört. Infolgedessen ist der polnisch-litauische Sieg über den Deutschen Orden, in der Nähe von Tannenberg bei Grunwald, heute zu einem neuen Denkmal geronnen. Hindenburgs Sieg wird völlig überdeckt von der Niederlage des Deutschen Ordens. Aber zurück in den russischen Teil Ostpreußens. Wenn ich als Kind mit den Pimpfen des Deutschen Jungvolks mitgelaufen bin, so habe ich mir bei deren Abzeichen, Wolfsangel und Siegrune, überhaupt nichts gedacht. Auch daß da antisemitische Lieder gesungen wurden, hat keinerlei Schatten auf mein kindliches Gemüt geworfen, und erst bei Bobrowski kam die Erinnerung wieder, als er den ostpreußischen Abzählreim zitierte:

»Eeene meene Rickefoot
Juden raus und in die Höll'.
Hölle stürzt und alles tot,
mit dem Moses geht es schnell,
Hühnerleiter schlägt ihn tot.«

Ich wußte nichts von Juden und brachte meinen Namen Mosberg nicht im entferntesten mit dem hier genannten Moses in Verbindung.

Gegen Ende unserer Königsberger Zeit zogen wir in ein Haus

in der Nähe, in die Haydnstraße. Ich habe dieses Haus 1991 wiedergefunden. Der Umzug in die Haydnstraße brachte ein persönliches Erlebnis ganz besonderer Art. Da der Garten unmittelbar an den Zaun zu dem großen Königsberger Tiergarten grenzte, hörten wir vielerlei Geräusche der Tiere bis in unsere Wohnung. Aber dann geschah etwas, was dem Kind einen tiefen Eindruck hinterließ. Eines Tages turnten auf dem Balkon zwei sehr lebendige Teddybären herum. Die kleinen Braunbären hatten sich nach ihrer Geburt durch die Gitterstäbe des Gefängnisses ihrer Eltern gewängt und gingen auf Erkundungsreise. Ausgerechnet auf unserem Balkon fanden sie es sehr gemütlich. Für mich bedeutete das Einfangen und Wegbringen der kleinen Bären durch Wärter des Tiergartens eine herbe Enttäuschung. Ich protestierte mindestens ebenso laut wie die kleinen Petze. Einen so schönen und ausgedehnten Tiergarten wie den in Königsberg habe ich selten wieder erlebt und es nach dem Umzug nach Danzig immer sehr bedauert, daß es dort nichts Ähnliches gab.

Der Umzug in die Haydnstraße, der eine Vergrößerung der Wohnung bedeutete, hatte auch eine langfristige Wirkung. Als weiteres Familienmitglied kam »Fräulein Gerda«, unsere neue Haustochter aus Stolpmünde in Pommern zu uns. Sie hat die Familie Mosberg von Königsberg nach Danzig-Langfuhr, von dort nach Warschau und zurück begleitet und erst durch ihre Eheschließung verlassen. Sie blieb auch danach unser »Fräulein Gerda« und stand mit uns in ständiger Verbindung, so daß sie in der Lage war, zum 80. Geburtstag meiner Mutter nach Schleswig-Holstein zu kommen.

Meine Erinnerung sagte mir nichts darüber, was ich in dieser Königsberger Zeit wohl gelesen habe. Aber eines weiß ich noch genau, die Begeisterung für das Kino hatte mich gepackt. Jeden Sonntag nach dem Mittagessen bin ich in ein kleines Kino gelaufen, wo es für 30 Pfennig Eintrittsgebühr die damals so beliebten »Tom Mix-Filme« gab, die ein hämmernder Klaverspieler musikalisch unterlegte. Als besonderen Eindruck weiß ich noch, daß ich in einem großen Kino der Innenstadt in der Nähe des Schloßteiches den aufregenden amerikanischen Spielfilm »Ben Hur« gesehen habe und mir dabei »im Eifer des Gefechtes«, denn diese fanden in dem Film ja reichlich statt, mehrere bereits wackelnde Milchzähne aus dem Kiefer gepolkt habe. Dieses Kino habe ich bei meinem Besuch in Königsberg im Jahre 1991 ebensowenig wiedergefunden wie die damals historische Innenstadt, nur die Reste des Parkhotels am Schloßteich erinnerten noch trübselig an die vergangene Zeit. Inzwischen hatte ich auch meine zweiten Zähne völlig verloren, allerdings nicht infolge eines Filmes.

Das Leben in Königsberg wurde immer durch Ferienbesuche bei unseren Landverwandten im Samland unterbrochen. Die Güter lagen alle in der Umgebung des Kirchdorfes Germau, wo sich heute ein großer Hubschrauberplatz der Sowjetarmee befindet. Auch die Umgebung von Germau hat sich leider sehr zu ihren Ungunsten verändert. Nicht einmal Spuren von den Herrenhäusern habe ich trotz intensiver Suche gefunden, ob es sich nun um Bohnau, Adl. Linkau oder St. Lorenz handelt. Sofern noch Menschen anzutreffen waren, die unsere russischen Begleiter nach den Gütern fragten, bekamen wir lediglich ein Achselzucken als Antwort. Die Landarbeiter, denn Bauern waren es wirklich nicht, wirkten schmutzig, deprimiert und ausgesprochen unzufrieden. In meiner Kindheit waren die Besuche auf den Gütern immer ein Abenteuer, denn hier lernte ich, anders als im Tiergarten Königsberg, Pferde, Kühe, Hunde, Katzen, zornige Puter, angriffslustige Ganter und Wildtiere in Freiheit kennen. Hier konnte ich nach Herzenslust in den großen Scheunen, in den Ställen und Remisen herumstöbern, nur pünktlich zu den Mahlzeiten mußte ich erscheinen. Diese waren für mich immer sehr eindrucksvoll, denn in der großen Runde, neben meinen Verwandten, nahmen auch die sogenannten Inspektoren und Haustöchter teil. Es wurde gemeinsam gebetet, die Hände wurden von Nachbar zu Nachbar gereicht, bis wir eine Kette gebildet hatten, und auch nach der Mahlzeit wurde gemeinsam ein Dankgebet gesprochen. Obwohl nach meiner kindlichen Auffassung die Vorräte auf diesen Gütern riesig waren, ich war schließlich häufig auch in die große Küche im Souterrain und in die Vorratskammern gelaufen, war das Essen der Gutsbesitzer nicht sehr üppig. Es gab immer reichlich Kartoffeln, Gemüse und Soße, aber frisches Fleisch gab es eigentlich nur einmal in der Woche oder in der Jagdsaison auch häufiger Wildbret. Wenn Gäste erwartet wurden, denen etwas Besonderes geboten werden sollte, mußte einer der Inspektoren oder auch der Gutsherr selber in die Kreisstadt Fischhausen oder gar nach Königsberg fahren, um einzukaufen. Meine Tanten beherrschten ein für mich nicht überschaubares Aufgebot von Küchenkräften, Hausmädchen und »Mamsellen«, die alle zum Funktionieren der großen Haushalte beitrugen. In dieser Umgebung lernte ich natürlich auch gleichaltrige ostpreußische »Glummsköppe« kennen. Diese Bezeichnung sollte vielleicht auch daher kommen, daß ihnen einmal im Monat alle Haare auf dem Schädel ratzekahl geschoren wurden und lediglich vorne ein »Schupps« stehengelassen wurde, angeblich, damit man sie dort oder an den Ohren zu fassen kriegte, wenn sie etwas angestellt hatten. Hier lernte ich viele Dialektwörter. Aber die ostpreußische Aussprache, die Vokale breit, die Konsonanten weit zu artikulieren, durfte ich zu Hause nicht anwenden. Besonders mein strenger Großvater verbot mir das bei Androhung von Backpfeifen, obwohl er doch selbst von einem Dorf stammte. Meine Landverwandten, auch die Besitzer der einzelnen Güter, waren alles andere als ostelbische Junker. Sie waren hart arbeitende Agrarier, die ihre Betriebe mit persönlichem Einsatz von morgens um 5 bis abends um 9 leiteten und lediglich durch die Zucht von Remonten, d. h. von Pferden für die Kavallerie und bespannter Artillerie der Reichswehr, aufbessern konnten. Besonders in Bohnau, wo ich am meisten zu Gast gewesen bin, zog mein Onkel Adolf herrliche Tiere Trakehner Abstammung und verkaufte sie gut. Zudem hatte er Glück in der Auswahl seines Schwiegersohnes, einem Remonteoffizier der Kavallerie mit Sitz in den Einkaufskommissionen. Die Hochzeitsfeier der ältesten Tochter und Teilerbin von Bohnau war für mich als Kind sehr eindrucksvoll. Mit dem gleichen niederschmetternden Ergebnis wie mein Auftritt als fahneschwenkender Jungmatrose im Königsberger Tiergarten, endete sie für mich nach all den vielen Genüssen, von denen ich die wenigsten kannte (darunter auch Alkohol), wieder mit einer explosionsartigen Umstülpung meines Magens.

Meine Onkel hatten sich in der Inflationszeit, als sie für ihre

Nahrungsmittel Handwerker und Baumaterial sehr billig heranholen konnten, große stattliche Gutshäuser gebaut. Mit einem Foto des alten Gutshauses von Bohnau, das zum Schweinestall umfunktioniert worden war, habe ich meinen ersten Fotopreis gewonnen. Damals war ich noch keine 10 Jahre alt und hatte bei einem Werbefeldzug der Firma Agfa den ersten Fotoapparat meines Lebens, eine sogenannte Box, bekommen, weil ich vier Geldstücke mit den Anfangsbuchstaben a/g/f/a als Prägezeichen eingeschickt hatte. Durch einen Zufallstreffer machte ich eine gut ausgeleuchtete Aufnahme von diesem Schweinestall und einem dekorativen großen Baum daneben. Meine Mutter schickte das Ergebnis an die Agfa, und ich bekam einen Preis. Der Aufenthalt auf den Gütern war selbstverständlich im Sommer, und es gehörte zu meinen gerne übernommenen Pflichten, mit einem Einspänner oder auch mit dem Fahrrad zum Bahnhof Godnicken zu fahren, um die Post für das Gut zu holen. In Godnicken gab es außer dem Bahnhof und einer Meierei ein großes Geschäft für alle Waren des täglichen Bedarfs und einen Bauernhof, den mein Onkel, neben seinem eigentlichen Gut, als sogenannten »Erbhof« besaß. 1991 habe ich keine Spur mehr davon gefunden. Obwohl der Ort an einer Kreuzung der Eisenbahn mit der Straße nach Fischhausen lag, war er vom Erdboden verschwunden. Wie mir der russische Begleiter andeutete, waren die Güter aus ideologischen Gründen ausgetilgt worden. Mit ihnen war aber auch die landwirtschaftliche Struktur verschwunden, denn weite Flächen, die weder Ackerland noch Viehweide waren, verunkrautet oder versteppt, lagen brach. Auch nicht mehr durchforstete Wälder mit dichtem Unterholz zeigten die Verwahrlosung dieses Landstriches. Die deutschen Besitzerfamilien waren 1945 mehr oder minder mit Trecks in den Westen gelangt, teilweise auch über See, so daß ich später einen erheblichen ostpreußischen Verwandtschaftsanteil in Schleswig-Holstein wiedergefunden habe. Sie haben das Schicksal ihrer Provinz geteilt, mußten ihr Leben kümmerlich vom Lastenausgleich fristen. Ich habe bei ihren Anträgen geholfen, so gut ich konnte. Denn niemals habe ich als Kind und auch später als Jugendlicher bei den kurzen Besuchen auf den Gütern irgendeine Andeutung von Ablehnung, Fremdheit oder gar antisemitischen Gefühlen zu spüren bekommen. Besonders bei meinem Lieblingsonkel in Bohnau, der immerhin stellvertretender Landesbauernführer in Ostpreußen war, war ich stets ein herzlich aufgenommener Gast. Solange mein Vater in Deutschland war, galt das auch für ihn. Wie in Königsberg, bin ich auch in Bohnau und St. Lorenz zum letzten Male genau 50 Jahre vor meiner Reise in den Oblast Kaliningrad gewesen. Damals war der jüngste Sohn schon im Frankreichfeldzug gefallen. Auch bei den anderen Gutsbesitzerfamilien meiner Verwandtschaft fehlten überall die jüngeren Männer. Mein Onkel hatte, durch seine Stellung beim Reichsnährstand, nun täglich in Königsberg zu tun und hatte durch diese Verbindung auch einen ehemaligen polnischen Truppenübungsplatz in Südostpreußen, das sich der Gauleiter Koch seinem Herrschaftsgebiet zugeschlagen hatte, als Pächter übernommen, wo er große Schafherden sein eigen nannte. Es herrschte kein Mangel im Gutshaus, aber die Stimmung war doch gedrückt. Viele von den Landarbeitern waren eingezogen und durch französische Kriegsgefangene und polnische Zwangsarbeiter ersetzt worden. Da ich in der Schule Französisch gelernt hatte, fand ich schnell Kontakt zu den Prisoniers de Guerre. Die Wachmannschaft, die aus alten Reservisten mit ganz unmoderner Bewaffnung bestand, hatte nichts dagegen. Von den vielen Gespannen des Gutes, früher ein Stolz meines Onkels, waren die meisten verschwunden. Dafür wurden mehr Milchkühe und Mastschweine gezogen, um die hohen Ablieferungsquoten einhalten zu können. Als wir von der Bahnstation Godnicken abfuhren, ahnte keiner von uns, wie schrecklich das Schicksal dieses Kerngebiets des Samlandes bald sein würde.

Ein anderer Teil des Samlandes, die Steilküste um das Ostseebad Rauschen, war neben Königsberg das eigentliche Kindheitsparadies für mich. In Rauschen hatten meine Eltern ein Sommerhaus gebaut, wo die Familie nicht nur in den Ferien, sondern den ganzen Sommer über lebte, während mein Vater in Königsberg seinem Dienst nachging und nur zu den Wochenenden kam. Ganz bewußt hatte ich 1991 nicht das große Königsberger Hotel »Kaliningrad« als Standort für mein Wiedersehen mit Ostpreußen gewählt, sondern ein Erholungsheim in Rauschen. Dieses Quartier war alles andere als üppig. Besonders die sanitären Verhältnisse waren »sehr östlich«, aber die Lage in meinem geliebten Heimatort, ganz in der Nähe der Steilküste und damit unseres Hauses, machte das alles wett.

Wir waren mit dem Autobus nach Rauschen gekommen und waren dann erstaunt über die Veränderung der Eisenbahnverbindung. Swetlogorsk wird von Kaliningrad im 1-Stunden-Takt mit elektrischen Schnellbahnen angefahren, und eine wahre Menschenflut quillt aus den Wagen, die unter Wellblechdächern halten. Früher stand hier der Bahnhof Rauschen-Düne, dessen Fahrkartenverkäuferin zu trauriger Berühmtheit kam, als sie einen der führenden Männer der deutschen Widerstandsbewegung, Carl Friedrich Goerdeler, nach dem 20. Juli 1944 an seine Häscher verriet. Goerdeler war häufig in Rauschen zu Gast, und sie kannte ihn von diesem Bahnhof her.

In meiner Kindheit dachte man an solche Dinge selbstverständlich nicht. Die Fahrt von Königsberg durch das Samland mit den zahllosen kleinen Bahnhöfen war immer ein Genuß, schon wegen der Namen der Stationen. Auf der Strecke nach Fischhausen fuhr man über Juditten, Moditten, Medgethen bis Heydekrug und weiter nach Seerappen, Powayen, Kobbelbude, Kaspershöfen bis zum Umsteigebahnhof Fischhausen, wo der Zug nach Sorgenau und dem Bernsteinort Palmnicken abging. Im Landesinneren hießen dann die Stationen Gaffken, Godnicken, Kirpehnen und Germau. An der Küste entlang waren die entsprechenden Namen von Palmnicken, dann Kraxtepellen (es hieß wirklich so), Groß-Hubnicken, Kreislacken, Marscheiten, Groß-Dirschkeim und schließlich Brüsterort. Dann, nach einem Schlenker in Richtung Rauschen, Klein-Kuren, Groß-Kuren, Warnicken, Georgenswalde, Rauschen, Neukuren, Rantau. Weiter in Richtung Kranz Biegieten, Gaerbseiden, Eisseln und Rosehnen, bis man endlich in dem anderen großen Seebad, in Cranz, ankam. Den Zug nach Rauschen haben wir oft genommen. Er hatte hinten offene Peróns und vorne eine Glocke an der Lokomotive, die lange Rauchwolken ausstieß und besonders in der großen Kurve zwischen Rauschen-Ort und Rauschen-Düne lautstark läutete.

Wenn wir mit der Bahn von Königsberg kamen und Gepäck

hatten, mußten wir durch den Ort nach der Westendstraße gehen, wo die Nummer 13 auf dem Verzeichnis der Grundstücke von Rauschen das »Haus Mosberg« war. Als Kind bin ich jedoch vom Bahnhof meistens direkt am Bahnkörper entlang, durch eine Lücke im Zaun, zu der kleinen Nebenstraße gelaufen, die zu unserem Haus führte. 1991 war diese Lücke im Zaun immer noch da und wurde von mir wiedererkannt und benutzt. Und dann war da das Haus, es war nicht sehr groß, holzverkleidet und mit einer großen Glasveranda, die der eigentliche Aufenthaltsraum der Familie war. Auf dem Giebel drehte sich ein handgeschnitzter Kurenwimpel, den mein Vater in Pillkoppen auf der Nehrung hatte anfertigen lassen. Neben dem Haus ein hoher Fahnenmast, auf dem täglich die schwarz/weiß/rote Fahne aufgezogen wurde, und eine Birke, die genauso alt war wie der Sohn des Hauses. Sie wurde beim Einzug in das Haus gepflanzt, der Baumbestand im Garten war sehr viel älter. Im Haus eine Küche, ein Elternschlafzimmer, ein winziges »Kabuff« für Fräulein Gerda und eine Toilette. Im Dachgeschoß, nur über eine sehr steile Treppe zu erreichen, zwei Zimmer, eines für den Sohn, eines für Besuch. Dieses Haus war der feste Bezugspunkt für das Kindheitsparadies, sein großer Garten der ideale Spielplatz und dann der private Abgang, in einer Schlucht die Steilküste hinunter an die offene See zum Baden, Höhepunkt jeden Sommervergnügens.

Ich habe meiner Frau sehr oft von diesem Haus vorgeschwärmt. Als wir dann 1991 nach Rauschen kamen und gleich am ersten Morgen nach der nächtlichen Ankunft zur Küste liefen, haben wir das Haus gesucht, und ich habe es zuerst nicht gesehen. Meine Frau hat es nach meinen Beschreibungen entdeckt, obwohl es ganz anders aussah als in meiner Kindheitserinnerung. Der große Garten war völlig zugewachsen mit Unterholz und auch der Raum um das Haus selbst ganz ungepflegt, so daß man kaum eine Sicht darauf hatte. Aber vor allen Dingen fehlte mir als Blickpunkt die große Glasveranda. Doch nach der Lage, die Nummer war immer noch 13, mußte es das »Haus Mosberg« sein, oder was davon übrig geblieben war. Die Glasveranda, sie war nicht da, ich verstand das nicht. Unsere russischen Begleiter, die uns beim zweiten Aufsuchen dieses Gebäudes begleiteten, befragten eine im Haus lebende alte Frau. Ja, eine Glasveranda habe es früher gegeben, aber man habe jahrelang zwei Kühe darin gehalten, das hätte der Fußboden nicht ausgehalten, sie brach zusammen. Das Halten von Kühen war verboten, sie mußten daher in den Wohnräumen versteckt werden. Die Folgen kann man sich ausmalen. Ich habe mich geweigert, das Haus zu betreten. Es war außen schon so unerfreulich anzusehen, ich wollte meinen Kindheitstraum, von der Wohnung im Paradies, nicht zerstören lassen.

Das Haus war vor 1933 das letzte Gebäude im Westen Rauschens in Richtung Jugendherberge Georgenswalde. Heute ziehen sich dort mächtige Betonklötze von russischen Erholungseinrichtungen bis unmittelbar an die Ortsgrenze hin. Der Abgang, die Schlucht hinunter zum Strand, ist zwar noch vorhanden, aber durch Abstürze und Geröll sind die Stufen zerstört. Wir haben es nicht gewagt, die Schlucht als Ab- oder Aufgang zu benutzen. Doch die Natur, die Lage an der Steilküste und auch ein großer Teil des alten Bestandes an Häusern ist das Rauschen von früher. Die Sowjets haben Neubauten dazwischengesetzt, sogar Hochhäuser. Sie konnten den Charme des Ortes bisher nicht zerstören. Sie haben auch Gutes getan. Die frühere Zahnradbahn, die den Verkehr zwischen Strand und der Düne für »ältere Herrschaften« bewältigte, ist einer riesigen Treppenanlage gewichen, daneben gibt es eine Kabinenbahn zum Strand und für Militärpersonal, das sich reichlich in Rauschen in armeeeigenen Erholungsheimen aufhält, einen großen Metallturm mit einem Lift zwischen Oberland und Strand. Der Strand ist schmaler geworden. Die Buhnen aus der deutschen Zeit, die als Wellenbrecher dienten, sind zum großen Teil verrottet, auch der Seesteg ist nur in Rudimenten erhalten. Dadurch haben sich die starken Wellen ein Stückchen Strand nach dem anderen weggeholt. Zur Zeit werden direkt von der Promenade Steine und Aushub von Baustellen in die See gekippt, um einen besseren Schutz zu gewährleisten. Für die Badenden sind die Folgen nicht gerade erfreulich, denn statt des weichen Sandes, muß man jetzt von einem Stein zum anderen hüpfen. Rauschen war der Strand für das Baden in der offenen See. Es war nicht ganz ungefährlich. Die Wellen kamen mit kräftigem Schlag und vor allen Dingen einem erheblichen Sog. Man mußte es heraushaben, durch die Wellen durchzutauchen, um nicht umgeworfen zu werden. Schwimmen konnte man bei Wellengang selten, aber die Gischt und der kräftige Schlag des Wassers auf die Haut waren erfrischender als jedes Schwimmen. Am Strand waren oft die Fischer dabei, mit großen Keschern den Seetang abzufischen, in dem viel Bernstein zu finden war. Aber ihr Hauptgeschäft waren der Fischfang und die herrlichen Räucherflundern, die direkt am Strand über Holz und Schischken, das sind gesammelte Tannenzapfen, geräuchert wurden. Nie wieder habe ich so begeistert Fisch gegessen, wie diese frisch geräucherten Flundern, die über dem schwelenden Feuer garten und aus der Hand gegessen wurden. Die Fischer hatten eine eigene Fahrgelegenheit zum Strand geschaffen. Wenn der Fang sehr gut war, fuhren sie mit Wagen die Steilküste herauf und herunter und schafften die Fänge zum Markt. Heute gibt es in Rauschen, oder besser in Swetlogorsk, keine Fischer mehr. Nicht ein einziges Boot ist zu entdecken. Auf Nachfrage erfahren wir, Boote seien nicht zulässig. Die Behörden hätten befürchtet, mit den Booten könnten Flüchtlinge versuchen, über die Ostsee nach Schweden zu gelangen.

Wenn Rauschen der Mittelpunkt meines Kindheitsparadieses Samland war, so war die Umgebung nicht weniger reizvoll. Die riesigen Wälder des Warnicker Forstes, die bizarren Formen der Steilküste bis zum Wachtbudenberg in Kleinkuren, das Gut meines Onkels in St. Lorenz jenseits von Rauschen Ort, im Ort selbst der Lärchenpark mit seiner herrlichen Fontäne und dem Lampionschmuck am Abend, der Rennplatz, wo meine Landverwandten so oft ihre Pferde starten, siegen oder verlieren sahen und natürlich die Schule, die Fischerschule. Da ich nicht nur in den Ferien in Rauschen war, sondern den ganzen Sommer über, habe ich dort die Schule zusammen mit den Kindern der Fischer besucht. In meiner Erinnerung an die Kindheit spüre ich heute noch den warmen Sand an den bloßen Füßen. Auf dem Schulweg bin ich immer barfuß auf den Waldwegen gegangen, denn nur eine Hauptstraße in Rauschen-Düne war geteert. Die Fischerjungen akzeptierten mich als einen der ihren, nicht zuletzt, weil unser

Gärtner Sudau seine gleichaltrige Tochter in derselben Klasse hatte. Doch was heißt Klasse, wir waren mehrere Jahrgänge in einem Raum, und im Unterschied zu meiner Königsberger Musterschule, ging es hier sehr unkonventionell zu. Fischer hatten eine eigene Sprache, die anders war als der Dialekt der Gutsarbeiter im Inneren Ostpreußens. Sie lebten zwar, nicht zuletzt von den Badegästen und Sommerbewohnern Rauschens, ganz gut, aber sie lehnten es z.B. ab, in der See zu baden oder gar schwimmen zu lernen. Bei rauher See hatten sie eine schwere Arbeit mit ihren Booten, und es waren für sie sehr kritische Augenblicke, wenn sie durch die Uferbrandung mußten. Im Sommer waren die Fänge wohl nicht groß, die gab es erst im Herbst. Aber Flundern, Steinbutt, Dorsche (Pomuchel genannt) und kleine Heringe wurden in Netzen an Land gebracht und aus den mit Seetang und Schlick verklebten Maschen geklaubt. Wenn am Strand Wind und Brennmaterial es zuließen, wurde dort gleich geräuchert, daneben saßen dann die Fischerfrauen beim Netzflicken, und auch die Männer knüpften selber Netze. Die meisten wurden aber schon von Fabriken geliefert. Wenn man durch die lehmige Schlucht die Steilküste erstiegen hatte, breitete sich bei uns am Westend noch niedriger Wald aus, meistens Erlen, Birken und kümmerliche Kiefern. Der Boden war sandig, teilweise auch Torf. Das Beste daran waren die von uns gesammelten Blaubeeren und die kleinen Waldbeeren, die ein so herrliches Aroma hatten und viel besser schmeckten als die Erdbeeren aus unserem Garten. Wenn es dem Herbst zuging, wurden auch Pilze gesammelt, vor allen Dingen Pfifferlinge. Die besseren Pilze gab es an den großen waldigen Hängen von Rauschen-Ort, bei uns auf der Düne war es wohl nicht feucht genug.

Wir hatten in unserem Haus viel Besuch. Ich war Einzelkind, und meine Eltern luden immer wieder Verwandte und Freunde mit gleichaltrigen Kindern ein. Einen Sommer lang hatten wir auch eine englische Miss als Helferin unserer Haustochter. Sie war Quäkerin und durch eine Freundschaft meines Vaters mit dem bekannten englischen Journalisten Evans zu uns gekommen. Sie schwärmte so von Rauschen, daß sie auf unser Haus ein Gedicht verfaßte und niederschrieb. Es hing eingerahmt mit dem

Schmuck des Union Jack und der schwarz/weiß/roten Fahne noch lange bei uns zu Hause und hatte die Überschrift »Mein deutsches Heimchen«.

Unter uns Kindern gab es immer einen Wettstreit, wer morgens die Fahne auf den Mast ziehen durfte. Es gehörte zu den ersten damals von mir nicht begriffenen politischen Sturmzeichen, daß wir bei unserem letzten Sommeraufenthalt in Rauschen 1933 diese Fahne nicht mehr aufzogen. Ich wußte nicht, weshalb. Ich sah nur, daß überall Hakenkreuzfahnen wehten, die meine Eltern nicht besaßen und nicht aufziehen mochten, aber es in ihrer besonderen Situation auch nicht wagen konnten, demonstrativ weiter schwarz/weiß/rot zu flaggen. Davon begriff ich damals gar nichts, es wurde mir auch nicht erklärt. Als ich in diesem Sommer 1933 in einem Geschäft in der Hauptstraße von Rauschen-Düne ein Koppel mit Schulterriemen, ein braunes Barett und die übrigen Uniformteile eines Pimpfen des Deutschen Jungvolks entdeckte und heiß begehrte, haben meine Eltern mir diese Uniform gekauft. Ich war noch zu jung, um Mitglied zu werden, und habe die ganze Sache auch nicht etwa aus politischer Zuneigung haben wollen, sondern diese Uniform hatte als Glanzpunkt ein Fahrtenmesser, das zusammen mit dem glänzenden Koppelschloß mit der Siegrune und dem Dreieckstuch um den Hals mein ganzer Stolz war. Diese Uniformteile habe ich erst nach der Vertreibung aus dem Paradies in Danzig-Langfuhr benutzt.

Der Abschied von Rauschen war völlig undramatisch, weil ich nichts davon ahnte, daß es der letzte Sommer dort war. Wir fuhren wie immer im Herbst zurück nach Königsberg, und dort wurden dann bald die Möbel in der Haydnstraße eingeladen. Mein Vater fuhr mit seinem offenen Adler Trumph aus der Stadt in Richtung Danzig.

Kein Erzengel Gabriel vertrieb uns mit seinem Flammenschwert. Ich habe als Kind den ganzen Vorgang nicht begriffen, obwohl ich auf dem Steindamm in Königsberg den ersten Judenboykott erlebte, als SA-Männer vor dem Billigpreisgeschäft Kepa die Eingänge versperrten und Käufer, die die Barriere passierten, tätlich bedrohten. Königsberg war damals eine von der NSDAP bereits weitgehend eroberte Stadt. Als Hitler seine letzte Rede vor der Reichstagswahl am 5. März 1933 gerade in Königsberg im Haus der Technik vor einer riesigen Anhängerschar hielt, da war viel Begeisterung in der Stadt. Ein Meer von Hakenkreuzfahnen war zu sehen, und Ostpreußen war neben Schleswig-Holstein auch die erste preußische Provinz, die schon vor der Machtergreifung Hitlers eine Mehrheit der NSDAP hatte. Meine Eltern haben diese für sie bedrohliche Entwicklung dem Kind verschwiegen. Auch meine Großeltern und Fräulein Gerda zeigten sich mir gegenüber nicht bedrückt oder von Angst erfüllt. Ich merkte nichts. Lediglich die für mich sehr erfreuliche Tatsache, daß ich nach der Beendigung der Schule in Rauschen in Königsberg nicht wieder eingeschult wurde, obwohl ich doch so nach meinem Klassenlehrer Hunddrieser verlangte, war für mich ein Signal, daß etwas Besonderes vor sich ging. Die Familie Mosberg verließ im Herbst 1933 Ostpreußen und das Deutsche Reich. Die Großeltern, die so sehr an uns hingen, folgten bald nach.

Bei meinem Besuch 1991 habe ich nicht nur in den Trümmern dieses Paradieses nach Spuren der Vergangenheit gesucht, sondern auch noch Neues entdeckt, wo von dem Alten in der Erinnerung kaum etwas übriggeblieben war. So sind wir mit einer Taxe auf die Kurische Nehrung gefahren. Vorbei an dem großen Ostseebad Cranz, das wesentlich sowjetischer aussah als Rauschen, konnten wir mit dem Wagen die Nehrung befahren. Das war nur in Ausnahmefällen gestattet, weil in diesem Gebiet schon in früheren Zeiten der Naturschutz oder besser gesagt, der Landschaftsschutz, eine große Rolle spielte. Ich fuhr 1991 nicht zum erstenmal mit einem Auto auf die Nehrung. Schon 1938 bin ich mit einem Schulfreund von meinem Bohnauer Onkel auf eine Dienstfahrt nach Rositten mitgenommen worden, als dort der »Vogelprofessor« Thienemann, der Leiter der weltberühmten Vogelwarte Rositten, begraben wurde. Damals sahen wir die riesigen Wanderdünen, während 1991 fast die gesamte Fahrt bis hinauf nach Nidden durch Niederwald ging und man kaum einen Ausblick hatte. Weder zur See noch zur Haffseite konnte man durchsehen, man mußte schon zu einzelnen Aussichtspunkten auf den größtenteils bepflanzten Dünen aufsteigen. Die grandiose Landschaft der Wanderdünen, die in den Gedichten von Agnes

Miegel eine große Rolle spielte, die Thomas Mann geschildert hat, als er sein Haus in Nidden baute, sie existiert heute nur noch in Rudimenten. Auch die Fischerdörfer sind lange nicht mehr in dem Zustand der früheren Zeit. Sie sind entweder verkommen oder durch gesichtslose Neubauten völlig verändert.

(Die Dünenlandschaft der Kurischen Nehrung ist keine Naturlandschaft, sondern Folge des Raubbaues an den früher dichten Nehrungswäldern seit den Zeiten des deutschen Ritterordens und vor allen Dingen auch der Kriege, in denen die Nehrung immer wieder von Russen besetzt worden ist. Ähnlich wie die Lüneburger Heide, die ja auch das Ergebnis einer Waldzerstörung zugunsten der Salzsiederei ist, ist die Kurische Nehrung durch die Abholzungsaktionen der Jahrhunderte zu einem Gebiet der Wanderdünen geworden, das bis in unsere Zeit ein romantischer Anblick, aber auch für die dortigen Bewohner eine Bedrohung des Lebens gewesen ist. Der heutige Wald ist ein Pflanzwald, der nicht einmal 100 Jahre alt ist. Nur noch bei Schwarzort steht ein Stück des dunklen uralten Nehrungswaldes, in dem auch Elche leben.)

Als wir 1991 nach den Spuren der Vergangenheit suchten, fanden wir wohl den Grabstein des »Bezwinger der Wanderdünen«, des Forstschutzbeamten der Memeler Kaufmannschaft, Franz Epha, der bis 1904 hier lebte. Auch der Grabstein von dem Vogelprofessor Thienemann ist noch zu finden. Es liegen sogar Blumen auf dem Grab. Heute heißt Rositten Rejsity, es ist das erste große Dorf auf der russischen Hälfte der Kurischen Nehrung. Erst auf der litauischen Seite der Grenze, die wir, nach der Bezahlung eines in Devisen zu entrichtenden Obolus für die Pflege der Nehrung, passieren dürfen, sieht es besser aus. Die Litauer haben sehr viel schneller als die Russen auf Westtouristen umgeschaltet und pflegen die Orte, die Straßen und die Anlagen. Besonders Nidden, wo das Haus von Thomas Mann als touristischer Glanzpunkt vorgestellt wird, ist heute ein angenehmer Badeort. Auch in Schwarzort sieht es wieder gut aus. Der alte Ort ist erhalten, die Holzhäuser mit den Veranden sind sehr gepflegt, und der Unterschied zu Rositten ist deutlich zu merken. Was eine Grenze auch heute noch ausmachen kann, sieht man hier bei der

Trennungslinie zwischen dem neu entstandenen Litauen und dem Oblast Kaliningrad. Diese Grenze ist ja erst seit Versailles vorhanden. Seit 1422 gehörte das Memelland zu Deutschland, denn die nördliche Grenze Preußens war 500 Jahre lang eine der stabilsten Grenzen Europas. Als ich 1938 nach Rositten gefahren bin, konnte niemand ahnen, daß ein Jahr später Litauen das Memelland wieder an das Großdeutsche Reich abtreten mußte und das Kurische Haff, ein 17 km² großes Wasserbecken mit Süßwasser, das dreimal so groß ist wie der Bodensee, wieder ganz zu Deutschland gehören würde. Heute ist die Trennung wieder da, aber die Grenze eigentlich so leicht passierbar wie zur Zeit der Weimarer Republik. Bei einer zweiten Ausflugsfahrt nach Nidden hatten wir einen litauisch sprechenden Taxifahrer. Die Folge war, daß die Litauer nicht einmal den Devisenbetrag von sieben DM für den Eintritt in den litauischen Teil verlangten.

Bei gutem Wetter konnte man von den Höhen der Nehrungsdünen über das Haff zum Festland sehen. Dort spielt für mich auch eine Kindheitserinnerung bei der Familie von Tresckow. Herr von Tresckow, ein Freund meines Vaters, war Oberförster im, wie er sagte, »größten Elchrevier Europas«, dem Ibenhorster Forst. Auf der Nehrung habe ich die oft beschriebenen Elche nicht zu sehen bekommen, aber dort gleich in ganzen Herden. Wenn man mit dem Pferdewagen durch das Forstgebiet fuhr, das zum großen Teil sehr sumpfig war und außerhalb der Wege schlecht zu betreten, konnte man ganz nahe an die mächtigen Tiere heranfahren, die, trotz ihres enormen Gewichtes, mit den breiten Hufen über die Sumpfflächen laufen konnten, was keinem Menschen oder Pferd möglich gewesen wäre. Die Elche waren für mich noch staunenswerter als die fremden Tiere im Königsberger Zoo. Sie verkörpern für die noch lebenden Ostpreußen sozusagen das Wappen des Landes. Die Elchschaufel, die den Trakehner Pferden als Herkunftszeichen eingebrannt wurde, wurde später das Abzeichen der Landsmannschaft Ostpreußen im Vertriebenenverband und nicht etwa das eigentliche Wappen mit dem preußischen Adler.

Die Dünen der Nehrung, die Elche von Ibenhorst, die Steilküste von Rauschen, die ausgelöschten Güter im Samland und diese fremde Stadt Kaliningrad, die noch in den Vororten ein bißchen Königsberg geblieben ist, sie alle waren ein Kindheitsparadies, das es nicht mehr gibt. Der Rückflug und die Rückfahrt im Bus bis nach Polangen bei Memel zeigten noch einmal, daß die Vertreibung aus dem Paradies von 1933 für alle Ostpreußen zu einer Vertreibung 1945 geworden ist. Was für unsere Familie der neue Reichskanzler Hitler mit seinem Satrapen Erich Koch an der Stelle des Erzengels Gabriel gewesen ist, das wurden später für die gesamte ostpreußische Bevölkerung Stalin und seine Panzerarmeen.

Für mich war die Kindheit im Paradies zu Ende, die Kindheit in der Fremde begann.

Eine Jugend im Halbschatten – Danzig und Zoppot

Um meine ostpreußische Heimat wiederzusehen, mußte ich die Entwicklung der Politik 50 Jahre lang abwarten. Mit meiner zweiten Heimat, der Freien Stadt Danzig, dauerte es nur 30 Jahre, und das Wiedersehen war um vieles erfreulicher und hat sich ständig wiederholt.

Als die Familie Mosberg im Herbst 1933 in ihrem Auto über die Nogatfähre und die Weichselfähre von Ostpreußen nach Danzig fuhr, wurde sie von »Fräulein Gerda« begleitet und einer kleinen Katze aus Rauschen, die sorgfältig unter einer Wolldecke vor den Zöllnern verborgen wurde. Mein Vater hatte ein Haus in der »Halben Allee«, Ziegelstraße 31, für uns gemietet und zum erstenmal wohnten wir in einer richtigen Villa. Das Haus bot auch Platz für meine Großeltern, die einige Zeit später ebenfalls aus Königsberg nach Danzig umzogen. Wir waren nicht mehr im Deutschen Reich, wir waren jetzt in der Freien Stadt Danzig.

Als 9jähriger Junge habe ich nicht viel von Politik verstanden, heute weiß ich natürlich mehr über die Zusammenhänge der Konstruktion des Versailler Vertrages, der im polnischen Korridorgebiet neben der abgetrennten Insel Ostpreußen einen besonderen Freistaat Danzig geschaffen hatte. Danzig gehörte zwar nicht mehr zu Deutschland, obwohl seine Bevölkerung fast rein deutsch war, es war auch nicht polnisch, obwohl die polnische Regierung gewisse Rechte in Danzig ausübte, es war ein Zwitterwesen, diese Freie Stadt Danzig, die später einmal unmittelbarer Anlaß zum Ausbruch des Zweiten Weltkrieges werden sollte. Als wir nach Danzig kamen, hatte im Sommer ein Freund meines Vaters, der Vorsitzende des Danziger Landbundes und stellvertretende Gauleiter der NSDAP, Dr. Hermann Rauschning, als Senatspräsident eine Regierung gebildet, der neben der NSDAP, die hier mit 50,3 % der Stimmen ein höheres Wahlergebnis als das der Märzwahlen in Deutschland erzielt hatte, auch Angehörige des Zentrums und der Deutschnationalen Volkspartei angehörten. Für uns war nicht unwesentlich, daß Dr. Rauschning vor der Wahl öffentlich in der Presse die Nichteinführung der Arierparagraphen Deutschlands versprochen hatte. Auch mit Polen wollte Rauschning zu einem entspannten Verhältnis kommen und machte mit seinem Vertreter Greiser bereits am 5. Juli 1933 einen Staatsbesuch bei dem polnischen »starken Mann« Pilsudski und kündigte eine Danziger Politik des Friedens und der Vertragstreue an. Der polnischen Minderheit wurden, durch ein Abkommen vom 18. September 1933, Rechte erteilt, die weit über das hinausgingen, was der Versailler Vertrag gewährt hatte. Wenige Tage nach diesem Vertragsabschluß machte der polnische Ministerpräsident in Danzig einen Gegenbesuch. Als Folge dieser Entspannungspolitik verschwanden von der Tagesordnung des Völkerbundsrates in Genf sämtliche Streitfragen zwischen Polen und der Freien Stadt. Als weitere Folge mag gesehen werden, daß durch Rauschnings Einfluß auf Hitler, wie hoch man ihn auch immer einschätzen will, dieser bereits im Dezember 1933 Kontakt zu Pilsudski aufnehmen ließ, und am 16. Januar 1934 kam es zu einem Verständigungsabkommen, einschließlich einer Nichtangriffserklärung zwischen Deutschland und Polen. Hitler hatte damit den Ausbruch aus seiner internationalen Isolierung geschafft. Dieses Abkommen überraschte viele volksdeutsche Politiker in Pommerellen und Posen. Sie sahen es voreilig als Nachgeben Deutschlands gegenüber Polen an, aber Tatsache war, daß ab März 1934 eine Entspannung in der Politik gegenüber den jeweiligen Minderheiten festzustellen war.

Der Senatspräsident Rauschning hatte damals meinen Vater als Mitarbeiter und Berater beschäftigt und ihn vor allen Dingen auch zu Kontaktaufnahmen in der polnischen Hauptstadt benutzt.

Von allen diesen Dingen ahnte ich natürlich in der Ziegelstraße 31 nichts. Ich genoß das große Haus und vor allen Dingen ein »Teehaus« im Garten, das ich wie selbstverständlich als mein Refugium in Besitz nahm. Bei meinem Besuch 40 Jahre später mußte ich feststellen, daß weder die Villa Ziegelstraße 31 noch das Teehaus die Eroberung Danzigs durch die Russen und die Inbesitznahme durch die Polen überstanden hatten.

Rückwirkend weiß ich nicht mehr, ob die Trennung von der ostpreußischen Heimat damals bei mir einen großen Eindruck gemacht hat, dazu war die neue Umgebung zu aufregend. Besonders das Ziegeleigelände am Ende der Straße, das stillgelegt war, und wo noch große Wasserflächen in den Lehmkuhlen und kilometerlange Gleise mit Kipploren vorhanden waren, bildete einen einzigen Abenteuerspielplatz für uns Jungen, denn der Zaun war überall undicht.

Ein Schock allerdings war die Umschulung. Aus meiner Musterschule auf den Königsberger Hufen und der familiär geführten Fischerschule in Rauschen kam ich hier in die Volksschule Zigankenberg. Es war eine vielklassige Schule in einem düsteren Ziegelgebäude mit autoritären Lehrern und Schülern, deren Dialekt ich zum Teil nicht verstand. Für mich völlig überraschend und abstoßend waren die Disziplinarmaßnahmen. In dieser Schule wurde noch mit dem Rohrstock geschlagen – auf die Finger der ausgestreckten Hand. Es gab Fälle, wo Schüler wegen Schwatzhaftigkeit auf Erbsen knien mußten. In meiner Erinnerung eine Schule, die in keiner Weise so anziehend war wie die in Königsberg mit meinem geliebten Klassenlehrer. Ein gewisser Trost war allerdings, daß meine schulischen Kenntnisse wesentlich höher lagen als die der Mitschüler vom Zigankenberg. Ich hatte also keine Mühe, mich auf das Gymnasium vorzubereiten.

Wir wohnten in einem schönen Villenviertel, das sich zu den Städtischen Krankenanstalten hinzog und auf der einen Seite von den Höhenzügen der Berge um Danzig und auf der anderen Seite von der großen Lindenallee begrenzt wurde. Aber in unserer Straße hatte ein Spekulant, wohl für die Arbeiter der Ziegelei, mehrere häßliche Mietskasernen errichtet (sie stehen immer noch), und hier lernte ich eine neue Welt kennen. In engsten Behausungen wohnten hier Familien, deren Ernährer teilweise arbeitslos waren. Die Arbeitslosigkeit war damals in Danzig höher als im Reich. Aus Geldmangel gab es kein elektrisches Licht. Sogar die Glasbeleuchtung wurde oft nicht angedreht, sondern man beleuchtete die Zimmer mit Petroleumlampen. Was meine Schulkameraden dort zu essen bekamen, war für mich fremd, teilweise anziehend, teilweise abstoßend. Es war etwas ähnliches wie bei meinem Freund Alwin Berkowsky in Königsberg, wo ich zum ersten Mal in meinem Leben Grützwurst kennengelernt hatte, hier war es dann Kohlsuppe in jeder Form und Graubrot mit Margarine, ein Aufstrich, den ich vorher nicht gekannt hatte. Wenn meine Schulkameraden mit mir zu meinem Teehaus kamen, das ich übrigens mit unserer schwarz/weiß/roten Fahne aus Rauschen dekoriert hatte, war das für sie wiederum eine andere Welt. Durch diesen kindlichen Kontakt mit der, wie mein Großvater sagte, »Unterschicht«, merkte ich auch, daß es hier im Danziger Gebiet durchaus nicht nur stramme Deutsche oder gar stramme Nazis gab. Die Familien hatten vielfach polnische Namen oder vielleicht auch kaschubische. So genau konnte ich das nicht unterscheiden, aber gewisse Ressentiments gegenüber Danzig hatte ich ja schon aus Ostpreußen mitgeschleppt. Ich weiß nicht, ob mir das in der Schule oder bei den Erzählungen meiner Eltern über die beiden Tannenbergschlachten beigebracht worden ist. Irgendwie bestand das Vorurteil, »die Danziger« hätten in der Tannenbergschlacht den Deutschen Ritterorden verraten und zu seiner Niederlage beigetragen. In einer Bundestagsdebatte über die Bereinigung des deutsch/polnischen Verhältnisses durch die Anerkennung der Grenzen sagte der ehemalige Bundesminister der SPD Horst Ehmke, der aus Danzig stammte: »In meiner Kindheit mußte man in meiner Heimatstadt Danzig, um als vollwertig gelten zu können a) Deutscher, b) Protestant (genauer: Lutheraner) und c) Bürgerlicher sein. Die katholische Kirche wurde nicht selten schlicht als »polnische Kirche« tituliert. Sie galt sozusagen als Kirche der polnischen und kaschubischen Dienstboten. Diese tiefsitzenden Vorurteile haben nicht nur Europa, sondern auch Deutschland lange geteilt, zu lange. Ich sage dies auch auf die Gefahr hin, von meinem ostpreußischen Kollegen Ehrenberg deswegen noch einmal als »kaschubischer Renegat« beschimpft zu werden.« Der ebenfalls zur SPD gehörende ehemalige Bundesminister Ehrenberg hat mit der Beschimpfung seines Parteifreundes Ehmke jenes Vorurteil bestätigt, das auch ich damals von Königsberg nach Danzig mitbrachte. Was Ehmke damals empfand, daß man Deutscher, Protestant und bürgerlich sein mußte, das traf ja alles auf mich zu.

Die katholischen Jungen mit polnischer und kaschubischer Abstammung waren in ihrer Armut offensichtlich dazu bestimmt, den deutschen Herren in Danzig zu dienen. Als Kind konnte ich dieses Bild nur schwer korrigieren.

Das Jahr 1934 brachte für mich und für die ganze Familie erhebliche Umwälzungen mit sich. Mein Eintritt in das Gymnasium »Conradinum« brachte keinerlei schulische Schwierigkeiten mit sich, die Aufnahmeprüfung bestand ich mit »sehr gut«. Die Schule war am Ende der Großen Allee nach Langfuhr hin gelegen, ich konnte den Weg stets zu Fuß dorthin machen. In der humanistischen Abteilung dieses Gymnasiums fühlte ich mich ausgesprochen wohl und schloß schnell Freundschaften, die zum Teil auch familiär bedingt waren. So bestanden enge Kontakte zu den drei Familien Burandt. Die eine saß auf dem Gut Groß Trampken, der Besitzer war der »Stahlhelm«führer in Danzig gewesen und mit meinem Vater deshalb gut bekannt. Dann gab es den »Mercedes Burandt«, er hatte die Vertretung der Autofirma in Danzig und außerdem einen Offizier der Danziger Landespolizei in Langfuhr. Alle diese Familien hatten Söhne auf dem Conradinum und nahmen mich freundschaftlich als Zuwanderer aus dem Reich in die Schülergemeinschaft auf.

Ein großes Abenteuer kam auf mich in den ersten Sommerferien im Gymnasium zu. Ein Abenteuer, das man heute nicht mehr erleben kann. Es war eine Dampferfahrt auf der Weichsel von Danzig nach Warschau, die dauerte drei Tage lang. Mit einem Raddampfer wurde der mächtige Strom, der seit 1920 auf polnischer Seite nicht mehr so gut gepflegt worden war wie in der preußischen Zeit, befahren. Es war wenig Schiffsverkehr auf der Weichsel, allerdings gab es sehr viele riesige Flöße, die aus dem Inneren Polens nach Danzig zum Weiterverladen der Holzstämme gebracht wurden. Die auf den Flößen lebenden »Flissaken« hatten Hütten mit Frauen, Kindern und Hunden auf schwankendem Untergrund errichtet. Von ihnen wurden viele Geschichten zum Gruseln erzählt, insbesondere über ihre Vorliebe zum Alkohol und zu Messerstechereien. Auf dem Dampfer waren Fräulein Gerda und ich die einzigen Passagiere erster Klasse, die auch auf dem Schiff eine Schlafkabine hatten. Die meisten Mitfahrenden fuhren nicht die weite Strecke nach Warschau, sondern machten unterwegs Station. Das wurde für mich sehr wichtig, denn das Essen, das die Kapitänsfrau auf einem riesigen Herd kochte, war meistens wieder einmal Kohlsuppe. Als ich beobachten mußte, daß über dem Kessel die Socken und Kleidungsstücke der Familie getrocknet wurden und von dort allerhand in den Kessel tropfte, war es mit meinem Appetit vorbei. An jeder Haltestelle rannte ich an Land und verwendete das erste polnische Wort, das ich gelernt hatte: »Parufki«, (eine Art Würstchen), um Brot und Wurst als Verpflegung anstelle der Kohlsuppe zu bekommen. Die Fahrt war zumeist nicht besonders abwechslungsreich, aber hin und wieder lief der Raddampfer auf eine Untiefe. Es gab dann viel Geschrei und Hin und Her, besonders nachts war das ziemlich aufregend für Fräulein Gerda und mich. Ich habe mir bei dieser Fahrt einen gewissen Grundstock an polnischen Flüchen zugelegt, deren deutsche Übersetzung ich, Gott sei Dank, nicht kannte, denn sie waren zum Teil ausgesprochen unanständig. Die Fahrt auf der Weichsel war für mich als Kind viel aufregender als eine spätere Fahrt von New Orleans aus auf dem Mississippidampfer. Als wir nach drei Tagen in Warschau ankamen, hatte ich das Ganze als großartiges Abenteuer angesehen, aber nun wurde ich mit der rauhen Wirklichkeit konfrontiert. Erst hier erfuhr ich, daß meine Eltern nach Warschau umziehen wollten, oder besser gesagt, mußten. Bei deutschen Bekannten meines Vaters, der Familie Ziegler, wohnten wir in einem Hinterzimmer zum Hof, den Geruch spüre ich heute noch, denn überall auf den Balkonen zum Hof wurden Pilze getrocknet. Eine Technik, die ich bisher nicht kannte und auch noch nicht gerochen hatte. Die Wohnung war in der Nähe des Ghettos, das damals selbstverständlich völlig frei zugänglich war. Aber die vielen Kaftanträger fielen mir durchaus auf, der ich mit meiner roten Schülermütze mit dem silbernen C und dem Humanistenstern selbstbewußt durch diese Menge ging und mir keiner Gefahr bewußt war. Meinem Vater hatten Unbekannte schon einmal ein Auto demoliert, weil er eine Flagge des DDAC, wie der ADAC damals hieß, am Wagen hatte. Mir hatten Zieglers gesagt, wenn ich nicht weiter wisse, sollte ich immer einen Juden ansprechen, denn die würden Deutsch verstehen bzw. ihr Jiddisch würde für mich verständlich sein, um mir weiterzuhelfen. Mit meiner Auswahl polnischer Flüche kam ich ja nicht weit. Meine Eltern hatten eine schöne große Wohnung in der Ulica Koszykowa 65 a gemietet, sehr groß, sehr teuer, aber günstig gelegen zur Aleje Ujazdowski, einer Allee mit einer ganzen Reihe von ausländischen Vertretungen und auch dem Schloß Belvedere, wo Pilsudski residierte. Unsere Fahrt diente vor allen Dingen dazu, Fräulein Gerda davon zu überzeugen, daß sie nach Warschau mitziehen sollte. Sie hatte in der Wohnung ein schönes Zimmer mit eigenem Bad und eigenem Zugang zum Treppenflur. Sie sagte zu, um meine Mutter zu unterstützen. So aufregend der Aufenthalt in Warschau war, auch die Rückfahrt mit dem Auto meines Vaters, das für polnische Straßen und polnische Benzinmischungen nicht besonders geeignet war, erfüllten mich mit bangen Vorahnungen. Ich kannte ja nicht den Hintergrund dieses Umzugs und habe ihn auch erst später durch Andeutungen meiner Eltern in seiner Bedeutng voll erfassen können.

In Danzig hatte es schwere Auseinandersetzungen zwischen dem Senatspräsidenten Dr. Raunsching, seinem Vertreter Arthur Greiser und dem Gauleiter der NSDAP in Danzig, Albert Forster, gegeben. Beide vertraten eine strikt antipolnische Linie und hatten mit Hitler hinter dem Rücken des Senatspräsidenten den Versuch gemacht, das Vertrauen zwischen Hitler und Rauschning zu untergaben. Als Rauschning bei Hitler keinen Rückhalt fand, sondern dieser auf seinen bayrischen Gauleiter setzte, mußte Rauschning im September 1934 sein Amt niederlegen. Die Linie der NSDAP hatte über seine Linie der Koalition mit anderen Parteien gesiegt. Er setzte seinen Kampf gegen die Gleichschaltung mit dem Reich publizistisch fort, so zum Beispiel bei den Volkstagswahlen am 7. April 1935. Er mußte 1936, von Verhaftung bedroht, ins Ausland flüchten.

Für meinen Vater war die Krise um Rauschning und sein Verlust des Amtes so bedrohlich, daß er, der schon vorher für Rauschning in Warschau tätig gewesen war, sich entschloß, dorthin mit der Familie umzuziehen. Mich konnte man nicht mitnehmen, weil es in Warschau kein deutsches Gymnasium gab und außerdem die Großeltern, die in der Ziegelstraße eine andere Wohnung gefunden hatten, in meiner Nähe bleiben sollten. Für mich bedeutete 1934 die Trennung von meinen nun weiter emigrierenden Eltern und dem Eintritt in das Alumnat des Conradinums den endgültigen Abschied von der Kindheit.

Damals habe ich von den antisemitischen Plänen der Nazis nichts gewußt und war andererseits durch Ferienbesuche in Warschau von einem Teil meiner antipolnischen Vorurteile geheilt worden. Ich empfand die Stadt als interessant und bin oft in die Nummer 22 der Aleje Ujazdowske gegangen, wo die deutsche Gesandtschaft untergebracht war. Ich sah die polnischen Offiziere mit ihren viereckigen Mützen, der »Rogatywka« und den langen Säbeln, auf denen auf polnisch »Ehre und Vaterland« stand. Auch meine Mutter hatte eine gewisse Vorliebe für die Polen, während mein Vater, der nun für die Abwehr insbesondere die polnische Armee beobachtete, sehr skeptisch blieb. Wie seine Berichte nach Königsberg aussahen, weiß ich nicht, aber ich vermute, er teilte die Ansicht des berühmten Schriftstellers Isaac Bashevis Singer, der in Amerika schrieb: »Die Polen glauben an die Kraft ihrer Schnurrbärte. Der polnische Generalstab verfügt in jenen Tagen über nichts anderes als Blechorden und gekräuselte Schnurrbärte. Ihre Soldaten zogen mit Schwertern und Pferden gegen Hitlers Tanks, wie in den Zeiten des Königs Sobieski. Ihre Anführer zwirbelten ihre Schnurrbärte und versicherten allen bis zum letzten Augenblick, daß der Sieg auf ihrer Seite sei.«

Auf deutscher Seite war die Reichswehr oder wie sie bald hieß, die Wehrmacht, der sich mein Vater beruflich, und auch von seiner ganzen Mentalität her, verbunden fühlte, aus anderem Holz geschnitzt. Die Politik der Reichswehrführung war ein dominierender Faktor in Deutschland. Blomberg und Reichenau unterschieden sich von Beck, der 1933 faktisch Generalstabschef geworden war und vom Freiherrn von Fritsch, dem neuen Chef der Heeresleitung seit 1933, nur graduell und auf Teilgebieten. Allen kam es auf die ausschlaggebende Rolle des Militärs an. Blomberg war es, der gegenüber dem zögernden Hitler das Platzen der Abrüstungskonferenz in Genf durchsetzte, und Beck forderte früher und energischer als Hitler die Rückkehr zur traditionellen Wehrpflichtsarmee. Zu Beginn gab sich die militärische Führung mit einem Heer von 23 Divisionen zufrieden. Nicht Hitler zwang die Reichswehr zu dem hektischen Tempo der Aufrüstung, sondern die Generäle setzten ein schärferes Tempo durch, als es der von ihnen voll akzeptierte »oberste Kriegsherr« angeschlagen hatte. Dazu paßte die Vereidigung auf den »Führer« nach dem Tode Hindenburgs aus eigener Initiative Blombergs. Das geschah nicht aus innerer Überzeugung, sondern als Akt »militärischer Interessenpolitik«. Diese Kenntnisse stammen aus einem Buch von Heinz Höhne, das 1991 in Düsseldorf erschienen ist und auch die erstaunliche Tatsache vermeldet, daß 1935 rund 10 000 jüdische Emigranten nach Deutschland zurückkehrten. Mein Vater dachte nicht an Rückkehr, er hatte wohl gerade durch seine Verbindung zur Abwehr in der Wehrmacht eine genauere Kenntnis von den wahren Absichten Hitlers.

Die erzwungene Trennung von meinen Eltern ging so schnell vor sich, war so von neuen aufregenden Lebensumständen für den 10jährigen Jungen begleitet, daß erst heute ein Nachdenken über mein Verhältnis zu meinen Eltern zutage bringt, was ich damals in einer Art geistiger Erschöpfung und Überrumpelung empfunden habe. Ich wiederhole, ich wußte nichts von den Hintergründen. Ich wußte nur, mein Vater müßte dienstlich nach Warschau umziehen, und ich sollte in einer Eliteschule zusammen mit den Söhnen vieler Gutsbesitzer, Angehöriger des Auswärtigen Dienstes und von Offizieren in einer Gemeinschaft aufwachsen, die ich als Einzelkind bisher nicht gekannt hätte. Genau das war aber der kritische Punkt für mich. Zu Hause hatte ich ein Eigenleben geführt, in das meine Eltern wenig eingriffen. Mein eigentlicher häuslicher Bezugspunkt war Fräulein Gerda, außerdem gab es da die Großeltern. Mein Vater war in den ersten 10 Jahren meines Lebens so häufig außer Haus bzw. auch verreist gewesen, daß ich ihn nur als Respektperson, als dominierenden Faktor, kannte. Meine Mutter war mir in Liebe zugetan, aber als Junge suchte ich gar nicht so sehr ihre Nähe. Sie sorgte für mein Wohlbefinden, ohne daß ich das als »Mutterliebe« empfand. Sie war einfach selbstverständlich, sie gehörte zu mir wie ich zu ihr. Erst die Trennung machte mir bewußt, wie wichtig sie für mich gewesen war. Von Politik war zu Hause wenig die Rede, jedoch war ganz selbstverständlich, daß der Offiziersvater seinen Säbel mit dem des Großvaters gekreuzt an die Wand gehängt hatte und sein Weltkriegsstahlhelm darüber angebracht worden war. Er hatte auch einen Paradehelm der preußischen Armee vom Regiment Kronprinz, eine Pickelhaube, aber der Stahlhelm war für den Jungen viel interessanter. Als ich wegen einer Mittelohrentzündung einen Kopfverband tragen mußte, setzte ich ihn auf und ließ mich damit fotografieren, ich war ein »Nachwuchskrieger« geworden. Der Ton zu Hause war alles andere als kommissig, eher war schon der Großvater mit seiner pädagogischen Pedanterie ein »Ordnungsfaktor«, der aber durch die Liebe meiner Großmutter zu ihrem »Jungchen« zumindest in diesem Alter noch immer in den Hintergrund gedrängt werden konnte.

Die politischen Ereignisse des Jahres 1934, die Ermordung der Generäle Schleicher und von Bredow beim sog. Röhmputsch, von der Wehrmacht einfach hingenommen, der Tod des Reichspräsidenten von Hindenburg, der jüdische Kriegsteilnehmer zu schützen versprochen hatte, und schließlich der erzwungene Rücktritt Rauschnings bildeten den Hintergrund für die Zerreißung unserer Familie. Vor dem Jungen stand nun die Übersiedlung ins Internat, eine völlig fremde Welt.

Das in direkter baulicher Verbindung mit dem Gymnasium gelegene Internatsgebäude des Conradinums lag inmitten alter Bäume, hatte einen eigenen Garten und wirkte nicht unbedingt einschüchternd. Ich kannte das Gebäude ja bereits, weil ich als Schüler, der noch zu Hause in der Ziegelstraße wohnte, täglich daran vorbeigekommen war. Als ich nun Insasse wurde, änderte sich vieles. Ich empfand das Gebäude als Kaserne, wenn nicht gar als Gefängnis, weil der Tageslauf minutiös geregelt war, vom verhaßten Frühsport bis zum frühen Schlafengehen in einem großen Schlafsaal in engster räumlicher Nähe zu 30 anderen Jungen. All das bereitete mir nicht nur Unbehagen, es flößte mir Angst ein. Wären nicht die beiden Inspektoren Erdmann und Niemann dagewesen, die darauf achteten, daß zwar die älteren Jungen die Kleinen anleiteten, aber nicht ständig schikanierten, was auch immer wieder versucht wurde, wäre ich wohl verzweifelt. Es ist diese harte Schule des Internatslebens gewesen, die dem 10jährigen schon die Selbstdisziplin aufzwang, niemals zu weinen oder seine Angst zu zeigen. Gewiß, es gab auch schöne Stunden, wenn gemeinsam gesungen oder musiziert wurde, wenn bei schwierigen Schularbeiten die Älteren halfen und die Sache dadurch schnell und erträglich erledigten. Aber das beherrschende Gefühl blieb doch: eingesperrt zu sein, nichts mehr ohne Genehmigung machen zu dürfen und dauernd Rechenschaft ablegen zu müssen, auch über das kärglich bemessene Taschengeld, über das Buch geführt werden mußte. Der Lichtblick war der alle 14 Tage erlaubte Besuch bei den Großeltern, wo dann ein Wochenende mit zärtlicher, heute würde man sagen Zuwendung, mit einem heißen Bad in der Badewanne statt des verhaßten gemeinschaftlichen Duschens und vor allem den Lieblingsgerichten, verbracht wurde. Die Versuche im Internat, mich zum Verzehren von Speisen zu bringen, die mir widerstanden, z.B. damals Hering, endeten mit Erbrechen und Nahrungsmittelentzug. Später lenkte die Chefin des Hauses, Frau Patzig, ein und erlaubte statt des Herings ein Spiegelei. Frau Patzig hatte die wirtschaftliche Leitung des Internats, sie dirigierte auch die beiden Inspektoren, die ja Pädagogen waren und von der Wirtschaft vielleicht nicht allzuviel verstanden, und sie war die oberste finanzielle Autorität. Für ein nicht unerhebliches Pensionsgeld gab es eigentlich nur eine mäßige Verpflegung, obwohl Danzig für Lebensmittel ein Billigpreisgebiet war. Die Mitschüler vom Lande, die von ihren Heimreisen jedesmal Freßpakete mitbrachten bzw. auch Pakete mit der Post erhielten, störte das wenig. Ich selbst habe damals nicht etwa gehungert, empfand aber das Essen als von geringer Qualität und aß nur soviel, wie es unbedingt sein mußte.

Genau umgekehrt war es, wenn die Klasse gemeinsam in das geliebte Landschulheim des Conradinums in Nickelswalde fuhr. Dort an der Mündung der Weichsel in die Ostsee, in unmittelbarer Nähe des Strandes gelegen, war das Schullandheim ein herrlicher Aufenthalt mit wenig Lernen aber viel Sport, Baden, Spiel und einer fröhlichen Kameradschaft. Ganz in der Nähe lag die große Mühle, die der Conradiner Günter Grass später in einem seiner Romane mit einem Müller, der die Zukunft voraussagen konnte, bevölkert hat. Der Danziger Apotheker Boskam hatte sein altes strohgedecktes Landhaus dem Conradinum vermacht. Die Einrichtung war ausreichend, aber alles andere als üppig. Die Scheune war als Schlafraum eingerichtet, selbst die Zimmer der Lehrer waren sehr spartanisch ausgerüstet. Die Betten übereinander, Beleuchtung nur mit Petroleumlampen, und Wasser wurde aus einem Ziehbrunnen geschöpft. Auch die Verpflegung war einfach. Es gehörte zum traditionellen Ablauf eines Landheimaufenthaltes, daß am ersten Tage die Klasse auf der Viehwaage der Kleinbahn im Dorf gewogen wurde, am letzten Tage des Aufenthaltes wiederholte sich die Prozedur, und siehe da, die Klasse hatte offensichtlich an Gewicht zugenommen. Ganz im Unterschied zu der sparsamen Küche von Frau Patzig gehörte es zur Vorstellung der Köche im Landheim, daß ein gesunder Mensch auch ein gutes Gewicht haben müsse und deshalb die Küche uns gut verpflegen müßte. Auch das Waschen im Freien war mehr Spaß als Hygiene. Wenn die Hammerschläge gegen die Pflugschar, die im Obstbaum neben dem Brunnen befestigt war, ertönten, stürzte sich alles auf die Mahlzeiten. Im Tagesraum saßen Schüler und Lehrer an langen Holztischen. Mit Blick auf die Windmühle verzehrten wir Marmeladenbrote und tranken dazu »Muckefuck«, der von Mißmutigen auch als Negerschweiß bezeichnet wurde. Es gab während des Aufenthalts im Landschulheim nur zwei Stunden Unterricht pro Vormittag, danach wieder Milch und Schwarzbrotstullen mit Schmalz oder Butter. Bei schönem Wetter wurde draußen das zweite Frühstück eingenommen. Nach dem Mittag gab es noch einmal zwei Stunden Unterricht, der vor allen Dingen heimatkundliche Themen, die biologischen Besonderheiten unserer Umgebung an der Weichselmündung und die wechselvolle Geschichte unserer Heimat zwischen Polen und Preußen behandelte, und dann wurde gesungen. Das Schönste war vielleicht das riesige Sonnwendfeuer, um das wir gemeinsam mit den Dorfbewohnern den Höhepunkt des Sommers feierten. Aber all das war nichts gegen das Baden in der freien See. Ich kannte das schon von Rauschen, aber die meisten Conradiner badeten nur in den beiden kleinen Orten Glettkau oder Brösen in der Danziger Bucht, wo es eigentlich nie einen starken Wellenschlag gab. Hier war das anders. Wir mußten uns über die Düne zur See durch den Sand kämpfen, und es ging ständig bergauf und bergab. Es war immerhin rund 1 km weit, bis wir aus dem Dünenwald an den Strand kamen. Das Baden ging wegen der Gefährlichkeit des Wellenganges nur unter Aufsicht vor sich, außerdem ankerte ein Fischerboot bei uns im Wasser, damit wir nicht zu weit schwimmen und uns in Gefahr begeben konnten. Bei diesem Tageslauf schmeckte das kräftige Essen besonders gut, und es machte uns nichts aus, daß wir Schüler auch zum Geschirrspülen oder genauer gesagt, zum Geschirrabtrocknen eingeteilt wurden. Es wurde übrigens auf einem einfachen Kohleherd gekocht. Ich kann mich nicht erinnern, daß es auch nur ein einziges Mal angebrannt schmeckte. Der Spätnachmittag war meistens frei, wenn nicht gerade ein sportliches Wettspiel stattfand, wobei wir Kleinen meistens »Völkerball« oder »Schlagball« spielten. Fußball gab es damals im schulischen Sport noch nicht. Am Abend versammelten sich dann alle um den Kamin. Es wurde gesungen oder etwas vorgelesen. Wir führten auch ein Theaterstück auf, traditionell für die Aufenthalte in Nickelswalde war für jede Klasse eigentlich die Aufführung von »Wilhelm Tell«. Für mich war der Aufenthalt in Nickelswalde besonders deshalb so erfreulich, weil ich der Zwangsgemeinschaft des Internats für diese Zeit entronnen war und mit meinen eigentlichen Freunden aus der gleichen Klasse zusammen sein konnte. Auch waren die Inspektoren, die im Alumnat den Tagesablauf penibel regulierten, nicht mit in Nickelswalde, sondern unsere normalen Lehrer, die je nach Temperament und Laune uns sehr viel Freiheiten bei der Gestaltung des Tages ließen.

Aber es gab noch etwas anderes, um dem Internatszwang zu entrinnen. So merkwürdig sich das heute anhört, es war die Mitgliedschaft in der Hitlerjugend, die mir zu freier Zeit verhalf. Nicht im Alumnat, wo Frau Patzig und wohl auch die Inspektoren nicht unbedingt der NSDAP zuneigten, noch im Conradinum selbst, wo ein Bild von Wilhelm II. noch lange die Aula beherrschte, sondern außerhalb der Schule bin ich von Klassenkameraden zum ersten Mal zu einem Heimabend des »Deutschen Jungvolks«, der Pimpfenorganisation der Hitlerjugend, mitgenommen worden. Am Jeschkentaler Weg oder in der Nähe der Technischen Hochschule, so genau weiß ich das heute nicht mehr, habe ich zum ersten Mal die Pimpfe kennengelernt, und da ich aus Rauschen die dazugehörige Uniform mitgebracht hatte, wurde ich, nunmehr ja über 10 Jahre alt, als Mitglied aufgenommen. Ich weiß heute noch meine Mitgliedsnummer – 707672 – von einem Ausweis, der nach dem »Reichsjugendtag« in Potsdam 1934 ausgestellt worden ist. Damals war die Mitgliedschaft freiwillig, sie bedeutete sogar ein gewisses Abenteuer, denn es gab daneben ja andere Jugendorganisationen in der Freien Stadt Danzig, z. B. polnische, aber auch katholische. Auch sie trugen Uniformen, und es gehörte zum Ritual zu versuchen, sich gegenseitig die Wimpel zu stehlen oder gar die Heime zu überfallen und zu beschädigen. Damals begannen allerdings auch schon die großen Aufmärsche mit den vielen Fahnen und leider auch den langen Reden, wobei wir kleinen Pimpfe, Gott sei Dank, meistens nur eine Randrolle spielen durften. Das Deutsche Jungvolk war damals noch sehr von seinen Führern aus der »Bündischen Jugend« geprägt, nicht als vormilitärische Organisation ausgelegt, obwohl natürlich auch jede Menge Landsknechtslieder gesungen und Marschieren geübt wurde. Politik spielte für uns 10jährige nur eine Rolle am Rande. Ich habe damals auch nichts von Antisemitismus im Jungvolk gemerkt. Für mich war ganz entscheidend, daß ich einfach nur dem Inspektor des Alumnats melden mußte, ich habe heute Dienst im Jungvolk, dann konnte ich der unter seiner Aufsicht stattfindenden Arbeit an den Hausaufgaben entrinnen. In meiner Erinnerung ist die Zeit im Langfuhrer Jungvolk verbunden mit Geländespielen im Jeschkentaler Wald, mit dem gemeinsamen Lernen und Singen von Liedern und nur ganz am Rande mit der Beteiligung an irgendwelchen politischen Kundgebungen.

In den Ferien gab es weder Alumnat noch Schule, noch Deutsches Jungvolk, da kam die Reise zu den Eltern nach Warschau, nicht mehr mit dem Raddampfer, sondern ganz allein im D-Zug, was wegen der mehrfachen Grenzkontrollen ein Abenteuer für sich war. Schon weil Ferien waren, fühlte ich mich in Warschau wohl und machte viele Bekanntschaften, allerdings nur im Rahmen der deutschen Kolonie. Mit Polen kam ich praktisch nur auf der Straße in Berührung, wenn ich meiner Mutter beim Einkaufen half. Mein Vater hatte sein Auto, das den polnischen Straßen nicht so recht gewachsen war, in Danzig verkauft und fuhr jetzt einen amerikanischen Ford V8, der sich besser für Polen eignete. Wir haben schöne Ausflüge in die Umgebung Warschaus gemacht, mit Fräulein Gerda und gefülltem Picknickkorb. Auch dabei gab es keine Berührung mit der polnischen Bevölkerung. Die Fahrten nach Warschau waren nur eine kurze Episode, denn im Jahre 1935 erwartete meine Mutter ihr zweites Kind, das sich ausgerechnet, jedenfalls nach ihrer Schilderung, während der großen Trauerparade für den verstorbenen Marschall Pilsudski in Warschau bemerkbar machte. Meine Mutter hat damals ihrem Sohn nichts von der Schwangerschaft erzählt. Sie besuchte mich im August 1935 ganz überraschend im Alumnat, sie kam sehr ungelegen, denn am nächsten Tag stand die Abfahrt in das Landschulheim Nickelswalde auf dem Programm. Sie sah dem Tischtennisspiel ihres Sohnes zu, der einzigen Sportart, in der er es zu einigem Erfolg gebracht hatte. Dann forderte sie ihn zu einem Spaziergang auf. Mit einem kleinen Köfferchen in der Hand ließ sie sich zu der nahegelegenen Frauenklinik bringen (es wurde im Volksmund Storchenhaus genannt, wovon der Junge keine Ahnung hatte), erklärte ihrem kleinen Begleiter, er dürfe ja in diese Klinik nicht hinein, sie würde einige Zeit dort bleiben, und er solle schöne Tage im Landschulheim verleben. Am nächsten Tag waren wir schon in Nickelswalde, als ein Telegramm an mich zugestellt wurde. Große Neugier der Mitschüler und selbstverständlich Spannung bei mir. Ich hatte noch nie im Leben ein Telegramm erhalten. Der Text lautete, ich hätte ein Schwesterchen bekommen. Meine erste Reaktion war Verblüffung und dann Unglauben, schließlich Zorn, denn ich war der festen Meinung, dieses Telegramm sei ein böser Scherz, der mich bei meinen Mitschülern blamieren sollte. Aber es war die Wahrheit. Als wir aus Nickelswalde zurückkamen und ich im »Storchenhaus« nachfragte, war meine Schwester geboren. Ich durfte sie allerdings nicht sehen, weil sie im Brutkasten lag und noch sehr schwach war. Auch nach der Entlassung meiner Mutter aus dem Krankenhaus dauerte es noch sehr lange, bis das Kind die ständige ärztliche Pflege entbehren konnte. Meine Mutter wohnte damals in der Ziegelstraße in der Wohnung ihrer Eltern und hat meinem Vater klargemacht, daß sie nicht daran denke, mit dem Säugling nach Warschau zurückzukehren. Sie wolle die Kinder zusammenbehalten und deshalb wieder nach Danzig zurückkehren. In der Klinik hatte sie als Bettnachbarin eine Zoppoterin, die ein Milchgeschäft in der Oberstadt hatte. Sie erzählte meiner Mutter, daß sie eine schöne Wohnung in ihrer Nähe kenne, die frei werde. Meine Mutter ging diesem Hinweis nach, und nach Absprache mit meinem Vater wurde die Wohnung in Zoppot, Schlageter Straße 1 im ersten Stock gemietet. Für meine Eltern bedeutete das einen erneuten Umzug, auch die Trennung von Fräulein Gerda, für mich aber vor allen Dingen den immer erhofften Abschied vom Internat in Danzig-Lanfuhr. Ich wurde nach Zoppot umgeschult, verlor meine schöne rote Schülermütze, und es begannen 10 Jahre Jugend in Zoppot.

Der Umzug nach Zoppot bedeutete auch die endgültige Trennung der Familie von meinem Vater. Denn obwohl er hin und wieder zu Besuch kam, konnte er doch nicht in Zoppot seinen Wohnsitz nehmen, die Eskalation des Antisemitismus in Deutschland selbst, aber auch in der Freien Stadt Danzig, machten das nun unmöglich. Ließen die entsprechenden Nazigesetze zur Säuberung des Berufsbeamtentums und damit auch des Offizierskorps, der Ausschluß aus der Reichskulturkammer und vor allem auch das Schriftleitergesetz vom 4. Oktober 1933 speziell die Betätigung in seinen eigentlichen Berufen nicht zu, so kam 1935 mit den Nürberger Gesetzen eine neue Welle bürokratischer Rechtsminderung auf Menschen wie ihn zu. Bis zu Hindenburgs Tod hatte man glauben können, daß gerade jene Juden, die im Ersten Weltkrieg für Deutschland gekämpft hatten, vor Verfolgung geschützt seien. Noch 1937 fand eine Gedenkfeier des Reichsbundes jüdischer Frontsoldaten in Berlin statt. Zur gleichen Zeit machten sich allerdings die Berliner Ratsherren schon Gedanken, wie man die Juden aus den Freibädern vertreiben sollte. Auch mein Vater bekam 1935 noch das Ehrenkreuz für Frontkämpfer zugeschickt. Gleichzeitig mußte er aber lernen, daß seine Freunde in den Berliner Redaktionen seine Artikel aus Warschau nicht mehr mit Namen abdrucken durften, obwohl gerade das seine eigentliche Tätigkeit in Polen für die Wehrmacht verdecken konnte. Die Freie Stadt Danzig, in der seit 1937 ein Völkerbundkommissar vom Format eines Carl Jacob Burckhardt die schlimmsten antisemitischen Auswüchse verhinderte, konnte Wohnsitz der Familie bleiben, weil die Grenze zwischen Danzig und Polen immer noch offen war.

Dem Quintaner am Realgymnasium Zoppot, das später den Namen »Horst-Wessel-Oberschule« bekam, waren diese Sorgen seiner Eltern völlig unbekannt. Er fügte sich schnell in die sehr kopfstarke Klasse ein, die erst mit dem Übergang zur Quarta geteilt wurde. Natürlich gab es Schwierigkeiten, die Französischkenntnisse seiner Mitschüler aufholen zu sollen, während er in Latein, das er seit Sexta gelernt hatte, ab Quarta eine Weile glänzen konnte. In der neuen Wohnung, wo jeder seinen eigenen Bücherschrank hatte, der Vater den allergrößten, die Mutter den nächstgrößeren und der Junge einen noch halbleeren, entdeckte er nun das Lesen. Nicht die Literatur wurde entdeckt, sondern einfach das Verschlingen gedruckten Stoffes, zumeist von nicht besonders guter Qualität. Wir tauschten die Groschenhefte von Rolf Torring, Bill Jenkins, William Tex und vor allem den beliebten Tom Shark. Es gab auch patriotische Heftchen über den U-Bootfahrer Jörn Farrow, doch die waren nicht so spannend. Der Höhepunkt war allerdings dann Karl May, dessen Bücher verschlungen wurden bzw. dessen Bücher den Jungen dieser Zeit völlig verschlangen. Da man nicht alle Karl May's kaufen und zu Hause einstellen konnte, wurde die Leihbibliothek in der Seestraße fleißig benutzt. Wie weit die Welt dieser Bücher aus der Prärie Amerikas, aus dem wilden Kurdistan, aus der Wüste Ägyptens die Vorstellungswelt des Jungen von damals geprägt hat, läßt sich heute nicht mehr feststellen. Eines ist sicher: Viele geographische und auch manche historische Kenntnisse stammten aus diesen Büchern, die auch später noch die Grundlage für die geographischen und historischen Interessen des Erwachsenen bestimmten. Im Bücherschrank der Mutter waren es vor allen Dingen die historischen Romane, von Felix Dahn »Ein Kampf um

Rom« bis zu »Ich, Claudius Kaiser und Gott« und der »Kaiserin Constanze«. Wilhelm Raabe und Gustav Freytag, Ernst Wiechert, Kolbenheyer und Binding wurden gelesen und zum Teil mehr oder weniger verstanden. Beim Vater schließlich kommt die erste Bekanntschaft mit politischen Büchern von Möller van den Bruck, Houston Stewart Chamberlain und Treitschke hinzu. Sie waren nicht besonders wichtig für das sich bildende Weltbild des Jungen. Der Schwerpunkt der Bücherei des Vaters, militärische und militärgeschichtliche Werke, blieb ungelesen. Erotische Literatur à la »Fabian« von Erich Kästner, aber auch die »große« Literatur von Thomas Mann und Hermann Hesse bis zu den kompletten Sammlungen der Klassiker blieben unberührt. Der schulische Unterricht in Literatur blieb weit hinter den Lesefrüchten zu Hause zurück, wenngleich sich unser Deutschlehrer Hans Schroeder, ein früherer Wandervogel und Grenzschutzost-Soldat, sehr viel Mühe mit uns gab. Er war ein Antinazi und bei den Schülern sehr beliebt. Er hat Helmuth Mosberg in seinem Wahlfach Deutsch bis ins Abitur geführt. Der Einfluß anderer Lehrer, die häufig wechselten, blieb verhältnismäßig gering. Drei Studienräte sind mir allerdings noch in der Erinnerung gegenwärtig. Mein letzter Kassenlehrer Dr. Heinick, der als überzeugter »Ludendorffer« von uns immer wieder in seinem Chemie- und Biologieunterricht abgelenkt werden konnte, wenn wir religiöse Fragen an ihn stellten. Als Verfechter der Rassentheorien von Dr. Mathilde Ludendorff ließ er bei uns Hautfarbe, Beschaffenheit der Haare, Form der Nase, Schädelumfang, Gesichtswinkelprofil und ähnliche Dinge vermessen, um herauszubekommen, wer denn ein »nordisches Jungchen« sei. Eine klasseninterne Vermessung ergab, daß ausgerechnet ich die nordischen Merkmale besonders gut verkörperte, und da auch mein Vorname germanisch war, gefiel ich Herrn Dr. Heinick sehr gut. Bei seinen Kollegen genoß er wenig Ansehen, weil er seine Haushälterin geheiratet hatte und außerdem in seinem äußeren Aufzug »unmöglich« war. Der von uns liebevoll »Kater« genannte war ein schrulliger, in seinen verbiesterten Überzeugungen auch von uns abgelehnter Lehrer, er tat aber niemandem etwas böses an. Sein ganzes Gegenteil war der Lateinlehrer »Papa Pi«, der als strikter Katholik und Antinazi bekannt war. Ich bin mit einem Klassenkameraden und seiner Familie oft als Mitspieler an seinem fahrbaren Kasperletheater über Land gezogen, er hatte mich gern, wies aber mit der ständigen Redensart, »der Schüler, der früher in Latein sehr gut und gut war«, klagend auf meine später sehr mittelmäßigen Leistungen in diesem Fach hin. Es gab selbstverständlich im Lehrerkollegium auch Nationalsozialisten, wenngleich ich das Parteiabzeichen nur bei unserem Oberstudiendirektor und dem Zeichenlehrer täglich sehen konnte.

Im Zusammenhang mit einem Vorfall, der meine spätere Entwicklung geprägt hat und mir auch Aufschluß über Gedankengänge bei unseren Lehrern vermittelte, muß ich auf die Wohnstruktur meiner näheren Umgebung in der Zoppoter Oberstadt eingehen. Es war ein Villenviertel in der Nähe der berühmten Zoppoter Waldoper. Die Straße, in der ich wohnte, war mit Süßkirschenbäumen bepflanzt, die uns in der Reifezeit immer zu Plünderungsfeldzügen lockten, obwohl die Pächter der Bäume Wachen aufgestellt hatten. Viele meiner Klassenkameraden wohnten in unmittelbarer Umgebung, aber auch relativ viele jüdische Familien mit teilweise polnischen Dienstboten und auch der holländische Vorsitzende des Konsortiums, das aus Deutschen und Polen gemischt den Danziger Hafen verwaltete. Mein Zimmer ging auf eine kleine Grünanlage hinter dem »Schlageter-Stein«, und im Sommer las und lernte ich bei offenem Fenster oder hörte Musik aus meiner Plattensammlung. In dem Jahr vor Kriegsausbruch las ich wieder einmal am offenen Fenster und schrieb an einem schwierigen Aufsatz. Vor dem Fenster lärmten einige Kinder, unter denen sich besonders der Sohn eines polnischen Hausmeisters hervortat, der mich immer wieder mit Zurufen störte, und als ich ihn zur Ruhe aufforderte, mit höhnischem Geschrei immer mehr provozierte. Wutentbrannt holte ich mein Diana-Luftgewehr aus dem Schrank und schoß mit einer kleinen Bleikugel auf ihn. Unglücklicherweise traf ihn das Geschoß in die Backe. Riesengeschrei und Auflauf. Ich stürzte sofort hinunter und stellte fest, daß das Geschoß in der Haut saß. Mit einer Pinzette von meiner Briefmarkensammlung wurde es sofort entfernt, aber der Junge lief heulend nach Hause und kam nach einer gewissen Zeit mit seiner protestierenden Mutter wieder, die von meiner Mutter ein Schmerzensgeld verlangte. Wäre der Auftritt von Mutter und Sohn nicht so feindselig gewesen, wäre es sicher zu einer gütlichen Einigung gekommen. So aber zogen die Polen vor Gericht, und es spricht für die Unabhängigkeit der Justiz der Freien Stadt Danzig, daß damals noch ein Jugendgerichtsverfahren gegen mich eröffnet worden ist. Bei dem Verfahren störte mich nicht die verhängte Geldbuße aus meinem Taschengeld, sondern vor allem die Tatsache, daß meine Mutter dauernd weinte. Als mein Vater von der Sache erfuhr, habe ich zum ersten Mal von ihm eine schallende Ohrfeige bekommen, und das Luftgewehr wurde konfisziert. Soweit lief die Sache im Familienkreis, aber wie war es in der Schule? Wir hatten damals einen Klassenlehrer, der Marineoffizier der Reserve war und uns vor allen Dingen als sportliches Vorbild begeisterte. Als er von dem Vorfall erfuhr, setzte er mich sofort als Klassenführer ab, dazu war ich noch von seinem Vorgänger gemacht worden, und sprach mir seine schärfste Mißbilligung aus. Am nächsten Tag wurde ich zum stellvertretenden Direktor bestellt und dachte, daß nun gewisse Andeutungen des Klassenlehrers, man könnte mich von der Schule weisen, verwirklicht werden würden. Zu meiner Verblüffung aber sprach mir »Wotan«, ein Träger des Goldenen Parteiabzeichens, seine Anerkennung dafür aus, daß ich »diesem Polacken« gezeigt hätte, daß er sich bei uns nicht so benehmen dürfe, wie er wolle. Diese Diskrepanz zwischen den beiden Pädagogen war schon beeindruckend! Für mich selbst muß ich sagen, daß ich mir damals geschworen habe, nie mehr so meine Selbstbeherrschung zu verlieren und, das mag hochtrabend klingen, ich habe mich seit dieser Sache so in Selbstdisziplin geübt, daß ich schlimmere Begebenheiten gut bestehen konnte. Die Argumente meines Klassenlehrers waren bei mir auf fruchtbaren Boden gefallen.

Meine Entwicklung verlief altersgemäß, und als ich in die Pubertät kam, wurden auch die Mädchen für mich interessant. Meine Eltern legten Wert darauf, außerhalb der Schule meine sportliche Ertüchtigung zu fördern. Ich mußte Tennis-Trainerstunden nehmen und im Tattersall das Reiten lernen, beides

Dinge, die ich nicht besonders schätze, während die sehr viel später einsetzende Tanzstunde aus noch zu schildernden Gründen mit großer Begeisterung absolviert wurde. Im »Deutschen Jungvolk« war ich auch in Zoppot. Wir hatten ein kleines Heim am oberen Ende der Hubertusallee, ganz in der Nähe unserer Wohnung, wo wir viel gesungen haben, Geländespiele vorbereiteten und durchführten und politisch nicht indoktriniert wurden. Ich habe im Deutschen Jungvolk nur eine untergeordnete Führungsstellung erreicht, war aber relativ stolz darauf, eine Führerschnur tragen zu können. Dies führte auch dazu, daß ich nicht schon mit 14, sondern erst mit 15 Jahren in die »Hitler-Jugend« überging, was damals ein beinahe kollektiver Beitritt unserer Gymnasialklasse zur Motor-HJ war. Die »normale« HJ war für uns uninteressant, aber wir wollten alle gerne Motorradfahren lernen und den Führerschein machen.

Die Ausbildung in der Motor-HJ hat mir immer Spaß gemacht, auch später, als sie ganz auf vormilitärische Schulung ausgerichtet war. Die üblichen politischen Phrasen wurden dort auch gedroschen, die »Kampflieder« gesungen. Man mußte viel in Uniformen herumlaufen, aber daß wir wirklich im Sinne des Namens Hitler-Jungen gewesen seien, kann ich aus der Erinnerung nicht bestätigen. Wenn am Vorabend von Hitlers Geburtstag die neuen Jahrgänge in die HJ aufgenommen wurden, gab es in der Marienburg einen zentralen Akt für das ganze Reich. Wir Danziger, oder jetzt in diesem Falle wir Zoppoter, wurden vor dem hochgelegenen Gefallenendenkmal »Adler« auf Hitler vereidigt. Wir haben im Chor den Eid sprechen müssen, und viele von uns, darunter auch ich, haben den Text nicht mitgesprochen. Das war, weiß Gott, keine Widerstandshandlung, sondern eigentlich nur der Widerwille gegen diese kollektive Vereinnahmung. In der HJ habe ich Freunde und Feinde kennengelernt, die Freunde waren meistens aus meiner Klasse oder zumindest aus meiner Schule. Feinde waren die Söhne eines ehemaligen Zentrumsenators, der seine Partei 1933 im Stich ließ, die Zeitung des Zentrums, »Danziger Landeszeitung«, gleichschaltete und dann bei der NSDAP Karriere machte. Ein im Erdgeschoß unseres Hauses wohnendes Ehepaar war dem Zentrum nahestehend, hielt auch die entsprechende Zeitung, die dann als »Danziger Volkszeitung« bis 1937 erschien und mich über den Vater dieser zwei Schulkameraden etwas aufklärte, der auch einige Jahre Syndikus der Stadt Zoppot gewesen war. Seine beiden Söhne, beide älter als ich, feindeten mich aus einem mir unbekannten Grunde immer wieder an, wenn ich die Wohnung meiner Großeltern in der Kronprinzenallee (später Horst-Wessel-Straße) oder einen dort wohnenden Schulfreund besuchte. Die Zentrumsleute sind später aus unserem Hause ausgezogen.

Ein jüdisches Ehepaar zog ein. Der Mann, der leider wie eine Karikatur aus dem »Stürmer« aussah, weil er klein, dick, mit scharfgebogener Nase, immer mit einem sog. »Judenstahlhelm« auf dem Kopf und einer dicken Zigarre im Mund, ein riesiges Auto, einen »Fort Lincoln« fuhr, hatte eine sehr gut aussehende Frau, die meiner kleinen Schwester zugetan war, und deren riesige Bismarckdogge zusammen mit dem Kind ein beliebtes Fotoobjekt wurde. Das Ehepaar Bruck, Besitzer einer Schrotthandelsfirma im Danziger Hafen, konnte noch vor Ausbruch der direkten Judenverfolgungen die Freie Stadt Danzig verlassen und auswandern.

Wir hatten auch zwei jüdische Klassenkameraden, die eines Tages verschwunden waren, nicht etwa weil sie von der Schule gewiesen worden wären, sondern weil die Familien vermutlich auswanderten. Unser polnischer Klassenkamerad allerdings blieb bis Kriegsanfang in unserer Klasse.

Selbstverständlich habe ich die antisemitischen Ausfälle in der Presse damals gelesen, Gedanken machte ich mir nicht darüber und ich hatte auch nicht den Eindruck, daß sie eine große Wirkung auf meine Freunde oder deren Familien gehabt hätten. Überraschend allerdings war ein Erlebnis in der benachbarten polnischen Großstadt Gdynia. Weil meiner Mutter aus ihrer Warschauer Zeit die gute Qualität Bielitzer Stoffe aus Polen kannte und auch wußte, daß die Preise in Polen niedriger waren, fuhr sie eines Tages mit mir nach Gdynia, um den ersten Anzug mit langen Hosen für mich einzukaufen. Sie kannte dort ein Herrenausstattungsgeschäft. Als wir davor standen, wurden wir am Eingang des Geschäftes von katholischen Pfadfindern in

Uniform auf Deutsch darauf aufmerksam gemacht, es handele sich um ein jüdisches Geschäft und wir sollten dort nicht einkaufen. Meine Mutter war schockiert, ich weniger, denn ich hatte sowieso keine Lust, mit langen Hosen bekleidet zu werden, und so fuhren wir nach Zoppot zurück. Dort haben wir dann in einem Geschäft eingekauft, von dem ich erst durch die Verwüstungen anläßlich des Pogroms im November 1938 merkte, daß es ebenfalls einen jüdischen Besitzer hatte. In unserer Umgebung wohnten zahlreiche gutsituierte jüdische Familien, teilweise aus Polen, so hatte ich Kontakt mit einer Familie Gasirowicz, deren Kinder und deren kleiner Hund mit uns zusammen spielten. Von ihnen lernte ich außer meinem Wortschatz an Schimpfworten weitere polnische Vokabeln, u.a. wie man einen Hund kommandiert. Aber auch diese Familien verließen Zoppot. Damals ging ja schon die hämische Behauptung um, daß reiche Juden überallhin in die Welt auswandern könnten, die armen würden bei uns bleiben. Danzig war als Freie Stadt ein Zufluchtsort für viele Juden geworden, weil dort die Einreisebestimmungen, nicht zuletzt weil die Stadt einen Völkerbundkommissar hatte, erleichtert waren.

Die Zeit in Zoppot vor dem Kriege war für mich als Jungen vergleichbar mit der Kindheitszeit im Ostseebad Rauschen. Auch dieses Ostseebad Zoppot war von der Natur begünstigt und bot eigentlich alles, was sich mein Herz wünschen konnte. Der erste Schatten fiel auf dieses zweite Paradies mit dem Pogrom im November 1938. In den letzten Septemberwochen war mit dem Münchener Abkommen angeblich jede Kriegsgefahr beseitigt, und die Spannung, die auch bei uns herrschte, war einer sichtlichen Erleichterung gewichen. Wir alle glaubten damals den Worten Hitlers, daß er keine territorialen Forderungen mehr hätte, das rief gerade in Danzig eine gewisse Enttäuschung hervor. Hitler und die polnische Regierung hatten Seite an Seite den tschechischen Staat zerschnitten, denn die Polen holten sich das Olsagebiet um Teschen, als die Beute verteilt wurde. In dieser, aus unserer Sicht entspannten Situation wirkte der Pogrom am 8. und 9. November im Deutschen Reich auf uns wie ein Keulenschlag. Wir kannten damals noch nicht die Vorgeschichte, aber es war ja ein polnischer Jude gewesen, der in Paris einen deutschen Legationsrat erschossen hatte. Erst später konnten wir uns einen Reim darauf machen, als wir erfuhren, daß die Eltern dieses Attentäters zu jenen Zehntausenden von polnischen Juden gehörten, die Deutschland in einer Nacht- und Nebelaktion über die polnische Grenze getrieben hatte. Wir kannten nur die Radiomeldungen und das, was in den Zeitungen stand, also: Spontane Reaktion des deutschen Volkes auf einen feigen Mord. In Danzig selbst passierte gar nichts. Völkerbundkommissar Burckhardt fuhr am 12. November nach Berlin, um gegen antisemitische Maßnahmen des Danziger Senats bei der Reichsregierung zu intervenieren. (Z. B. wurde am 23. September 1938 eine Verordnung des Senats veröffentlicht, der zufolge ab 1. Januar 1939 die Approbation für jüdische Ärzte aufgehoben wurde. Da alle Danziger Ärzte aus dem Reich kamen, Danzig besaß damals keine medizinische Fakultät, und da den Ärzten jüdischer Abstammung im Reich die Approbation entzogen war, ging sie ihnen »automatisch« auch in Danzig verloren.) Außerdem war bekannt, daß der Gauleiter vom Senat verlangt hatte, die deutschen antisemitischen Gesetze, vor allen Dingen auch die Nürnberger Gesetze, in Danzig einzuführen. Am 2. November 1938 erließ der Senat eine Verordnung, mit der die Ariergesetzgebung für Beamte eingeführt wurde. Als der Völkerbundkommissar in Berlin war, wurden in der Nacht vom 13. auf den 14. November auch in der Freien Stadt Danzig Synagogen in Brand gesteckt und jüdische Privatwohnungen und Läden geplündert. Schon am nächsten Morgen flohen etwa 15 000 Juden über die polnische Grenze. Die angeblich so spontane Reaktion in Deutschland wurde also mit erheblicher zeitlicher Verzögerung in Danzig fortgesetzt.

Wie habe ich diesen Tag erlebt, den ich nie vergessen werde?

Am Nachmittag des 13. November beauftragte mich mein Vater, einen Brief nach Oliva zu bringen. Das war an sich nichts Besonderes. Mein Vater hatte schon mehrfach erlebt, daß seine schriftlichen Berichte an die Abwehr auf dem Postwege verlorengingen. Als er eines Tages, kurz nach dem Einstecken eines Briefes in den Briefkasten in der Nähe unseres Hauses, bemerkte, daß dieser Briefkasten von zwei Leuten abmontiert und in ein

Auto verladen wurde, lag bei ihm der Verdacht nahe, daß es polnische Agenten gewesen waren, die von seiner Rolle bei der Abwehr wußten. Von da an mußte ich seine Briefe an Privatadressen in Ostpreußen entweder direkt auf der Post in Zoppot einstecken, oder später zu meinen Großeltern bringen, die sie dort in andere Kuverts mit ihrem Absender steckten, worauf ich sie dann zur Post brachte. Ich hatte aber auch schon Briefe an mir mit der Zeit bekannte Herren von der Abwehr direkt übergeben. Major Henke und Hauptmann Horaczek kamen hin und wieder nach Danzig, um sich mit meinem Vater zu treffen. Ich durfte oft mitkommen, wenn wir mit dem Wagen auf die Danziger Höhe nach Mariensee fuhren, wo die Herren dann Gespräche führten, während ich mir von den Chauffeuren die Technik ihrer Autos erklären ließ. Die Fahrer veranstalteten nämlich allzu gerne auf der kurvenreichen Straße zwischen Danzig und Mariensee private Autorennen. An diesem 13. November sollte ich einen Bericht meines Vaters in der Nähe des Bahnhofs Oliva an Hauptmann Horaczek übergeben. Es wurde im November ja schon früh dunkel, und ich fuhr mit meinem Fahrrad gegen 20 Uhr die freie Strecke zwischen Zoppot und Oliva mit erheblicher Geschwindigkeit. In Oliva war in der Nähe des Bahnhofs großer Krawall vor einem Geschäft, bei dem die Scheiben eingeschlagen worden waren, und eine Menschenmenge stand herum, durch die sich eine junge Arbeitsdienstführerin in Uniform zwängte und einen Halbwüchsigen stellte, der in dem Laden, der durch die zerschlagene Scheibe zugänglich geworden war, Waren an sich raffte. Sie ohrfeigte diesen Plünderer unter Beifall der herumstehenden Passanten. Ich wußte damit noch nichts anzufangen, hörte aber, es handele sich um ein jüdisches Geschäft. Ich gab kurz darauf meinen Brief ab und hörte als Kommentar auf meine Frage nach dem Vorfall in der Nähe nur: »Es ist wie im Reich. Eine Mordssauerei.« Ich fuhr mit dem Rad nach Zoppot zurück und von der Neugier getrieben in die Seestraße, wo ebenfalls in einer ganzen Reihe von Geschäften die Scheiben eingeworfen worden und teilweise sogar kleine Brände in den Auslagen zu sehen waren. Auch hier hieß es, es ist eine Aktion gegen die Juden im Gange. Ich fuhr dann zur Synagoge in der Eissenhardstraße. Dort standen SA-Männer und Feuerwehrleute als Absperrung. Es war ganz deutlich, daß Brände gelegt worden waren, aber wegen des starken Seewindes hatte die Feuerwehr Angst, daß der Brand auf die umliegenden Häuser übergreifen könnte. Die herumstehenden Neugierigen zeigten keinerlei »spontane« Wut, sondern nur Neugier, allerdings auch kaum Mitgefühl. Ich fuhr ziemlich aufgewühlt die relativ steile Straße nach Hause mit meinem Fahrrad zurück und kam keuchend voll dieser Neuigkeiten bei meinen Eltern an. Sie saßen ohne Licht in der Wohnung, waren ganz still und nahmen meinen Bericht ohne jede Reaktion entgegen. Überall in der Umgebung klirrten Fenster, es waren kleine Trupps von SA-Leuten unterwegs, die in den von Juden bewohnten Häusern die Scheiben einwarfen. Ich wollte natürlich wieder auf die Straße, um mir das näher anzusehen, meine Eltern verboten mir das. Am nächsten Tag in der Schule kam einer unserer Klassenkameraden mit einem Dutzend Schlipse auf den Pausenhof, die er in einem jüdischen Textilgeschäft, aus dem mein Anzug stammte, mitgenommen hatte und dann vorzeigte. Er bekam spontan Klassenkeile, denn so sehr wir durch Schule und HJ zu antisemitischer Denkweise erzogen worden waren, diese »nationale Tat« mit Plünderung und Diebstahl zu beschmutzen, erschien uns unfaßbar. Ich habe erst sehr viel später das ganze Ausmaß des Pogroms erfahren, damals war eine Mischung von Neugier und Abscheu und innerlicher Ablehnung in mir, mehr aber nicht, denn ich fühlte mich nicht selbst betroffen. Anders bei meinen Eltern, die sich allerdings nichts anmerken ließen.

Erst lange nach dem Kriege hat meine Mutter mir erzählt, wie verstört mein Vater gewesen sei, als die Aufschrift am Kurgarten erschien, daß Hunden und Juden der Zutritt verboten sei. Meine Mutter konnte ihn überzeugen, daß er ja damit nicht gemeint sein könne. Er fuhr nach Warschau zurück und machte weiter seinen Dienst für die Deutsche Abwehr. Als ich ihn 1947 nach seiner Rückkehr aus Shanghai voller Unverständnis befragte, erklärte er sein damaliges Dilemma mit dem Hinweis, sein Pflichtgefühl habe ihm geboten, weiter für seine Kameraden tätig zu sein, sein Ehrgefühl habe ihm gesagt, daß die Nazis ihn nicht zum Juden machen könnten, der er nie gewesen sei. Er verweigerte sich einer weitere Diskussion dieses Themas auch in Zukunft, ich kann das verstehen.

Der Pogrom vom Ende des Jahres 1938 leitete in ein Jahr über, das für die Freie Stadt Danzig, für das Deutsche Reich und letztlich die ganze Welt zum Ausgangspunkt einer Katastrophe werden sollte. Wir Jungen merkten davon noch gar nichts. Zuerst einmal interessierte uns, daß die Gymnasialzeit um ein Jahr verkürzt werden sollte und wir nur noch eine Prima zu besuchen hätten, um das Abitur zu erreichen. Es war zwar noch nicht so weit, aber bereits als 15jährige machten wir natürlich Pläne für die Zeit nach der Schule, und im Vordergrund stand für uns die Frage, zu welcher Waffengattung wir denn wohl gehen würden. Die Danziger unterlagen selbstverständlich als Angehörige eines anderen Staates nicht der deutschen Wehrpflicht. Ich aber war Reichsdeutscher, meine Eltern mußten das doppelte Schulgeld zahlen. Ich war selbstverständlich überzeugt, daß ich als Angehöriger der Motor-HJ zur Panzerwaffe gehen würde. Auch die meisten anderen meiner Schulkameraden waren gewillt, bei Erreichen des notwendigen Alters ihre Heimat zu verlassen und in Deutschland eine militärische Ausbildung bzw. davor die Zeit im Reichsarbeitsdienst auf sich zu nehmen. Das hatte nichts mit Begeisterung zu tun oder jedenfalls nur sehr wenig, es war einfach selbstverständlich, daß ein gesunder deutscher Junge seiner Wehrpflicht genügte. Es gab auch einige unter uns, die aktiv Soldat werden wollten. Doch da wir alle die Schrecknisse eines modernen Krieges überhaupt nicht kannten und lediglich aus Büchern verschiedenster Art von Ernst Jünger bis Zöberlein unser Wissen über den Krieg, das Soldatentum und auch die Rolle des Militärs in der deutschen Geschichte hatten, war die Begeisterung von Kenntnissen nicht getrübt. In der Hitler-Jugend setzte allerdings damals in den Sondereinheiten, wie es die Motor-HJ war, schon ein gewisser vormilitärischer Drill und Unterricht ein. Wir hatten als Partner das NSKK (Nationalsozialistisches Kraftfahrtkorps), das uns nicht nur in die Unterschiede von Otto- und Dieselmotoren einweihte und uns Fahrunterricht auf Motorrädern (z.B. im Sommerlager Kladau) erteilte, sondern auch die Funktion von gepanzerten Fahrzeugen und von Waffen erläuterte. Schießunterricht hatten wir in dem Gelände des Heimes Thalmühle nur mit Kleinkalibergewehren, aber unerbittlich wurden Marschieren und das Singen des Liedes der Panzerwaffe »Ob's stürmt oder schneit, ob die Sonne uns lacht« und ähnlicher Kampflieder geübt.

Der Sommer 1939 war herrlich. Wir konnten jeden Tag in der See baden, sofort nach der Schule und manchmal bis in den Abend hinein waren wir am Strand, wo auch ein 15jähriger schon mal einen Blick auf das andere Geschlecht riskieren konnte. (Als ich nach 40 Jahren Zoppot wieder besuchte, waren zwar noch der schöne Seesteg, die ganzen Badeeinrichtungen und auch der Strand da, aber das Baden in der See war polizeilich verboten, weil das Wasser gesundheitsgefährlich verschmutzt war. Petrochemische Großanlagen der Danziger Industrie hatten das Ostseebad Zoppot, eines der schönsten, die es überhaupt an der Ostsee gab, ruiniert.) Auch unsere Berliner Verwandten kamen wie jedes Jahr nach Zoppot, wo sie dann einige Zimmer mieteten. Sie erzählten uns von Butter- und Fleischknappheit und von der angekündigten Einführung von Bezugsscheinen und Lebensmittelkarten, alles Dinge, die unheilvolle Vorboten des Krieges waren, uns aber in ihrer Bedeutung noch gar nicht richtig aufgingen.

In den Osterferien war ich nach Berlin gefahren und hatte mein Fahrrad mitgenommen. Das war ein großer Umstand, denn die Fahrt durch den polnischen Korridor verlangte einen polnischen Fahrradausweis, den ich mir bei den Zollbehörden besorgen mußte. Als mir dann aus dem Keller meiner Berliner Verwandten das Fahrrad gestohlen wurde, gab es eine neue Komplikation. Mein Onkel, ein hoher Wehrmachtsbeamter, der mich übrigens zum ersten Mal in das Gebäude des Oberkommandos des Heeres am Landwehrkanal, den sog. Bendlerblock, mitnahm, kaufte mir sofort ein neues Fahrrad, damit ich zusammen mit seinen Kindern Berlin unsicher machen konnte. Auf der Rückreise wurde ich vom polnischen Zoll daran gehindert, mein Fahrrad in die Freie Stadt Danzig einzuführen, denn es war ein anderes Rad als das, wofür der Fahrradausweis bei der Hinfahrt ausgestellt worden war. Das Rad mußte nach Berlin zurück, und meine Mutter mußte in Danzig für mich ein neues Fahrrad kaufen. Das konfrontierte mich zum ersten Mal direkt mit den deutsch/polnischen Schwierigkeiten um die Freie Stadt Danzig. Auch merkten wir aus Rundfunk und Zeitungen, daß sich die Spannungen mit Polen erheblich verschärften. Die Zeitungen waren voll von Meldungen über Enteignungen, Konzessionsentziehungen, Verweigerung der Aufenthaltsgenehmigung, Schließung von Schulen und besonderen Schikanen für Deutsche mit polnischer Staatsbürgerschaft in dem sog. Grenzzonengesetz. Der deutschfeindliche Westverband verlangte die Ausweisung von noch in Pommerellen und Posen lebenden deutschen Optanten, die Aufhebung der Volksschulen und die Beschränkung ihrer Zahl auf diejenigen der polnischen Volksschulen in Deutschland, Verbot der Verwendung der deutschen Sprache bei den Gottesdiensten, Boykott der deutschen Genossenschaften und Auflösung der deutschen Organisationen aller Art. Vor allen Dingen wollte man durch die Agrarreform bei deutschen Gütern die Übergabe des parzellierten Landes an die polnische Bevölkerung erreichen, den noch vorhandenen deutschen Wirtschaftsbetrieben die Konzessionen entziehen, und die noch vorhandenen deutschen Zeitungen beschlagnahmen und schließen. Es waren nicht nur von der Nazipropaganda erfundene Greuelmeldungen. Mein Vater hatte sehr enge Verbindungen auch privater Art zu den Deutschen in Polen, insbesondere in Bromberg, von wo die Familien teilweise in die Freie Stadt Danzig kamen, um dem auf sie ausgeübten polnischen Druck auszuweichen. Was sie uns erzählten, und sie waren keine Nazis, zeigte, daß in Polen nach wie vor starke Ressentiments gegen alle Deutschen vorhanden waren, die sich nun, nicht zuletzt aufgrund der Hitlerschen Politik, offen zeigten. Wir wußten damals nicht, daß Hitler seinerseits am 3. April 1939 der Wehrmacht eine Weisung über Angriffsvorbereitungen gegen Polen (Fall Weiß) gegeben hatte, obwohl er zu Beginn des Jahres 1939 Gespräche mit Polen zur Ausräumung von Differenzen in Gang gesetzt hatte. Aber die Polen waren gewarnt, hatten Kontakte mit England und Frankreich bereits aufgenommen, und auch die erzwungene Rückkehr des Memelgebietes durch ein Ultimatum an Litauen hatte ihre Sorgen verstärkt.

In Danzig selbst machte sich Spannung bemerkbar, und bereits im Frühsommer wurde bekannt, daß in den Freistaat, der ja keine eigenen Streitkräfte unterhalten hatte, heimlich Soldaten und Waffen aus dem Reich eingeschleust wurden. Vor den Vorkriegskasernen der Totenkopfhusaren in Langfuhr, wo auch die Danziger Landespolizei untergebracht war, standen jetzt Posten. Die Truppe, die da aufgebaut wurde, u.a. als »SS-Heimwehr«, bestand durchaus nicht nur aus Danzigern, manche sprachen unverfälscht bayerisch, auch die Waffen waren moderne Geräte aus Beständen der Wehrmacht.

Für die Familie Mosberg brachte der Sommer 1939 eine folgenschwere Entscheidung. Der Vater verließ Warschau, und wir mußten in Zoppot von ihm Abschied nehmen, denn kurz vor Ende des Monats Juli schiffte er sich nach Göteborg ein, um in die Vereinigten Staaten zu reisen. Seine Aufgabe in Polen war abgeschlossen, die Abwehr schickte ihn nach New York. In Erinnerung habe ich nur den turbulenten Abschied am Seesteg, der mich nicht weiter tief berührte. Mein Vater war ja schon die ganze vorherige Zeit nur selten bei uns zu Besuch gewesen, hatte wenig Einfluß auf mich genommen, lediglich die Lektüre hat er gesichtet und mir einige qualitätsfördernde Tips gegeben. Er war von seinen eigenen schweren Problemen so in Anspruch genommen, daß er sich wohl um den Sohn nicht intensiv kümmern konnte und wollte. Ich selbst habe auch nicht Anschluß an ihn gesucht, in den wenigen Stunden, die dafür zur Verfügung standen. Schule, Freundschaften, und gerade in diesem Monat der Ferienbetrieb an der See, lenkten meine Aufmerksamkeit von der familiären Tragödie ab. Denn es war eine Tragödie, die nicht zuletzt dadurch gekennzeichnet ist, daß ich nach dem Abschied als 15jähriger meinen Vater erst als verheirateter Mann im Kriegsverbrechergefängnis der Amerikaner in Landsberg/Lech hinter Gittern wiedergesehen habe.

Dem Zerbrechen der Familie folgte das Zerbrechen des über 30jährigen Friedens in Europa, und das ausgerechnet zuerst in Danzig.

Gauleiter Forster ließ die SS-Heimwehr am 18. August offen in der Großen Allee vor sich paradieren. Verdunklungsübungen fanden statt, es wurden Gasmasken ausgegeben, und die Häuser sollten luftschutzgerecht ausgestattet werden. Zwischen Oliva und Langfuhr, also westlich von Danzig, wurden Schützengräben ausgehoben und Stacheldrahtverhaue errichtet. Es war also klar, daß hier eine Verteidigungslinie gegen etwaige polnische Vorstöße von Gdynia aus die Stadt beschützen sollten. Damit lag unser Heimatort Zoppot weit vor der ersten Verteidigungslinie und war völlig schutzlos. Das führte dazu, daß viele Familien, die westlich von dieser Verteidigungslinie wohnten, ihre Häuser verließen, um ostwärts der Weichsel vorübergehend Quartier zu nehmen. In der Umgebung unseres Hauses wurde es bald sehr still. Dennoch versicherte meine Mutter allen ihren Freunden und Bekannten, solange sie noch in Zoppot bleibe, werde nichts passieren, denn ihr sei versprochen worden, sie vor Kriegsausbruch in Sicherheit zu bringen.

Die Hochspannung dieser Zeit kulminierte in der totalen Überraschung des Hitler/Stalinpaktes, über den die ersten Meldungen am 23. August bekannt wurden. Als am 25. August das Artillerieschulschiff »Schleswig-Holstein« im Danziger Hafen festmachte, konnte das niemand als bedrohlich ansehen, solche Kriegsschiffbesuche waren in jedem Jahr üblich gewesen. Für uns Schüler war eigentlich die ganze Spannung sehr positiv, denn unsere Ferien wurden verlängert, offiziell hieß es, wir hätten wegen des Besuchs der Schleswig-Holstein schulfrei, aber erstmals war dieses Schulfrei unbefristet, und das Schiff konnte man auch nicht besichtigen, wie es sonst immer üblich gewesen war.

Der 31. August 1939 war ein herrlicher Sommertag, wir saßen aber meistens zu Hause und hörten Rundfunk, um über die Entwicklung unterrichtet zu sein. Unser Dienstmädchen »Lenchen« war eine Deutsche aus der Provinz Posen, sie hatte in der Schule fließend polnisch gelernt. So hörten wir auch polnische Sender, in denen die Hysterie, die Kriegsstimmung unverkennbar waren. Doch meine Mutter blieb dabei, es passiert nichts, die Abwehr hat meinem Mann versprochen, wir werden in Sicherheit gebracht, bevor etwas passiert. Doch dann kam am Spätnachmittag ein Telefonanruf aus Königsberg. Wir sollten uns bereithalten, wir würden evakuiert. Schnell wurde das Notwendigste gepackt, aber erst bei Einbruch der Dämmerung rollte vor unser

Haus ein Kübelwagen der Wehrmacht, der sofort auffallen mußte, weil er deutsche Kennzeichen hatte und die Scheinwerfer mit Luftschutzüberzügen versehen waren. Wir kletterten hinein, Lenchen weigerte sich, das Haus zu verlassen. Sie war der Meinung, als polnische Staatsbürgerin mit guten polnischen Sprachkenntnissen würde sie ein etwaiges Vorrücken polnischer Truppen nach Zoppot nicht gefährden, im Gegenteil, sie würde dafür sorgen, daß unserem Haus nichts geschehe. Als wir in Richtung Danzig fuhren, waren die Schützengräben zwischen Oliva und Langfuhr schon besetzt, Straßensperren wurden beiseite gerückt, damit unser Fahrzeug passieren konnte. Überall herrschte gespannte Aufmerksamkeit, aber eigentlich waren wir alle erstaunlich gelassen, als nun die lang ausgehaltene Spannung vor dem befürchteten Kriegsausbruch ihrem Höhepunkt zustrebte. Auf Wunsch meiner Mutter fuhren wir nur bis Danzig und nicht, wie dem Fahrer aufgetragen worden war, nach Ostpreußen. Meine Mutter wollte in Danzig bleiben, weil sie, vielleicht aus ihren Erfahrungen in Warschau und aus den Kenntnissen meines Vaters, der Ansicht war, daß die polnische Armee für eine militärische Auseinandersetzung mit der Wehrmacht keine Chancen hätte. Wir fuhren in ein Haus in der Nähe des Danziger Gefängnisses »Schießstange«, wo Bekannte von uns gerade ihre Wohnung für einen Umzug freigemacht hatten. Der Umzug sollte zum 1. September passieren. Dort wurden wir zusammen mit Familien volksdeutscher Führer aus Bromberg provisorisch untergebracht. In der Nacht haben wir wenig Ruhe gefunden. Als im Morgengrauen die schweren Artilleriesalven der »Schleswig-Holstein« durch die Luft dröhnten, in unserer Nähe am Hauptbahnhof Gewehrfeuer zu hören war und auf den Straßen ein Lautsprecherwagen dazu aufforderte, die Ruhe zu bewahren, war ich sofort auf den Beinen, zog mich an und lief in die Stadt. Es war zuerst noch verhältnismäßig menschenleer, ich sah die erste offizielle Hakenkreuzfahne auf einem Dienstgebäude, es war vielleicht symbolträchtig, daß es die Fahne auf dem Polizeipräsidium war, wo bisher das Hoheitszeichen der Freien Stadt Danzig geweht hatte. Überall wurden Gerüchte laut, am polnischen Gymnasium hätte es Tote gegeben, auch in der Direktion der

Eisenbahn. Aber bald interessierten sich alle nur noch für das Schicksal der polnischen Hafenpost. Dort hatte der Zugriff der SS-Heimwehr erbitterten Widerstand gefunden, mit einem kleinen Panzerwagen und Flammenwerfern ging man gegen die Verteidiger vor, die in einer aussichtlosen Situation waren. Das Gebiet war weiträumig von SA-Leuten abgesperrt. Man hörte aber das ständige Schießen, trotz des alle anderen Geräusche überlagernden Lärms der Bordartillerie der »Schleswig-Holstein«. Auch aus den Wäldern in der Nähe von Zoppot konnte Artilleriefeuer gehört werden. Während viele Danziger nach Neufahrwasser strömten, um einen Blick auf die umkämpfte »Westerplatte« werfen zu können, wo sich die Polen, trotz aller gegen sie eingesetzter Mittel (die Schleswig-Holstein schoß mit 28-cm-Geschützen auf kurze Entfernung auf Ziegelmauern), nicht ergeben wollten. Als eine Kolonne motorisierter Artillerie der deutschen Wehrmacht in die Stadt einfuhr, gab es große Begeisterung, Blumen und Geschenke. Ich merkte allerdings, da ich längere Zeit diese Kolonne mehrfach wiederkehren sah, daß es eigentlich mehr ein Akt psychologischer Kriegsführung (diesen Ausdruck kannte man damals natürlich noch nicht) war, als eine echte militärische Maßnahme zum Schutz Danzigs.

Bei den Familien der volksdeutschen Führer, die im Hause an der »Schießstange« mit uns zusammen waren, herrschte große Sorge. Sie wußten, daß die polnischen Starosten seit langem Listen der zu verhaftenden Deutschen vorbereitet hatten. Es hatte in Westpreußen seit Ende 1937 und seit März 1939 Festnahmen von Deutschen gegeben, vor allem aber in den letzten Wochen vor Kriegsbeginn, sogar noch recht zahlreiche in der Nacht vom 31. August zum 1. September. Als der Krieg ausgebrochen war, übertrug der polnische Rundfunk, den unsere Bromberger Familien abhörten, eine Durchsage der Regierung. »Achtung! Achtung! Instruktion Nr. 59 ist auszuführen!« Das sollte die vorbereitete Verhaftung der Deutschen auslösen. Unter den Verhafteten befanden sich die führenden Frauen und Männer der deutschen Volksgruppe. Die Zahlen sind wohl willkürlich ausgedehnt worden. Nach einem kürzlich erschienenen Dokumentarbericht sind in Westpreußen in mindestens 473 Orten Deutsche kurz vor und nach Kriegsausbruch verhaftet und verschleppt worden. In Gewaltmärschen wurden die Kolonnen mit den Verhafteten in Richtung Lowitsch getrieben. Mißhandlungen durch Begleitmannschaften, vor allen Dingen aber auch von polnischen Einwohnern der Orte, durch die die Kolonnen getrieben wurden, gingen bis zur Ermordung. Die Zahl der zu Beginn des Krieges und unmittelbar davor verhafteten Deutschen in Polen betrug schätzungsweise etwa 15 000, von denen allein 10 000 aus dem Raum Posen und Westpreußen stammten. Sie sind überwiegend in das Landesinnere verschleppt worden, dabei sind etwa 2200 Deutsche während der Märsche umgekommen oder infolge der Strapazen und Mißhandlungen kurz darauf verstorben. Alles dieses wußten wir damals noch nicht, aber es war klar, daß die Bekannten meiner Eltern aus Bromberg, wie Dr. Kohnert, oder der Chefredakteur der Deutschen Zeitung in Bromberg, Dr. Gotthold Starke, auf jeden Fall dabei sein würden. Starke hat am 2. September in seiner Zeitung zum Kriegsausbruch geschrieben: »Wir haben der ganzen Härte eines nicht von uns heraufbeschworenen, aber auch nicht durch uns selbst abwendbaren Schicksals, wir haben selbst dem Tode ins Angesicht zu sehen. Unser Gewissen und unsere Hände sind rein.« Starke hat die Verhaftung und den Marsch nach Lowitsch überlebt, aber der Chefarzt des deutschen Krankenhauses, Dr. Staemmler, wurde getötet. Diese Nachricht kam auch über den Rundfunk. Seine Familie, mit der wir zusammen waren, war tief erschüttert. Nach meiner Erinnerung wollte sich ein Sohn sofort zum Dienst in der bewaffneten SS melden. (Diese Rachegefühle waren zwar verständlich, hielten aber nicht an, heute ist der Sohn von Dr. Staemmler einer der bekanntesten und besten Übersetzer polnischer Literatur in Deutschland.) Die Geschehnisse um die Volksdeutschen kulminierten in dem sog. Bromberger Blutsonntag, bei dem Tausende von unschuldigen deutschen Opfern einer verhetzten polnischen Menge in die Hände gerieten und teilweise bestialisch ermordet wurden. Auch polnisches Militär, das auf seiner Flucht vor den deutschen Truppen durch Bromberg zog, war an diesen Geschehnissen beteiligt. Der Bromberger Blutsonntag ist keine Erfindung der Goebbelspropaganda gewesen, nur die Zahl der dabei erschlagenen, erschossenen und ertränkten Deutschen ist dann vom Reichspropagandaministerium gewaltig aufgeblasen worden. Die deutsche Reaktion auf diese Mordtaten ließ nicht lange auf sich warten. Nach dem Einmarsch deutscher Truppen kam es zu Massenerschießungen von Polen, ohne daß die Schuld oder Unschuld an den Geschehnissen festgestellt wurde. Unser Haus in Zoppot gehörte dem Chefarzt eines polnischen Krankenhauses in Bromberg, Dr. Marinski. Während er und seine Frau zu dieser Zeit nicht in Bromberg waren, lebte der 17jährige Sohn der Familie bei Kriegsausbruch in der Stadt. Auch er wurde von einem deutschen Exekutionskommando erschossen. Das erfuhren wir allerdings erst Monate später, als Frau Marinski bei uns erschien und mitteilte, daß ihr das Haus wie das gesamte übrige Vermögen beschlagnahmt worden sei und wir unsere Mietzahlungen in Zukunft an einen Rechtsanwalt zu leisten hätten, der das sequestierte polnische Eigentum in Bromberg verwaltete.

Am 2. September wurden Gerüchte laut, daß Zoppot von Polen besetzt worden sei. Trotz der anhaltenden Gefechte um die Westerplatte, wo sich auch nach dem Einsatz von gelandeten Stoßtrupps die Polen nicht aus ihren Erdbunkern vertreiben ließen, war hin und wieder Geschützfeuer aus der Richtung der Anhöhen hinter Oliva und Zoppot zu hören. Aber erst am 3. September kam es zu Stuka-Angriffen auf die Westerplatte, einem lärmenden Schauspiel, das die deutsche Überlegenheit demonstrierte, denn von polnischen Kampfflugzeugen war in diesen ersten Tagen des Krieges nirgendwo etwas zu hören. Ich entschloß mich, nach Zoppot zu gehen, um zu sehen, was dort eigentlich los war. Telefonisch hatte unser Mädchen die Auskunft gegeben, daß keine Polen dort seien, es herrsche lediglich manchmal Artilleriefeuer, das aber von Zoppot ausginge und nicht etwa von Gdynia oder gar Hela. Erstaunlicherweise fuhren noch Straßenbahnen und Busse. Ich bin bis Oliva mit öffentlichen Verkehrsmitteln gekommen, dann ging es zu Fuß weiter. Als ich endlich in die Zoppoter Oberstadt kam, die völlig ruhig und unzerstört war, dröhnten mir aus den geöffneten Fenstern unserer Wohnung polnische Marschmusik und polnische Aufrufe entgegen. Unser Dienstmädchen hatte den entsprechenden Sender eingestellt und in keiner Weise daran gedacht, daß sie deswegen vielleicht von übereifrigen Deutschen zur Rechenschaft gezogen werden könnte. Ich stellte erst einmal das Radio ab und hörte dann von ihr, daß ganz in der Nähe unserer Wohnung auf dem Schäferplatz, einem Sportplatz, deutsche Artillerie in Stellung gegangen sei. Auf dem Turm unseres Gymnasiums entdeckte ich dann auch deutsche Artilleriebeobachter. Als am nächsten Tage ganz in der Nähe unseres Hauses ein berittener Offizier sich mit seinem Pferd überschlug, mußten wir feststellen, daß die Artilleristen ein Telefonkabel quer über die Straße gelegt hatten, über das das Pferd dann stürzte. Der fluchende Leutnant, der sich ein Bein entweder verrenkt oder gebrochen hatte, wurde von Lenchen liebevoll betreut, was ihm offensichtlich großes Vergnügen bereitete. Er hatte es gar nicht eilig, seine Einheit wieder aufzusuchen. Ich machte mich auf den Rückweg nach Danzig und berichtete meiner Mutter, daß alles in Ordnung sei. Sie reagierte mit der Bemerkung: »Das habe ich doch immer gewußt, daß da nichts passiert« und benachrichtige ihre Eltern, die vorsichtshalber nach Ostpreußen zu Verwandten gefahren waren, sie sollten wieder nach Zoppot zurückkehren.

Nach der polnischen Kapitulation – die Marinestützpunkte in Oxhöft und Hela verteidigten sich bis nach dem Fall Warschaus unter dem Oberkommando eines Pour le mérite-Trägers aus dem Ersten Weltkrieg, Admiral von Unruh, verlegte Hitler sein Führerhauptquartier nach Zoppot in das Kasinohotel. Wir HJ-Angehörigen standen Spalier in der Seestraße, als sein offenes Auto nach Danzig fuhr, wo er am 19. September im Artushof eine große Rede mit dem Angebot an Großbritannien und Frankreich hielt, nach Abschluß der deutsch/polnischen Zerwürfnisse mit ihm Frieden zu schließen. Zu den Erinnerungen aus der damaligen Zeit gehörte es aber auch, die endlose Kolonne aller männlichen Einwohner Gdynias durch die Straße von SA-Leuten nach Danzig getrieben zu sehen, wobei die Einwohner Zoppots teilweise pöbelten, teilweise aber auch den völlig erschöpften Menschen Wasser reichten. Als die Schule wieder begann, existierten Polen und seine Armee nicht mehr, aber Lenchen sang uns warnend die polnische Nationalhymne »Noch ist Polen nicht verloren« vor und meinte, wir sollten uns nicht zu früh freuen. Im übrigen verließ sie uns bald, um die Geliebte und dann Ehefrau des Inhabers einer der größten Textilgeschäfte in Zoppot zu werden. Ihrem Selbstverständnis nach war mit dem Erwerb der deutschen Staatsbürgerschaft auch ihre soziale Stellung eine andere geworden.

Ein besonderes Erlebnis hatte ich noch als Mitglied der Zoppoter Motor-HJ. Wir fuhren mit NSKK-Leuten auf einem Lastwagen nach Gdynia – die Stadt war von ihren Einwohnern schon geräumt – und kaperten zwei verlassene polnische Autos, die wir nach Zoppot in unser Heim Thalmühle abschleppten. Die beiden Fahrzeuge waren dann noch einige Zeit Übungs- und Demonstrationsobjekt für uns, bis sie von der Polizei abgeholt wurden. Diese Vereinnahmung herrenlosen polnischen Gutes erschien uns damals ganz selbstverständlich und nicht etwa als Plünderung oder Diebstahl. Die Erwachsenen machten uns das ja vor. Ein Bekannter von uns, der eine Elektrogroßhandlung in Danzig besaß und einen höheren SS-Rang hatte, fuhr mit seiner ganzen Belegschaft nach Gdynia und holte überall noch brauchbare Radioapparate aus den Wohnungen. Da die Polen diese Apparate abzuliefern hatten, räumte er die angelegten Lager aus. Mit großem Gewinn hat er die Geräte dann später weiterverkauft. Auch diese Handlungsweise schien weder ihm noch anderen damals als kriminell zu gelten, es waren ja nur kleine Fische für das, was dann im gesamten besetzten Polen an Raub und Enteignung geschah.

In der Schule begann wieder der Unterricht, wir waren nicht besonders eifrig bei der Sache, denn das Kriegsgeschehen stand im Vordergrund des Interesses. Wir hatten auch einige neue Schüler und Lehrer bekommen, die aus deutschen Schulen in Polen kamen. Wir bekamen einen Geschichtslehrer, nach seinem Aufzug »Spinat mit Ei« genannt, der uns besonders die nationalpolitischen Auseinandersetzungen zwischen Deutschen und Polen sehr intensiv und auch durchaus nicht einseitig erläuterte. Er ließ uns auch über unsere eigenen Erlebnisse Aufsätze schreiben, und meine Schilderung des Abenteuers mit meinem Fahrrad wurde von ihm zu einem längeren Exkurs über die verzwickten deutsch/

polnischen Vereinbarungen über Eisenbahn, Zoll und Post in Danzig benutzt, von denen wir bis dahin keine Ahnung gehabt hatten.

Das Schicksal der polnischen Post in Danzig ist von Günter Grass eingehend in der »Blechtrommel« beschrieben worden. Es war ein langes Diskussionsthema zwischen uns, ob die polnischen Postbeamten das Recht gehabt hätten, sich mit Waffen zu verteidigen, oder ob die deutschen Behörden das Recht gehabt hätten, diese Leute an die Wand zu stellen. Es war uns auch erzählt worden, daß Hitler im Zoppoter Kasinohotel voller Empörung über die Tatsache, daß ein früherer kaiserlicher Marineoffizier die Halbinsel Hela gegen deutsche Truppen verteidigte, die Erschießung des Admirals von Unruh nach Gefangennahme angeordnet hätte. Diese Anordnung sei nur durch die Intervention des Admirals Raeder von der deutschen Kriegsmarine verhindert worden. Solche Diskussionen gab es jetzt zwischen uns, aber auch mit einigen vertrauenswürdigen Lehrern, weil überall Meldungen über deutsche Übergriffe in Polen durchsickerten, vor allen Dingen auch, weil eine ganze Reihe von Familien in Danzig Angehörige außerhalb der bisherigen Freistadtgrenzen hatten. So hatte die Familie, die das Erdgeschoß unseres Hauses damals bewohnte, eine Köchin, die Kaschubin war und aus der Gegend von Karthaus stammte. Nachdem sie Vertrauen zu meiner Mutter gefaßt hatte, erzählte sie schreckliche Dinge über das raffgierige Benehmen der »Reichsgermanen« in ihrer Heimat. Meine sehr emotional reagierende Mutter war empört, zog aber eine sehr reale Konsequenz aus dem, was sie hörte. Sie hatte gemerkt, daß mit dem Einströmen von Familien aus dem Reich bei uns in Danzig sehr schnell die Lebensmittel weniger und teurer wurden. Auch bei uns wurden selbstverständlich Lebensmittelkarten eingeführt, die es ja im Reich schon vor Beginn des Krieges vorbereitend gegeben hatte. Als nun unsere Danziger Gulden in Reichsmark umgetauscht wurden, legte sie das Geld »in Sachwerten« an, weil sie dem Wert dieses Geldes nicht traute. Ich hatte meinen Vorteil davon, denn sie kaufte mir durch Vermittlung des »Mercedes-Burandt« eine brandneue BMW-Maschine mit 250 ccm, die R23, die este BMW mit Fußschaltung, obwohl ich noch keinen

Führerschein hatte und eigentlich gar nicht darauf fahren durfte. Außerdem erhielt ich eine Rolleiflex-Kamera, die durch ihre besondere Konstruktion zu Fotoexperimenten vieler Art verleitete und mir das Fotografieren zur Leidenschaft werden ließ.

So war dieser Sommer 1939 auf der einen Seite überschattet vom Abschied meines Vaters und von den auch bald in Danzig eingeführten kriegsbedingten Beschränkungen, sowie den sich verschärfenden Maßnahmen gegen Juden und Polen, auf der anderen Seite aber lebte ich ein ganz normales Leben wie jeder Junge meines Alters ohne zu ahnen, wie dicht ich schon am Abgrund stand.

Ende 1940 entwickelten sich meine persönlichen Angelegenheiten aus meiner damaligen Sicht sehr positiv. Durch meine Fotografiererei und meine guten deutschen Aufsätze, die ich auch für meinen nicht so auf diesem Gebiet begabten Banknachbarn immer mitzuschreiben hatte, war ein Schüler, der aus einer anderen Schule zu uns gekommen war, auf mich aufmerksam geworden. Er arbeitete in der Gebietsführung der Hitlerjugend und fragte mich, ob ich nicht Lust hätte, über Veranstaltungen der HJ Zeitungsberichte zu schreiben. Natürlich hatte ich Lust, zumal ich mich immer als Sohn eines Auslandsjournalisten sah, in dessen Fußstapfen ich gerne treten wollte. Erstens, weil ich meinen Vater sowieso bewunderte, und zweitens, weil mir dieser Beruf des Journalisten auch als sehr interessant, lukrativ und daher erstrebenswert erschien. Nach einigen Probearbeiten blieb ich nur noch pro forma Angehöriger der Motor-HJ in Zoppot, wo ich meine kleine Führerstellung aufgab, und trat in die Presseabteilung der Gebietsführung der HJ in Danzig ein. Mein Vorgesetzter war ein älterer Mann, der von Hause aus durch eine körperliche Behinderung an sich ungeeignet war, höherer HJ-Führer zu sein, aber durch seine Ausbildung in der Berliner Lokalpresse genügende Kenntnisse hatte, um auch in dem neuen Gebiet Danzig-Westpreußen die Jugendarbeit der Partei publizistisch aufzuwerten. Ich wurde zu allen möglichen Veranstaltungen geschickt, um darüber zu berichten, vor allem ging es um sportliche Wettbewerbe oder Fahrt und Lager. Ich konnte dafür sogar Zeilenhonorare kassieren. Politische Artikel habe ich nicht geschrieben, erstens war dafür der Chef zuständig und zweitens hielt ich mich aus einem gewissen Instinkt heraus davor auch zurück. Eigentliche Redaktionsarbeit habe ich dann auch noch gelernt, als mit dem Beginn der »Kinderlandverschickung« aus den von Luftangriffen betroffenen Gebieten des Reiches in unseren damals noch völlig unbehelligten Danziger Bereich eine eigene Zeitschrift für die KLV-Lager und auch für die Eltern der dorthin gebrachten Kinder aufgezogen wurde. Für mich war als positive Auswirkung damit verbunden, daß ich vom regelmäßigen Dienst in der Motor-HJ entbunden war und mir meine Aktivitäten zum größten Teil selbst einteilen konnte. Da damals schon der HJ-Dienst schulischen Belangen vorausging, konnte ich bei für mich unangenehmen schulischen Anforderungen unüberprüft dem zuständigen Lehrer sagen, ich hätte dienstliche Verpflichtungen und sei leider nicht in der Lage, an dieser oder jener Arbeit teilnehmen zu können. Das förderte nicht gerade meinen schulischen Erfolg. Auf der anderen Seite gab es auch andere Schüler, seien es nun Führer in der Streifen-HJ oder Teilnehmer von Ausbildungslehrgängen im Bereich der vormilitärischen Übungen, die mit der Angabe »wir haben HJ-Dienst« die Schule schwänzten. Daß ausgerechnet mir die erste Bekanntschaft mit journalistischer Tätigkeit durch eine Organisation der NSDAP vermittelt worden ist, fand ich damals völlig normal, erst später ging mir auf, welche politische Ironie darin gelegen hat.

Ein anderes persönliches Engagement der Jahre 1940/41, das für meinen weiteren Lebensweg noch entscheidender werden sollte, war der Beginn der Tanzstunde. Die Übungsstätte lag in der Danziger Altstadt, übrigens ganz in der Nähe der Gebietsführung der HJ. Der besondere Reiz dieser Lage war darin begründet, daß wir ja am Spätnachmittag hin und am Abend zurück in den wegen des Krieges verdunkelten Vorortzügen fuhren. Diese Verdunkelung hat die Beziehungen zu unseren Tanzstundendamen mächtig gefördert. Als wir begannen, kannten wir zwar die meisten einschlägigen Schlager und auch schon die Unterscheidungen zwischen Foxtrott, Tango und Walzer, auch hatten wir unsere ersten Mädchenbekanntschaften gemacht, aber im übrigen waren wir in Sachen Erotik oder gar Sexualität noch völlig

»unschuldig«. Durch forsches Auftreten überspielten wir unsere Hemmungen gegenüber den Mädchen, die uns aber schnell durchschauten und sich einen Spaß daraus machten, uns auszutricksen. Meine erste Partnerin sah gut aus, war beinahe so groß wie ich und stammte zudem noch aus einer Familie, die mit meinen Eltern wegen des Berufes ihres Vaters, er war Verlagsdirektor bei einer Zeitung, bekannt war. Sie hatte nur einen Fehler, sie benutzte ein schweres Parfüm, das nach Moschus roch, ich konnte das nicht aushalten und ließ sie schnell im Stich. Meine Aufmerksamkeit wurde dann von einer jungen Dame gefesselt, die eigentlich gar nicht zu mir paßte. Sie war einfach zu klein für mich. Ich mußte beim Tanzen immer einen krummen Rücken machen, um ihr etwas ins Ohr flüstern zu können oder gar in die Augen zu sehen. Das war am Anfang allerdings gar nicht möglich, weil man dauernd auf seine Füße achten mußte. Sie war nicht nur zu klein, sondern sie war auch katholisch, und zwar ziemlich streng katholisch. Ihr Vater war Beamter und ein Parteifunktionär, die Mutter immer sehr darauf bedacht, daß ich ihrer Tochter ja nicht zu nahe kam (sie ließ uns eigentlich in der Wohnung nie allein), und auch sonst waren ihre Feunde und Bekannten in ganz anderen Kreisen zu Hause als ich. Dennoch wurde diese kleine Person mein Schicksal. Denn noch heute, 50 Jahre nach dieser Tanzstunde, sind wir zusammen und steuern bald unsere Goldene Hochzeit an. Das konnte damals niemand ahnen, zumal für uns Pennäler die Konkurrenz durch die Tanzstundenkurse der Marinefähnriche sehr bedrohlich war. Doch ich ließ mich durch Konkurrenten, die unseren Mädchen mit ihren Erzählungen von verwegenen U-Bootfahrten imponieren wollten, nicht verdrängen. So kam es dazu, daß ich meiner Angebeteten einen von mir selbst aus einer Messingbuchse gedrehten Ehering als Beweis einer »heimlichen« Verlobung überstreifen durfte. Diesen Ring hatte ich übrigens gedreht, als wir im Ferieneinsatz in einer Autowerkstatt arbeiteten (für Motor-HJ-Führer sozusagen obligatorisch). Erst nach längerem Gebrauch stellte sich heraus, daß diese Verlobungsringe schwarz anliefen und auch die Hände verfärbten. Damit waren zwar die Ringe unbrauchbar, unser »Verlöbnis« blieb aber bestehen. Es wurde sogar noch intensiviert, als sich 1941 die Gefahr einer Trennung abzeichnete.

Im April meldete sich mein Vater, für uns überraschend, aus Japan. Ein dortiger journalistischer Kollege, der »Tokio-Schultze« war über die transsibirische Eisenbahn nach Berlin gekommen und brachte für uns Nachrichten, Fotos und kleine Geschenke mit. Stolz konnte ich meiner Angebeteten ein schönes japanisches Seidentuch überreichen, mir selbst war ein Zigarettenetui mit Einlegearbeit zugedacht, das ich als seltener und auch nur heimlicher Raucher noch nicht richtig nutzen konnte. Aber am wichtigsten war die Mitteilung meines Vaters, er werde nach Shanghai gehen und dort die Möglichkeit schaffen, seine Familie auf dem Weg über die Sowjetunion zu sich kommen zu lassen. Bei uns setzte selbstverständlich eine sehr spannungsgeladene Debatte über das Für und Wider einer Umsiedlung in das so weit entfernte China ein, ich war Feuer und Flamme, bei meiner Mutter waren deutliche Reserven zu erkennen. Am Tirpitzufer in Berlin hatte die Leitung des Amtes Ausland/Abwehr diesen Plan nicht nur gutgeheißen, sondern wahrscheinlich sogar ausgearbeitet, um meinem Vater zu helfen. Ich weiß nicht, ob man dabei auch an die Gefährdung der Kinder gedacht hatte, die ja nach der nationalsozialistischen Gesetzgebung ebenfalls mit Repressalien zu rechnen hatten. Mir war das deswegen schon nicht bewußt, weil ich von dieser Gefährdung und ihren Hintergründen nichts wußte. Der Briefwechsel zwischen Shanghai und Zoppot über die Sowjetunion funktionierte völlig reibungslos, was vorher mit der Post aus den Vereinigten Staaten durchaus nicht immer der Fall gewesen war. Die Übersiedlung wurde in Einzelheiten schon diskutiert, sogar meine Anmeldung bei dem deutschen Kaiser-Wilhelm-Gymnasium in Shanghai (so etwas gab es tatsächlich) war vollzogen. Die ganze Familie mußte sich gegen Typhus, Paratyphus und Cholera impfen lassen. Im Mai begann ich mit der Verteilung meiner Besitztümer.

Mein Motorrad war mir allerdings schon vorher von der Wehrmacht »eingezogen« worden. Viel hatte ich davon nicht gehabt, denn ich hatte zwar inzwischen den Führerschein für Motorräder erworben, bekam aber wegen der kriegsbedingten

Benzin-Einschränkungen keine Fahrerlaubnis. Bei der Motor-HJ, wo meine Vorgesetzten auch gerne diese Maschine fahren wollten, die sehr viel schneller als die dort üblichen 98-ccm-Leichtmotorräder war, machten wir ein Schild mit der Nummer unserer HJ-Einheit, mit einem per Lippenstift produzierten »roten Winkel« fertig, um mit dem Motorrad wenigstens intern Geländefahrten unternehmen zu können. Ein Freund, der älter und bereits zur Wehrmacht eingezogen war und bei einer Transporteinheit in Dirschau lag, beschaffte uns Benzin. So bin ich nach einigem Üben stolz mit dem Motorrad durch die Gegend gebraust, ohne daß wir ein einziges Mal von einer Polizeistreife angehalten worden wären. Aber die Wehrmacht war von einem neidischen Schulfreund, der vergeblich von seinem Vater auch ein Fahrzeug dieser Art begehrt hatte, unterrichtet worden, daß die Maschine zweckentfremdet benutzt wurde, und so kam bald ein Beschlagnahmebescheid.

Mein Fahrrad verkaufte ich, meine Plattensammlung verschenkte ich zum großen Teil, auch einen Teil meiner Bücher. Lediglich meinen mir so liebgewordenen Fotoapparat konnte ich nicht entbehren und wollte ihn unbedingt nach China mitnehmen. Als ich dann auch noch von der Schule abgemeldet wurde, war mein Glück vollkommen. Abgesehen davon, daß ich nicht mehr am Unterricht teilnehmen und für ein Zeugnis büffeln mußte, war es mir doch ein besonderes Vergnügen, nun die Lehrer, die mir nicht besonders sympathisch waren, nicht mehr mit dem Hitlergruß auf der Straße passieren zu müssen.

Auf einmal lief die Zeit sehr schnell, nachdem wir auch die notwendigen Papiere beisammen hatten. Den entscheidenden »Sichtvermerk für Helmuth Mosberg zur einmaligen Aus- und Wiedereinreise in das Reichsgebiet über jede amtlich zugelassene deutsche Grenzübergangsstelle UdSSR-China« erhielt ich von der Abteilung II des Polizeipräsidenten in Berlin am 9. Juni 1941. Die Geltungsdauer dieser Ausreiseerlaubnis, die von der Abwehr bei den Sicherheitsbehörden besorgt worden war, ging bis zum 10. August 1941. Am 12. Juni erhielt ich ein Durchreisevisum der japanischen Besatzungsbehörden und am 13. Juni ein Visum des Staates Manchoutikuo, wo der letzte chinesische Kaiser als Puppe der japanischen Militärregierung residierte. Mein Paß war noch vor Ausbruch des Krieges vom deutschen Generalkonsulat in Danzig ausgestellt und war auch durch den Anschluß der Freien Stadt Danzig nicht ungültig geworden.

Je näher der Zeitpunkt der Abreise kam, desto nervöser wurde meine Mutter. Der Abschied von ihren Eltern und überhaupt von Deutschland, die weite Reise mit zwei Kindern und die Aufgabe aller privaten Beziehungen erweckten in ihr Angst, Unlust und immer neue Zweifel, ob denn diese Maßnahme überhaupt notwendig sei. In Zoppot und im Osten waren ja noch keinerlei Kriegsfolgen zu merken, die militärischen Erfolge Hitlers im Westen und Norden Europas schienen dafür zu sprechen, daß eine positive Entwicklung bevorstand. Ob meine Mutter von den sich immer mehr verschärfenden Maßnahmen gegen Juden und Polen wußte, kann ich nicht sagen. Ich wußte jedenfalls nichts davon, nur Gerüchte drangen an unsere Ohren. Meine Mutter fuhr nach Berlin, um mit Major Baun von der Abwehr Einzelheiten zu besprechen. Da in Zoppot die notwendigen Impfstoffe nur schwierig zu bekommen waren, entschloß sie sich, die Impfungen in Berlin vornehmen zu lassen. Ob physisch oder psychisch bedingt, reagierte sie auf die Impfungen äußerst heftig, fiel auf der Straße ihn Ohnmacht und mußte mit einem Krankenwagen zu meinen Verwandten gebracht werden. Bis Mitte Juni zog sich der Aufenthalt meiner Mutter in Berlin hin, ohne daß eine Entscheidung über das genaue Datum der Abreise von ihr zu bekommen war. Inzwischen begannen auch einige Anzeichen darauf hinzudeuten, daß bei uns im Osten eine neue militärische Situation entstanden war. Es war nicht zu übersehen, daß gewaltige Truppenansammlungen, vor allen Dingen in Ostpreußen, stattfanden. Ich glaubte aber sicher sein zu können, daß das unsere Reisepläne nicht stören könnte. So schickte ich am 20. Juni 1941 ein Telegramm an meine Mutter in Berlin mit dem Wortlaut: »Hier Lage entspannt – Karten ab Moskau in Dollarnoten – wann fahren wir. Grüße Helmuth.«

»Hier Lage entspannt« – einen Tag später begann der Großangriff der deutschen Wehrmacht auf die Sowjetunion.

Damit waren unsere Reisepläne ins Wasser gefallen, ich glaube, meine Mutter fühlte Erleichterung darüber. Daß dadurch die letzte Chance verspielt war, die Familie wieder zusammenzuführen und aus dem NS-Machtbereich herauszukommen, war ihr damals wohl nicht klar. Ich selbst mußte zu meiner großen Erbitterung wieder in meine Schule zurückkehren und bot für den Spott meiner Kameraden viele Angriffsflächen. Mein Fahrrad bekam ich nicht mehr zurück, allerdings einen Teil meiner Bücher. Die positive Auswirkung der vereitelten Emigration war nur, daß ich nicht von meinem geliebten Mädchen getrennt wurde. Als dann noch im Dezember 1941 durch den japanischen Überfall auf die amerikanische Flotte in Pearl Harbor der große Krieg im Pazifik begann, ging unsere Verbindung mit meinem Vater in China erst einmal völlig verloren.

Im Herbst 1941 hatte ich meine letzte größere Aufgabe bei der Pressearbeit für die HJ. In Bromberg fanden »Kulturtage der Hitlerjugend« statt, bei denen ich die Berichterstattung für die beiden in Danzig erscheinenden Zeitungen zu übernehmen hatte. Über den Ablauf der Veranstaltungen habe ich nur noch wenige Erinnerungen, allerdings blieb mir ein Vortrag des Schriftstellers Edwin Erich Dwinger als völlig aus dem Rahmen fallend im Gedächtnis. Dwingers Bücher »Zwischen weiß und rot«, »Armee hinter Stacheldraht« und vor allem »Die letzten Reiter« hatte ich verschlungen, war aber ernüchtert worden, als seinerzeit mein Vater, der selber im Baltikum gekämpft hatte, die Dwingerschen Erlebnisse mehr oder minder als Fantasieprodukte abqualifizierte. In Bromberg trat Dwinger als Untersturmführer der Waffen-SS auf, er gehörte zu einer Propagandakompanie »Standarte Kurt Eggers«. Wenn die Zuhörer vielleicht erwartet hatten, die üblichen Tiraden über die damals im Mittelpunkt des Interesses stehenden großen Schlachten in Rußland zu hören, wurden sie plötzlich mit einer ganz anderen Situation konfrontiert. Dwinger schilderte zwar den Vormarsch im Osten, aber für uns alle überraschend polemisierte er heftig gegen die Behandlung der Kriegsgefangenen der Roten Armee durch die deutschen Truppen. Er widersprach heftig den damals gängigen Schablonen von ostischen Untermenschen und bolschewistischen Horden, die vor allen Dingen durch Wochenschaubilder von den riesigen

Marschkolonnen der müden, unrasierten und schmutzigen Gefangenenmassen hervorgerufen worden waren. Dwinger hatte eine russische Mutter, so wurde uns jedenfalls zur Erklärung gesagt, er appellierte an die Wehrmacht und praktisch auch an Hitler, die russischen Gefangenen besser zu behandeln. Seine Behauptung war, man könnte sie zu Verbündeten machen, weil sie vom Kommunismus enttäuscht seien. Das ginge aber nur durch einen radikalen Kurswechsel der Einstellung gegenüber dem russischen Volk. Später hat es ja mit den »HiWis«, den Kosakentruppen des Generals von Pannwitz und letztlich mit der Wlassow-Armee Versuche gegeben, russische Soldaten in deutsche Dienste zu nehmen. Diese Ausführungen Dwingers fanden die meisten Zuhörer interessant, ob sie seinen Gedankengängen zu folgen bereit waren, weiß ich nicht. Aus meinem Bericht über die Veranstaltung an die Zeitungen wurde jedenfalls jede Passage über Dwingers Ansichten gestrichen.

Der Aufenthalt in Bromberg brachte mir jedoch noch weitere politische Informationen, die mit dem, was in unseren Zeitungen stand und in unseren Radiomeldungen zu hören war, in keiner Weise übereinstimmten. Ich wohnte bei der Familie des früheren Chefredakteurs der Deutschen Rundschau, der Zeitung der deutschen Minderheit in polnischen Zeiten, Dr. Gotthold Starke. Starke war, wie eine ganze Reihe früher führender volksdeutscher Politiker, nach Einrichtung der deutschen Verwaltung praktisch abgeschoben worden. Die wichtigsten Stellen nahmen Parteifunktionäre aus dem Reich ein. Die einheimischen Fachleute, die zum Teil ja keine nationalsozialistische Vergangenheit aufzuweisen hatten, waren nicht gefragt. Starke kam als Presseattaché an die deutsche Botschaft in Moskau, nach dem Kriegsausbruch mit der Sowjetunion sollte eine Verwendung im Auswärtigen Amt in Berlin folgen. Seine Familie nahm mich ausgesprochen freundlich auf, sie erinnerte sich noch gut an die spannungsreichen Tage und Nächte des Kriegsausbruchs in Danzig. Wenn mir die Tätigkeit für die Presseabteilung der Gebietsführung während der Kulturtage in Bromberg Zeit ließ, habe ich mir mit Starkes Hilfe ein Bild über die Lage nicht nur in Westpreußen, sondern ganz allgemein im Osten machen können. In einer mir unbekannten unverblümten Art kritisierte er die Maßnahmen der Partei und Verwaltung in den ehemals polnischen Gebieten, obwohl auch er unter den antideutschen Maßnahmen der Polen zu leiden gehabt hatte. Er sagte mir auch, daß es bei dem »Bromberger Blutsonntag« nach amtlichen Feststellungen 5437 Tote gab. Die Nazis machten daraus 58 000 Tote. Nicht zuletzt dadurch war die Glaubwürdigkeit deutscher Angaben in Zweifel gezogen. (Nach jetzt vorliegenden Dokumenten wurde durch Erlaß des Reichsministers des Inneren vom 07. 02. 40, dem nach glaubwürdigen mündlichen Berichten ein persönlicher Eingriff Hitlers zugrunde lag, angeordnet, daß in Zukunft die Zahl der »mit Sicherheit identifizierten Ermordeten« mit 12 857, die der Vermißten mit 45 000 anzugeben sei.) Über das, was sich im Anschluß nach Aufdekkung der polnischen Verbrechen von deutscher Seite an polnischen Zivilisten vollzogen hat, hat Dr. Starke nur in Andeutungen gesprochen. Er war der Ansicht, daß die polnische Kriegstreiberei, die völlig illusionären Vorstellungen von einem Marsch auf Berlin und der Zusammenbruch dieser Illusionen nur wenige Tage nach Ausbruch des Krieges Soldateska und Pöbel in Bromberg zu den Untaten veranlaßt hätten. Er betonte besonders die (später auch dokumentierten) Verbrechen an evangelischen deutschen Geistlichen. Ganz allgemein war er trotz der deutschen Erfolge in ganz Europa und in der Sowjetunion sehr skeptisch über die Erfolgsaussichten Deutschlands in diesem Kriege.

Nach der Rückkehr aus Bromberg habe ich dann meine Mitarbeit bei der Gebietsführung praktisch eingestellt, zumal die Vorbereitungen für das Abitur mich immer stärker in Anspruch nahmen.

Dazu gehörte eine Jahresarbeit in meinem Wahlfach Deutsch, die ich über die Entwicklung des deutsch-englischen Verhältnisses in den Büchern des Schriftstellers Hans Grimm geschrieben habe. Wir hatten im Unterricht die Novelle »Der Zug des Hauptmanns von Erkert« behandelt, was mir Appetit auf weitere Bücher von Grimm gemacht hatte. Sein Hauptwerk, dessen Titel zu einem politischen Schlagwort in Deutschland geworden war, hieß »Volk ohne Raum«. Das Buch, das hauptsächlich die Erlebnisse Grimms in Südafrika schilderte, brachte mich zu meinem

Jahresthema. Außerdem mußte ich natürlich in »Mein Kampf« von Hitler und den aktuellen Stellungnahmen vor und nach Ausbruch des Krieges Zitate zum deutsch-englischen Verhältnis sammeln. Wir waren damals alle sehr von der antibritischen Propaganda beeinflußt, obwohl besonders aus Hitlers Stellungnahmen eine »unerwiderte Liebe« zum englischen Weltreich herauszulesen war. An die Bearbeitung von ausländischen, speziell von britischen Quellen, war nicht zu denken. Als mein Deutschlehrer die Arbeit für sehr gut befand, schickte ich eine Abschrift an Hans Grimm nach Lippoldsberg an der Weser. Der damals schon sehr bejahrte und fast blinde Schriftsteller antwortete mir zu meiner Überraschung. Die größere Überraschung war, wie er mir antwortete. Er kannte mich nicht, er konnte aus meinen schriftlichen Ausführungen eigentlich nur herauslesen, daß ich ein im Propagandaklischee des Dritten Reiches befangener junger Mann war, und dennoch schrieb er mir ganz offen eine Stellungnahme, die von den üblichen amtlichen Auslassungen völlig abwich.

Am 7. Februar 1942 schrieb Hans Grimm an mich: »Ich finde alles richtig, was Sie sagen. Ich möchte nur drei Einwände machen. Ich meine nicht, daß der Film ›Ohm Krüger‹ wirklich stichhaltige Dinge verbreitet. Ich war in der Zeit der Konzentrationslager in Südafrika und war einer von den jungen Deutschen, der den Buren, Frauen und Kindern, zu helfen versuchte, als das Lager Port Elizabeth begann. Es ist damals von den Engländern an den Frauen und Kindern bewußte Grausamkeit nicht verübt worden. Es handelte sich meistens um große Schlamperei und um viel Mißgeschick. Auch wenn wir den Krieg geführt hätten, hätten wir die Frauen und Kinder von den Farmen entfernen und schließlich die Farmen verbrennen müssen, denn, die kämpfenden Buren holten sich bei Frauen und Kindern die Informationen und schliefen immer wieder in ihren Farmen im Rücken der englischen Truppe.

Ich bin auch nicht der Meinung, daß in diesem Kriege von den Engländern mehr Terrorangriffe verübt werden als von irgendjemand sonst. Meines Wissens sind sehr viel mehr englische Zivilpersonen durch unsere Luftangriffe umgekommen als deutsche

Zivilpersonen durch englische Luftangriffe. Ich finde, daß das Konto der Engländer schlimm genug ist und nicht durch Dinge übertrieben werden braucht, die am Ende nicht ganz stichhaltig sind und dann das wirkliche Schuldkonto entlasten.

Auch trifft der Hohn über den Gentleman wirklich daneben. Der Gentleman sagt nicht ›Jesus Christus und meint Kattun‹, das stimmt nicht. Wir sind in dieser Beziehung durch falsche Propagandisten an einen falschen Ton geraten.«

Der Hinweis auf die falschen Propagandisten war ja wohl deutlich genug. Der Schriftwechsel mit Hans Grimm wurde von mir fortgesetzt, und er hat mir auch mehrfach seine Meinung zu meinen Fragen mitgeteilt. So schrieb er mir am 26. Januar 1943: »Es klingt Ihnen wahrscheinlich unglaublich, wenn ich sage, daß das einzige seit Juni vorigen Jahres von mir gelesene Buch ein kleines Buch von Winnig war, das er mir im September sandte... Ich muß offen gestehen, daß ich die Lösung vom Biologischen her, wie Sie das ausdrücken, bei Kolbenheyer wohl angekündigt gesehen habe, aber gefunden oder verstanden habe ich sie nicht bei ihm. Ich tauge allerdings gar nicht zum Raten ›biologischer Kreuzworträtsel‹, wie ein Bekannter von mir jene Anstrengungen Kolbenheyers genannt hat, die für meine schlichten Begriffe darin bestehen, das Einfache schwierig auszudrücken.«

Ich hatte Grimm auch geschrieben, daß ich eine Arbeit über die deutsche Jugendbewegung schreiben wollte. Er meinte dazu: »Ob diese Arbeit innerhalb eines beschränkten politischen Rahmens überhaupt geleistet werden kann, ist mir zweifelhaft, oder noch ehrlicher, ich glaube nicht daran, daß das geschehen kann.« Auch das war angesichts der damaligen Verhältnisse ein sehr offener und mutiger Satz zu einem ihm unbekannten jungen Mann. Am 9. März 1943 schrieb er mir: »Sie sprechen zuerst von der Arbeitsmethode. Ich glaube, daß es da gar keine Regel geben kann, sondern daß ein schreibender Mensch seinem Dämon einfach folgen muß. Ich tat vor vielen Jahren einmal dieselbe Frage bei Frenssen, und er gab mir ungefähr die gleiche Antwort. Ihre zweite Frage gilt dem ›zu jung‹. Da muß ich sagen, daß ich vor den sehr jugendlichen Äußerungen einen höllischen Druck habe. Die alten Juden hatten ganz recht, als sie bestimmten, daß vor seinem

30. Jahre niemand als Rabbi auftreten dürfe. Denn vorher kann man einfach nicht erlebt haben, was man predigt. Vorher hat man es sich angelesen, angehört und angeglaubt.«

Genau das war bei meinen schriftlichen Elaboraten der Fall, seine Mahnung hat jedoch nicht verhindern können, daß ich glaubte, ich müsse schreiben, schreiben, schreiben.

(Hans Grimm hat nach dem Ende des Zweiten Weltkrieges eine vielfach von »rechter« politischer Seite mißbrauchte Kritik an den Methoden der Besatzungsmacht geübt. Seine »Erzbischofsschrift« ist ein Zeugnis dafür.)

Das Abitur rückte näher, die Tanzstundenliebe war in voller Blüte. Der Wintereinbruch brachte für die deutschen Armeen, die dicht vor Moskau standen, in ihrer mangelhaften Winderausrüstung schwere zusätzliche Belastungen. Wir wurden aufgefordert, unsere Skier abzuliefern und entbehrliche warme Kleidungsstücke für die Soldaten bei den Ortsgruppenleitungen der NSDAP abzugeben. Dieser Aufforderung kam auch ich selbstverständlich nach, meine Skier sah ich ohne großes Bedauern entschwinden, so groß waren die Möglichkeiten zum Skilaufen in Zoppot nicht. Meine Lederweste mit Pelzkragen, die ich zum Motorradfahren benutzt hatte, gönnte ich gerne einem frierenden Landser, denn auch mein Motorrad war ja nicht mehr vorhanden. Es tauchten allerdings bald Gerüchte darüber auf, daß unsere Spenden durchaus nicht immer die Soldaten in der vordersten Front erreichten. Auch wurde die Frage gestellt, warum eine Staats- und Militärführung ihre Soldaten so sorglos und schlecht ausgerüstet in den Kampf schickte, obwohl ihr ja der russische Winter nicht ganz unbekannt gewesen sein kann.

Unmittelbar vor dem schriftlichen Abitur wurden wir Schüler in eine vormilitärische Skilanglaufausbildung, zusammen mit Soldaten, geschickt. Wir Jungen konnten meistens skilaufen und selbst mit Gepäck und mit militärischem Kommando fiel uns diese Ausbildung nicht schwer. Für die übenden Soldaten, zum Teil ältere Reservisten, wurde die Ausbildung zur Tortur. Sadistische Korporale ließen sie mit aufgesetzter Gasmake und angeschnallten Skiern Berghänge herauf- und herunterrobben, wir erlebten mehrfach Ohnmachtsanfälle, die die Ausbilder noch mit zusätzlichen Schikanen bestraften. Da der Chef der Abteilung, ein Oberleutnant, Träger des goldenen HJ-Abzeichens war, glaubte ich, ihn auf diese Schikanen ansprechen zu können. Er hielt mir einen langen Vortrag darüber, daß die militärische Ausbildung, der Drill, den Sinn habe, die Männer zum automatischen Reagieren ohne Nachdenken zu bringen, nur so könnten sie bei einem Feindeinsatz als Truppe funktionieren. Er sagte allerdings zu, seinen Ausbildern auf die Finger zu sehen, denn er deutete an, es habe schon mehrfach Beschwerden über Ausbildungsmethoden in der Heimat gegeben, die an der Front mit Schüssen in den Rücken der Ausbilder gerächt worden seien. Er wies mich eindringlich darauf hin, daß diese Ausführungen von ihm von HJ-Führer zu HJ-Führer geschehen seien, ich dürfte auf keinen Fall darüber sprechen.

Beim schriftlichen Abitur fielen einige meiner Klassenkameraden durch die Maschen, sie wurden nicht zur Abschlußprüfung zugelassen. Jedoch machte das damals keinen so großen Eindruck, weil jeder Primaner, der sich freiwillig zur Wehrmacht meldete, den »Reifevermerk« und damit ein »Ersatzabitur« erhielt. Vor dem schriftlichen Abitur war die ganze Klasse aus den Vorarbeiten herausgerissen worden, um die vormilitärische Ausbildung mitzumachen. Mir passierte es genau eine Woche vor dem mündlichen Abitur, daß ich zu einem Lehrgang in die HJ-Gebietsführerschule Marienwerder einberufen wurde. Das hatte ich nun davon, daß ich nominell immer noch zum Gebietsstab gehörte. Schon am ersten Abend wurden wir Lehrgangsteilnehmer aufgefordert, uns intensiv um einen im alten Ordensschloß gleichzeitig stattfindenden Lehrgang von BDM-Führerinnen zu kümmern. Sexueller Ausgleich für geistige Anstrengungen sei wichtig und außerdem: »Der Führer braucht Soldaten.« Lehrgangsleiter war der Amtschef für weltanschauliche Schulung in der Reichsjugendführung, Griessmayr, der mit seiner fudierten Argumentation, die durchaus nicht immer dem damals gängigen Propagandaklischee entsprach, einen nachhaltigen Eindruck auf mich machte. Deshalb habe ich ihm später einige meiner schriftlichen Arbeiten eingereicht, ohne allerdings damit Wirkung zu erzielen.

Nach dem Lehrgang in dem düsteren Ordensschloß und einer Rückfahrt im ungeheizten Zug bei hohen Kältegraden mußte ich dann mit einem einzigen Tag Zwischenpause ins mündliche Abitur. Ich war durchaus kein guter Schüler und in Mathematik vorbelastet durch die schlechteste Zensur, die 6. In Erdkunde, Geschichte und Deutsch hatte ich zwar eine 1, aber nominell zumindest gab es keinen Ausgleich für die 6. Mein Wahlfach sollte mich herausreißen. Auf die mir gestellte Aufgabe, über den Minnesänger Walther von der Vogelweide zu referieren, hielt ich ein sehr gut bewertetes Referat, unser Deutschlehrer Schröder hatte mich gut vorbereitet. Aber der bei der Prüfung anwesende Ortsgruppenleiter der NSDAP (als Vertreter der Stadtgemeinde) Buchthal konnte dem Minnesänger keinen großen Geschmack angewinnen und forderte mich auf, zu beweisen, daß ich vom »Schrifttum unserer Bewegung« auch etwas verstände. Ich konnte ihn mit Zitaten aus Zöberleins »Glaube an Deutschland« und ähnlichen Erzeugnissen der NS-Literatur gut bedienen, er sprach mir seine Anerkennung aus. Der Oberstudiendirektor deutete mir an, daß damit und vor allen Dingen durch die Zurücknahme meiner 6 in Mathematik zu einer 5 mein Abitur gerettet worden sei. Ich hatte eine weitere 5 in Physik, aber in der mündlichen Prüfung durch den Herrn Direktor höchstpersönlich konnte ich mit einigem Geschick des Lehrers »Paule« Bartsch über die verschiedenen Arten von Automotoren referieren. Dort waren meine Kenntnisse, dank der Ausbildung in der Motor-HJ, sehr gut. Ich konnte sogar meinem Direktor mit einer Darlegung über die neuen Holzvergasermotoren imponieren, deren Wirkungsart er selber nicht kannte. So erhielt ich denn am 18. März 1942 das Zeugnis der Reife zuerkannt und war von der Schule erlöst.

Meine schulischen Erfahrungen waren durchaus zwiespältig. Ich war nie ein besonders fleißiger Schüler, aber ich hatte es vermeiden können, je sitzenzubleiben. Mein Mathematiklehrer, der Einsicht in mein völliges Unvermögen für Algebra und ähnliche Dinge zeigte, sagte oft zu mir: »Lesen Sie Zeitung oder gehen Sie raus aus der Klasse, nur stören Sie mir nicht den Unterricht.« Mit dieser toleranten Art handelte ich mir allerdings die 6 ein. Wir hatten viele Originale als Lehrer, die wenigsten waren bösartig. Allerdings muß ich auf der anderen Seite sagen, daß unsere ganzen Nazibonzen, vom Blockleiter über den Zellenleiter und Ortsgruppenleiter bis zu dem Kreisleiter, Lehrer waren.

Der Kreisleiter Temp, der nach der Inbesitznahme Danzigs durch die NS-Regierung auch Oberbürgermeister in Zoppot war, riß sich in unserer Straße eine große Villa, ich meine aus polnischem oder jüdischem Besitz, unter den Nagel und kutschierte häufig mit seinem dicken Dienstwagen an mir vorbei. Ganz im Gegensatz dazu ging der ranghöchste Offizier in Zoppot, Admiral Straehler, zu Fuß zu seiner Dienststelle. Es war auch auffällig, daß er zu seiner Uniform als einzigen Orden die Lebensrettungsmedaille trug. Straehler war der Chef der Rüstungsinspektion XX, die in einem Zoppoter Hotel untergebracht war. Er wohnte in einem der letzten Häuser unserer Straße am Waldrand, spielte mit meiner Mutter hin und wieder Schach und war später für uns ein Helfer gegen Parteischikanen.

Der einzige »große Nazi«, der in unserer unmittelbaren Umgebung wohnte, war der SS-Gruppenführer Lorenz, der meines Wissens das gesamte geraubte polnische Vermögen verwaltete. Er war nach seinem Einzug in unserer Villenviertel dadurch aufgefallen, daß er das schöne Haus, das er requiriert hatte, an der Vorderfront mit einem großen »Hoheitszeichen« schmückte. Er hatte sehr hübsche Töchter, die wir mit unseren Blicken verfolgten, aber wegen der Funktion des Vaters nicht anzusprechen wagten. Eine davon wurde später die Ehefrau eines prominenten Zeitungsverlegers und eine bekannte Reiterin.

Nach der Abiturprüfung gab es bei der obligatorischen Feier weder »Albertusse“ (goldene Anstecknadeln mit dem Bild Albrechts von Preußen, die von gutsituierten Verwandten gestiftet wurden) noch den früher üblichen »Stürmer« (die studentische Kopfbedeckung), weil die HJ all solchen historischen Firlefanz durch ihre Uniform ersetzt hatte. Für uns war jetzt die Entscheidung wichtig – es war schließlich Frühjahr 1942 –, wann wir eingezogen werden würden.

Noch vor unserer Musterung beim Wehrbezirkskommando

der Wehrmacht wurden wir in der Schule von drei SS-Führern bearbeitet, uns freiwillig zur Waffen-SS zu melden. Niemand meldete sich freiwillig. Daraufhin wurde jeder von uns direkt befragt: »Warum wollen Sie nicht zur Waffen-SS gehen?« Jedem fiel eine andere Ausrede ein. Besonders die jungen Männer, die über 1,75 m groß waren, wurden von den SS-Führern aufs Korn genommen. Ich konnte vorbringen, daß ich Sohn eines aktiven Offiziers sei und zum Regiment meines Vaters wolle. Die Musterung bei der Wehrmacht in Danzig-Langgarten dauerte den ganzen Vormittag. Die Marinedienstgrade, die uns zu den einzelnen Stationen der Untersuchung dirigierten, machten sich einen Spaß daraus, uns unter Druck zu setzen. Sie fragten: »Wohin will'ste denn?« Wenn einer antwortete: »Luftwaffe«, hieß es sofort »fall um«. Der Maat ließ dann den Luftwaffenaspiranten solange Liegestütze machen, bis er erklärte, er würde sich für die Marine entscheiden. Die Stimmung war aber allgemein gut, ich bestand alle Untersuchungen, wenn mir eine Hinterlassenschaft meiner Mittelohrentzündung auch etwas Schwierigkeiten beim Hören geflüsterter Zahlen bereitete. Man landete dann vor einer Untersuchungskommission und stand dort splitternackt vor einer Reihe ernstblickender Uniformträger. Zu meinem Entsetzen sprach mich der Chef der Kommission, ein eisgrauer Oberstleutnant, mit Vornamen an und sagte, ich hätte im Alter von drei oder vier Jahren auf seinem Knie geritten. Es handelte sich um einen Kameraden meines Vaters. Er gab sich auch sehr väterlich und las aus den Papieren, daß ich zur Panzerwaffe wollte. Er erklärte mir, für Panzer sei ich zu lang geraten, ich würde mir nur dauernd den Kopf stoßen. Er diktierte dann dem Schriftführer »Panzerjäger«. Als ich später die »Bekenntnisse des Hochstaplers Felix Krull« von Thomas Mann las, kam mir diese Szene bei der Musterung wieder in Erinnerung. Ich bekam einen Wehrpaß mit dem Vermerk »Kriegsverwendungsfähig« ausgehändigt, und bei der Spalte »Aushebung« – Entscheid über das Arbeitsdienstverhältnis stand »Heranziehung«. Dazu hatte ich nun gar keine positive Meinung. Wir alle hatten schon davon gehört, daß die Arbeitsdienstausbildung nicht etwa Dienst mit dem Spaten war, sondern eine sinnlose Schleiferei von mehreren Monaten in irgendwelchen abgelegenen Gebieten der Tucheler Heide. Nicht zuletzt aus diesem Grund meldeten sich viele von uns sofort als Kriegsfreiwillige, und so wurde am 30. April in meinen Wehrpaß eingetragen »Angenommen als Kriegsfreiwilliger für das Heer«.

Schon wenige Tage nach dem Abitur hatte ich einen Einberufungsbescheid für den Arbeitsdienst erhalten. In einer Tagebucheintragung vom 25. März 1942 habe ich notiert: »Heute hat mich die Kunde ereilt, daß meine RAD-Abteilung nach drei Wochen Ausbildung nach dem Osten kommen soll. Ich muß da weg, denn Soldat will ich werden, nicht Straßenarbeiter! Ich ließ Verbindungen spielen. Eine ganze Menge Verwandte waren ja bei der Wehrmacht, und so erhielt ich, nach einer Eintragung im Tagebuch vom 27. März, die hoffnungsvolle Nachricht, ich könne vielleicht beim 120. Infanterieregiment in Langfuhr eintreten, also bei der motorisierten Infanterie. Am 30. März, am Geburtstag meiner Mutter, dachte ich dann, es hätte geklappt. Ich mußte zweimal zum Wehrbezirkskommando zu einem Unteroffizier Rugwitz, der für mich den RAD »weichgemacht« hatte und mir zusagte, ich würde direkt zu dem Langfuhrer Ersatz-Bataillon kommen. Einen Tag später konnte ich mir den Kriegskraftfahrschein abholen. Ein weiteres Erfolgserlebnis hatte ich am 29. März gehabt, als ich bei einem Freund meiner Eltern, Dr. Ferber (Letzter eines alten führenden Senatorengeschlechtes in Danzig) war. Ich hatte ihm meine Arbeit über Hans Grimm geschickt, er hatte sie bei den Danziger Neuesten Nachrichten den Redakteuren von Wilpert und Dr. Düsenberg zum Lesen gegeben. Sie hatten die Arbeit sehr gut aufgenommen, ich könnte an sich eine Schriftleiterausbildung bei der Zeitung beginnen, wenn nicht jetzt erst einmal der Militärdienst dazwischenkäme. Meine Tagebucheintragung von diesem Tage lautet u. a.: »Es ist eigentlich schade, aber ich bedaure es gar nicht so sehr, denn einmal mußte es sein, und die Heimatfront mit ihren Schiebern und Bonzen kotzt mich ja schon so an, daß ich dauernd unliebsam durch meine Randbemerkungen auffalle. 1933 trat ich mit meiner ganzen Begeisterung in die NS ein (gemeint ist das ›Deutsche Jungvolk‹), jetzt bin ich froh, daß mich der Wehrdienst vor dem Eintritt in die Partei behütet.«

Am 9. April 1942 sollte ich zum Reichsarbeitsdienst einrücken, das war zurückgenommen. Aber von dem Danziger Ersatzbataillon der Wehrmacht hatte ich immer noch keinen Gestellungsbefehl. Erst am 30. April wurde ich zum Wehrbezirkskommando bestellt und erhielt einen großen gedruckten »Annahmeschein«, in dem eine Unzahl von Belehrungen über Rechte und Pflichten stand. Für mich entscheidend war der Passus, ich sei mit diesem Annahmeschein »Angehöriger der Wehrmacht im Beurlaubtenstande«.

Als ich diesen Annahmeschein freudestrahlend meiner Mutter zeigte, erzählte sie davon Dr. Ferber. Damit war mir die weitere Entwicklung aus der Hand genommen. Dr. Ferber kannte meine Abstammung und wußte, daß ich nach den NS-Bestimmungen »Wehrunwürdig« war. Er setzte sich mit der Abwehr in Verbindung und mit wem noch, weiß ich nicht. Jedenfalls wurde ich am 7. Mai 1942 aus der Hitlerjugend ausgeschlossen, wobei sich der mir unbekannte Führer von der Personalabteilung der Gebietsführung sehr anständig verhielt. Er kannte mein frühes Eintrittsdatum und erklärte mir sein Bedauern, daß ich erstens meinen (nicht sehr hohen) Rang als Scharführer sofort verlöre und außerdem wegen meiner Abstammung nicht weiter Mitglied der Hitlerjugend sein könne. In einem Gespräch mit meiner Mutter erfuhr ich jetzt erst die Wahrheit über meine Abstammung.

Es dauerte nicht lange, bis unser Ortsgruppenleiter Lüttschwager die Parteimaschine gegen uns in Bewegung setzte. Das ging so weit, daß er sich über den Ortsgruppenleiter Buchthal auch mit den Eltern meines geliebten Mädchens in Verbindung setzte, um sie aufzufordern, sie sollten ihrer Tochter den Verkehr mit mir verbieten. Obwohl mein späterer Schwiegervater selber Zellenleiter war, lehnte er das ab. Seiner Tochter und seiner Frau hat er nichts davon erzählt. Er suchte nur meine Mutter auf, um von ihr zu erfahren, ob die Partei ihm die Wahrheit gesagte habe. Als ihm das bestätigt wurde, aber meine Mutter ihm auch einiges über meinen Vater erzählt hatte, hat er sich in keiner Weise gegen mich gestellt.

Meine Tagebucheintragung vom 8. Mai 1942 lautete: »Heute ist der alte Trott dem Geschick gegenüber und vor allen Dingen mein unverwüstlicher Gleichmut wieder in meinem Naturell durchgebrochen. Self control, es bleibt in dieser kleinlichen und vielfach gehässigen Umgebung die Art, die Kanaille zu behandeln. Vielleicht kann Abwehr 1 noch etwas erreichen. Meine Schwarzseherei von gestern ist Quatsch. Trotzdem!«

Am 16. Mai kam meine vorläufige Zurückstellung. Beim Wehrbezirkskommando meinte man, das würde höchstens 14 Tage dauern. Ich hatte vor einigen Tagen, am 13. Mai 1942, meine Einberufung zur Wehrmacht bekommen. Ich sollte im Sammeltransport nach Allenstein zur Panzerjägerersatzabteilung Nr. 1 einrücken. Für meine Mutter, die ja von Dr. Ferber wußte, daß ich nicht Soldat werden dürfte, kam das sehr überraschend. Es heißt in meinem Tagebuch: »Die Wirkung zu Hause war stark, weil die Nachricht so unerwartet und der Termin so ungünstig ist.« Ohne daß ich davon wußte, hat meine Mutter wohl wieder interveniert, oder Dr. Ferber hat das getan. Jedenfalls wurde mein Wehrpaß geändert, und unter das Stichwort »Wehrdienstverhältnis«, wo jetzt Ersatzreserve II stand, kamen die rot unterstrichenen Buchstaben n. z. v., das heißt für den Sachkundigen: »Nicht zu verwenden« und im Endeffekt »Wehrunwürdig«.

Fluchtpunkt Berlin – Schrecken ohne Ende

Wenn man im Alter von 18 Jahren das Abiturzeugnis in der Tasche hat, beginnt der Ernst des Lebens. Bei mir sollte es sehr ernst werden. Schatten aus der Vergangenheit hatten mich erreicht und überdeckten mein Leben. Alle Versuche, diesen Schatten loszuwerden, waren nur kurze Zeit von Erfolg. Im Unterschied zu Peter Schlemihl von Chamisso wollte mir weder der Teufel noch sonst wer diesen Schatten abkaufen. Ich mußte, so gut es ging, mit ihm leben, und etwa zwei Jahre gelang es mir, nicht ins volle Licht zu geraten. Dadurch war auch der Schatten nicht so leicht zu erkennen.

Zoppot im Jahre 1942. Als ich über 30 Jahre später wieder nach Zoppot kam, schien die Zeit stillgestanden zu haben. Zwar lebten dort Menschen, von denen ich niemanden kannte, die eine andere Sprache sprachen und einen ganz anderen Lebensrhythmus hatten als wir seinerzeit. Doch die Stadt an der Ostsee, in der nur wenige Gebäude zerstört waren – leider das Kurhaus, sein wunderbares Cafe und auch unser Jugendtreffpunkt, das Cafe Astoria –, war mir völlig vertraut. Als wir unsere Koffer im Casinohotel ausgepackt hatten, das jetzt auf polnisch Grandhotel hieß, sagte ich zu meiner Frau: »Du kannst mir die Augen verbinden, ich finde den Weg nach Hause sofort.« Nun, wir haben mit unverbundenen Augen den Weg gemacht, die Oberstadt war noch weniger verändert als das Kurviertel am Strand. Da waren wir dann »zu Hause«. Und sofort hatte ich wieder das Gefühl, an einer Schnittstelle zwischen Jugend und Erwachsensein zu stehen. Wie damals. 1942 in Zoppot war ich 18 Jahre alt, ein ganz »normaler« junger Mann, der seine erste große Liebe erlebte. Unter welchen Begleitumständen. Außerlich schien die Welt in Ordnung. Ich war in einer schönen Wohnung, für mich sorgte ein hübsches Dienstmädchen, vom Kriege merkte Zoppot noch wenig. Doch da waren die Schatten, die nach mir und bald auch nach meiner Mutter griffen, die diese sorglose Existenz sehr schnell beenden konnten. Bei dem Besuch im polnischen Zoppot – oder wie es jetzt hieß – Sopot, wußte ich sehr viel mehr über die wahre Natur dieser Schatten. Es wäre aber völlig falsch, aus der Erfahrung der Jahre danach daraus zu schließen, ich hätte damals in Angst und Sorge gelebt. Nicht, daß ich in den Tag hineingelebt hätte, aber was wußte ich damals schon von der Schreckensherrschaft jenseits der Ostgrenzen? Was wußte ich damals schon von den »rassenpolitischen Maßnahmen«, der beginnenden Vernichtung der Juden, zu denen zu zählen ich nie gelernt hatte, von denen ich auch so gut wie nichts wußte. Nein, es wäre unehrlich, heute zu behaupten, ich hätte mich 1942 als »Verfolgter des Naziregimes« oder gar als Antifaschist fühlen müssen.

Ich machte mir vielleicht mehr Gedanken als die meisten jungen Männer in meinem Alter, die eigentlich nur die Alternative hatten, Soldat zu werden. Daß ich nicht Soldat wurde, war ja gerade meine Belastung, meine Sorge, die Wut darüber der primäre Teil des Negativen, das mich betraf. In einer Familie aufgewachsen, in der Soldatentum und militärische Pflichterfüllung, ganz besonders im Kriege, etwas Selbstverständliches und Positives waren, bin ich mir auch rückwirkend nicht darüber im klaren, ob ich eigentlich ein »Militarist« gewesen bin oder gar ein Mensch, der nach dem Heldentod strebte. So sehr ich auch in meiner Erinnerung nach Anzeichen suche, ich war weder kriegsbegeistert noch Kriegsgegner. Es war einfach die verdammte Pflicht und Schuldigkeit, wie man zu sagen pflegte, Soldat zu sein, wenn das Vaterland rief. Es hatte mich aber nun nicht gerufen. Das war genau die Situation, an der ich manchmal zu zerbrechen drohte. Auch der Begriff Vaterland, der heute so fremd erscheint, war damals etwas Selbstverständliches, jedenfalls in der Familie, in der ich lebte und auch unter den meisten meiner Freunde und Gefährten. Sehr viel später erst wurde es Mode, diese Gedanken, dieses Streben, ja die Begriffe als solche zu verdammen. Lächerlicher Idealismus? Es ist zu leicht, im Abstand von vielen Jahren nach der fürchterlichen Niederlage Deutschlands den Finger zu heben und zu behaupten, eine verführte Jugend sei auf die Schlachtbank geführt worden. Wir fühlten uns gar nicht so verführt, wenngleich wir lange nicht solche potentiellen »Wehrwölfe« gewesen sind, wie sie in manchen Medien als furchterregende, verabscheuungswürdige und mit dem damaligen Regime identifizierte Hitlerjungen dargestellt worden sind. Aber ich war anders. Ich gehörte ja nicht dazu, obwohl ich dazugehören wollte. Hitler wollte mich nicht, das Militär wollte mich nicht, am Horizont schließlich drohte etwas Füchterliches, dessen Konturen ich nur erahnen, nicht wissen konnte.

Zoppot 1942. Ich mußte meine Situation überdenken, aber ich wollte auch immer noch nicht glauben, daß es mir nicht mit Hilfe des »Amtes Ausland/Abwehr« gelingen könnte, doch noch aus der antisemitischen Falle der Partei in die rettenden Arme des Militärs zu gelangen, denn da war ja mein Vater. Der, dessen »Blut« genügt hatte, mich vom normalen Leben meiner Generation auszuschließen. Er, der in meiner Vorstellung immer der vorbildliche Offizier gewesen war, der, gerade weil er so weit weg von der Familie war, stets mein Vorbild gewesen war. Und seine Kameraden würden mich doch nicht ins Bodenlose fallen lassen. Diese Hoffnung wurde von meiner Mutter genährt, die sich ebenfalls über den vollen Umfang der der Familie drohenden Repressalien nicht im klaren war, zumal sie ebenfalls fest überzeugt war, daß die Wehrmacht stärker sei als die Partei und uns schützen würde. Ich habe damals ein sehr enges Verhältnis zu meiner Mutter gehabt, wir waren schließlich auf uns angewiesen. Aber in Erinnerung habe ich keineswegs, daß wir ständig über unsere Situation gegrübelt, nachgedacht oder gar gesprochen hätten. Wenn ich recht überlege, wenn ich meine wenigen Tagebuchnotizen richtig interpretiere, und wenn ich schließlich rückblickend meine Handlungen in dieser Zeit überprüfe, so bleiben für den Sommer 1942 in Zoppot für das tägliche Leben drei Faktoren bestimmend:

1. die Hängepartie zwischen der Hoffnung auf die Wehrmacht und der Erwartung weiterer Maßnahmen der Partei;
2. die erste große Liebe meines Lebens und
3. die Illusion, ein Schriftsteller zu sein und der damit verbundene Versuch, meine Gedanken zu Papier zu bringen.

Von der Wehrmacht hörte ich nichts, obwohl meine Mutter über Dr. Ferber mehrfach rückfragte.

Am 29. April 1942 kam eine Vorladung vor ein HJ-Gericht. In meinem Tagebuch heißt es dazu: »Ich habe einen feingroben Antwortbrief geschrieben, die können mich mal.«

Am 1. Mai 1942 erfuhr ich dann den Grund für die Vorladung. Unter dem Einfluß von Alkohol sollte ich ein Mädchen vergewaltigt haben. Das Eigenartige war, daß einer meiner Klassenkameraden, der nach den Begriffen der Nazis ein Mischling zweiten Grades war, er hatte übrigens ebenfalls rote Haare wie ich, und ich, der Mischling ersten Grades, als Übeltäter in Frage kamen. Ein wirklich fantastischer Versuch, uns zu belasten.

Am 5. Mai 1942 mußten wir beide vor dem HJ-Gericht des Bannes Gotenhafen erscheinen, wo wir einen sehr sachlichen Untersuchungsführer vorfanden, der den belastenden Angaben über uns wenig Glauben schenkte. Überhaupt zeigte sich, daß die HJ in keiner Weise meine Abstammung hochspielen wollte. Im Gegenteil, man wollte sogar noch am 2. Juli von mir einen Einsatz in Bodenwinkel im Wehrertüchtigungslager. Eine ärztliche Untersuchung dafür fand am 3. Juli statt. Zu diesem Einsatz ist es nicht gekommen, auch nicht meine von der Gebietsführung vorgesehene Beschäftigung bei den Kulturtagen der Hitlerjugend 1942 in Bromberg. Dafür war am 27. August, anscheinend routinemäßig, ein Appell meines Jahrgangs zur Übernahme von der Hitlerjugend in die Partei. In meinen Notizen heißt es: »Der Bannführer war sehr nett zu mir, meine Sache geht durchs Gebiet. Diese Sache mit der Partei und der Wehrmacht scheint sich zu stabilisieren.«

Aber die Partei gab keine Ruhe. Sie nahm sich jetzt meine Mutter vor. In meinem Tagebuch ist nur vermerkt, daß wir am 7. Juni »die ernsten Probleme gewälzt haben, die sich an ihrem und an meinem Horizont zeigen.« Erst später hat sie mir erzählt, daß der Ortsgruppenleiter Lüttschwager sie bedrängt habe, sich scheiden zu lassen. Er hat ihr dabei auch angedeutet, daß dadurch die Kinder aus der Schußlinie geraten würden, weil sie ja eidesstattlich versichern könnte, daß mein Vater eben nicht der Vater gewesen sei. Meine Mutter hat das entschieden abgelehnt. Als nächster Vorstoß des Herrn Lüttschwager kam dann die Drohung, unsere Wohnung beschlagnahmen zu lassen. Meine unerschrockene Mutter ging zu Admiral Straehler und erzählte ihm von dieser Gefahr und auch den Hintergrund dazu. Der Chef der Rüstungsinspektion XX handelte schnell. Er mietete die Wohnung seinerseits für die Wehrmacht. Später sind dann tatsächlich Angehörige der Rüstungsinspektion in unserer Wohnung untergebracht worden, die Partei bekam sie jedenfalls nicht. Es setzte auch eine Zeit vieler Besuche bei uns ein. Meine Mutter und ich verdrängten die Befürchtungen. Sie fuhr nach Ostpreußen, auch um unser Rauschener Haus einmal zu besichtigen, das an einen Herrn von Gottberg vermietet worden war. Sein Vater war wohl ein Offizier vom Regiment Kronprinz gewesen, er selbst war der Chef des NS-Rechtswahrerbundes in Ostpreußen, sein Bruder SS-General. Trotz dieser Bindungen und Verbindungen wollte meine Mutter unser Rauschener Haus nicht länger an ihn verpachten, weil er viele unserer alten Bäume gefällt hatte. Den Briefwechsel mit ihm überließ sie mir.

Irgendwie unwirklich ist die weitere Entwicklung. Kein Mensch hinderte mich daran, eine ausgedehnte »Kunstreise« nach Süddeutschland zu machen. An sich hatte das Geschenk meiner Eltern zum bestandenen Abitur in einer »Bildungsreise« bestanden, die mich nach Italien und Frankreich hätte führen sollen. Das war nun wegen des Krieges unmöglich. So machte ich eine Reise eigener Wahl, wo ich mit meinem Fotoapparat in Weimar, Würzburg, Ulm, Augsburg, München, Dresden und auch Berlin vieles noch festhalten konnte, was wenig später durch Bombenangriffe zerstört worden ist. Im Juli war ich wegen der Verlobung einer meiner Berliner Cousinen einige Zeit in Berlin. Ich wohnte bei der Familie der Schwester meines Vaters. In der Hölderlinstraße 11 war noch alles ruhig. Ihr Mann hatte durch seine leitende Stellung bei Siemens bisher von seiner Familie alle Pressionen abwehren können. Erst später, als ich erneut in Berlin war, erfuhr ich dann Einzelheiten über das Leid der Schwester meines Vaters. Damals bin ich mit meiner Cousine viel ins Theater gegangen, z. B. sahen wir in der Volksbühne »Emilia Galotti« mit Werner Hinz und Renée Deltgen, im Staatlichen Schauspielhaus Hamsuns »Abendröte« mit Aribert Wäscher, Werner Kraus und den Damen Koppenhöfer und Flickenschild. Höhepunkt war dann ein Besuch in der Staatsoper mit »Andrée Chenier« mit der Somigli, Helge Rossvaenge und Domgraf-Fassbaender.

Bei der Rückkehr nach Zoppot fand ich eine unveränderte Situation vor. Auch dort machte ich Besuche in der Waldoper, erlebte »Meistersinger« und »Siegfried«. Der Kurbetrieb lief wie im Frieden, Blumenkorso, Tanz auf der Leuchtfontäne und »Großer Donnerstag«, alles das hatte etwas Unwirkliches. Durch einen Besuch bei den Eltern meiner Liebsten erfuhr ich, daß der Ortsgruppenleiter auch dort schon seine Minen gelegt hatte, Gott sei Dank ohne Erfolg.

So schön es auch in Zoppot war, mir war durch den Besuch in Berlin klar geworden, daß ich, wenn ich nicht Soldat werden könnte, dort in der Großstadt eher »untertauchen« könnte als in Zoppot, wo mich Hinz und Kunz kannten, oder gar in dem kleinen Ort Mitterteich in der Oberpfalz, wo meine Mutter mit meiner Schwester bei einem befreundeten Glaswerksdirektor – Träger des Goldenen Parteiabzeichens, aber keineswegs ein Nazi – eine Zuflucht gefunden hatte. Mich von Zoppot zu trennen, hieß aber auch Trennung von dem geliebten Mädchen.

Wer mit 18 Jahren verliebt ist, der nimmt diese Liebe als ein Naturereignis. Mir war das so gegangen, aber aus der Verliebtheit war mehr geworden, zumal die aus dem Rahmen fallenden Umstände meiner Situation meine Gefühle, und ich hoffe auch die meines Mädchens, gesteigert hatten. Zu den äußeren Umständen gehörte auch, neben dem Zoppoter Sommer, der Beginn der Fliegerangriffe, wie am 11. Juli 1942. Am 18. August kam es zu einem richtigen Angriff auf Danzig, und auch in Zoppot fielen einige Bomben. Für verliebte Leute ist ein gemeinsamer Abend sogar bei Flakscheinwerfern und Leuchtbomben ein angenehmes Erlebnis, so makaber das im nachhinein klingt. Wir waren ein paarmal getrennt in diesem Sommer, das hatte unsere Gefühle nur intensiviert. Für mich war das manchmal schwer zu ertragen. Ich war schließlich ein normaler junger Mann, der nicht immer nur Händchenhalten wollte. Aber damals war die »Unberührbarkeit« des jungen Mädchens noch ein Muß. Ablenkungen diverser Art gab es ja, aber im Grunde waren das letztlich nur enttäuschende Erfahrungen mit dem anderen Geschlecht, weil nicht das volle

Gefühl dahinterstand. Wer nimmt denn heute die »Knutscherei« von jungen verliebten Menschen so wichtig, das Wort petting war aus Amerika noch nicht zu uns gedrungen, das, was es bedeutete, konnten wir allerdings schon praktizieren.

Im Herbst 1942 schrieb ich in mein Tagebuch: »Jetzt sind es zwei Jahre, daß ich Gisi kenne und liebe. Damals war die Tanzstunde in Schwung, ich hatte das Mädel gefunden, das mir gefiel, der Flirt begann. Und wo stehe ich heute? In dieser Zeit hat sich unser Verhältnis so grundlegend gewandelt, sind wir so in einen Prozeß der Anziehung und des seelischen Ausgleichs, in den Kontakt des statischen Dauerns gekommen – und sind im Grund unseres Charakters doch die gleichen geblieben, die vor zwei Jahren zum erstenmal allein untergehakt spazierengingen. Dieser Satz ist eine Kettenfolge wie unsere Liebe, die mit Verliebtheit und Verlobung in ihr drittes Jahr geht. Es bringt die Prüfung der Trennung, des endlichen Hineinwachsens in die Selbständigkeit, wir sind keine verliebten Kinder mehr.« Ja, so schrieb ich damals, und jetzt gehe ich langsam auf die goldene Hochzeit mit demselben Mädchen zu.

Die dritte Komponente meines letzten Zoppoter Sommers war die Arbeit, das Hämmern auf meiner kleinen Remmington Junior aus dem Jahre 1936, die ich nach 50 Jahren immer noch benutze. Es war der Versuch, durch das Niederschreiben von Gedanken sich selbst zu finden. Wenn ich die Reste des Manuskriptes, die ich noch besitze, heute durchlese, dann sehe ich, wieviel Schwulst und Unreife, wieviel Angelesenes und von anderen Übernommenes in diesen Zeilen steckt. Und doch, es war ein Versuch, der sich lohnte. Denn eigentlich liegt hier der Startschuß für meine spätere berufliche Entscheidung, das Wort als Material zu benutzen, das Schreiben als Existenzgrundlage.

In meinem Tagebuch steht: »Heute, am 24. April 1942, habe ich endlich meine Arbeit ›Das Spiel der Kräfte‹ angefangen. Es ging mir nach dem Mittag ganz leicht von der Hand, doch als ich mir die Einleitung, mehr habe ich nicht geschafft, nachher durchlas, da mußte ich sehen, wieviel mir an Ausdruckskraft noch fehlt. Es ist ein ›abstrakter Extrakt‹. Vielfach zu weit hergesuchte Ausdrücke und Schachtelungen machen mich unzufrieden, doch das hat die Schule an mir verbrochen, ich hätte mehr auf den Zeitungsstil achten sollen. Es wird schon werden, denn in bezug auf meine Philosophie bin ich Optimist... Ich habe Kuchen ohne Marken bekommen, das bestärkt meinen Optimismus.«

Mit dieser Arbeit habe ich mich wochen- und monatelang gequält, immer wieder unterbrochen durch das Hin und Her der Entscheidung über meinen Militärdienst, durch verliebte Stunden mit meinem Mädchen, durch Gespräche mit meiner Mutter, durch Krach mit meinem »staatstreuen« Großvater und durch Lesen, Lesen, Lesen. Denn wenn ich auch selber produktiv sein wollte, die Bücher anderer Autoren waren mir doch so wichtig, daß ich damals Bücher geradezu gefressen habe.

Dann die Tagebucheintragung: »Heute, am 12. August, habe ich meine Arbeit ›Spiel der Kräfte‹ beendet, fertiggestellt kann man nicht sagen, wer würde so vermessen sein und sagen, er habe etwas Fertiges geschaffen?« Das »Spiel der Kräfte« habe ich noch an Hans Grimm geschickt. Meine nächste Arbeit über die Jugendbewegung ging dann an den Amtschef für weltanschauliche Schulung in der Reichsjugendführung, Gotthold Griessmayr. Keine Resonanz, das durfte mich auch nicht wundern.

Am 14. 11. erst entschied es sich, daß ich Zoppot verlassen mußte. Meine Tagebucheintragung von damals sagt, daß meine Arbeit über den Weg der Jugend fertig ist, daß ich aber gleich Entwürfe für neue Aufsätze gemacht habe, die mich mehr befriedigen sollen.

»Es können alles nur Aufsätze sein, leider, ich bin für ein Buch noch lange nicht reif. Doch es soll und muß in diese Zeit die Auseinandersetzung und Entscheidung über den Glauben fallen. Muß ich weg von Christus, nachdem mir seine Kirche so wenig sagt? Das Neue Testament wird nach Berlin mitgenommen, es fehlen die Gegner, die Griechen und Inder, endlich Nietzsche. Wann werde ich für mich etwas Neues finden?

Weiß ich, was ich bin oder vielleicht bedeuten könnte? Über mir steht das Werk, das noch erst eines werden soll. Immer steht noch bei mir im Nebensatz die Einschränkung zum eben Gesagten. Beim Denken scheint es mir klarer zu sein, doch in Wirklichkeit taste ich immer nach dem Sinn der Aussage. Wenn die aber dasteht, so bleibt doch zuletzt der Grund immer unerforscht. Die Selbstsicherheit besitzt vielleicht nur ein von sich durchglühtes Genie, wir Kleinen müssen an uns mäkeln, damit es, das Werk, endlich besser werde. Vollwertigkeit ist der Jugend versagt. Der Schatz der Erfahrung ist nicht durch Studieren zu gewinnen. Fruchtlos scheint also jeder Gedanke, ehe er ausgesprochen, er ist ja nicht reif! Doch immer wieder will ich es wagen, damit der Bau fortschreitet, den jeder an sich tut. Ich mute es wenigen zu, meine Gedanken mitzudenken, begreifen will ich sie alleine gerne, wenn sich kein anderer findet. Es fehlt mir sehr der verständige Freund, ein Pylades. Immer fand ich auf dem Weg Gefährten, doch wollten sie nehmen und nicht auch geben, wie es der Natur der echten Freundschaft entspricht. Auch ich habe mich nie selbst aufgegeben für einen anderen Menschen, zu sehr liebte ich Höheres. Die Liebe zu einem Mädchen ist so anders als die reine Kameradschaft des Geistes, edel sind beide, doch verschieden in der Erfüllung und Nachwirkung auf das Innere. Die Liebe glaubte ich zu finden, die Freundschaft blieb mir versagt, nur meine Mutter habe ich. Wenn ich stürbe und man könnte meine lebenden Gedanken mit einem Seismographen aufnehmen, so würde sich ein krauses Gewirr von Arabesken um eine stille Leitlinie herumranken. Diese Leitlinie ist seit mehreren Jahren meine erste tiefe Liebe zu einem anderen Menschen, der ich bewußt geworden bin. Mein Verstand war allzeit zu wach, als daß er nicht Kritik selbst am Heiligsten zu üben wagte. Doch vor diesem tiefen und »primitiven« Erlebnis ist der ständig bohrende Wurm der Erkenntnissucht hilflos. Er hat es versucht, sich hereinzuarbeiten in Briefe und Gespräche, er hat mir zu oft die Zunge bewegt, doch das Herz in seinem undurchdachten Glück blieb ihm verschlossen. Diese Leitlinie macht dennoch nicht das Leben aus, wer sie wegdenkt, fühlt sich noch immer lebenslustig. Arm ist der Mensch ohne Liebe, noch ärmer ohne den Geist. Darum probiere ich es noch oft mit mir, vielleicht zündet der Stein einmal. Bis jetzt nicht. Kein Leid erlebt, keine großen Menschen ausgelernt, so könnte ich Liebeslyrik schreiben, doch nicht, wozu ich gedacht bin. Trotzdem!«

Die Familie räumte die Stellung in Zoppot. Die Telefonnummer Danzig 5 15 30 antwortete nicht mehr. Nach Jahren der Diskriminierung, Ausgrenzung und Entrechtung der Juden hatte am 18. Oktober 1941 die Deportation aus Deutschland begonnen. Aus Berlin und anderen Großstädten wurden bis zum 3. November 1941 rund 20 000 Juden nach Lodz, das in Litzmannstadt umbenannt worden war, ins Ghetto gebracht. Im Dezember wurde in Polen mit der Massentötung durch Gaswagen begonnen. Bereits Ende Mai 1941 waren im Reichssicherheitshauptamt vier Einsatzgruppen der Sicherheitspolizei und des SD aufgestellt worden, die sogleich nach dem Überfall Hitlers auf die Sowjetunion im Juni 1941 mit ihren Massakern im Baltikum, in Weißrußland und in der Ukraine begannen. Mit der Einführung einer Kennkarte für Juden und den Zwangsvornamen »Sarah« und »Israel« sowie der Kennzeichnung der Pässe durch ein großes »J« war ein wichtiger Schritt zur unmißverständlichen Markierung der »Auszumerzenden« getan. Eine weitere Steigerung solcher Maßnahmen konnte nur noch der gelbe Judenstern sein – den man dann auch 1941 einführte – sowie die vollkommene Isolierung in Ghettos. Nur einen Monat nach Einführung des Judensterns kam eine weitere Verfügung des Reichssicherheitshauptamtes heraus, die besagte: »Alle deutschblütigen Personen, die in der Öffentlichkeit freundschaftliche Beziehungen zu Juden zeigen ... sind in Schutzhaft zu nehmen bzw. in schwerwiegenden Fällen bis zur Dauer von drei Monaten in ein KZ einzuweisen. Der jüdische Teil ist in jedem Fall bis auf weiteres unter Einweisung in ein Konzentrationslager in Schutzhaft zu nehmen.« So sah es im Reich aus, und in Danzig war es nicht anders.

Viele meiner Schulkameraden und Freunde sind mit der 60. Infanteriedivision (mot) in den Danziger Regimentern Nr. 243 und 244 nach Stalingrad gezogen, wo dann am 2. Februar 1943 das Ende kam. Zur gleichen Zeit ging ich nach Berlin, weil ich dem Ende ausweichen wollte und auch nicht mehr darauf vertrauen konnte, von der Wehrmacht gegen die Partei geschützt zu werden. Mit nicht falschen, aber ungültigen Personalpapieren, nämlich meinem Annahmeschein für die Wehrmacht und meinem Mitgliedsausweis der Hitlerjugend, erreichte ich ohne große Schwierigkeiten meine Einschreibung als Student der Auslandswissenschaftlichen Fakultät der Friedrich-Wilhelm-Universität zu Berlin. Ich habe damals Glück gehabt. Glück, weil ich alles auf eine Karte setzte. Noch heute, 50 Jahre später, kann ich nur staunen über meinen unbekümmerten Wagemut und den Erfolg. Denn nicht auszudenken, was passiert wäre, wenn mein Schwindel aufgeflogen wäre.

Ich bezog ein Zimmer über dem Vorführraum eines Kinos bei Königsberger Bekannten in der Meraner Straße zu Schöneberg, ganz in der Nähe des später so berühmt gewordenen Rathauses. Das Studium wurde von mir ernsthaft betrieben. Die Fakultät saß in der Schinkelschen Bauakademie ganz in der Nähe des später von den Kommunisten gesprengten Stadtschlosses der Hohenzollern. Wir hatten 36 Pflichtwochenstunden, und außerdem belegte ich Vorlesungen, die mich interessierten. Nach einem Weihnachtsbesuch bei meiner Mutter fand ich bei der Rückkehr das Haus von Bomben geschädigt vor, und ich suchte mir eine neue Bleibe in Alt-Moabit, wo ich im 4. Stockwerk ein schönes Zimmer mit Balkon bekam. Allerdings hatten wir sehr energische Luftschutzleute, man mußte dauernd beim Entrümpeln der Böden helfen, und selbst wenn ich Nachtwache in einem der Institute unserer Fakultät hatte, mußte am nächsten Morgen unweigerlich die Luftschutzbereitschaft geklärt sein.

In meinem Tagebuch steht am 16. Februar 1943: »Der Berliner stud. sc. pol. hat zwar noch manche Möglichkeiten (ich war heute in der Oper und im Humboldt-Klub), doch letzten Endes ist die Einsamkeit, nur durch Post unterbrochen, schlechthin total. Das Studium selbst wird immer vom Heldenklau beschattet, die Arbeit ›zu Hause‹, in der kalten Bude ohne häusliche kultivierte Atmosphäre, erschöpft sich in Lektüre und im Briefeschreiben. Es ist so alles ein Surrogat. Schlimm ist auch das absolute Fehlen einer Bibliothek, von Zeitungen und leider auch Radio. Doch ich werde meine neue Arbeit anfangen, obwohl die erste und zweite ohne Resonanz waren.«

»Heute, am 25. Februar 1943, habe ich vom Wehrbezirkskommando die Absage bekommen, ich werde nicht eingezogen. Nun hat sich vieles geändert, und die weiteren Konsequenzen sind ziemlich unerbittlich. Es war nur gut, daß gerade in diesen letzten drei Tagen ein Freund aus Zoppot bei mir war, so wurde ich abgelenkt. Er schlief bei mir auf dem Sofa, und wir haben fast alle Marken bis zum Ende der Zuteilungsperiode verbraucht. Wie werde ich hier nur herausfinden?«

Auch aus diesem Quartier vertrieben mich die Bomben eines englischen Fliegerangriffs am »Tag der Luftwaffe«. Ich hatte noch am Tage vorher eine Zuteilung ziemlich stinkigen Harzer Käse bekommen, den ich auf dem Balkon deponierte. Als ich morgens von meiner Nachtwache von der Universität nach Alt-Moabit zurückkam, war das Haus ausgebrannt. Mein Käse war allerdings am Balkongitter immer noch gut zu erkennen. Wir leben jetzt alle aus dem Koffer, den wir ständig bei uns haben, der Luftkrieg ist unerbittlich. Im ersten Semester mußte ich an erster Stelle eine Vorlesung beim Dekan der Fakultät, dem früheren Königsberger Professor Dr. Six, belegen; ein Mann, der ständig in der Uniform eines SD-Obersturmbannführers herumlief und durch seine rüden Ausfälle gegen alle weiblichen Studierenden auffiel. Aber es gab auch andere und bessere Professoren. Ich denke heute noch mit Liebe an Albrecht Haushofer zurück, der seine Vorlesungen über Geopolitik zu einem Erlebnis machte. Oder an den General von Metzsch, der in seinen wehrpolitischen Vorlesungen ironisch gekonnt die Kommentare zum Wehrmachtsbericht des Generals Dittmar im Großdeutschen Rundfunk in Frage stellte. Auch Egmont Zechlins Vorlesung über Seemacht und Seegeltung war sehr eindrucksvoll. Daneben habe ich außerhalb der Fakultät Vorlesungen bei dem großen alten Mann der Zeitungswissenschaft, Emil Dovifat, bei dem Pädagogen Eduard Spranger und bei dem Kunsthistoriker Kümmel über die Geschichte der chinesischen Kunst gehört.

Mein Problem in Berlin, wenn man einmal von den Luftangriffen und der Lebensmittelknappheit und anderen Erschwernissen des täglichen Lebens absieht, war die Einsamkeit. Nach dem endgültigen Scheitern meiner Bemühungen, über die Abwehr in die Wehrmacht zu gelangen, war meine starke Identifizierung mit der Wehrmacht – etwas für uns junge Männer damals durchaus Typisches – beschädigt. Man war patriotisch oder auch nationalistisch, aber nicht nationalsozialistisch. Verehrt wurden Ritterkreuz –, nicht Blutordensträger; Rommel und Prien waren Vorbild, nicht Goebbels, Rosenberg oder Ley. In den Vorlesungen war ich ja ständig mit jungen Soldaten zusammen, die Studienurlaub hatten, aber mein Kontakt mit ihnen war gestört. Denn entgegen der Meinung von Elisabeth Noelle-Neumann, ebenfalls eine Dovifat-Hörerin, wollte ich mich nicht zur Konformität zwingen lassen, die nach ihrer Meinung von den Menschen gesucht wird, die sich davor fürchten, verlacht oder gemieden zu werden. Ihr späteres Buch »Die Schweigespirale« bringt aber sehr viele richtige Erkenntnisse. Einige davon kann ich nachträglich für mich bewerten. Frau Noelle-Neumann schreibt:

»1. Die Gesellschaft gebraucht gegenüber abweichenden Individuen Isolationsdrohungen.
2. Die Individuen empfinden ständig Isolationsfurcht.
3. Daher versuchen sie unentwegt, das Meinungsklima einzuschätzen.
4. Das Ergebnis der Einschätzung beeinflußt ihr Verhalten: Wer glaubt, daß er mit seiner Meinung zur Mehrheit gehört oder daß seine Meinung den Sieg davontragen wird, bekennt sich in der Öffentlichkeit eher zu ihr; er redet öfter, freier und lauter. Wer sich in der Minderheit sieht oder auch nur wähnt, daß er in der Minderheit sei, wird seine Meinung eher verbergen.
5. Wer schweigt, trägt dazu bei, daß der Personenkreis, der diese Meinung teilt, in der Öffentlichkeit als kleiner erscheint als er wirklich ist.«

Was sollte ich denn wohl anderes tun als schweigen? Es war auch ein Schweigen aus Angst. Hier in Berlin hatte ich zum ersten Mal von dem Ort Theresienstadt gehört, in den viele Berliner Juden, darunter nach Mitteilung der Schwester meines Vaters auch Verwandte von uns geschafft worden sind. Am 24. November 1941 war der erste Transport dorthin gegangen. In den Meldungen nach Kriegsende heißt es, daß in diesem »Musterghetto« (»der Führer schenkt den Juden eine Stadt«) 140 000 Männer, Frauen und Kinder den höllischen Durchgang in den Tod gefunden haben. Erst nach dem Kriege hörten wir auch von dem Lager Auschwitz. Damals in Berlin war das für uns kein

Begriff. Zum ersten Mal tauchten auf den Straßen Leute mit dem »Judenstern« auf, er wurde ab September 1941 zur Pflicht, die Sternträger durften nur bis 16 Uhr auf der Straße sein, dann hatten sie zu verschwinden.

Martin Weiser hat in seinem Buch »Die Verteidigung der Kindheit« aufgelistet, was sich damals alles an Schikanen gegen die deutschen Juden entwickelte:

Ärzten wurde es verboten, Kassenpatienten zu behandeln, später durften sie überhaupt keinen Heilberuf mehr ausüben, die Approbation wurde ihnen entzogen.

Es erfolgte auch das Verbot, Unterricht zu erteilen,

das Verbot, Auto zu fahren,

das Verbot, bestimmte Grünanlagen zu betreten,

das Verbot, ein Telefon zu besitzen,

das Verbot, die Leihbücherei zu benutzen,

das Verbot, bestimmte Verkehrsmittel zu benutzen,

das Verbot, zu rauchen, das man »Rauchsperre« nannte,

das Verbot, die Markthallen zu betreten,

das Verbot, eine Schreibmaschine zu haben,

das Verbot, sich in der Straßenbahn irgendwo anders als auf der vorderen Plattform aufzuhalten,

das Verbot, öffentliche Telefone zu benutzen,

das Verbot, ein Fahrrad anders als auf dem Weg zu und von der Arbeitsstelle zu benutzen,

das Verbot, Pelze oder Wollsachen zu besitzen,

das Verbot, Blumen zu kaufen,

das Verbot, den Bahnhof zu betreten,

das Verbot, arische Handwerker zu beschäftigen,

das Verbot, ein Restaurant zu betreten,

das Verbot, Lebensmittel aufzubewahren,

das Verbot, Haustiere zu halten,

das Verbot, Speiseeis zu kaufen.

Die Liste der Gemeinheiten läßt sich fortsetzen.

Erstaunlicherweise hat sich dann nach dem Kriege in Deutschland die öffentliche Aufregung über die Judenverfolgung nicht gegen die KZ-Henker und Rassenideologen der NSDAP allein gerichtet, sondern auch gegen die Beamten im Innenministerium, die versuchten, die wilden Verfolgungen der Nazis in ein juristisches Korsett zu bringen, wie es in den »Nürnberger Gesetzen« zu finden war. Besonders der spätere Staatssekretär bei Bundeskanzler Adenauer, Hans Globke, wurde immer wieder als führender Antisemit beschimpft, weil er als Oberregierungsrat einen Kommentar zu den Nürnberger Gesetzen geschrieben hatte. Für mich war es sehr lehrreich, nach dem Kriege zu erfahren, wie der damalige Ministerialrat Lösener im Reichsinnenministerium verhindert hat, daß für Juden und Halbjuden die Sterilisierung eingeführt wurde und Mischehen zwangsweise geschieden wurden. Eine Lektüre der Nürnberger Gesetze ergibt, daß die Judenverfolgung der späteren Jahre nicht infolge, sondern trotz der Nürnberger Gesetze zur schaurigen Wirklichkeit geworden ist.

In meinem Falle war es wichtig, daß es Lösener gelang, durch die Fassung des §7 des Gesetzes über Mietverhältnisse mit Juden vom 30. April 1939 den Begriff der »privilegierten Mischehen« zu schaffen. Mischehen, in denen die Kinder die jüdische Religion eines Elternteils hatten, waren »Geltungsjuden«. Ein erschütterndes Beispiel für die Existenz und die Leiden dieser Kinder ist das Buch des Musikers Michael Wieck »Zeugnis vom Untergang Königsbergs – ein Geltungsjude berichtet«. Wieck war in Königsberg der letzte »Sternträger« und schildert die Zustände in der Stadt vor und nach Kriegsende. Ich hatte, ohne im Dritten Reich den Begriff überhaupt zu kennen, nach den Nürnberger Gesetzen den Status eines »privilegierten Mischlings« und war damit nicht für die »Endlösung« vorgesehen. Lediglich gegen Ende des Krieges wurden die privilegierten Mischlinge zur Zwangsarbeit herangezogen, wie es mir dann auch ergangen ist.

Für mich kam die Nagelprobe, ob ich meine Tarnung als Wehrmachtsangehöriger und HJ-Führer in Berlin durchstehen würde, mit dem Beginn des zweiten Semesters. Zu meiner Erleichterung wurden die bereits immatrikulierten Studenten (ich erinnere mich noch heute an den feuchten Händedruck des Rektors bei der Verpflichtung im Erstsemester) ohne erneute Überprüfung wieder zur Einschreibung zugelassen.

Meine Tagebuchnotiz von damals: »Heute, am 2. Juni 1943,

sitze ich auf meiner Luftschutzwache und habe gerade mein Belegbuch für das zweite Semester in Berlin ausgefüllt. Meistens wird stur gehört, und abends bin ich nicht einmal fähig zu lesen. Meine persönliche Arbeit hat unter den kriegsmäßig verstärkten Anforderungen und der schlechten Ernährung, der nicht vorhandenen Bibliothek und der sehr entbehrten Musik aufhören müssen. Die Mutter in Bayern, die Braut in Danzig und der Vater in Shanghai, so sitze ich hier allein im unruhigen Berlin, überanstrengt, lustlos und angewidert. Im Sommer müssen wir nach 40 Stunden Vorlesung pro Woche in den Ferien noch körperlich arbeiten.« Die Eintragung verrät nichts von meinen Befürchtungen, es könnte festgestellt werden, daß ich gar nicht mehr Wehrmachtsangehöriger war. Denn jedesmal, wenn ich mich ummelden muß, wird mein Wehrpaß im zuständigen Bezirkskommando gestempelt, und der dort sitzende Wehrmachtsdienstgrad sieht natürlich die verräterische Eintragung »n.z.v.«. Ich bin nur einmal von einem Feldwebel, dem das auffiel, zu seinem Vorgesetzten geschickt worden. Es war ein älterer, offensichtlich nicht mehr frontdienstverwendungsfähiger Offizier, der mich prüfend ansah und dann ohne jede Befragung den Wehrpaß anstandslos zurückgab.

Bei meiner Eintragung vom 5. Juli 1943 hieß es dann noch: »Jetzt geht es in den Endspurt des Semesters, ich bin schon reichlich ausgenutzt und wiege noch 115 Pfund.« Am 25. Juli: »Die Universität läuft auf Hochtouren vor dem Sommereinsatz. Wie wird der Einsatz? Der Krieg steht vor einer Entscheidung, Gott gebe uns Frieden.«

Dieses zweite Semester war für mich auch eine gewisse Weichenstellung für die späteren erhofften Examina und die berufliche Zukunft, denn ich konzentrierte mich vor allen Dingen auf die Vereinigten Staaten und auf China. Am Schinkelplatz, wo man die Ruine der Bauakademie, in der damals unsere Fakultät saß, erst relativ spät abgerissen und mit dem Außenministerium der DDR bebaut hat, waren nur die allgemeinen Vorlesungen. Alles, was mit China zusammenhing, war in dem zu Bismarcks Zeiten gegründeten Orientalischen Seminar in der Dorotheenstraße konzentriert. Meine Erkenntnisse über die Vereinigten

Staaten holte ich mir im Institut in der Charlottenstraße. In diesem zweiten Semester besuchte ich neben dem reinen Vorlesungsbetrieb nun auch Übungen. So habe ich heute noch ein Übungszeugnis des von mir so sehr verehrten Albrecht Haushofer über die Teilnahme an einer Übung in Politischer Geographie »mit gutem Erfolg«. Außerhalb der Fakultät machte ich ein staatswissenschaftliches Proseminar bei dem späteren führenden außenpolitischen Mitarbeiter von Bundeskanzler Adenauer, Wilhelm Grewe. Es ging besonders um Völker- und Konsularrecht. Grewe, damals ein unbeschriebenes Blatt, wurde später Botschafter in Washington, bei der Nato und in Tokio. Damals arbeitete er gerade an seiner Habilitationsschrift »Epochen der Völkerrechtsgeschichte«, die die Wirklichkeit des politischen Umgangs mit dem Völkerrecht zum Gegenstand hatte. Ein weiteres Proseminar belegte ich bei dem Wirtschaftswissenschaftler Kiesewetter. Ohne Eintragung in mein Studienbuch hörte ich auch Vorlesungen bei Friedrich Berber im »Deutschen Institut für außenpolitische Forschung«. Unser Dekan hatte 1942 die Beziehungen zu Berber und seinem Institut abgebrochen, obwohl dieser in enger Verbindung mit Außenminister Ribbentrop stand. Dieser Dekan, Prof. Dr. Franz Six, war der Prototyp des NS-Doktrinärs. Ich hatte mich für ihn besonders interessiert, weil er in Königsberg das im Dritten Reich installierte Fach Zeitungswissenschaft lehrte. Im Gegensatz zu Berlin, wo ich den Altmeister Dovifat hörte, war dieses eine NS-Propagandavorstellung. Six las hastig aus dicken Manuskripten, die wahrscheinlich von anderen zusammengeschrieben worden waren, fast kommentarlos Daten und Fakten aus dem in- und ausländischen Zeitungswesen herunter, seine besondere Aufmerksamkeit galt der Sowjetunion. In Königsberg wie in Berlin war sein Adlatus Dr. Walz. Aber wie Gerhard Szczesny in seinem Buch »Als die Vergangenheit Gegenwart war« schreibt, hat Six bereits in Königsberg einige Zeitungswissenschaftler für den SD angeworben. Bei uns in Berlin trat er schon als offizieller SD-Führer auf, sehr häufig in Uniform, ohne daß wir etwas von seiner fürchterlichen Tätigkeit im Jahre 1941 wußten. Erst nach dem Kriege habe ich erfahren, und zwar durch die Berichterstattung über den Nürnberger »Einsatzgruppenprozeß«, daß Six im Sommer 1941 zum Chef des »Vorkommandos Moskau« im Rahmen der Einsatzgruppe B ernannt worden war. Er hat sich vom 25. Juli 1941 bis zur zweiten Hälfte August in Smolensk aufgehalten. Die Aufgabe war an sich, beim Eintreffen in Moskau Dokumente sicherzustellen. Man kam aber gar nicht bis Moskau, das Vorkommando wurde zu Liquidierungsaktionen gebraucht. Diese Tätigkeit hat ihm in Nürnberg eine Strafe von 20 Jahren Haft eingetragen.

Prof. Six war aber nicht nur Einsatzgruppenführer des SD und Dekan unserer Fakultät, er war im Reichssicherheitshauptamt Amtschef VII (Weltanschauliche Gegnerbekämpfung), er war Gesandter und Beauftragter für Kulturpolitik im Auswärtigen Amt, und er wurde noch am 30. Januar 1945 zum SS-Brigadeführer befördert. Bei Kriegsende soll er nach einer phantastischen Zeitungsgeschichte versucht haben, die »Reichskleinodien« in einem Koffer über die Schweizer Grenze zu schaffen. Die Schweizer schickten ihn zurück, und die Franzosen nahmen ihn gefangen. Eine Bestätigung dieser Story habe ich nirgendwo gefunden.

Six war gleichzeitig mit meinem Vater Häftling im Kriegsverbrechergefängnis Landsberg/Lech. Eine groteske Pointe dieser verrückten Zeit, daß dieser »Nichtarier« Hans Mosberg neben dem SS-Herrenmenschen Six von den Amerikanern inhaftiert worden war. Daß er in Landsberg nach wie vor seiner NS-Ideologie anhing, bestätigt das Buch »Ein anderer Hitler« von dem Architekten des »Führers« für die »Hauptstadt der Bewegung«, Hermann Giesler. Dort wird der ehemalige NS-Zeitungswissenschaftler mit einer Stellungnahme zur Zeit nach 1945 zitiert: »Das stand keineswegs zu Beginn einer Umerziehung, das diente vielmehr der Erniedrigung, der Entwürdigung. Man wollte uns das Rückgrat brechen, uns korrumpieren, wie man zugleich, mit willigen deutschen Hiwis, mit einer Journaille, die für alles zu haben ist, das deutsche Volk korrumpierte und zersetzte mit dem Ziel, alles ›in Frage zu stellen‹, die ›Umwertung aller Dinge‹ zu betreiben.«

Six war im Verfahren Fall 9 in Nürnberg zu 20 Jahren Haft verurteilt worden, der Militärgerichtshof II hatte das Urteil am 10. April 1948 gesprochen. Doch bereits 1952 wurde er aus

Landsberg entlassen. In einer Publikation aus der DDR wurde behauptet, er sei Mitarbeiter des Bundesnachrichtendienstes geworden. Ich weiß positiv, daß der ehemalige Oberstleutnant Baun, der meinen Vater für die Mitarbeit bei General Gehlen gewinnen wollte, Six abgelehnt hat. Die bundesdeutschen Gesetze sicherten ihm aber eine gute Vesorgung als »Gesandter 1. Klasse zur Wiederverwendung«, er soll dann 1960 Werbechef bei der Porsche Dieselmotorenbau GmbH in Friedrichshafen geworden sein.

Wenn Prof. Six auch nach außen hin der dominierende Chef in meiner Studienzeit war, die stärksten Eindrücke, an die ich heute noch denke, hinterließen andere, zum Beispiel der berühmte Pädagoge Eduard Spranger. Wenn ich an seine Vorlesungen denke, so immer zuerst an das äußere und wirklich merkwürdige Bild dieser Vorlesungen. Der kleine, beleibte Professor stand nicht etwa hinter dem Katheder und las, nein, er wanderte ständig an den Wänden des überfüllten Hörsaales um das Auditorium herum, die Daumen in die Weste eingehakt und sprach frei, z.B. über die Idee der Freiheit bei »Emile« von Rousseau. Die Köpfe der Studenten wanderten immer mit ihm. Spranger hatte ursprünglich Hitler begrüßt. Nach dem Erwachen aus seinen Illusionen las er vor allen Dingen über allgemeine philosophiegeschichtliche Themen, für die er bei den Studenten sehr beliebt war. Er wurde 1944 im Zusammenhang mit den Ereignissen des 20. Juli verhaftet und lehrte später an der Universität Tübingen.

Ein völlig anderer Typ war der Philosoph Nicolai Hartmann. Bei ihm hörte ich, ohne zu belegen, denn er hatte nur wenige Studenten in seinen Vorlesungen. Zu der ungünstigen Zeit, um 14 Uhr, las er über Metaphysik, eine sehr schwierige Materie, von der ich wenig verstanden habe. Außerdem war nicht zu übersehen, daß eine ganze Reihe von Studenten bei seinen Vorlesungen regelmäßig einschlief. Imponierend war aber der äußere Rahmen. Hartmann ließ sich stets von einem Pedell ankündigen, der eine Karaffe Wasser und ein Glas auf das Katheder stellte. Selbst nach schweren Luftangriffen, wenn der Hörsaal mit Mörtelbrocken übersät und von Kalkstaub gepudert war, Nicolai Hartmann erschien im dunklen Gehrock, ungerührt und las über Metaphysik.

Mit besonderem Vergnügen erinnere ich mich an die Vorlesungen von Emil Dovifat, dem witzigen, deutlich von der herrschenden NS-Meinung abweichenden Zeitungswissenschaftler. Wenn er über Zeitungen des Auslandes in dem verdunkelten Hörsaal 33, dem größten überhaupt, Karikaturen der Auslandspresse über die NS-Größen zeigte, dabei im Dunkeln mit seiner unverkennbar niederrheinischen Tonart (er stammte aus Eupen-Malmedy) kabarettreife Kommentare dazu gab, das war ein Lichtblick in dem tristen Alltag des von Bombenangriffen immer wieder geschüttelten Berlin.

In den Semesterferien dieses Sommers 1943 konnte man nicht etwa die komplizierte Materie der im Studium gebotenen Themen wissenschaftlich aufarbeiten, nein, es kam der »Kriegseinsatz« in einer Fabrik. Am 28. August fing ich im Glaswerk Mitterteich mit der Arbeit an, zum Teil in der Werksbücherei, die geordnet werden mußte, zum Teil im Labor. Außerdem wurde ich mit Gartenarbeit beschäftigt, um selber etwas für die zugegeben gute Verpflegung in diesem hintersten Winkel der Oberpfalz zu tun. Ich versuchte dann am Abend, literarisch zu arbeiten. Viel kam dabei nicht heraus.

Im Tagebuch heißt es: »Danach hatte ich mich in Berlin immer gesehnt, wenn mir der Kopf von den vielen Kollegs wirbelte. Nun ist es nichts damit, nur zu essen bekomme ich hier genug. In so einem kleinen Nest ist man recht auf sich selbst angewiesen, jeder hat gehäuft zu tun. Wir treten nun ins 5. Kriegsjahr und haben keine rechte Vorstellung vom Frieden oder gar vom Sieg.«

Am 24. Oktober war der Fabrikeinsatz zu Ende, und nach einer freien Woche ging es wieder nach Berlin. Ich schrieb in mein Tagebuch: »Was mich dort erwartet, ist sicher nicht besonders schön, aber für mich ist das angestrengteste Studieren nicht geistig so aufreibend wie eine stumpfsinnige, stockende Betätigung manueller Handfertigkeit in so einem abgeschlossenen Nest. Ich sehe auf diese Zeit als ein Zwischenstadium, das mir nur zu ein paar Pfund mehr Lebendgewicht verholfen hat, in dem ich aber weder zu einer ernsthaft gültigen Arbeit für mich selbst noch für die Universität gekommen bin... In ein paar Tagen beginnt wieder die Orgie der Abmeldungen hier und der Anmeldungen in Berlin. Ich bin schon neugierig auf mein neues Zimmer, das freilich erst gefunden werden muß. Der ganze Winter mit fünf Studienmonaten, mit schlechtem Essen und kalter Heizung steht mir nun bevor. Aber es ist nun einmal Berlin, es ist doch geistige Beweglichkeit und auch einmal ein Kunstgenuß.«

Das Studium fing ohne bürokratische Schwierigkeiten an, und ich bekam über die Vermittlung ein wunderschönes Zimmer in einer sehr gepflegten Villa in Dahlem in der Peter-Lenné-Straße. Ich wohnte bei einer Familie, die zwei Studenten aufnahm. Wir hatten bei Luftangriffen dafür zu sorgen, daß die Kunstschätze des Hauses geborgen wurden. Es kam ganz anders. In den ersten Dezembertagen war ich sehr häufig im Humboldt-Klub, wo immer noch ein gutes Programm geboten wurde. Dann war am Ende einer Veranstaltung Fliegeralarm, und bald gingen in der Nähe der Straße »In den Zelten« schwere Bomben nieder, die wohl vor allen Dingen dem Lehrter Bahnhof galten. Das Licht fiel aus, und in den Keller kam ein älterer Herr mit einer dicken Altarkerze als Beleuchtung. Mein Nachbar erklärte mir, dieses sei der »Reichsbischof« Müller, der hier ebenfalls wohne. Es dauerte nicht lange, dann kamen Angehörige der OT (Organisation Todt), die alle Männer aufforderten, beim Löschen eines ihrer Stabsgebäude zu helfen. Ich ließ meinen Mantel und meine Aktentasche im Humboldt-Klub, wir bekamen Luftschutzstahlhelme und Schutzanzüge, und dann ging es zum Löschen. In der Nähe fielen immer wieder Gewehrschüsse, angeblich versuchten am Lehrter Bahnhof ausländische Zwangsarbeiter, Vorräte zu plündern. Nach Abschluß der Arbeiten, es war gegen Mitternacht, kam ich völlig durchnäßt und frierend in den Klub zurück. Dort waren inzwischen mein Mantel und die Aktentasche verschwunden. Ich mußte mich auf den weiten Weg durch die Innenstadt zu Fuß machen, denn die U-Bahn fuhr nicht. An der Wannseebahn bekam ich endlich einen Zug, der mit einer Dampflok bespannt war, fuhr in den Westen, dann ging es weiter zu Fuß nach Dahlem. Dort kam ich am Morgen bei herrlichem Sonnenschein und zwitschernden Vögeln in die Peter-Lenné-Straße. Es herrschte überall der tiefste Friede. Ein einziges Haus war von einer verirrten Bombe getroffen worden, das war das Haus, in dem ich gewohnt hatte. Von meinen Habseligkeiten fand ich fast nichts mehr vor. Ich bin dann nach Charlottenburg zu einer Kommilitonin gegangen, die mich in einer Notaufnahmestelle zuerst einmal verpflegte. Dort habe ich auch erschöpft geschlafen, Ute Reichert besorgte mir den »grünen Bombenausweis«. Nachdem ich eine Sonderzuteilung an Lebensmitteln und die Genehmigung für eine Fahrt nach Hause erhalten hatte, fuhr ich dann in einem völlig überfüllten Zug vom Stettiner Bahnhof in Richtung Danzig. Die Leute im Abteil musterten mich verwundert, denn ich war, in einem völlig verdreckten Anzug mit einem Luftschutzstahlhelm auf dem Kopf, wirklich eine merkwürdige Erscheinung.

Ich war in Berlin nun zum vierten Mal obdachlos geworden, denn auch mein vorheriges Quartier in der Aschaffenburger Straße in Wilmersdorf war »durchgepustet« worden, wie die Berliner sagten, und nicht mehr bewohnbar. Da ich noch keine Bleibe hatte, blieb ich gleich über Weihnachten in Zoppot. Meine Tagebucheintragung vom 2. Weihnachtsfeiertag 1943 lautet: »Es sind auch in diesem Jahr eine ganze Menge alter Kameraden zusammengekommen, wenn der Krieg auch schwere Einbußen gefordert hat. Ich bin nun noch der einzige Zivilist, ich werde mich im Einsatz sehr anstrengen müssen, um mein Studium zu rechtfertigen. Morgen wird die Referatsarbeit ernstlich begonnen.«

Die nächste Eintragung vom 11. Januar 1944 meldet schon den Bezug einer neuen »Bude« und neue Luftangriffe. Dann heißt es am 31. Januar 1944: »Heute sieht es hier wüst aus, denn überall brennt es. Die ganze Nacht habe ich mit einem C-Rohr gelöscht, bis mir der Treppenflur unter dem Hintern wegstürzte. Meine Sachen sind total versaut, aber immerhin hat mir der Gauleiter die Kriegsverdienstmedaille verliehen.«

Der Hintergrund dazu, die Verleihung eines NS-Ordens an einen sog. Mischling ersten Grades, war makaber. Mein Zimmer lag in der Kurmärkischen Straße. An der Ecke war eine Dienststelle der Gauleitung Mark Brandenburg der NSDAP. Bei Fliegerangriffen auf Berlin wurden die Einsatzzüge des Gaues aus Potsdam dorthin geholt. Als wir aus unserem halb überfluteten Keller nach oben kamen, brannte es überall um uns herum. Ohne viel zu überlegen, packte ich beim Löschen mit an. Als wir den Kampf in einem brennenden Mietshaus aufgeben mußten, nahm mich der Leiter der Löschgruppe mit in diese Gauleitung. Dort saßen in einem großen Zimmer viele Bonzen, die rauchten und tranken, aber nicht daran dachten, sich nach draußen zu begeben. Ich wurde nach Namen und Anschrift gefragt, zu meiner Verwunderung auch, ob ich Mitglied der Partei sei. Ich verneinte das, was einiges Aufsehen erregte, denn normalerweise wurden alle 18jährigen »automatisch« von der Hitlerjugend in die NSDAP überführt. Ich erklärte das mit meinem Soldatenstatus (den ich ja gar nicht hatte), aktiven Soldaten war damals noch die parteipolitische Betätigung untersagt. Am nächsten Tag wurde ich wieder in dieses Gauleitungsgebäude geholt, und man drückte mir einen Briefumschlag mit der Kriegsverdienstmedaille und einem Belobigungsschreiben des Gauleiters in die Hand (von beidem habe ich mich 1945 beim Einmarsch der Amerikaner getrennt).

Ich mußte mir vor allen Dingen etwas zum Anziehen besorgen, denn mein Zimmer war zwar nicht zerstört, aber die Sachen waren durch Wasser und Brandflecken ruiniert. Ein Klassenkamerad, der mich zufällig am nächsten Tag dort auf der Durchfahrt besuchte, erzählte mir dann den neuesten Witz: »Was ist feige? Wenn sich einer aus Berlin freiwillig an die Ostfront meldet!« Teile der Universität und den Humboldt-Klub hatten die Luftangriffe auch zerbombt. Auf einen telefonischen Tip meiner Mutter fuhr ich nach Potsdam, wo noch alles wie im Frieden aussah. Ich ging zu einem von ihr genannten Herrenausstatter, mit einer Empfehlung von einem mir unbekannten Freund meiner Mutter. Zu meiner Verblüffung erhielt ich dort Schlafanzüge, Wäsche und einen Anzug in bester Friedensqualität. Es war zwar etwas teuer, aber Geld begann damals schon eine mindere Rolle zu spielen. Man brauchte Bezugsscheine oder man konnte etwas eintauschen. Geld, für das es keine Ware gab, hatten die meisten in der Tasche. In dieser Zeit bin ich übrigens wegen Geld ein einziges Mal noch mit der Abwehr in Verbindung getreten. Nach meiner

Erinnerung war es in einem der Speer-Bauten am Fehrbelliner Platz (Haus des Fremdenverkehrs?), wo ich die Verlegung des Wohnsitzes meiner Mutter von Zoppot nach Mitterteich meldete.

An meinem 20. Geburtstag wurde ich 1944 in der Nacht zum fünften Mal ausgebombt. Ich zog zu meinen Verwandten nach Lichterfelde-West. Die Schwester meines Vaters in Charlottenburg und ihre Familie konnte ich nicht um ein Quartier angehen, denn ich hatte bei Besuchen Warnungen erhalten, man müsse dort mit Überwachung rechnen. Meine Tante durfte als Sternträgerin bei Luftangriffen nicht den Luftschutzkeller benutzen. Einmal war sie schon zum Abtransport bestimmt, ihr Mann konnte sie nur aufgrund seiner wichtigen Stellung bei Siemens davor retten. Ganz anders sah es bei der Schwester meiner Mutter aus. Sie war die Frau eines hohen Beamten des Reichsluftfahrtministeriums und hatte die Hochzeit ihrer Tochter noch im »Haus der Flieger« (früher Preußisches Herrenhaus) feiern können. Alle Genüsse, die man sich nur denken kann, ob Fleisch, Gebäck oder Wein, wurden aufgetischt, serviert von Ordonnanzen in Luftwaffenuniform. Es traf sich gut, daß der Vater des Bräutigams, eines von der Wolchowfront schwer angeschlagen zurückgekehrten Militärarztes, ein großes Feinkostgeschäft in Kreuznach hatte. Bei diesen Verwandten konnte ich im Zimmer meines zur Wehrmacht eingezogenen Cousins unterkommen.

Das Zimmer war für meine, durch Ausbombungen geschärften Nerven keine besonders gute Schlafstelle. Es gab eine allgemeine Möglichkeit, schon den Voralarm für einen kommenden Luftangriff zu erfahren, das war der sog. Drahtfunk. Man konnte mit einem einfachen Radiogerät, das an die Telefonleitung angeschlossen wurde, einen örtlichen Sender hören, der Warnungen vor Luftangriffen durchgab. Das Hauptradiogerät in den meisten Familien war damals schon dazu benutzt worden, die »Feindsender« abzuhören, ob das nun die britische BBC oder getarnte Sender wie »Gustav Siegfried I« oder »Hier spricht der Chef« waren. Das war zwar alles verboten, geschah aber beinahe wie selbstverständlich. Doch meine Vorwarnung vor Luftangriffen funktionierte anders. Die Wohnung meiner Verwandten lag dicht an der S-Bahnstrecke von der Innenstadt nach Wannsee. In den ersten Nächten hatte mich das dauernde Schleifgeräusch der S-Bahnen nicht einschlafen lassen, dann gewöhnte ich mich daran. Wenn ein Luftangriff angekündigt war, stellte die S-Bahn ihren Zugverkehr ein. Das Ausbleiben des Geräusches der vorbeifahrenden Züge war für mich ein Wecksignal. Die plötzliche Ruhe bewirkte also nicht einen tieferen Schlaf, sie machte vielmehr wach, und ich fing an, meine Siebensachen für den Gang in den Keller zusammenzusuchen. Am 29. Februar endete dieses Semester und ich konnte die Stadt verlassen. Vor mir lag eine ungewisse Zukunft.

Die Studienbedingungen in der NS-Zeit sahen vor, daß man normalerweise erst nach Ableistung der Arbeitsdienstpflicht das Studium beginnen konnte. Wer, aus welchen Gründen auch immer, nicht zum Arbeitsdienst eingezogen worden war (wie das bei mir passierte), mußte einen Ausgleichsdienst ableisten. Mein Studium war mit Hilfe der vorgelegten, nicht mehr gültigen Papiere reibungslos gelaufen, jetzt, bei der Aufnahme in den Ausgleichsdienst, mußte ich neue Fragebogen ausfüllen, darin war auch die Frage nach der arischen Abstammung. Da ich auf jeden Fall in Berlin bleiben wollte, wo mich die örtlichen Parteistellen Zoppots nicht ohne weiteres finden konnten, mußte ich ein Risiko eingehen. Ich habe die Fragen für den Ausgleichsdienst wahrheitsgemäß ausgefüllt, weil ich damit rechnete, daß sich in der damals so turbulenten Zeit niemand genauer für die einzelnen Angaben interessieren würde, und weil zum zweiten, im Falle einer Entdeckung, die Strafandrohung für falsche Angaben für mich sehr gefährlich werden konnte. Ich muß dazu sagen, daß ich damals, vielleicht nicht zuletzt wegen der dauernden Schwierigkeiten, eine gewisse Wurstigkeit entwickelt hatte. Nicht, daß mir alles egal gewesen wäre, aber ich glaubte, und das tat wohl auch die Mehrheit aller Deutschen, nicht mehr an einen Sieg der Nazis und wollte nur die mehr oder minder kurze Zeit bis zu ihrem Zusammenbruch überleben.

Wenn ich meine Tagebucheintragung vom 29. April 1944 lese, in der es heißt: »Nun aber wird es ernst, die Schatten meines persönlichen Schicksals mischen sich mit denen des Krieges. Ich hoffe, Soldat werden zu können, denn diese Situation zwischen halber Duldung und englischen Bomben, das muß einmal ein Ende haben.«, so ist meine Erinnerung ganz klar: Wir sahen den kommenden Zusammenbruch des Nazireiches, aber wir befürchteten auch die damit verbundene Vernichtung unseres Vaterlandes. Ich wäre wahrscheinlich auch damals noch Soldat geworden, weil wir immer der Meinung waren, die Wehrmacht sei der einzige Schutz unseres Volkes gegen die Vernichtung. Ich wurde ja von meinen Schul- und Studienkollegen häufig gefragt: »Warum sind Sie nicht Soldat?« Das war eine Demütigung, denn dem äußeren Anschein nach (natürlich auch in Wirklichkeit) fehlte mir nichts. War ich also ein Feigling für die anderen? Ich war keineswegs kriegslüstern, und sicherlich wäre ich auch kein besonders tapferer Soldat geworden, aber weiß man das in diesem Alter schon? Es gibt ja für einen jungen Mann keine Selbstbestätigung, wenn er nicht ist wie alle Jungen seines Alters.

Diese Jahr 1944 machte aus mir ein Wesen »anders als alle anderen«, ein isoliertes, am Rande der Gesellschaft lebendes Wesen. Es gab nach dem Kriege sehr viele, die sich dessen rühmten, daß sie eben anders gewesen und anders gedacht hätten, daß sie gegen den Krieg gewesen seien, Soldat nur unter Zwang, und eigentlich sei ja der Deserteur der eigentliche Held jener Jahre. Ich habe diese Ansicht damals nicht geteilt und teile sie heute noch nicht, obwohl ich inzwischen das verbrecherische Ausmaß der Zerstörung unseres Vaterlandes durch die Nazis erfahren habe. Aber so, wie ich meinen Vater, den Offizier, nicht verleugnen wollte, so will ich auch nicht nachträglich als Opportunist in den Chor derjenigen einstimmen, die nach 1945 alles Soldatische verdammten.

Damals spielte sich ohne mein Wissen allerdings auch eine Entwicklung ab, die, wenn ich sie nur geahnt hätte, meine Befürchtungen noch verstärkt hätte. Es war ganz offensichtlich, daß das Regime immer stärker zum Terror griff. Man hörte von den Konzentrationslagern Oranienburg bei Berlin, Dachau bei München, Buchenwald bei Weimar und Stutthof bei Danzig, aber von den eigentlichen Vernichtungslagern im Osten wurde nichts erzählt. »Daß über die Einzelheiten, etwa über die Methoden des Folterns, nichts zu erfahren war, rückte die Lager in die Finsternis mythologischer Schauplätze. Bekannte, aus jeder Diktatur bekannte Geschichten und keine eigentliche Erklärung für die häßliche Angst, die in einem aufstieg, wenn man sich vor Freunden über etwas entrüstet hatte. So geht es dir, du verschwindest, ohne auch nur das Geringste zu bewirken, die in den Lagern haben keine Identität mehr, niemand bewundert sie, niemand trauert um sie, sie sind nichts.« Diese Sätze von Marie-Luise Kaschnitz geben das wieder, was wir damals empfanden.

Im Hintergrund vieler meiner Gedanken tauchte immer wieder die Gestalt meines Vaters auf. Er war bei der Abwehr – das bedeutete für mich, die Abwehr hatte nicht nur meinen Vater, sondern auch uns als Familie geschützt. Aber ich wußte ja nicht, daß der maßgebliche Mann der Abwehr I, General Oster, bereits im Dezember 1943 von den Nazis aus dem Amt geworfen worden war. Ich wußte nichts davon, daß Anfang Februar 1944 Hitler den Chef der Abwehr, Admiral Canaris, seiner Ämter enthoben hatte. Der größte Teil des ehemaligen Amtes Canaris unterstand nunmehr dem SS-Brigadeführer Walter Schellenberg und unterlag der Befehlsgebung der SS, denn Schellenberg gehörte zum Reichssicherheitshauptamt. Schellenberg war es auch, der nach dem Attentat auf Hitler die Verhaftung von Canaris durchführte. Im Juli 1944 wurde in einem Safe in der Ausweichstelle der militärischen Abwehr in Zossen bei Berlin das »Panzerschrankmaterial« gefunden, viele Akten voller belastender Unterlagen.

All das konnte ich weder wissen noch ahnen, meine Einstellung in den Ausgleichsdienst hätte ich vielleicht gar nicht mehr angestrebt, wenn ich geahnt hätte, daß jetzt ausgerechnet die, für Leute meiner Abstammung, besonders gefährliche SS über die Personaldossiers der Familie Mosberg verfügte. Mit dem Ausgleichsdienst hatte ich noch einmal Glück. Als ich mich in dem Amtsgebäude irgendwo in der Nähe der Hedwigskathedrale gemeldet hatte, erschien ein Bekannter aus dem Humboldt-Klub, Günter Scholz (später ein bekannter Journalist und Buchautor), der mich sofort für den Dienst im Humboldt-Klub anforderte. Diese deutsch-ausländische Akademikervereinigung war nach ihrer Ausbombung neben der schon früher zerstörten Krolloper mit ihrem Büro in das Außenamt der Reichsstudentenführung, im

Studentenhaus Hardenbergstraße, gezogen. Außerdem existierte in einem früheren Barlokal in der Uhlandstraße ein Mittagstisch, der besonders von ausländischen Studenten gern aufgesucht wurde, weil es dort einige Zusatzrationen gab. Leiter des Klubs war ein Mitarbeiter des Auswärtigen Amtes, Klaus Mathy, den ich später während des Nürnberger Wilhelmstraßen-Prozesses als Verteidiger wiedertreffen sollte.

Ich wurde eine Art Mädchen für alles, sortierte die Kuverts für Einladungen, machte Botengänge zu anderen akademischen Institutionen und half den Damen des Büros bei der Erledigung der Post. Zwei Dinge aber waren für mich besonders interessant und auch ertragreich: Erstens erhielt ich von Scholz, der zum Außenamt der Reichsstudentenführung gehörte, ganze Packen der Abhörberichte, die von einer zentralen Abhörstelle ausländischer Stationen für die Reichsbehörden angefertigt wurden. Sie waren natürlich »geheim«, aber ich habe viel darin gelesen und daraus gelernt, wenn ich mich auch gehütet habe, meine Informationen weiterzugeben. Scholz lief damals immer mit einem kleinen Hoheitszeichen am Revers seines Jacketts herum, und mir wurde zugeflüstert, er sei ein Mitarbeiter des SD. Erst nach dem Kriege, als ich ihn in der Redaktion der französischen Lizenzzeitung, Berlins »Kurier«, wiedertraf, erfuhr ich die volle Wahrheit. Er hatte eine Frau jüdischer Abstammung. Um sie und die Kinder zu schützen, mußte er nach außen den Nazi spielen.

Die andere Sache war materiell und kulturell eine ausgesprochene Pfründe. Der Humboldt-Klub erhielt vom Auswärtigen Amt Sonderzuteilungen an Rauchwaren für ausländische Studenten und außerdem ein bestimmtes Kontingent an Karten für Theater, Opernhäuser und Konzerte in Berlin. Ich war zwar kein großer Raucher, habe mir aber in dieser Zeit sogar gute Zigarren ins Gesicht gesteckt, doch die kulturelle Seite der Sache, der Zugang zu den damals immer noch hervorragenden Aufführungen in Berlin, war für mich ungleich wertvoller. Ich habe niemals wieder so häufig in Konzerten gesessen, solche Opernaufführungen erlebt und große Schauspieler erleben dürfen wie in diesem von Bomben geschüttelten Berlin des Jahres 1944.

Am 11. Mai 1944 habe ich die erste Tagebucheintragung gemacht: »Die kurze bisherige Dienstzeit im Humboldt-Klub war doch sehr komprimiert und anstrengend. Ich muß mich auch erst wieder an das Großstadtpflaster und das Lokalessen gewöhnen. Drei schwere Angriffe habe ich bisher auch glücklich überstanden, die Innenstadt (Uni) sieht sehr schlimm aus, doch die Arbeit geht weiter. Ich sitze mutterseelenallein in Mehmels ausgeräumter Wohnung. Alarmstufe 20, leider hört die Musikübertragung von Cosi fan tutte im Radio auf, jetzt gilt wieder einmal der in Berlin allgemein eingeführte Gruß ›Bleib übrig‹.«

Mein geliebtes Mädchen war übrigens gleichzeitig im Ausgleichsdienst, allerdings konnte sie den zu Hause ableisten. Es gingen auch in ihrer Nähe, in dem Kriegshafen der früheren polnischen Marine, der jetzt Gotenhafen hieß, amerikanische Bomben nieder. In dieser Zeit gab es auch einen Riesenkrach zwischen uns, weil sie herausbekam, daß ich nicht ständig wie ein Mönch gelebt hatte. Das hatten ihr meine »guten Freunde« natürlich gleich erzählen müssen. Wir behielten aber unsere Erkennungsmelodie des französischen Schlagers »J'attendrai«, der den deutschen Schnulzentitel »Komm zurück« erhalten hatte und voll in Mode war. Diese Melodie und der dazugehörende Text bildete auch in der Zeit, als wir verkracht waren, eine Verbindungsbrücke. In Berlin hatte ich mich beim Humboldt-Klub so gut etabliert, daß ich es unternahm, alte Freunde meines Vaters zu Klubveranstaltungen einzuladen, um damit für mich eine Verbindung zu ihnen zu schaffen. Ich ging frech und ohne Hemmungen ins Reichspropagandaministerium zu dem Ministerialdirigenten Werner Stefan, einem alten Freund meines Vaters, der übrigens nach dem Kriege Generalsekretär der FDP wurde. Ich ging auch zur Deutschen Allgemeinen Zeitung (DAZ), zu den Redakteuren Eggeling, später einmal nach dem Kriege Chef der Deutschen Presseagentur (dpa), und dessen Nachrichtenredakteur Usnainsky. Alle diese Herren empfingen mich sehr freundlich, konnten mir aber keinerlei Hoffnung auf eine journalistische Tätigkeit machen (sie kannten ja die Bestimmungen des Schriftleitergesetzes), obwohl ich im Außenamt der Reichsstudentenführung auch kleine Presseaufgaben, dank Scholz, erledigen durfte.

In der Rückschau weiß ich selber nicht, was ich mir damals

dabei gedacht habe, denn die ständig verschärfte Lage, die auch eine Zeitung nach der anderen zur Aufgabe veranlaßte, war nun wirklich nicht dazu angetan, ausgerechnet mir einen redaktionellen Arbeitsplatz zu geben. Andererseits hatte ich wieder zu schreiben begonnen, und weil ich von der Philosophie und der ganzen theoretischen Schriftstellerei die Nase voll hatte, schrieb ich zwei Manuskripte mit »Herzensergüssen« mit den Titeln »Februarbriefe an die Geliebte«, angefangen angeblich im Februar 1943 und »Herbstbriefe an die Geliebte«, beendet im Oktober 1944. Sie sind noch erhalten und bilden zusammen mit ein paar Briefen aus Zoppot, die ich nach Berlin bekommen und dort aufgehoben hatte, ein Erinnerungspaket an meine junge und heftige Liebe.

Zu meinen Pflichten im Außenamt der Reichsstudentenführung gehörte auch die Durchführung von Kurierfahrten. Die vielleicht merkwürdigste war, als ich im »großen Wichs« mit einem riesigen Blumenstrauß in einem überfüllten Zug von Berlin nach Halle geschickt wurde, um dort bei der Hochzeit von Klaus Mathy das Bukett als Gabe seiner Dienststelle abzugeben. Interessanter waren schon die Kurierfahrten nach Salzburg, wo der Reichsstudentenführer Scheel als Gauleiter saß. Salzburg war vom Kriege nach völlig verschont und gerade im Sommer ein erstrebtes Ziel. Leider kam ich nur selten als Kurier nach Salzburg an die Reihe. Aber an einem ganz besonderen Tag unserer Geschichte war ich dann wieder einmal dran, am 20. Juli 1944.

In großer Sonnenhitze mußte ich vormittags in die Wilhelmstraße, denn die Schlafwagenkarten für den Zug, mit dem die Kuriere fuhren, wurden aus einem mir nicht bekannten Grunde ausgerechnet in der »Kanzlei des Führers« ausgegeben. Dort lümmelten sich einige gelangweilte Soldaten der SA-Division »Feldherrnhalle« (das Infanterie-Ersatzbataillon lag übrigens in Danzig-Langfuhr) als Posten herum, ich bekam aufgrund meines Kurierausweises anstandslos Zugang und auch die Karten ausgehändigt.Als ich zur nächstgelegenen U-Bahnstation ging, bemerkte ich dort Menschentrauben. Die Züge fuhren im Regierungsviertel ohne Anhalten einfach durch, und die Leute rätselten über die Ursache. Von der später behaupteten Besetzung des

Regierungsviertels durch das Wachbataillon unter Führung des Majors Remer habe ich nichts gesehen. Ich mußte zu Fuß zur Station Hallesches Tor und konnte dort wieder eine Verbindung bekommen, die mich nach Lichterfelde brachte.

Auf den Bahnsteigen bildeten sich überall Diskussionsgruppen, denn daß etwas Besonderes passiert war, war den meisten Menschen bewußt. Nur wußte niemand, was denn passiert war. Ein Fahrdienstleiter, dem ich eine entsprechende Frage stellte, erklärte mir, es habe angeblich ein Attentat auf Mussolini gegeben. Der Schlafwagenzug nach Salzburg stand im Anhalter Bahnhof, ich konnte ohne jede Kontrolle mein Abteil aufsuchen. Der Zug fuhr allerdings mit über einstündiger Verspätung ab, ohne daß bekanntgegeben wurde, was der Grund dafür sei. Fliegeralarm war es nicht. Als der Zug in Augsburg anhielt, wurden die meisten Reisenden zum Umsteigen aufgefordert, denn in München habe es einen schweren Luftangriff gegeben. Aus meinem Nebenabteil stieg eine völlig außer Fassung geratene und lautstark schimpfende Frau zusammen mit einem Luftwaffenoffizier aus, der ihre unzähligen Koffer auf den Bahnsteig schleppen mußte. Der unter mir im Schlafwagenabteil fahrende Kurier einer anderen Reichsbehörde erklärte mir, diese Frau sei Leni Riefenstahl, die Filmregisseurin der Parteitags- und Olympiafilme.

Da meine Kurierpost teilweise auch nach München ging, stieg ich nicht in Augsburg aus, sondern kam in München inmitten rauchender Trümmer an. Der Empfänger der Post war am Bahnhof, schloß die Tasche auf, entnahm ihr die für ihn bestimmte Post und gab andere hinein, schloß ab und sagte dann: »Sieh zu, wie du nach Salzburg kommst, hier ist alles im Eimer.« Nach längerem Umherirren, ich fand keinerlei funktionierende Straßenbahnverbindung, bin ich dann zu Fuß bis zum Ostbahnhof gegangen. Dort konnte ich mit einem Bummelzug weiter nach Salzburg fahren. Als ich in dem überfüllten Abteil Auskunft begehrte, was denn nun eigentlich passiert sei, bekam ich als Antwort nur Achselzucken und dialektgefärbtes Gemurmel, von dem ich nur verstand, daß irgendetwas los sei, man aber nicht wisse, was. Erst spät am Abend kam ich in Salzburg an, und selbst in dem »Ersten Haus am Platze«, wo die Kuriere ein ständiges

Zimmer hatten, gab es nichts mehr zu essen. Ein mitleidiger Portier gab mir den Tip, daß man an der Bar zu Getränken auch ein Käsebrot bekommen könne. Diesem Rat folgte ich und bemerkte dann, nicht am Bartresen, sondern an einem Tisch, eine sehr angeheiterte Gesellschaft von SS-Führern, deren Mittelpunkt ein sichtlich angetrunkener Zivilist mit goldenem Parteiabzeichen bildete. Er erzählte laut schallend Witze über den »Reichsjägermeister«, die nicht sehr schmeichelhaft für Hermann Göring waren. Der Barkeeper erklärte mir auf meine Frage, der Witzbold sei Roland Freisler, der Präsident des Volksgerichtshofes. Am nächsten Morgen hatte ich die Geschehnisse in Berlin und auch Herrn Freisler weitgehend vergessen. Ich machte mich nach dem Frühstück auf den Weg zur Residenz. Hier hatte der Gauleiter und Reichsstatthalter Scheel seine Büroräume. Dort lieferte ich auch wieder meine Kuriertasche ab, zu der ich übrigens keinen Schlüssel hatte. Ich konnte, wie auch sonst bei diesen Kurierfahrten üblich, den Tag zur freien Verfügung verbringen, folgte aber gerne der Aufforderung, mit dem Personal im Hof der Residenz ein Mittagessen einzunehmen, denn ich war mit Reisemarken nicht gerade gut versehen. Es war herrliches Sommerwetter, aber der Hof lag im Schatten. Es war ein sehr angenehmer Aufenthalt. Übrigens saßen an einigen Tischen auch katholische Priester in ihren Gewändern, Herr Scheel lebte in Symbiose mit dem Bischöflichen Stuhl.

In der Stadt sah ich dann die ersten Zeitungen mit der Überschrift vom Attentat auf Hitler in seinem Hauptquartier. Über die Geschehnisse in Berlin stand so gut wie nichts in den Zeitungen. Erst später habe ich die Einzelheiten erfahren. Im Radio wurden Aufrufe ausgestrahlt, ich selbst habe Hitlers Rede nicht gehört. Alle Gesprächspartner, die diese Meldungen diskutierten, zeigten sich hocherfreut über die Rettung Hitlers, es war aber im Unterton deutlich zu merken, daß eine ganze Reihe von ihnen bedauerten, daß es nicht geklappt hatte. Die Rückreise wurde nicht durch Fliegerangriffe gestört, verlief aber dennoch etwas turbulent. Auf dem Bahnsteig in Salzburg sprach mich ein kriegsversehrter Offizier an, der das Schlafwagenabteil mit mir teilte. Er hatte an meiner Kuriertasche erkannt, daß ich ein Dienstreisender war und fragte mich sehr höflich, ob ich wohl gestatten würde, daß er seine Verlobte mit ins Abteil brächte. Sie hätte keine Platzkarte und er könne sie nur einschmuggeln. Ich hatte keine Einwände, und die junge Dame erschien in einem Augenblick, als kein Bahnpersonal zu sehen war. Da es sehr heiß war, der Zug hatte den ganzen Tag in der Sonne in Salzburg gestanden, entblätterte sich die junge Dame weitestgehend und legte sich in das untere Bett, während ihr Begleiter und ich bei der Kontrolle der Fahrkarten und der Ausweise die Tür verdeckten. Meine Mitreisenden haben sich dann unten in dem schmalen Bett wohl recht vergnügt die Nacht über unterhalten, jedenfalls vertrieb mir diese Gesellschaft jeden Gedanken an das Schicksal Adolf Hitlers in Rastenburg.

Nach Ablieferung meiner Kurierpost habe ich dann im Humboldt-Klub etwas mehr über das Attentat gehört, überall herrschte eine sehr gespannte Atmosphäre. Vor allen Dingen wurde darüber diskutiert, ob die Hunderttausende von ausländischen Arbeitern im Falle einer Revolte unter Kontrolle bleiben würden. Nach meiner Erinnerung sind politische Diskussionen damals weitgehend eingeschlafen, von einer revolutionären Stimmung habe ich nichts gemerkt.

Der Humboldt-Klub war nicht nur mein direkter Arbeitgeber, sondern auch weitgehend mein Aufenthaltsort außerhalb der Bürotätigkeit. Er war immer als Treffpunkt für ausländische Studierende sowie anderer Auslandsgäste gedacht, die zu einem kürzeren oder längeren Besuch in Berlin weilten. Den ausländischen Akademikern wurde dabei die Gelegenheit geboten, mit Deutschen in Beziehung zu treten und an verschiedenen Veranstaltungen geistiger und geselliger Art teilzunehmen. Für die deutschen Akademiker mit auslandskundlichen Interessen oder sogar mit Auslandserfahrung bot sich die Möglichkeit, sich mit ausländischen Gästen an der gemeinsamen deutsch-ausländischen Kulturarbeit zu betätigen. Ein materiell wichtiger Anziehungspunkt war der Mittagstisch, der nach der Ausbombung neben der Krolloper nun in der Uhlandstraße in etwas kleinerem Umfang fortgesetzt wurde. Im Büro mußten wir Auskünfte in auslandskundlichen Fragen erteilen, manchmal konnten wir sogar Wohnungen für Ausländer vermitteln. Auch Sprachaustausch und Unterricht sowie Beratung in Studienfragen waren im letzten Jahr vor der Kapitulation noch immer möglich. Es gab sehr viele ausländische Studenten in Berlin, jetzt allerdings eingeschränkt auf die mit Hitler verbündeten Länder. Meine engsten Freunde waren damals bulgarische Marineoffiziere, die an der Berliner Universität studierten. Sie haben mir in privaten Gesprächen ganz klar gesagt, daß die Mehrheit ihres Volkes niemals gegen Rußland kämpfen wollte, und trotz der Waffenbrüderschaft im Ersten Weltkrieg und der deutschen Abstammung der Zarenfamilie seien sie fest entschlossen, sich mit den Russen zu verständigen.

Anfang August erhielt ich zwölf Tage Urlaub und konnte nach Zoppot. Abenteuerlich war allerdings die Reise schon. Wegen der Frontlage waren die meisten Fernzüge in Richtung Osten nur mit einer besonderen Genehmigung zu benutzen, die ich für einen schlichten Urlaub niemals bekommen würde. Aber in einem Reisebüro am Kurfürstendamm wußte man Rat. »Fliegen Sie doch einfach nach Danzig«, sagte die Dame hinter dem Tresen. Ich war sehr erstaunt, denn ich hatte bei den vielen Luftangriffen und der beinahe unbestrittenen Luftherrschaft der Alliierten gar nicht vermutet, daß es noch einen zivilen Flugverkehr geben könnte. Doch es gab eine Lufthansalinie von Tempelhof nach Helsinki mit Zwischenstationen in Danzig und Königsberg. Ich buchte also einen Flug nach Danzig und bin auf diese Weise sehr viel bequemer dorthin gekommen, als es sonst in den überfüllten Fronturlauberzügen möglich gewesen wäre. Ich nahm auch meine gesamte bewegliche Habe mit, denn bei meinen schlechten Erfahrungen mit den feindlichen Bombern mußte ich damit rechnen, nach meiner Rückkehr wieder einmal vor Trümmern zu stehen. In Danzig-Langfuhr fand ich vor dem Flugplatzgebäude keinerlei Transportmittel vor und mußte nunmehr mit meinem großen Gepäck, Mantel angezogen, in brüllender Hitze bis zur nächsten Bahnstation marschieren. Dennoch, ich war wieder einmal zu Hause und konnte in unsere an die Wehrmacht vermietete Wohnung, wo mir ein Zimmer zum Privatgebrauch verblieben war.

Es war ein traumhafter Urlaub, denn irgendwie hatten wir alle das Gefühl des Nichtwiederholbaren, das sich in dem oft gehörten Satz widerspiegelte: »Genieße den Krieg, der Friede wird fürchterlich«. In diesem Urlaub fand auch meine offizielle Verlobung mit Gisela Gröben statt, der ich den Ring an den Finger stecken konnte, mit dem schon meine Mutter und meine Großmutter ihre Verlobung gefeiert hatten. Wir waren nur ein kleiner Kreis, aber sehr fröhlich, um nicht zu sagen, übermütig. Als Übermut kann ich es nachträglich nur bezeichnen, daß ich damals Anzeigen drucken ließ und an Freunde verschickte. Meine Situation war wirklich nicht danach, öffentlich kundzutun, daß ausgerechnet ich, der ich den Nürnberger Gesetzen unterlag, mich mit der Tochter eines Beamten und Parteigenossen verlobte.

Es war nicht nur Übermut, es war auch eine gewisse Gleichgültigkeit gegenüber den Gefahren, die uns drohten. Ich habe das an einem anderen Beispiel stark empfunden, nämlich bei Tagesangriffen der amerikanischen Luftwaffe. Ich war es einfach leid, in einen Keller zu gehen, besonders, nachdem der Keller meiner früheren Wohnung fast völlig verschüttet worden war. In einen Splittergraben mochte ich mich legen, aber selbst das war mir dann schon zuviel. Ich bin bei Bombenangriffen durch einen Regen von Flaksplittern gegangen, wenn mich nicht Polizeistreifen in den nächsten Keller trieben. Das war alles andere als Mut, es war einfach Gleichgültigkeit. Als ich am 23. August nach Berlin zurückkehrte, gab es gleich wieder Fliegeralarm. Außerdem erwarteten wir allerschwerste militärische und politische Entscheidungen für die nächsten Wochen. Für mich kam die schwerste Entscheidung einen Monat später.

In meinem Tagebuch heißt es: »Heute, am 27. September 1944, hat mir das Schicksal wieder einen Schlag versetzt, der leicht hätte zum K. O. führen können. Ich habe wohl durch meine Verlobung im Sommerurlaub zuviel Glück mit Gisi verlebt, nun steht wieder der Schatten über meinem Leben. Es läuft eine Angstwelle durch das ganze Volk nach den schweren Niederlagen an allen Fronten. Nun muß ich noch dazu persönlich so geschlagen werden. Es hören die Denunziationen, und was danach kommt, scheinbar niemals auf. Aus der Reichsstudentenführung muß ich genauso heraus wie aus dem Ausgleichsdienst, ich habe noch bisher bei der Behandlung des Falles Glück gehabt, hoffentlich kommt nichts nach. Vom stud. sc.pol. und Pressereferenten im Außendienst der RSF ist nichts übriggeblieben als ein Reisebefehl und die Meldung an das Arbeitsamt zum Rüstungseinsatz.«

Den Hintergrund der plötzlichen Enttarnung in Berlin kenne ich bis heute nicht. Die Vermutung ist, daß irgendwelche Zoppoter Parteistellen durch meine Verlobungsanzeige wieder auf mich aufmerksam wurden und sofort handelten, denn als Absenderanschrift hatte ich die Reichsstudentenführung angegeben, weil meine wechselnden Wohnquartiere dafür nicht taugten. Ich wurde in der Hardenbergstraße zum Leiter der Dienststelle Berlin der Reichsstudentenführung, Dr. Werner Braune, bestellt. Ich hatte keine Ahnung, worum es ging. Er teilte mir mit, ich sei sofort von meiner Arbeit im Humboldt-Klub entlassen und hätte mich bei meinem Heimatarbeitsamt zum Arbeitseinsatz in der Rüstungsindustrie zu melden. Wenn ich damals gewußt hätte, wer Herr Dr. Braune war, hätte ich wahrscheinlich meinen Panzer aus Gleichgültigkeit verloren und große Angst bekommen. Denn genau wie mein Dekan, Prof. Six, war Dr. Braune Leiter einer der berüchtigten Einsatzgruppen hinter der Ostfront gewesen, hoher SS-Führer und beim SD tätig. Nach der Kapitulation ereilte ihn das Schicksal, er wurde im Nürnberger Einsatzgruppenprozeß zum Tode verurteilt und in Landsberg hingerichtet.

Der Abschied im Humboldt-Klub war trotz allem freundlich, man wünschte mir viel Glück. Der Abschied in der Dienststelle des Ausgleichsdienstes war geradezu komisch. Den dortigen Amtsträgern war die Sache maßlos peinlich, denn sie hatten meinen Fragebogen, wo ich ja zum ersten Mal wahrheitsgemäß meine Abstammung niedergeschrieben hatte, einfach nicht durchgelesen und waren nun von dieser Entwicklung völlig überrascht worden. Hier bekam ich eine Bescheinigung zur Benutzung der Eisenbahn. »Reisegrund: Abgeordnet zum Arbeitseinsatz nach Zoppot«, die vom zuständigen Polizeirevier ausgestellt wurde. Ich verließ die Wohnung in Lichterfelde-West mit sehr gemischten Gefühlen, denn was mich in Danzig erwartete, das konnte nur Schlimmes sein.

Wenn ich nach über 40 Jahren an meine Berliner Studienzeit und den Ausgleichsdienst beim Humboldt-Klub zurückdenke, habe ich ein Gefühl der Dankbarkeit. Wieviele meiner Kameraden waren als Soldaten bereits dem Krieg zum Opfer gefallen. Ich, der nicht Soldat werden durfte, hatte in dieser Zeit viel gelernt und trotz der oft zermürbenden äußeren Umstände in der »Reichshauptstadt« ein für damalige Verhältnisse angenehmes Leben geführt. Mir ist immer bewußt gewesen, daß es ein Glück auf Abruf war. Nun galt es, das Ende des Krieges schlicht zu überleben.

Zusammenbruch an der Ostsee – Ende des Schreckens

Am 6. Oktober 1944 kam ich in Zoppot an, richtete mich in dem für mich reservierten Zimmer unserer von einem Offiziersehepaar bewohnten Wohnung ein und erzählte meiner Verlobten, daß sie nun nicht mehr einen Studenten, sondern einen zum Arbeitseinsatz abgestellten »Mischling ersten Grades« vor sich habe. Sie hat diese Eröffnung mit bewundernswerter Haltung ertragen. Ihre Konsequenz war, mir zu helfen, wo und wie es immer nur möglich war. Ich suchte nach einem Ausweg. Damals war mir noch nicht klar, daß ich mich nicht als Urlauber ausgeben konnte, weil inzwischen die unter mir wohnende Witwe des Wohnungsinhabers hauptamtlich auf der Ortsgruppe der NSDAP arbeitete. Aber die mir vorgeschriebene Meldung beim Arbeitsamt zögerte ich noch hinaus. Ich fuhr zum Schwedischen Generalkonsulat in Danzig und offenbarte nicht nur meine Notlage, sondern auch meine Naivität, als ich dem dortigen Beamten das Ansinnen stellte, mich auf ein schwedisches Schiff zu lassen. Die Schweden, die damals sehr gute Geschäfte mit ihrem Erz für die deutsche Rüstungsindustrie machten und über Danzig einen Teil der Transporte laufen ließen, waren höflich, aber bis zum Hals zugeknöpft. Ich hätte ja auch ein Provokateur sein können. Ich erreichte nichts. Auch der Ausweg, mich auf einem der Güter meiner Verwandten zu verstecken, war versperrt, denn im Osten rückte die Front immer näher auf Ostpreußen zu. Es blieb mir schließlich nichts anderes übrig, als mich beim Arbeitsamt zu melden, denn ich brauchte eine Anmeldung, um überhaupt Lebensmittelkarten zu erhalten.

Beim Arbeitsamt kam dann das Janusgesicht der damaligen Behörden zum Vorschein. Der für mich zuständige Sachbearbeiter, ein älterer Herr, gab mir zu verstehen, daß er meinen Vater aus dem Stahlhelm kenne. Da ich einen Führerschein hätte, wolle er mir eine Arbeit bei einer Transporteinheit in Langfuhr verschaffen. Mit diesem Vorschlag ging er ins Nebenzimmer zu seinem Vorgesetzten. Da die Tür halb offen stand, hörte ich deutlich dessen Reaktion: »Was, ein Halbjude? Der will sich wohl vor körperlicher Arbeit drücken. Sie wissen doch genau, daß diese Leute nur in Stellen mit schwerer körperlicher Arbeit eingewiesen werden. Also verfahren sie gefälligst danach.« Die gute Absicht des ehemaligen Stahlhelmers war vereitelt, er griff in seinen Karteikasten und drückte mir die Anschrift eines kleinen Maschinenbaubetriebes in Danzig-Ohra in die Hand. Dort hätte ich mich unverzüglich zu melden. Mit bedauerndem Achselzukken verabschiedete er mich.

Ohra lag von Zoppot aus gesehen auf dem entgegengesetzten Ende von Danzig, rein verkehrsmäßig hätte ich es kaum ungünstiger treffen können. Aber in Zoppot gab es schließlich keine entsprechenden Betriebe, wo ich hätte eingewiesen werden können. In Ohra meldete ich mich in einer Dreherei, wo Einzelteile für den Kriegsschiffbau der Danziger Werften hergestellt wurden. Der Meister wußte offensichtlich nichts mit mir anzufangen, unterschrieb mürrisch meinen Anmeldeschein und erklärte mir, ich hätte mich am Montag, morgens kurz vor 7 Uhr, zum Arbeitsantritt zu melden. Um welche Art von Arbeit es sich handeln würde, konnte er mir noch nicht sagen.

Ich mußte morgens um 5 Uhr aufstehen, um mit der Eisenbahn bis Danzig, dann mit der Straßenbahn bis Ohra zu fahren. Dort wurde ich kurz an einer Drehbank angelernt, wo ich mit einer Bohrmaschine in einem sich schnell drehenden Stahlstück Buchsen ausbohren mußte, in die ein anderes Werkstück eingepaßt werden mußte. Es kam auf Präzision an, ein ungeschickter Anfänger wie ich versaute erst einmal einige Werkstücke. An der Nachbardrehbank arbeitete ein älterer Mann, der mich aus den Augenwinkeln beobachtete und mir hinter dem Rücken des Vorarbeiters, der laut über den »intellektuellen Idioten« schimpfte, den man ihm da geschickt hatte, anbot, mir in der Mittagspause die richtigen Handgriffe zu zeigen. Die Mittagspause. Das war ein Kapitel für sich. Zu meiner Enttäuschung hatte ich von dem Blockwart, der die Lebensmittelkarten verteilte, keine Zulagen für Rüstungsarbeiter erhalten. Während die anderen Arbeiter während der Mittagspause aus ihrem mehr oder minder gut gefüllten Henkelmann ihr Essen löffelten, saß ich mit ein paar dünn belegten Schnitten da, bis nach mehreren Tagen die mitleidige Frau des Betriebsinhabers mir auch einen Blechtopf mit heißer Suppe hinstellte. Pro forma hatte ich dafür für sie Holz zu hacken. Dabei stellte ich mich übrigens genauso ungeschickt an wie bei der Arbeit an der Drehbank.

Mein hilfreicher Nachbar stellte sich als ein Danziger Eisenbahner polnischer Nationalität heraus. Als wir etwas Vertrauen zueinander gefaßt hatten, erzählte er mir seine Geschichte. Er war wie die anderen polnischen Eisenbahner am 1. September 1939 verhaftet worden und wurde in das in der Nähe von Danzig liegende Konzentrationslager Stutthof gebracht. Dort habe man ihn sehr schlecht behandelt, mehrere Zähne herausgeschlagen, und auch ein gebrochenes Schienbein zeugte von der Brutalität der Bewacher. Da er gelernter Schlosser war, wurde er nach einiger Zeit in das Konzentrationslager Sachsenhausen (Oranienburg bei Berlin) gebracht, wo er »an der Rüstung« arbeiten mußte. Mit der Zeit wurde er Vorarbeiter. Nach seinen Erzählungen waren Behandlung und Verpflegung in Sachsenhausen besser als in Stutthof. Als sein inzwischen eingezogener Sohn es zum Unteroffizier und zum EK I gebracht hatte, wurde er zum Schweigen verpflichtet über das, was er erlebt hatte, und nach Hause entlassen. Er durfte sich aber nicht etwa seine Arbeitsstelle wieder bei der Eisenbahn oder sonstwo aussuchen, er wurde in diesen Betrieb eingewiesen, wo er allerdings wegen seines Könnens auch vom Meister sehr geschätzt wurde.

Da er bei der Danziger Eisenbahn gewesen war, deren Personalbestand nicht sehr groß war, erzählte ich dem Vater meiner Verlobten, der ebenfalls zu diesem Personal gehört hatte, von dem Schicksal des Mannes, den er sogar persönlich kannte. Er war als Danziger Eisenbahner deutscher Nationalität zur polnischen Zeit keinen Schikanen ausgesetzt gewesen. Da er sich seine Frau aus dem polnisch gewordenen Westpreußen holte, trat die polnische Direktion 1935 mit dem Vorschlag an ihn heran, er solle seine Tochter ins polnische Gymnasium schicken, dort brauche er dann kein Schulgeld zu bezahlen. Er lehnte das strikt ab. Er war kein

Polenfresser, aber wie viele Danziger zutiefst davon überzeugt, daß die Abtrennung des Freistaates von Deutschland nach 1918 ein Unrecht gewesen sei und wiedergutgemacht werden müßte. Als ich ihm von seinem früheren Kollegen erzählte, tat ihm der leid. Aber obwohl er inzwischen ein »Bürohengst«, wie er sich selber ausdrückte, geworden war, sah er keine Möglichkeit, ihn wieder zur Eisenbahn zurückzuholen. Ich kam immer erst bei Dunkelheit auf dem langen Weg von Ohra nach Zoppot nach Hause, denn auch in den wenigen Lokalen, die damals noch geöffnet waren, war für meine Marken wenig zu holen. Gisela war auch berufstätig und konnte nicht frei über ihre Zeit verfügen. Sie hat aber ein besonderen Liebesdienst an mir geleistet: Zum Gelächter und auch zur leisen Verachtung meiner Arbeitskollegen arbeitete ich stets mit Handschuhen, weil mir sonst die Haut in Fetzen abging. Diese Handschuhe platzten nun an den Nähten immer wieder auf, und mindestens zweimal in der Woche mußte ich Gisela oder ihre Mutter bitten, diese Nähte wieder in Ordnung zu bringen.

Meine Tagebucheintragung vom 12. November 1944 lautet: »Heute, am 12. November, habe ich den ersten freien Abend für mich. Ich bin nun Rüstungsarbeiter an einer Bohrmaschine. Wenn ich morgens um 5 Uhr aufstehe, um nach Ohra zu fahren, so sehe ich mein Zimmer frühestens um 20.30 Uhr wieder, wenn ich aus dem Lokal vom Essen komme. Es fällt mir schwer, den ganzen Tag zu stehen, es stört mich der Dreck und der Stumpfsinn der mich umgebenden Menschen. Doch schlimm ist wahrlich nur die Abtötung des Geistes durch die monotone Handarbeit an der Maschine. Ich werde nun Proletarier, dieses System will mich deklassieren, mich, der ich nicht nur gleichberechtigt, sondern durch meinen Kopf herausgehoben zu sein glaubte. Die äußere Not des wenigen Essens, der schlechten Bezahlung und des weiten Weges, stur wird es allmählich an mir abprallen; doch das will ich einmal nachholen, dieses Brachliegen des Geistes wiedergutzumachen.« Am 20. November schrieb ich: »Jetzt erst verstehe ich den Kommunismus, wenn man intelligente Menschen so behandelt, hat er seine Berechtigung, die Idee ist gut, als System gegen andere nach wie vor falsch. Vielleicht muß ich einmal ganz herunter, um das Maß zu finden für die Höhe und den Abstand.«

Zu Hause war ich den Schikanen der Parteifrau in der unteren Wohnung ausgesetzt. Sie drohte mir mit Anzeige, wenn ich es noch einmal wagen würde, heiß zu baden (damals waren schon Einschränkungen im Energieverbrauch), aber ich kam so schmutzig aus Ohra zurück, daß ich das einfach tun mußte. Als ich einmal einen Arbeitskollegen von der Werft mit seiner Verlobten mit zu mir aufs Zimmer nahm, weil wir ein Tauschgeschäft vorbereiteten, hatte sie das Mädchen oben gehört und kam gleich am nächsten Tag schimpfend auf mich zu, wie ich es wagen könnte, »eine Frauensperson« mit auf mein Zimmer zu nehmen. Das prallte an mir ab, das Tauschgeschäft wurde dennoch gemacht.

Die Frau eines Milchhändlers, die 1935 meiner Mutter den Tip mit der Wohnung in Zoppot gegeben hatte, stand immer noch in Verbindung mit uns. Sie gab mir hin und wieder Fettmarken, wenn meine Mutter ihr aus der Oberpfalz etwas an »Kompensation« geschickt hatte. Meine Mutter war im übrigen auch zur Fabrikarbeit in einer Porzellanfabrik eingezogen worden. Diese Fettmarken tauschte ich bei meinem Kollegen gegen von ihm in Schwarzarbeit angefertigte Kochplatten ein. Diese Kochplatten wiederum gab ich in der Wohnung hinter dem Milchladen ab, von dort wurden sie dann weiterverhökert. Wir sahen keine Gefahr darin, denn der Mann, dessen Vater einst aus der Schweiz in einem Danziger Milchbetrieb eingestellt worden war, hatte jetzt, trotz Mitgliedschaft in der Partei, die Schweizer Staatsbürgerschaft vom Konsulat mit einem Schutzbrief erhalten. Dieser Schutzbrief galt auch für seine ganze Familie, die dann auch nach dem russischen Einmarsch tatsächlich in die Schweiz transportiert worden ist, ein Land, das sie nie in ihrem Leben vorher gesehen hatte.

Diese kleinen zusätzlichen Rationen halfen mir auch nicht sehr viel, eines Tages klappte ich einfach zusammen, wurde krankgeschrieben und hatte das Glück, im Arbeitsamt meinen »Stahlhelmer« ohne seinen Chef anzutreffen. Ich bekam eine Arbeitsstelle bei der Marine:

»Verpflichtungsbescheid
aufgrund der Verordnung zur Sicherstellung des Kräftebedarfs für Aufgaben von besonderer staatspolitischer Bedeutung vom 13. Februar 1939 und der Dienstpflichtdurchführungsanordnung vom 2. März 1939.

Helmuth Mosberg,
in Zoppot,
bei: Schlageter Straße 1.

Sie werden hiermit für die Zeit vom 23. 11. 44 bis auf begrenzte Zeit zur Dienstleistung als Anlernkraft für den Rüstungssektor bei der Torpedoversuchsanstalt,

Torpedo-Waffenplatz, verpflichtet. Sie haben sich am Donnerstag 8 Uhr in Gotenhafen, Hexengrund, bei der Torpedo-Versuchsanstalt TVA zur Arbeitsaufnahme zu melden.

Danzig, den 22. November 1944«

Dieser Verpflichtungsbescheid war ungenau abgefaßt. Als ich in Gotenhafen den Torpedo-Waffenplatz in dem Gebiet Hexengrund aufsuchte, stellte sich heraus, daß das eine Luftwaffeneinheit war, wo keine Zivilisten zugelassen waren. Ich wurde dann zur TVA in Oxhöft umgeleitet. Dort ging auch nicht alles glatt.

Meine Tagebucheintragung: »Heute, am 27. November 1944, habe ich einen schweren Tag gehabt, der mich Nerven gekostet hat. Wann werden einmal die Demütigungen aufhören? Ich hatte mich Ende der vorigen Woche aus meinem Betrieb gelöst, das Arbeitsamt hatte mich zur Torpedo-Versuchsanstalt Gotenhafen geschickt, die Kriegsmarine konnte mich gut gebrauchen, und der Arbeitseinsatzingenieur hatte mir einen schweren, aber anständigen Posten in der Hochfrequenzabteilung gegeben. Einen Tag arbeite ich dort, da kommt ein Anruf vom Mob-Büro – fristlos entlassen. n.z.v.-Leute gehören nicht in einen Wehrmachtsbetrieb. Ich wehrte mich, die Abwehr wurde angerufen. Über drei Stunden mußte ich warten, bis das Ferngespräch mit Danzig meine Angaben bestätigte. Ich kann bleiben, doch nun ist es eine halbe Freude.«

Die Entscheidung traf der Sicherheitsoffizier, der wie fast alle Wehrmachtsangehörige, denen ich in dieser Zeit begegnet bin, die »Parteilinie« der Ariergesetzgebung mißbilligte und mich anständig behandelte. Ich arbeitete dann in einem Nebenbetrieb in Adlershorst, wo die Abteilung A III d Reparaturarbeiten an Oszillographen und Schwebungssummern ausführte, außerdem ein Materiallager unterhielt und in mir nur angedeuteten und nicht weiter erklärten Beziehungen zur U-Boots-Lehrdivision (ULD III) und der Physikalisch-Technischen Reichsanstalt (PTR) stand. Ich war mit meinem »Mangelhaft« in Mathematik und Physik sicher nicht der richtige Mann für diese spezielle Arbeit, aber ich merkte, daß ich nach kurzer Einarbeitungszeit die Handgriffe an den Geräten beherrschte und in Teamarbeit mit meiner Nachbarin, einer Studentin von der Technischen Hochschule Danzig (sie ist später mit der »Gustloff« untergegangen, aber gehörte zu den wenigen geretteten Personen), brauchbare Arbeit auch zur Zufriedenheit meiner uniformierten Vorgesetzten leisten konnte. Es waren meistens Portepee-Unteroffiziere, alles Spezialisten. In der Abteilung waren nur ganz wenige Zivilisten, darunter auch der Vertreter der Parteibetriebsleitung, der sich gegenüber der uniformierten Belegschaft nicht durchsetzen konnte und vielfach geschnitten wurde.

Ungefähr einen Monat lief alles gut. Ich bekam die gleiche Verpflegung wie meine Kollegen und nahm auch an dem Rhythmus der Nachtwachen teil, so ausgerechnet am Silvesterabend 1944, wo wir von Adlershorst einen tollen Feuerzauber von Flakartillerie beobachten konnten. Meine Möglichkeiten, meine Verlobte in Zoppot aufzusuchen, waren jetzt stark eingeschränkt. Aber zu Weihnachten hatte ich frei und wurde dort festlich bewirtet. Allerdings gab es dann einen erheblichen Krach mit dem Hausherrn, der trotz der sich ständig verschlechternden Frontlage immer noch an den Endsieg glaubte. Er hat mir meine Skepsis aber nicht nachgetragen. Im Gegenteil, er schickte seine Frau mit ihrer Tochter am 21. Januar mit einem der letzten nach Berlin durchgehenden D-Züge ab. Sie fuhren zu meiner Mutter nach Mitterteich in die Oberpfalz, wo sie sicher vor dem Zugriff der Russen sein konnten.

Ich kannte Gotenhafen nicht näher, auch zu der Zeit, als es noch Gdynia hieß, war ich nur zu kurzen Besuchen dort gewesen. Die modernistisch gebaute Stadt fand ich nie sehr anziehend. Als der Krieg ausbrach, hatten wir in Zoppot befürchtet, von polnischer Seite würde ein Angriff erfolgen. Außer einem kurzen Vorstoß eines Panzerspähwagens erfolgte nichts, obwohl in dem Kriegshafen und seiner Umgebung starke polnische Streitkräfte stationiert gewesen waren. Die meisten modernen Schiffe der polnischen Kriegsflotte konnten kurz vor Kriegsausbruch zu den Alliierten entkommen. Die polnische Marineluftwaffe in Putzig wurde bereits am ersten Tag am Boden vernichtet. Es waren damals immerhin rund 15 000 polnische Soldaten in der Stadt. Nachdem die polnische Besatzung der Westerplatte am 7. September zermürbt von den Stukaangriffen kapituliert hatte, wechselte die »Schleswig-Holstein« ihren Liegeplatz und bekämpfte zusammen mit dem Schwesterschiff »Schlesien« die polnischen Küstenbatterien und schoß der deutschen Infanterie den Weg nach Gdynia frei. Am 13. September 1939 gelangten Danziger Regimenter an die Stadtgrenze von Gdynia und nahmen die Stadt am Abend ein, ohne daß es Gegenwehr gab. Um die Oxhöfter Kämpe gab es allerdings schwere Kämpfe, wo sich vor allen Dingen Kadetten der polnischen Kriegsmarine sechs Tage lang verteidigten. Obwohl für die Polen der Kampf aussichtslos geworden war, hielten sich die Verteidiger auf der Halbinsel Hela unter dem Kommando des Admirals von Unruh bis zum 1. Oktober. Die bedingungslose Kapitulation dieser polnischen Teilstreitkräfte in Stärke von 250 Offizieren und 4000 Mann war eine der letzten Kriegshandlungen des »Polenfeldzuges«.

Gdynia wurde am 21. September 1939, also als auf Hela noch gekämpft wurde, in Gotenhafen umbenannt.

Gotenhafen war während des Krieges einer der größten Kriegshäfen geworden, weil, zumindest in den ersten Jahren des Krieges, die britischen Luftangriffe nicht so weit geführt werden konnten. Es wurde zum Hauptstützpunkt aller in Ausbildung befindlichen Kriegsschiffe, besonders der U-Bootwaffe. 1945 näherten sich die sowjetischen Armeen, die auch schon westlich in Pommern vorstießen. Der Zeitabschnitt »Gotenhafen« hatte nur wenige Jahre gedauert.

Am 26. Januar 1945 wurde ich mittags ins Wikingerlager zum Volkssturmeinsatz geholt, aber nach einem Tag schickt man mich zurück, für einen Mann meines Blutes ist diese »Ehre« nicht gedacht. Bei der TVA-Dienststelle AIIId in Adlershorst wird fieberhaft geräumt. Wir packen Tag und Nacht, Schneestürme erschweren alle Transporte sehr, ich komme auch nicht mehr nach Hause durch. Dennoch werde ich mit einem Marineangehörigen zur Rüstungsinspektion XX in Zoppot geschickt, um dort einen »Panzerstempel« für bestimmte kriegswichtige Teile, die wir in Danzig vom Hauptbahnhof abholen müssen, zu bekommen. In Danzig ist der Bahnhof überfüllt mit Flüchtlingen aus Ostpreußen, ich sehe auch eine Gruppe von Napola-Schülern aus Stuhm, kleine Kerlchen mit viel zu großen Karabinern, die frierend auf dem Bahnsteig auf ihren Weitertransport warten.

Am 27. Januar werden einige von uns in einen Güterwagen mit unseren verpackten Geräten gesetzt, der Transport soll zur PTR nach Neubrandenburg gehen. Es ist furchtbar kalt in dem Waggon, zum Liegen ist kein Platz, zum Schlafen kommen wir sowieso nicht. Am Abend des 28. rollen wir ab. Der Schneesturm verhindert jedoch das Durchkommen. Gotenhafen ist verstopft, alle Transporte bleiben auf einem Abrollberg bei Rahmel liegen. Wir fangen an zu hungern, schießen Krähen und kochen sie. Einzelne hauen ab. Es ist sehr kalt. Am 30. Januar nachts holt uns die TVA zurück über die Marinehafenbahn in das Werk nach Oxhöft. Völlig durchgefroren und übermüdet schlafen wir auf dem Fußboden einer Baracke. Am frühen Morgen sollen wir Schnee schippen, weigern uns aber, weil unser Waggon, in dem auch unsere persönlichen Sachen sind, unverschlossen und unbewacht stehengeblieben ist. Meine nächste Tagebucheintragung lautet:

»Gleich am 31. Januar morgens komme ich mit zwei anderen vor den Kommandeur zum ›Rapport. Wegen Befehlsverweigerung!‹« Der Kommandeur (Kapitän z.S. Prall, August) ist sehr schlechter Laune, wir hören später, daß seine Familie mit der »Gustloff« untergegangen sein soll. In dieser Situation zeigt sich der »Parteibonze« aus unserem Teilbetrieb Adlerhorst von seiner guten Seite, er verteidigt uns gegen die Anschuldigungen, wir kommen mit einer Abmahnung davon. Die ganze nächste Zeit arbeiten wir Tag und Nacht bei sehr schlechtem Wetter und räumen die Maschinen des Werkes auf die Schiffe. Jetzt fragt keiner mehr nach meiner Abstammung, und ich habe das große Glück, in dem von Flüchtlingen überfüllten Gotenhafen auf ein zur TVA gehörendes Schiff, die »Freiburg«, eingewiesen zu werden. Am 4. Februar bin ich mit dem Geleitzug, in dem die »Freiburg« über Bornholm nach Lübeck fuhr, aus Gotenhafen ausgelaufen.

Seit dem 3. März wurde der Raum um Danzig und Gotenhafen durch einen russischen Vorstoß in Pommern von Mitteldeutschland getrennt, es gab keine Landverbindung mehr. Am 11. März stieß die Rote Armee dann auch bis Putzig vor, so daß auch die Landverbindung von Gotenhafen zur Halbinsel Hela verlorengegangen war. In diesem Kessel lebten zwischen 600 000 bis 1 000 000 Menschen. Die Kriegsmarine versuchte, durch ständige Transporte nach Westen die Bevölkerung vor der Roten Armee in Sicherheit zu bringen. Ausgerechnet dort, wo ich im Rahmen der TVA Go A III d gearbeitet hatte, in Adlershorst, stießen sowjetische Truppen zur Ostsee durch, so daß auch Danzig und Gotenhafen nun voneinander getrennt waren. Nicht weit von der Stelle, wo der als Wunderwerk der Technik gepriesene »gläserne Torpedo« der Physikalisch-Technischen Reichsanstalt an der Danziger Bucht im Wasser lag, lief beim Regiment 277 eine Lettenkompanie zum Feind über und ermöglichte den Durchbruch. Am 26. März morgens begann dann der Großangriff russischer Truppen auf Gotenhafen. Es gelang, fast alle Flüchtlinge aus der Stadt nach Hela und zur Oxhöfter Kämpe überzusetzen. Der Hafen wurde durch das Wrack des Schlachtschiffes »Gneisenau«, das von Schleppern in die Einfahrt gezogen und versenkt wurde, gesperrt. Die Oxhöfter Kämpe war nur 6 × 8 km groß, aber dort konnten sich deutsche Panzerverbände noch eine ganze Woche lang halten, ehe auch sie zur Halbinsel Hela abtransportiert wurden. Von See her hatte die »Prinz Eugen« mit ihrer schweren Artillerie in die Kämpfe eingegriffen, aber als ihr Versorgungsschiff, die »Franken«, am 8. April bei einem Fliegerangriff versenkt wurde, mußte der schwere Kreuzer ohne Munition nach Westen verlegt werden. Auch der Kreuzer »Leipzig«, der lange Zeit eine Feuerstellung an der Pier von Gotenhafen eingenommen hatte und von dort mit seiner Schiffsartillerie versucht hatte, die Russen aufzuhalten, mußte nach Westen auslaufen. In meine Heimatstadt Zoppot waren sowjetische Panzer am 22. März eingedrungen und hatten vom Strand aus den Schiffsverkehr zwischen den beiden Kesseln Danzig und Gotenhafen unter Feuer genommen. Der deutsche Zerstörer Z34 konnte sie noch einmal durch einen überraschenden Vorstoß mit seinen Schiffsgeschützen vertreiben.

Am 4. Februar läuft der Geleitzug aus. Wir schlafen im Ladeluk, das ganze dreckige Leben spielt sich dort in der »Tropfsteinhöhle« ab. Wir hungern und frieren, daß die Schwarte kracht. Am 8. Februar laufen wir Lübeck an, die Leute sehen uns dreckige, bebartete Seeräuber komisch an, wie wir vor jedem Lebensmittelladen stehenbleiben und hungrige Blicke werfen. Mit 42 Mann im Waggon rollen wir nach drei Tagen nach Eckernförde ab, bei Schneewetter ziehen wir am 13. Februar in die TVA Eckernförde, das Stammwerk der TVA Gotenhafen, ein.

Die kleine Ostseestadt ist völlig überfüllt mit Flüchtlingen und Marineangehörigen. Auch die TVA selbst hat nun praktisch die doppelte Belegschaft, weil wir »Gotenhafener« dazugekommen sind. Die Verpflegung reicht hinten und vorne nicht, wir müssen schwere körperliche Arbeit leisten, um die zahllosen Kisten aus Gotenhafen auszupacken und den Inhalt in den Werkshallen zu verstauen. Dauernd sind britische Flieger in der Luft. Weil sie praktisch ohne zeitliche Begrenzung da sind, gibt es keinen Alarm mehr. Hin und wieder rauschen Bomben herunter, aber nicht auf das Werk, sondern auf die in der Mitte der Eckernförder Bucht liegende »Walter Rau«, ein großes Walfangmutterschiff. Die Flakartillerie auf den Höhen um Eckernförde mit uralten Kanonen und französisch-russisch-deutscher Bedienung hat wohl keine Munition, wir hören kein Abwehrfeuer. Nur die Fesselballons stehen in der Luft, sie scheinen genützt zu haben, denn das Werk erhält keinen einzigen Treffer. Direkt neben der TVA Nord liegt ein großes Lager mit italienischen Gefangenen, die frieren noch mehr als wir. Wir von A III d GO sind bei der TVA Süd im Domstaglager untergebracht. In diesen Tagen werde ich »volljährig«. Am meinem 21. Geburtstag liege ich krank, mein rechtes Bein streikt, es hat mir schon während meines Studiums in Berlin

Schwierigkeiten gemacht. Ich bekomme vom Revier der TVA-Wohnlager Eckernförde ein Attest, auf dem steht: »Mosberg, Helmuth ist von schweren körperlichen Beanspruchungen zu schonen.« Darum kümmert sich hier niemand.

Im Tagebuch heißt es am 16. Februar: »Das Hungern geht weiter. In der Stadt braucht man zum Essen Lokalberechtigungsscheine. Jeden Tag Fliegeralarm und schwerste Arbeit, wir frieren lausig, ich habe die Nase voll, aber Eichler (das ist ein Arbeitseinsatzingenieur) lehnt meine Entlassung ab. Ich bekomme Fliegerscheine, aber es gibt nichts zu kaufen, meine Wäsche sieht furchtbar aus, 4 Wochen Tag und Nacht ununterbrochen getragen.«

Am 8. März heißt es dann: »Nachdem die Besuche bei Dr. Eichler völlig negativ verlaufen sind, habe ich heute noch ein schriftliches Entlassungsgesuch an den Kommandeur eingereicht, obwohl es quasi hoffnungslos ist. Man ist hier in einem Konzentrationslager, überall Wachen und Stacheldraht, sogar den Himmel verhängt man uns mit Sperrballons. Das alles wäre nicht so deprimierend, wenn nicht schlechtes Essen, kalte Baracken und sinnlose Arbeit dazu kämen. Wochenlang sitzen wir hier, bekommen nicht den notwendigsten Urlaub, um uns nach der Evakuierung etwas instand zu setzen, geschweige denn die Erlaubnis, sich um die Angehörigen zu kümmern. Dazu feindlicher Vormarsch und keine Post, die Lage verschlechtert sich.

Der 22. März hat mich wieder etwas auf die Beine gebracht. Zuerst bekam ich die Zulagekarte für Schwerarbeiter, es sind 900 g Brot, das ich gleich gekauft habe, um es hart und daher günstiger im Verbrauch werden zu lassen. Mittags kam mein kleiner Koffer mit den Arbeitsklamotten und der Schreibmaschine, er war auf einem Schiff mitgekommen. Abends schließlich wurde ich vom Arbeitseinsatzingenieur zum Übersetzen eines amerikanischen Fachartikels (betr.: dirigible torpodoes – the transmission of sound through seawater) von meinem Handlangerposten bei der Abteilung VI a im Torpedolager weggeholt. Nachdem ich die Übersetzung im Lager angefertigt hatte, bekam ich am 28. März dann auch den Entlassungsbescheid.«

Es gammelten furchtbar viele Leute der TVA-Gotenhafen ohne

sinnvolle Beschäftigung herum, aber man betrieb »Werkkunde«, indem man irgendein Werkstück schulterte oder trug, um ja nicht in die Gefahr zu geraten, noch vom Volkssturm oder einer Alarmeinheit der Wehrmacht gegriffen zu werden. Dauernd kamen neue Flüchtlingstransporte, aber es sind jetzt viele kleinere Schiffe. Unsere Seedienstdampfer »Preußen«, »Hansestadt Danzig« und »Tannenberg« sind bereits im Juli 1941 vor der schwedischen Küste durch Minentreffer gesunken. Vom Seedienst blieb nur der kleinste Passagierdampfer »Kaiser« aus dem Baujahr 1905 übrig. Er wurde als Kriegsbeute an England ausgeliefert.

Nach rund 40 Jahren hat man eines der Schiffe, mit dem meine Landsleute aus Danzig nach Schleswig-Holstein transportiert wurden, in dem Ostseebad Damp als Erinnerungsdenkmal und Museum auf den Strand gesetzt. Die »Albatros« zog im Ersten Weltkrieg Zielscheiben für Kaiser und Reich durch die Danziger Bucht. Im Zweiten Weltkrieg diente der Dampfer als Tender für die Kriegsmarine. Das Schiff brachte in den letzten Kriegsmonaten Flüchtlinge von der Pier zu den auf Reede liegenden Hochseeschiffen. Noch im März, April und Mai 1945 machte sie Fahrten nach Schleswig-Holstein, um Flüchtlinge zu transportieren. Wenn ich heute an dem blau/gelbgestrichenen »alten Pott« vorbeikomme, muß ich immer an die Fahrt im Geleitzug denken, an das lange Warten im Nebel in der Nähe von Bornholm und den Aufenthalt in Eckernförde.

Durch die Übersetzungstätigkeit war ich nicht mehr an die sonst streng geregelten Arbeitsszeiten gebunden, ich konnte mich etwas in der Stadt umsehen, um zusätzlich auch etwas zum Essen zu ergattern. Es gab solche »Delikatessen« wie Heißgetränk, Muschelsalat, Bratlingspulver, Hefeflocken und Fischklopse. Ein Versuch, einen Anzug und Strümpfe zu kaufen, mißlang. Aber am 28. März kamen ein Wäschepaket und Post aus Mitterteich. Ich hatte vorher nur ein Telegramm vom 10. März bekommen, in dem die Ankunft meiner Verlobten mitgeteilt wurde. Nun kam ein langer Brief mit der Nachricht, daß ihr Vater bis zum Schluß in Zoppot geblieben sei, die Stadt sei mit Flüchtlingen völlig überbelegt. An meinem Geburtstag hat er seine letzte Nachricht von dort gegeben, dann hatten die Russen die Stadt besetzt, und er flüchtete über die Frische Nehrung zu Fuß nach Pillau, von wo er dann auch in den Westen gelangte. Meine Verlobte begann, bei einem Arzt zu arbeiten.

Zur gleichen Zeit kam ein Brief aus Hamburg bei meiner Mutter an, der ein Zeitdokument darstellt. Die Familie G. hatte lange in Schweden gelebt und war nun in Hamburg ansässig. Sie wohnte im Haus des Generals der Artillerie Lindemann, der zu den Opfern des 20. Juli gehörte. Im August wurde sie von der Gestapo verhört, der Ehemann saß 10 Tage im Gefängnis, die Ehefrau wurde damit bedroht, ins KZ gesteckt zu werden. »Aber es folgte noch viel Unangenehmes und sehr Trauriges. Dabeistehen, zusehen zu müssen, wie eine solche Familie, Menschen, die man so gut gekannt und geliebt hat, restlos im Abgrund verschwindet, und niemand kann das Geringste dabei tun, das ist entsetzlich. Von Lindemann wird gesagt, daß er tot ist. Von seiner Frau habe ich kein Wort und kein Lebenszeichen. Auch ihre Mutter in Potsdam erfährt nichts. Man sagt ihr nur, sie wäre ›gut aufgehoben‹. Ebenso das Kind, die Marie-Luise. Die Söhne sitzen im Zuchthaus, sind zu fünf Jahren verurteilt. Warum, weiß niemand. Das ganze Hab und Gut wurde vom Finanzpräsidium sichergestellt.«

Obwohl ich schon am 22. März vom Wehrmeldeamt Eckernförde abgemeldet wurde, bin ich erst am 29., nach dem »Umlauf« bei den verschiedenen Dienststellen der TVA und den Behörden, in Eckernförde abgefahren. Das Seebad, mein erster Aufenthalt in Schleswig-Holstein, hatte ich in denkbar schlechtester Erinnerung. Ich habe in meinem ganzen Leben nie so gefroren und so gehungert wie dort. Die Heizungsanlagen konnten wegen Mangel an Brennmaterial nicht mehr betrieben werden, und auch im Lager haben wir in den Baracken nach dem Verbrennen vieler Holzteile aus den Pritschen (war natürlich streng verboten) höchstens am Abend einmal Feuer machen können. Ich lernte damals, vollangezogen mit an die Brust verschränkten Armen zu schlafen und mich möglichst wenig zu bewegen, damit die dünne Decke nicht verrutschte. Aber alles beherrschend war der Gedanke: »Wie bekomme ich etwas zu essen?« Damals habe ich auch nicht im Traum daran gedacht, daß ich 15 Jahre später als Beamter in Schleswig-Holstein leben würde. Eckernförde wurde dann unser bevorzugter Badestrand. Die TVA stand noch immer, ich habe sie bewußt nie wieder von innen gesehen.

Am 29. März abends um 22 Uhr fuhr ich los. Zuerst mit einem Bummelzug nach Kiel, wo gerade ein schwerer Luftangriff auf die Werften des Ostufers gegangen war. Dieser Karfreitag 1945 wird mir in Erinnerung bleiben. Daß ich hier meine dritte Heimat, nach Ostpreußen und der Freien Stadt Danzig, finden würde, hätte ich damals nicht geglaubt. Da kein Verkehr über Hamburg möglich war, mußte ich über Lübeck nach Berlin fahren. Dort überall »Kettenhunde«, die auf den Bahnhöfen Soldaten für schnell zusammengestellte Alarmeinheiten einfangen und Zivilisten für das Ausheben von Panzergräben und den Bau von Straßensperren vor dem Ostteil der Stadt. Gott sei Dank habe ich einen Entlassungsschein, in dem mir das kranke Bein bescheinigt wird und eine Wehrmachtsfahrkarte als »Verwundeter«. Vom Anhalter Bahnhof geht es mit einem völlig überfüllten Zug in Richtung Bayern. Zwischen Plauen und Marktredwitz kommt dann ein Tieffliegerangriff, alles verläßt den Zug, ich bin zu müde und kaputt und bleibe einfach sitzen. Wir werden nicht getroffen, und ich kann in Wiesau nach Mitterteich umsteigen. Am 31. März, 17.10 Uhr, komme ich dort an und kann Mutter und Verlobte in die Arme schließen. Erst nach einer Woche melde ich mich beim Wehrmeldeamt in Tirschenreuth. Das wurde die letzte Eintragung in meinem Wehrpaß.

Am 17. April werde ich zum Volkssturm geholt, wir mußten Wacheschieben, Baumsperren und Panzerdeckungslöcher bauen, während dauernd amerikanische Jabos über dem Ort kreisten. Es gab eine Luftmine und viel Bordwaffenbeschuß.

Die letzte Tagebucheintragung des Krieges lautet: »In der Nacht des Führergeburtstages (20. April) war es dann soweit. Als ich zum Alarmplatz wollte, lief schon alles nach Hause. Der Stadtkommandant und der Bürgermeister verschwanden mit den Landsern, und der Volkssturm löste sich auf. Als die Shermans und Jerrys in Mitterteich am 21. April morgens einrückten, war alles weiß beflaggt. Uns schmissen sie erst einmal aus dem Haus, das passierte noch ein paarmal. Im Keller alles durchwühlt und aufgebrochen. Viel gestohlen, vor allem sämtlichen Alkohol, die Hühner geschlachtet und die Einmachgläser zerschlagen. Das Haus sieht toll aus, besonders unsere Koffer sind ein Chaos. Die Kriegsorden meines Vaters und manche Wertgegenstände, goldene Uhren, Fotoapparate, meine Motorradhandschuhe haben sie mitgenommen. Doch wir sind froh, daß es so abgegangen ist. Hin und wieder feuern die Batterien hinter unserem Haus auf angeblich im Bayerischen Wald widerstandleistende SS-Einheiten. Wir hören von den Amerikanern, Bayern habe sich selbständig erklärt. Was wird nun aus uns Preußen?«

Der Alptraum ist vorbei, die Rassenverfolgung hat ein Ende. Ich bin jetzt wieder ein normaler Deutscher, allerdings heimatlos, arbeitslos und wohnungslos. Aber was macht das aus, wo die Familie gesund überlebt hat, und nur mein Vater fehlt. Ja, dieser ferne Vater, der unser Schicksal bestimmt hat, das nicht immer ganz leicht war, das aber in keiner Weise mit den Belastungen zu vergleichen ist, die er auf sich nehmen mußte. Er war in allen diesen Jahren für mich eine Idealfigur. Jetzt hatte ich die Hoffnung, er würde uns aus dem fernen China bald die rettende Hand reichen können. Er, der doch ein Nazigegner und Naziverfolgter gewesen war, müßte uns in dieser Situation helfen können. Noch hatte Deutschland nicht kapituliert, noch wüteten letzte Kämpfe, Canaris und seine Abwehrgetreuen wurden im nahegelegenen Konzentrationslager Flossenbürg umgebracht, aber als eines Nachts die Amerikaner ein großes Feuerwerk mit ihren Maschinenwaffen und Karabinern veranstalteten, erreichte uns die Nachricht: »Hitler is dead«. Nun konnte ein neues Kapitel beginnen.

Flüchtling in Bayern

Die Turbulenz des Kriegsendes war in diesem entlegenen Winkel Bayerns, dem Stiftland, vor allem durch die Verlegung amerikanischer Truppenteile verstärkt worden. Nur wenige Kilometer östlich verlief die Grenze zwischen Deutschland und dem Gebiet der Tschechoslowakei. Im an das Stiftland angrenzenden Egerland hielten sich Zehntausende von ehemaligen Wehrmachtsangehörigen auf, die von den Amerikanern u. a. auf den großen Flugplatz von Eger konzentriert wurden, wo die Reste von Hitlers Riesentransportflugzeugen, die »Giganten«, versammelt waren. Amerikanische Truppen waren weit über die Grenzen des ehemaligen sudetendeutschen Gebietes nach Böhmen vorgerückt. Sie zogen sich nun schrittweise auf die deutsche Grenze zurück. Das brachte einen ständig anschwellenden Flüchtlingsstrom für das bayerische Gebiet mit sich, denn die deutsche Bevölkerung und die vielen, in dieses von Fliegerangriffen relativ sichere Gebiet evakuierten Reichsdeutschen, flüchteten vor den Russen und vor den bald nachrückenden rachedurstigen Tschechen. Die Versorgung mit Lebensmitteln kam völlig zum Erliegen. Nur, was in der unmittelbaren Umgebung erzeugt wurde, konnte noch verteilt werden. Außerdem gab es natürlich Vorräte der Wehrmacht, die rasch geplündert wurden. So standen im Bahnhof von Mitterteich einige Kesselwagen mit ungereinigtem Sonnenblumenöl aus der Ukraine. Die Frauen des Ortes gingen mit Milchkannen, Kochtöpfen und Eimern zu dieser Fettquelle, die allerdings bald versiegte. Wochen- und monatelang stank der ganze Ort nach diesem qualmenden Öl, das für viele Flüchtlinge das einzige Fett war, das sie für ihre Versorgung zur Verfügung hatten. Meine Verlobte und ich wurden bei dem Versuch, auf dem Bahnhof von Wiesau Steinsalzbrocken vom Bahnkörper zu bergen, beinahe von einem amerikanischen Posten erschossen. Auch Salz war damals sehr knapp, und wir waren mit Rucksäcken dorthin gewandert, um die harten Brocken mitzunehmen und zu

Hause zu zerkleinern. Gott sei Dank konnten wir englisch und den Posten überzeugen, daß wir keine Wertgegenstände klauen wollten. In die Lager der zur Fabrikarbeit eingesetzten Frauen aus den Ostländern kamen die ersten Hilfslieferungen der UNRRA, die auch ihren Weg in den Tauschhandel fanden. Die Polinnen und Ukrainerinnen wurden aber bald mit Lastwagen abtransportiert. Sie hofften alle, nach Amerika zu kommen. Als sie erfuhren, daß es in Richtung Osten gehen sollte, versuchten einige zu flüchten, es kam sogar zu Selbstmordversuchen. In der ganzen Zeit hatten wir genug Kartoffeln, um unser Leben zu fristen, auch Gemüse aus dem Garten.

Als meine Mutter vor dem Bäckerladen zwei Männer traf, die um Brot bettelten, nahm sie sie zu uns nach Hause mit. Sie fielen durch den Schnitt ihrer Gesichter und ihrer Uniformen in der Menge der Flüchtlinge auf. Da die Amerikaner Wehrmachtsangehörige sofort einkassierten, trugen die meisten geflüchteten Soldaten irgendwelche Zivilklamotten. Diese beiden Leute hatten noch relativ komplette Uniformen, allerdings ohne Hoheitszeichen und Achselstücke. Sie waren gerade über die Grenze gekommen und versuchten, sich in Richtung Süden weiter durchzuschlagen. Es handelte sich um zwei ehemalige Abwehroffiziere, Oberst (?) Edler von Tarbuk und Dr. Oebser von der Abwehrstelle in Prag. Im Gespräch stellte sich heraus, daß sie Horaczek sehr gut kannten. Sie teilten auch mit, daß ein dritter Mann, ihr Fahrer, in der Nähe auf Nahrungsmittelsuche sei. Später stellte sich heraus, daß diese Dreiergruppe einen erheblichen Schatz an Devisen und Gold mit sich führte, den der Fahrer irgendwo vergraben sollte. Während ich mit Dr. Oebser den Versuch machte, nach Hamburg zu gelangen, wo er die Genossenschaftszentrale, als ehemaliger Spezialist dieses Wirtschaftszweiges, zwecks Anstellung aufsuchen wollte, wurde Tarbuk kurz darauf von amerikanischen CIC-Fahndern verhaftet. Sein Fahrer hatte ihn verpfiffen.

Die Flüchtlinge aus dem Egerland und dem weiter östlich liegenden böhmischen Gebiet kamen zu Zehntausenden bei Waldsassen über die Grenze und versuchten, in die Nähe der Bahnlinie Sachsen/Bayern zu kommen, um von dort weiter zu gelangen. Der Weg nach Marktredwitz und Wiesau führte über Mitterteich, wo sich schon vor der Kapitulation Flüchtlinge aus Schlesien in großer Zahl befanden, die allerdings von den Behörden damals noch relativ geordnet bei den Einheimischen untergebracht worden waren. Als die amerikanischen Truppen auch aus Sachsen und Thüringen nach Bayern zurückverlegt wurden, kamen in ihrem Gefolge ebenfalls ganze Trecks von Flüchtlingen zu uns, die vor den Russen wegkommen wollten. Die Amerikaner selbst transportierten prominente Leute von dort ab. So tauchte in dem Haus des Glaswerksdirektors, bei dem wir wohnten, der ehemalige Wehrwirtschaftsführer Dr. Schott von der Firma Zeiss in Jena auf. Da die Glasfabrik zu dem Firmenkomplex gehörte, in dem er Vorstandsmitglied gewesen war, mußte ihm sofort Quartier eingeräumt werden. Auch sein Bruder, der später zum Wiederaufbau der Zeiss & Schott-Werke an führender Stelle beitragen sollte, kam zeitweise nach Mitterteich. Das Glaswerk selbst lag immer noch still, sein Direktor, der Mann, der meiner Mutter und ihrer Familie hilfreich zur Seite gestanden hatte, war von den Amerikanern als ehemaliger Nazi herausgeworfen worden. Ein kommunistischer Betriebsrat, sein früherer Kraftfahrer, hielt aber immer gute Verbindung mit ihm, so daß wir wußten, was sich dort abspielte.

Als polnische DP's den Amerikanern weismachten, im Glaswerk seien Diamanten zu finden, erlebten wir, daß die bei uns untergebrachten MP-Leute von dem Betriebsrat zu Hilfe geholft wurden, weil dort ein amerikanischer Major und ein amerikanischer Leutnant mit vorgehaltener Pistole die Restbelegschaft zwingen wollten, alle Glaserdiamanten herauszugeben. Zu unserer Verblüffung – so etwas hätten wir bei der deutschen Wehrmacht nicht für möglich gehalten – schlugen die MP-Sergeanten die beiden Offiziere zusammen und fuhren sie dann mit Handschellen gefesselt zur nächsten Kommandantur. Auch sonst boten die Amerikaner ein Erscheinungsbild, das sich von dem der deutschen Wehrmacht sehr unterschied. Als eine Nachrichteneinheit, die fast ausschließlich aus farbigen Soldaten bestand, an den Pfählen einer deutschen Telegrafenleitung ihre Kabel befestigen wollte, kommandierte ein weißer Leutnant zwei Soldaten zum Anbringen der Kabel auf die Telegrafenmasten. Sie weigerten sich, heraufzuklettern und sagten, das solle er gefälligst selber tun, ihnen sei das zu gefährlich. Ein anderes Erlebnis: Als ein Divisionsstab, der aus dem den Sowjets zugewiesenen Gebiet Mitteldeutschlands auf seinem Rückmarsch nach Bayern Mitterteich passierte und unser Haus als Quartier beschlagnahmen wollte, stellten sich die Sergeanten unserer MP-Einheit vor die Haustür, erklärten, das sei ihr Quartier, und die Herren Offiziere, teilweise hohe Dienstgrade, mußten ergebnislos weiterfahren.

Das Verhältnis zwischen den amerikanischen Soldaten und der Bevölkerung war fast durchgehend freundlich. Vor allen Dingen die farbigen Soldaten waren bei den Kindern sehr beliebt, weil sie freigiebig von ihren Rationen abgaben und sich überhaupt nicht um die Befehle kümmerten, die eine Fraternisation verboten. Es hatte allerdings in den ersten Tagen Plünderungen und sogar Vergewaltigungen gegeben, aber das war rasch vergessen, und auch die örtliche Verwaltung buhlte um die Amerikaner, um Treibstoff und sonstige Hilfen zu erhalten. Wir selbst haben damals im Keller Schnaps gebrannt, der aus keimender Gerste mit Hilfe einer primitiven Apparatur hergestellt wurde, wahrscheinlich mit einem relativ hohen Methylgehalt. Dieser Schnaps wurde vor allen Dingen gegen Kanister mit Treibstoff getauscht, die wiederum ihren Weg zu den Bauern fanden, um dort für Speck und andere Nahrungsmittel abgegeben zu werden. Es gab dabei auch einen bedauerlichen Zwischenfall: Der Chemiker der Glasfabrik flog beim Schnapsbrennen in einem anderen Gebäude in die Luft und starb an Ort und Stelle.

Regiert wurde der Ort im Auftrag der Militärregierung von einer älteren, aber noch sehr flott aussehende Dame aus Berlin, die fließend englisch sprach und sich mit dem amerikanischen Stadtkommandanten in einem eheähnlichen Verhältnis liiert hatte. Ausgerechnet unser Haus suchte sie sich aus, um eine prunkvolle Verlobung mit dem Major zu feiern. Zur Verlobungsparty erschien er aber nicht, er hatte sich rechtzeitig abgesetzt, angeblich war er bereits verheiratet. Von dieser Dame bekamen wir (Dr. Oebser und ich) die selten ausgegebenen Permits für unseren Versuch, nach Hamburg zu gelangen. Es mußte ja jeder einen Registrierschein haben, und im Anfang waren an jedem Ortseingang amerikanische Sperren, wo die Registrierscheine kontrolliert wurden, und alle Leute, die nicht unbedingt einen triftigen Reisegrund hatten, in die Stadt zurückverwiesen wurden. Der Sinn dieser Maßnahme war vor allen Dingen, die vagabundierenden Menschenmassen von den Straßen zu bekommen. Diese Zeit war für die Hausfrauen nicht leicht zu ertragen. Auch meine Verlobte mußte sich mehrerer Versuche von amerikanischen Soldaten, sie zu Liebesdiensten mit Lebensmitteln oder auch mit sanftem Zwang zu bringen, erwehren. Unsere MP-Leute leisteten uns dabei unschätzbare Hilfe. Meine späteren Schwiegereltern bekamen dann eines der Behelfsheime, die für Bombenflüchtlinge auf dem Geländer des Glaswerkes errichtet worden waren, und ich selbst zog in ein Zimmer im Ortskern, um in dem überfüllten Haus Platz zu machen.

In diesem Zimmer wurde ich dann von amerikanischer Militärpolizei verhaftet. Damals machten die Amerikaner großangelegte Razzien, um Waffen zu suchen. Dabei gingen dann immer auch ein paar Uhren und Fotoapparate von deutschen Besitzern in amerikanische Soldatenhände über. Als unser Haus durchsucht wurde, fand man bei mir amerikanische Uniformstücke (einschließlich eines Stahlhelms), die ich mir, der gut amerikanischen Slang an der Universität Berlin gelernt hatte, mit der Zeit von der army organisiert hatte. Ich hatte wenig anzuziehen, und diese Kleidungsstücke leisteten mir gute Dienste. Der Helm war eigentlich nur eine Trophäe. Ich hatte allerdings bei manchen Gelegenheiten den »Ami« gemimt, bis ich bei den zurückflutenden Truppen aus Thüringen auf Einheiten aus Texas kam, die eine Sprache kultivierten, von der ich so gut wie nichts verstand und die auch gleich merkten, daß ich kein Amerikaner sein könnte. Und eine Waffe fand man bei mir auch. Nämlich einen Gummiknüppel, den mir meine MP-Freunde vor ihrem Abrücken aus Mitterteich geschenkt hatten, weil sich immer wieder plündernde DP's im Glaswerk zeigten, sie vermuteten dort noch irgendwelche Schätze. Ich war also im Besitz einer »gefährlichen Waffe« und auch von Uniformteilen, wurde mit einigen anderen auf einen

Lastwagen verfrachtet und in das Gefängnis von Tirschenreuth gebracht. Ein bayerischer Justizbeamter wies acht Mann in eine Zweimannzelle ein, und zweieinhalb Tage saß ich dort zusammen mit Bauern, die ihre Jagdgewehre vergraben hatten, die man aber doch gefunden hatte, mit Grenzgängern aus der Tschechoslowakei und einigen undefinierbaren Personen aus dem Fremdarbeitermilieu zusammen. Zu essen gab es fast nichts, dafür wurde eifrig geraucht, denn amerikanische Zigaretten hatten die meisten von uns. Am dritten Tag kam es zur Gerichtsverhandlung im Rathaus von Tirschenreuth. In einem Saal stand ein Pult aus der Schule, dahinter ein amerikanischer Major mit einem großen Holzhammer. Neben ihm ein PfC (Private first class), der dolmetschte. Wenn ein Name aufgerufen wurde und der Delinquent vor das Pult geführt wurde, bekam er zumeist von diesem Dolmetscher erst einmal einen Fußtritt. Der Major fragte drohend auf englisch, ob sich der Angeklagte des ihm zu Last gelegten Verbrechens, Waffenbesitz oder illegaler Grenzübertritt, schuldig bekenne. Für ihn antwortete der Dolmetscher sofort: »Guilty«, der Major donnerte den Holzhammer auf das Pult und verfügte 20 Jahre Haft oder noch mehr. Der Dolmetscher übersetzte, der Angeklagte brach in Tränen aus oder gar zusammen, er wurde aber von zwei MPs abgeführt und der nächste vor das Pult gebracht.

Als ich an der Reihe war, machte ich mit dem Gebrauch der damals gängigsten amerikanischen Schimpfworte dem Dolmetscher sofort klar, daß ich ihn nicht brauchte. Als der Major auch mir die entscheidende Eingangsfrage stellte, antwortete ich sofort: »Not guilty«! Der Offizier stutzte und fragte, was denn mit mir los sei. Da ich ihm in amerikanischem Slang antworten konnte, wurde er unsicher, ob denn die Anklage gegen mich überhaupt zu Recht bestände. Da er keine Möglichkeit hatte, das zu überprüfen, weil die Einheit, die uns eingesammelt hatte, im Verfahren nicht vertreten war, verkündete er, das Urteil wäre aufgeschoben. Zusammen mit den anderen, die ohne Ausnahme zu hohen Haftstrafen verurteilt wurden (sie mußten sie sicherlich später nicht absitzen), wurden wir ins Gefängnis zurückgeführt. Dort lieferten uns die MPs an die bayerischen Justizwachtmeister ab. Jeder wurde gefragt, welches Strafmaß er erhalten habe. Als ich an der Reihe war, antwortete ich: »Freispruch«, worauf der Justizwachtmeister mir die Tür aufschloß, viel Glück wünschte und ich wieder auf der Straße stand. Da damals noch keine Transportmittel vorhanden waren, fuhr ich dann zum Abschluß dieser Justizkomödie als Anhalter mit einem amerikanischen Armeelastwagen zurück nach Mitterteich.

Die Fahrt nach Hamburg war nicht ganz so einfach und schnell. Mit Dr. Oebser zogen wir teilweise zu Fuß, auf Armeelastwagen, auf Kohlenzügen und Bauernfahrzeugen in Richtung Norden. Es waren damals Zehntausende auf den Straßen unterwegs, und die wenigsten hatten solche Ausweispapiere, wie wir sie von der freundlichen »Verlobten« des amerikanischen Stadtkommandanten bekommen hatten. Das nützte uns aber bei der Beschaffung von Nahrung und Unterbringung auch nicht sehr viel. Die deutschen Ortsgewaltigen reagierten völlig unterschiedlich. Wir wurden in Massenquartiere eingewiesen. In einer völlig unzerstörten Stadt sperrte man uns ins Gefängnis ein (allerdings nur zur Unterbringung), und die Bauern ließen uns in ihren Scheunen schlafen. Es war, Gott sei Dank, Sommer, und selbst die langen Fahrten auf den offenen Güterwagen machten uns nicht viel aus. Vor Hamburg war die größte Schwierigkeit, die Elbbrücken zu passieren. Bei den Briten nützten uns unsere amerikanischen Papiere wenig. Wir sind schließlich unter den Planen einer Fahrzeugkolonne der UNRRA versteckt über den Strom gekommen. Während Dr. Oebser zur GEG-Zentrale ging, um dort seine alten Beziehungen anzuknüpfen, campierte ich notdürftig bei Hamburger Bekannten meiner Mutter, wo jetzt die Witwe des Generals Lindemann, als Opfer des 20. Juli anerkannt, eine gewisse Vorzugsbehandlung genoß. Zu meiner Verblüffung sah ich in Hamburg deutsche Offiziere in voller Kriegsbemalung, wie man damals noch zu sagen pflegte, d. h. mit Orden und Achselstükken, die ihnen in der amerikanischen Zone sofort von den Siegern abgerissen worden wären. Aber dort gab es ja noch deutsche Truppenteile unter ihren Offizieren; und die waren auch äußerlich kenntlich. Sogar Koppel mit umgeschnallter Pistole waren zu sehen.

Nachdem Dr. Oebser mit seinen Gesprächen fertig war, zogen wir wieder in Richtung Bayern. Es wurde uns dabei deutlich, daß die englische Militärpolizei die polnischen DPs ausgesprochen unfreundlich behandelte und auch entlassene KZler, die immer wieder während der Straßenkontrollen eingesammelt wurden, mit äußerstem Mißtrauen betrachtete. Sie hatten inzwischen gemerkt, daß es sich bei ihnen nicht ausschließlich um politische Gefangene handelte. Besonders streng waren die Kontrollen in Bebra, das ja an der Schnittstelle zwischen russischer, amerikanischer und britischer Zone lag. Hier lagen wir mehrere Tage fest und waren dabei auf einem Bauernhof in einer Scheune mit einer Reihe jüdischer KZ-Insassen zusammen. Im Unterschied zu den polnischen DPs, die oft sehr anmaßend und laut auftraten, waren diese Männer schweigsam, sprachen kaum ein Wort, und als wir mit ihnen dann doch ins Gespräch kamen, erzählten sie uns, daß sie ihre Frauen suchten, die zuletzt im Konzentrationslager Ravensbrück gewesen wären. Von einer Feindseligkeit oder gar einem Haß gegen uns Deutsche war bei ihnen nichts zu spüren, das hat mich sehr beeindruckt. Ich hatte ihr schweres Schicksal nicht geteilt, war aber dennoch gewillt, die Demütigungen, die ich in der Endphase der Naziherrschaft erlebt hatte, nun als Argument dafür zu benutzen, eine bessere Behandlung zu genießen. Das habe ich mir allerdings schnell abgewöhnt, denn weder bei meinen deutschen »Volksgenossen« noch bei den Vertretern der Besatzungsmächte konnte man mit Verständnis rechnen. Der Rückweg wurde in der amerikanischen Zone etwas leichter, weil die dort stationierten Truppen in ihren Lastwagen eigentlich immer die an den Kontrollstellen angesammelten »Reisenden« mitnahmen. Die letzte Strecke in der Oberpfalz mußten wir zu Fuß marschieren, was sich dann allerdings als Vorteil herausstellte. Als wir uns Mitterteich näherten, trafen wir auf einen Angehörigen des Glaswerkes, der mich kannte. Er erzählte uns von der Verhaftung von Tarbuk und daß man das Haus, in dem meine Mutter lebte, völlig auf den Kopf gestellt hatte, um den anderen »deutschen Spionageoffizier« zu finden. Dr. Oebser zog sofort die Konsequenz. Er verabschiedete sich von mir und marschierte mit einem mir unbekannten Zielort, getrennt von mir, weiter. Er soll später eine Produktionsgenossenschaft sudetendeutscher Handschuhmacher aufgebaut haben.

In Mitterteich hatte sich wenig geändert, meine Verlobte arbeitete nach wie vor als Arzthelferin, aber inzwischen war auch mein Schwiegervater auf dem weiten Weg von Danzig über die Ostsee, Schleswig-Holstein und Niedersachsen bei uns in Bayern aufgetaucht. Da er freimütig bekannte, Mitglied der NSDAP gewesen zu sein, durfte er zwar bei der Reichsbahn wieder anfangen, aber nur als Streckenarbeiter. Er hat diese Zeit im Sommer eigentlich nicht als Belastung empfunden. Mit einer ganzen Reihe von Schicksalsgenossen standen sie an den Eisenbahnstrecken und arbeiteten sich nicht zu Tode. Sie erhielten Schwerstarbeiterzulage, und zu Hause wurde fleißig Tabak angebaut, der zu einer Mischung mit dem schönen Namen »Wanzentod« verarbeitet wurde. Angeblich fielen in den Baracken die Wanzen von den Wänden, wenn die gedrehten Zigaretten aus dieser Mischung in Brand gesetzt wurden. Er fand dann allerdings eine Beschäftigung als Heizer in einem Salonzug, mit dem General Clay durch die amerikanische Besatzungszone gefahren wurde. Später ist er dann über die Station des Lokomotivführers wieder zu seiner ursprünglichen Beschäftigung als »Bürohengst« in eine großstädtische Lokleitung zurückgekehrt.

In der letzten Nacht vor der Besetzung Mitterteichs durch die Amerikaner war an der Tür unseres Hauses, in dem wir damals lebten, ein leicht betrunkener älterer Herr erschienen, der mir das »Buch der Bücher« übergab, das ihm der Hausherr geborgt hatte. Es handelte sich um das Buch »Der Herr Kortüm« von Kurt Kluge. Diesen Mann lernte ich später als den bekannten Maler und Radierer Herbert Molwitz kennen, der vor dem Kriege in eine kleine Holzhütte an der Straße nach Wiesau geflüchtet war. Sein Vater war in Mitterteich Direktor einer Porzellanfabrik gewesen, daher war ihm dieser Ort heimatlich bekannt. Molwitz, dessen Radierungen noch heute mehrere Wände in meinem Haus schmücken, hatte eine Frau, die Sekretärin im »Haus der deutschen Kunst« in München gewesen war. Sie wurde meine »Muse«. Ich hatte ihr nämlich einige von meinen philosophischen Ergüssen zu lesen gegeben, und sie bedrängte mich nun, ich solle doch wieder zu schreiben anfangen. Jetzt sei der Zeitpunkt, wo junge Talente endlich ihre Werke auf den Markt bringen könnten, sie würde mir helfen, denn sie sei mit dem Verleger Kurt Desch in München bekannt. Da sie außer der Versorgung ihres Mannes wenig zu tun hatte, erbot sie sich, meine Manuskripte in die Schreibmaschine zu übertragen. Und so fing ich wieder an zu schreiben. Ich versuchte, meine Erlebnisse von Oktober 1944 bis zur Kapitulation in die Form von Kurzgeschichten zu bringen. Ich schrieb drei Erzählungen mit den Titeln »TVA« (Torpedo-Versuchsanstalt), »dp« (displaced person) und »PW« (prisoner of war). Darin versuchte ich, über mein persönliches Erleben hinaus, die Ereignisse dieser für die Menschen, besonders im Osten Deutschlands, fürchterlichen Zeit in lesbare Form zu bringen. Wenn ich heute in diesen erhaltenen Manuskripten blättere, sehe ich natürlich zuallererst die Mängel meiner damaligen Bemühungen. Aber immer noch sprechen aus den Seiten dieser Manuskripte die Erschütterung, die Angst und die Not jener Zeit. Heute würde man das neumodische Wort Betroffenheit dafür gebrauchen.

Frau Molwitz hat mit ihren Bemühungen beim Desch-Verlag wohl keinen Erfolg gehabt, weil absolute Papierknappheit und auch die Auflagen der amerikanischen Besatzungsmacht dazu führten, daß eigentlich nur populäre amerikanische Übersetzungsliteratur auf den Markt kam; sofort verkauft, weil die Auflagen zu gering waren.

Ich wandte mich meiner alten Liebe, der Philosophie, wieder zu und schrieb drei Essays unter dem Titel »Von der Not dieser Zeit« mit den Untertiteln »Quo vadis?« sowie »Conditio sine qua non« und »Amor fati«. Da sich meine »Muse« trotz der nicht gerade gut lesbaren Texte bereiterklärte, weiter für mich zu schreiben, machte ich eine zweite Serie der Essay-Reihe »Von der Not dieser Zeit« mit den drei Abschnitten »Die Zivilisierung der Kultur«, »Die materielle Lebensauffassung« und »Mythos oder Chaos?« Zum Abschluß der Serie »Von der Not dieser Zeit« schrieb ich drei Essays »An den Grenzen der Vernunft«, »Im Sfumato der Konfessionen« und »Beruf oder Berufung?« Ich muß heute befürchten, daß das nur Wiederholungen meiner schon in

Zoppot selbst noch in die Maschine getippten, nicht originellen Auslassungen gewesen sind. Wenn ich heute darin blättere, so kommt mir die Gedankenwelt des damals 20- bis 22jährigen Verfassers doch reichlich konfus vor.

Nicht für Frau Molwitz bestimmte Texte schrieb ich für meine Verlobte, so z.B. zum 24. Dezember 1945 eine Weihnachtsgeschichte mit dem Titel »Barnascha«, das Wort bedeutet »des Menschen Sohn«. Wegen des Anlasses und auch wegen der Empfängerin war das eine sehr christlich bestimmte Kurzgeschichte, obwohl mein Verhältnis zu meiner Kirche wegen deren Verhalten im Dritten Reich gestört war, was sich dann später noch verstärkt fortsetzen sollte.

Zum 11. Januar 1946 schrieb ich eine Kurzgeschichte über einen Pianisten mit dem Titel »Er fand das Leben«, die mir, heute gelesen, zeigt, daß ich wieder anfing, »positiv« zu denken. Sogar zu einem Gedicht zum 21. Geburtstag meiner Verlobten am 6. Februar 1946 habe ich mich verstiegen, anscheinend waren wir uns damals nicht unbedingt immer einig. Es lautet:

»Die Schmerzen
die Du bereitest
trage ich gerne weiter,
denn heiter
machen mich Deine 21.
5 Jahre Liebe in Danzig,
etwas noch hier,
das Schicksal meint es gut mit mir
zu guter Letzt auch mit uns beiden,
sollten wir scheiden,
so hatte Deine Jugend ihr Recht.
Schlecht
wird solche Spielerei
wenn man erwachsen und frei.
Überlege jetzt gut der Liebe Wahl,
Qual
für ein ganzes Leben
kann die 21 geben.«

Diese persönliche Abschweifung mag erlaubt sein, weil ich damals noch immer mit großer Liebe an diesem Mädchen hing, das mir in der schweren Zeit vor der Kapitulation zur Seite gestanden hatte. Jetzt regte sich natürlich ihr Wunsch, selbständig zu werden, ein Studium aufzunehmen und vom Elternhaus und auch von mir etwas Abstand zu gewinnen.

Den Wunsch, mich selbständig zu machen, hatte ich selbstverständlich auch – aber vor allen Dingen auch aus ganz materiellen Gründen. Langsam ging mein Geld zu Ende. Ich hatte mein Konto vor der Evakuierung aus Danzig noch abgehoben. Es waren meine Ersparnisse vor allem aus der Studentenzeit, wo ich den guten elterlichen Zuschuß nur zum Teil ausgegeben hatte, es gab ja kaum etwas zu kaufen. Jetzt in Mitterteich fehlte der Familie jegliches Einkommen. Das Gehalt, das die Abwehr meiner Mutter gezahlt hatte, kam seit Januar 1945 nicht mehr, die Pension meines Großvaters war ebenso versiegt, weil es keine ostpreußische Behörde mehr gab, die einem ehemaligen Beamten der Provinz etwas bezahlen konnte. Der Hausherr, der uns alle hilfreich aufgenommen hatte, war aus seiner Stellung als Direktor der Glasfabrik als ehemaliger Träger des goldenen Parteiabzeichens entfernt worden. Auch er erhielt weder ein Übergangsgeld noch eine Rente oder sonstige Einkünfte. Es mußte also etwas geschehen. Beim Arbeitsamt konnte man mir nur eine Stelle als Holzarbeiter anbieten. Dazu hatte ich nach meinen Erfahrungen im Wald, als wir die pro Familie zustehenden Festmeter Holz mit Axt und Säge für den kommenden Winter schlugen, klein machten und nach Hause schafften, keine Lust. Auch meine schriftstellerischen Versuche verliefen im Sande, denn nach Ausfüllung eines der unzähligen Fragebogen für den »Autorenausschuß im Arbeitsausschuß für den bayrischen Buchhandel« erhielt ich zwar freundlichen Zuspruch, aber keinerlei konkreten Arbeitsauftrag.

Ich wog nach der Rückkehr von der 14tägigen Tour nach Hamburg nicht viel mehr als die 96 Pfund, die ich bei Verlassen des Domstaglagers in Eckernförde gewogen hatte. Auch die Betätigung im Schwarzhandel brachte keinen großen Gewinn. Ich kam zu diesem damals sehr weit verbreiteten Erwerbszweig durch einen Zufall. Eines Tages fuhr ein Mann auf einem schweren Motorrad vor der Glasfabrik vor. Wenn er nicht einen Vollbart gehabt hätte und ohne Stahlhelm gewesen wäre, hätte man ihn für einen Kradmelder der Wehrmacht halten können. Sein Mantel, das Koppel und die feldgraue Maschine – alles sah danach aus. Es war aber der Pater Prior des Würzburger Franziskanerklosters, der auf der Suche nach Glas war. Sein Kloster war als Lazarett für mehrfach amputierte Soldaten belegt worden. Bei einem Luftangriff, der Würzburg unmittelbar vor der Übergabe an amerikanische Truppen schwer zerstörte, gingen sämtliche Fensterscheiben zu Bruch. Im Sommer hatte man das Gebäude notdürftig hergerichtet, aber nun fehlte es an Fensterscheiben, die Amputierten litten sehr unter der Kälte. Ihm hatte man erzählt, daß in Mitterteich eine Flachglasfabrik sei, und nun kam er hierher mit der Bitte, ihm zu helfen. Das Werk hatte optisches Glas und Scheinwerferglas hergestellt. Was von der Produktion noch vorhanden war (denn eine Neuproduktion war nicht wieder in Gang gekommen), wurde von unserem kommunistischen Betriebsrat in Kisten verpackt, und dann kam die Frage an den Pater, was er denn zum Kompensieren hätte? Geld war uninteressant für die Restbelegschaft, man brauchte Nahrungsmittel oder etwas zum Anziehen. Damit konnte unser Mönch nicht dienen, aber – das Kloster hatte Weinberge, und er bot uns den Tausch von Glas gegen Flaschen, wohlgefüllt mit Frankenwein, an. Darauf ging der Betriebsrat sofort ein. Außerdem besorgten wir uns von den ebenfalls stillgelegten Porzellanfabriken eine Menge Eß- und Kaffee-Service, die noch nicht den zweiten Brennvorgang und die endgültige Glasur hatten, so daß die Farben bei heißem Abwaschen abgingen. Aber es war zum Gebrauch benutzbares Porzellan. Die kleine Geschichte mit der abwaschbaren Farbe brauchte man ja dem Abnehmer nicht gleich auf die Nase zu binden. Wir beluden einen altersschwachen Lkw mit Holzgasantrieb und fuhren in Richtung Würzburg. Am Steuer der Betriebsrat, zu seiner Rechten der Sohn des Fabrikdirektors als straßen- und dialektkundiger Einheimischer und schließlich ich als Dolmetscher für amerikanische Posten und Straßensperren. An den Steigungen mußten wir oft das asthmatisch schnaufende Fahrzeug schieben, der Steigerwald bereitete uns dabei einige Probleme.

Zuerst bekamen wir bei den Mönchen einige Kisten Wein und fuhren dann auf deren Rat noch zum Staatlichen Weinbaulehrinstitut in Veitshöchheim, wo wir für unser Porzellan sofort Abnehmer fanden und ebenfalls mit Wein aus dem tiefen Keller dieser vorzüglichen Einrichtung bedacht wurden. Auf der Rückfahrt haben wir noch einiges Restgeschirr bei fränkischen Bauern gegen selbstgebrannten Pflaumenschnaps abgesetzt. Als wir sehr heiter gestimmt nach Hause kamen und unsere Schätze verteilten, ging der Großteil wiederum als Tauschobjekt an die umliegenden Bauern, um Lebensmittel einzutauschen. Aber es blieb für den Dolmetscher doch immerhin noch ein ganz schöner Posten Bocksbeutel übrig. Ich habe 1945/46 mehr ausgezeichneten Frankenwein getrunken als in vielen Jahren danach. Eine weitere Fahrt machten wir allerdings mit Menschen, nicht zum Tauschen. Es waren schlesische Flüchtlinge, meistens aus dem Adel, die wir von Burg Falkenstein an der Waldnaab zu einem der löwensteinschen Güter am Main brachten.

Für diese Fuhre wurden wir mit frischem Obst und einigen Speckseiten belohnt, die wir sorgfältig in unseren Säcken mit Holz für die Antriebsmaschine versteckten. Mein Existenzproblem wurde dadurch natürlich nicht gelöst. Auch die mir zu meiner Überraschung erteilte Genehmigung der kommunistischen Behörden in Berlin, das Studium an der Universität wieder aufnehmen zu können, habe ich damals nicht genutzt. Ich hatte inzwischen von den Zuständen in Berlin von früheren Kollegen im Humboldt-Klub erfahren.

Das Erstaunliche an dieser Zeit war die trotz allem gute Stimmung. Man merkte eigentlich keine Trauer über Deutschlands Untergang, sondern hatte große Erwartungen trotz Hunger, trotz Angst vor Plünderungen und von Zeit zu Zeit Obdachlosigkeit. Der Krieg war für die meisten Hitlers Krieg gewesen, und weil er zu Ende war, konnte es eigentlich nur besser kommen. Es gab keine Fliegerangriffe mehr, keinen Artilleriebeschuß und nicht die Befürchtung, am nächsten Tag irgendwo an eine Front geschickt zu werden. Die Schikanen der Besatzungsmacht waren dagegen ein kleines Übel. Unter dem Druck des allgemeinen Mangels war damals auch die Bereitschaft zum Teilen bei den meisten Menschen größer als später in den Zeiten des Wohlstandes.

Wenn überhaupt politische Gespräche geführt wurden, dann beherrschte ein völlig neues Phänomen die Gedanken, die Entnazifizierung. Wer irgendeine Arbeit finden wollte, mußte erst einmal »eingestuft« sein, davor stand die Arbeit des Fragebogenausfüllens. Die amerikanische Militärregierung hatte ganze Tonnen von Papier verbraucht, um uns mit Fragebogen zu überschütten, die 131 Einzelfragen enthielten. Man forderte nichts weniger als die Wahrheit und drohte gleich zweimal, am Anfang und am Ende des Fragebogens, mit Strafen, deren Art und Ausmaß ich nicht zu fürchten brauchte. Aus Ton und Inhalt ging nicht hervor, aus welchen Gründen man befragt wurde. Entscheidend war jedoch, daß man mit diesem Fragebogen eigentlich gezwungen war, sich selber zu bezichtigen, besonders was die Mitgliedschaft in irgendwelchen Gliederungen der NSDAP anbelangte. Das und manches andere mehr mußte geradezu dazu führen, daß Fragebogenfälschungen sozusagen selbstverständlich wurden.

Der Landrat von Tirschenreuth teilte mir am 18. Dezember 1945 mit: »Die Militärregierung hat mir mitgeteilt, daß sie Ihre politische Überprüfung ohne Beanstandung vorgenommen hat.« Da ich nur ein kleiner HJ-Scharführer gewesen war, hatte ich nichts anderes erwartet. Den meisten Erwachsenen um mich herum ging es allerdings anders. Das Unternehmen »Entnazifizierung« zwang viele zur Fälschung ihres Lebenslaufes, und das besonders Fatale daran war, oft begannen sie, das selber zu glauben, was sie in den Spruchkammerverfahren vorgetragen hatten, um einigermaßen unbehelligt zu bleiben. Manche redeten sich in ihrer Bedrängnis sogar in einen »Widerstand« hinein, den sie gar nicht geleistet hatten, an dem auch nur zu denken sie damals ihr Glaube oder eine vollauf berechtigte Vorsicht gehindert hatte. Die ehemals Gläubigen, die »treuen Gefolgsleute«, sie schwiegen, denn der nationale Zusammenbruch war auch ihr eigener gewesen.

Für mich stellte sich die Frage ganz anders. Im Dritten Reich hatte ich alles getan, um meine Abstammung zu vertuschen. Ich wollte sie ja auch gar nicht wahrhaben, denn mein Vater war für mich kein Jude, sondern ein pflichtbewußter preußischer Offizier, der immer seinen Dienst für das Vaterland geleistet hatte – selbst noch in einer Zeit, als ihn die Nürnberger Gesetze zum Paria stempeln wollten. Und auch nach 1945 war jüdische Abstammung vielleicht für ein paar Behörden oder die Militärregierung etwas Positives, für die meisten meiner Mitmenschen, unter denen ich ja schließlich jeden Tag zu leben gezwungen war, galten die alten Vorurteile. Ich habe zwar damals gegenüber dem Bürgermeister von Mitterteich eine Erklärung über meine Abstammung und die Nachteile, die ich dadurch hatte, abgegeben, aber sonst verschwieg ich weiter den »Halbjuden«, vor allen Dingen deshalb, weil ich das selber nicht sein wollte. Das Thema war auch für die Familie weitgehend tabu, wenngleich wir alle hofften, mein Vater würde eines Tages als Retter aus aller Bedrängnis auftauchen und uns nach Amerika auf die von ihm erworbene Farm holen. Mein späterer Schwiegervater schließlich bat mich, unter Hinweis auf meine Bedrängnis im Dritten Reich und seine Haltung dazu, um Hilfe bei seiner Entnazifizierung, die ich selbstverständlich geleistet habe.

Der Schatten Peter Schlemihls war jetzt plötzlich leicht zu tragen, ich hatte keinen Grund, ihn dem Teufel gegen Geld zu verkaufen.

Bei meinen Versuchen, etwas Geld zu verdienen, kam ich allerdings in die Verlegenheit, mich in erster Linie mit den Amerikanern zu arrangieren, denen ich meine Abstammung nicht verschwieg. Ich hatte bemerkt, daß sie eigentlich nur zwei Kategorien von Menschen kannten, Nazis und Antinazis. Ich wollte beides nicht gewesen sein, aber ging eben als Benachteiligter der Zeit vor 1945 nun in die Kategorie der Menschen über, die nach 1945 bessere Startchancen erhielten. Das Nachrichtenkontrollamt der amerikanischen Armee mit seiner Dienststelle in Regensburg ließ mich am 15. Januar 1946 zur Ausübung des Berufs eines Journalisten zu. Die Überprüfung in Regensburg erfolgte durch einen deutschen oder wahrscheinlich österreichischen Emigranten, der haargenau so aussah wie Wilhelm Furtwängler. Er unterhielt sich mit mir über die Fehler des Vertrages von Versailles, wozu ich als Danziger einiges beisteuern konnte. Ich notierte damals am 15. Januar in mein Tagebuch: »Man kann doch wenigstens jetzt seine Meinung sagen, die Amis legen sogar Wert darauf.«

Beschäftigungsmöglichkeiten erhielt ich bei der Radio Section (Radio München), für die ich als Reporter tätig sein sollte. Außerdem gab mir die Publishing Operations Section (die »Neue Zeitung« in München) ein Zertifikat, wonach ich für sie tätig sei und in Militärfahrzeugen und Militärzügen reisen durfte. Das war damals ein großer Verzug. Die materielle Ausbeute war allerdings sehr gering. Wieder im Tagebuch: »Es wird eine komische Beschäftigung, fünf Reichsmark nehme ich ein, wenn ich 20 Reichsmark ausgebe. Aber ich komme in Kontakt mit den Behörden, ich bekomme Benzin, wenn auch nichts Erschütterndes aus diesem verlassenen Winkel zu berichten ist.« Das war es nämlich. Was gab es schon aus dem Stiftland zu berichten. Erst zu spät merkte ich, daß dort eine Sensation zu vermelden war, die zwar die wenigsten Deutschen interessierte, aber die Amerikaner um so mehr. Das war die Existenz der Therese Neumann in Konnersreuth. Dieses stigmatisierte Bauernmädchen zog jeden Freitag Scharen von Besuchern an, und besonders in der Osterzeit um Karfreitag fuhren ganze Kolonnen amerikanischer Autos in diesen kleinen Ort, der von Mitterteich nur wenige Kilometer entfernt war. Die Berichterstattung über die Therese von Konnersreuth besorgten die Amerikaner selber. Ich selbst fand die ganze Angelegenheit nicht geeignet, um daraus Stories zu machen.

Auch fanden nicht alle Meldungen, die ich nach München durchgab, das Gefallen meiner Auftraggeber. Als z.B. die tschechischen Behörden sudetendeutsche »Antifaschisten« in einem Güterzug über die Grenze transportierten (die anderen Vertriebenen mußten zu Fuß laufen und verloren dabei einen Großteil ihrer Habe), wurden diese Menschen bei der Ankunft in Wiesau von den Amerikanern in ganze Wolken von DDT gehüllt und ihre mitgebrachte Habe inkl. Möbel aufs peinlichste durchsucht. Merkwürdig war dabei auch, daß tschechische Miliz hier bereits auf bayerischem Boden das ganze Gebiet um den Zug gegenüber den Deutschen absperrte, nur die Amerikaner hatten

Zutritt. Mein Bericht darüber verschwand in der Versenkung, das Thema »Austreibung der Deutschen aus der Tschechoslowakei« war tabu.

Als ich einige Zeit später einen gedruckten Zettel bekam, mit dem mir »der Öffentliche Kläger bei der Spruchkammer für den Landkreis Tirschenreuth« mitteilte, ich wäre kraft der »Jugendamnestie« vom 6. 8. 1946 vom Gesetz zur Befreiung von Nationalsozialismus und Militarismus vom 5. 3. 1946 nicht betroffen, wollte ich dagegen angehen. Ich wandte mich an den damals obersten Entnazifizierer in Bayern, Thomas Dehler in Bamberg, mit dem Argument, ich könne nicht amnestiert werden, da ich nicht schuldig geworden sei. Dieser liberale Jurist ist darauf nicht eingegangen, er gehörte wohl damals zu den Menschen, die das deutsche Volk und damit sogar die jugendlichen Jahrgänge kollektiv schuldig sprachen. So hat ja auch sein Parteivorsitzender, Theodor Heuss, die Aufforderung an das deutsche Volk gerichtet, Kollektivscham zu empfinden. Das kam von einem Mann, der 1933 dem Ermächtigungsgesetz zugestimmt hatte.

Ein anderer Brief von mir in Sachen Kollektivschuld hatte allerdings sehr positive, um nicht zu sagen für meinen weiteren Lebensweg entscheidende Folgen: Das war ein Briefwechsel mit dem Lizenzträger der in Hof/Saale erscheinenden Zeitung »Frankenpost«. Neben den amerikanisch gesteuerten Rundfunksendungen beherrschte nach dem Kriege die »Neue Zeitung« in München die Zeitungslandschaft. Erst allmählich kamen auch deutsche »Lizenzzeitungen« mit dem Segen der Amerikaner auf den Markt. In der Oberpfalz, in der Mitterteich lag, erschien erst im Juni 1946 die Zeitung »Der Neue Tag« in Weiden. Bis dahin wurden wir von der in Hof erscheinenden »Frankenpost« informiert, die bereits Mitte Oktober 1945 lizensiert worden war. In den ersten Monaten des Jahres 1946 machte Pastor Niemöller seine These von der Kollektivschuld des deutschen Volkes in zahlreichen Vorträgen publik. In Erlangen trat er in der Universitätskirche damit vor ein meist studentisches Publikum. Viele dieser Studenten, fast ausschließlich ehemalige Kriegsteilnehmer, verließen protestierend die Kirche und haben sich dabei nicht sonderlich gut benommen. Die Reaktion der Öffentlichkeit, aber auch der Behörden, war sehr scharf. Der bayerische Ministerpräsident Hoegner (SPD) wollte die Universität Erlangen deshalb schließen lassen. Dazu kam es zwar nicht, aber sämtliche Universitätsangehörige mußten erneut eine Entnazifizierung durchlaufen. Die »Frankenpost« schrieb über diese Vorgänge einen recht einseitigen Artikel, der die Studenten in Grund und Boden verdammte. Ich kannte Niemöller persönlich aus seiner Zeit in Berlin Dahlem, wo meine Cousine seine »Lieblingskonfirmandin« gewesen war. Ich kannte aber auch die Studenten, schließlich zählte ich mich immer noch dazu, die in ihrer übergroßen Mehrheit keineswegs verstockte Nazis waren. Ich schrieb einen Leserbrief an die »Frankenpost«, der natürlich nicht abgedruckt wurde. Aber ich erhielt einen Anruf aus Hof von einem Mann, der ein sehr ungarisch gefärbtes Deutsch sprach, sich als Chefredakteur der Zeitung, Tibor Yost, vorstellte und fragte, ob ich Lust hätte, für ihn zu arbeiten. Ich hatte damals schon an viele Zeitungen wegen eines Volontariats geschrieben und hatte Angebote sowohl aus Berlin als auch aus Hamburg, beides von Parteizeitungen bzw. der Partei, in diesem Falle der SPD, nahestehenden Zeitungen. Hof lag für mich sehr viel günstiger, und ich wußte, daß die Lizenzzeitungen in der amerikanischen Besatzungszone nicht parteigebunden waren. Also sagte ich zu und fuhr wenig später nach Hof an der Saale.

In dieser kaum zerstörten Stadt saß die »Frankenpost« in dem prächtigen Gebäude des von den Amerikanern beschlagnahmten »Hofer Anzeigers«. Ich wurde freundlich empfangen. Als ich mein Volontariat begann, konnte ich meine geringe Zeitungserfahrung durch einen glücklichen Zufall ausgleichen. Über den Hellschreiber der Nachrichtenagentur »DANA« lief eine Meldung, daß der ehemalige »Reichsbischof« Müller Selbstmord begangen habe. Ich konnte diese Meldung zu einem kleinen Artikel ausbauen, in dem ich die Rolle Müllers in Königsberg beschrieb. Dem Chefredakteur gefiel das ausnehmend. Nach einer einzigen Woche Volontärzeit machte er mir das Angebot, mich als Redakteur einzustellen. Ich fuhr beglückt nach Mitterteich, um diese Entwicklung mit meiner Verlobten und mit meiner Familie zu besprechen. Dann wieder die ungarische

Stimme am Telefon. Chefredakteur Yost hatte sich mit seinem Mitlizenzträger, dem Verleger Hans Seidel (früherer Reichstagsabgeordneter der SPD und Geschäftsführer der 1933 von Goebbels verbotenen »Oberfränkischen Volkszeitung«), besprochen. Der war einverstanden, und nun fragte Yost, wieviel Gehalt ich denn haben wolle. Ich verlangte dann die für einen 22jährigen Anfänger damals sehr hochgegriffene Summe von 500 Reichsmark im Monat. Einzige Reaktion von Yost: »Bin ich froh, daß Sie nicht verlangt haben 700.« Ich sollte sofort anfangen, damit begann ein neues Kapitel meiner Lebensgeschichte.

Kopfsprung in den Journalismus

Zum Geburtstag meiner Mutter, am 30. März 1946, bekamen wir von meinem Vater aus China ein erstes Lebenszeichen. Wir wußten nicht, was dort geschehen war, denn sonst hätte ich nicht in mein Tagebuch schreiben können: »Vielleicht glückt doch noch einmal der Absprung nach Oregon«. Vom Fluchtpunkt Mitterteich strebten wir jungen Leute jetzt aus diesem äußersten Winkel der Oberpfalz heraus. Meine Verlobte wollte in Frankfurt ein Studium an der Universität aufnehmen, wo damals eine verkürzte Ausbildung zum Lehrer angeboten worden war. Ich selbst fing am 1. April als Redakteur in der politischen Redaktion der »Frankenpost« in Hof/Saale mein Berufsleben an. Das war durchaus kein Aprilscherz. In der ersten Zeit waren die Unterbringungs- und Ernährungsverhältnisse eher zum Weinen als zum Lachen. Aber ich verdiente jetzt mein erstes Geld, ich konnte mit erfahrenen Kollegen etwas von einer Profession lernen, die mir immer als Berufsziel vorgeschwebt hatte.

Die Redaktion der Frankenpost war ein Kaleidoskop unserer verrückt gewordenen Zeit im kleinen. Nicht ein einziger einheimischer Redakteur war vorhanden, lediglich der Lokalreporter Schiller stammte aus der Stadt und konnte das Idiom dieser Gegend, eine Mischung aus Bayrisch, Vogtländisch und Egerländisch, sprechen und verstehen. Unser Chef war der schon genannte ungarische Filmeschreiber Tibor Yost, ein mit allen Wassern der Boulevardpresse gewaschener Mann, dessen spezielles Deutsch (er sagte z.B. immer »das Zeitung«) nicht darüber hinwegtäuschen konnte, daß er ein ausgezeichneter Journalist mit vielfältigen Erfahrungen war. Wie gerade ein solcher Mann zu einem der ersten »Umerzieher« (die Frankenpost hatte die Lizenznummer 4) von den amerikanischen Presseoffizieren gemacht worden war, blieb im Nebel der Gerüchte. Als ich 40 Jahre später den Chef der amerikanischen Pressekontrollbehörde für Bayern, Ernst Langendorf, dazu befragte, sagte er nur lächelnd, der zuständige Presseoffizier sei in die Freundin von Tibor Yost verliebt gewesen. Diese Freundin, Frau Glaser, die später von Yost geheiratet wurde, war die allmächtige Redaktionssekretärin und spielte vor allem eine gesellschaftliche Rolle mit guten Kontakten zu der amerikanischen Besatzungsmacht. Sie war die Tochter des berühmten Konstrukteurs Flettner und im Dritten Reich verfolgt gewesen. Yost hatte sie zu dieser Zeit schützen können.

Für meinen Start in der Frankenpost war sehr wichtig, daß der Lokalredakteur, der auch den damals sehr schmalen Kulturteil betreute, aus meiner zweiten Heimat, Zoppot, stammte. Peter Kniewel war im Haus des Lokalblättchen »Zoppoter Zeitung« in der Seestraße groß geworden. Ein paar Jahre älter als ich, hatten wir doch soviel gemeinsame Erinnerungen an das Ostseebad, daß sich sofort zwischen uns eine gute Verbindung ergab. Er half mir bei meinen ersten Schritten, z. B. auch bei der Zimmerbeschaffung, und machte mich mit den anderen Kollegen in dieser Redaktion bekannt. Da war neben dem Ungarn Yost ein Landsmann von ihm, Josef Nyary, ein hinreißender Karikaturenzeichner, dann der aus dem Prager Deutschtum stammende Chef vom Dienst, Clemens Metzner, dem enge Verbindungen zum amerikanischen CIC nachgesagt wurden und der »Außenpolitiker« Fridolin Rokitzki aus Czernowitz in der Bukowina, so daß die ehemalige k.u.k.-Monarchie hier an der Grenze der Tschechoslowakei geradezu übermächtig repräsentiert war. Der Sportredakteur Schepe kam vom Reichssender Breslau, ein anderer Schlesier, Helmut S. Krüger, den Yost von der Theaterkasse hinweg engagiert hatte, war zuständig für Wirtschaft und arbeitete vor allen Dingen als sog. Human-interest-Reporter. Er schrieb Geschichten »mit Herz« und war damals das einzige KPD-Mitglied in der Redaktion. Über allem aber schwebte die weiße Mähne von Curt Pabst, dem Leitartikler der Zeitung, dem sogar Tibor Yost Respekt zollte.

Die erste Nummer der Zeitung war am 12. Oktober 1945 erschienen, gedruckt wurde sie beim »Hofer Anzeiger«, dem Blatt, das bis zum Ende der NS-Herrschaft dort erschienen war. Es wurden fast ausschließlich politische Meldungen gebracht, besonders die sog. »politische Säuberung« war ein ständiges Thema. Damals waren es vor allen Dingen noch die Amerikaner, die für Verhaftungen von früheren Parteibonzen bzw. für ihre Entfernung aus dem öffentlichen Dienst sorgten. Aber die Zeitung brachte auch unter der Überschrift »Was man sich in Hof erzählt« Hinweise auf den damaligen Gesprächsstoff der Bevölkerung – Gerüchte, die zum Teil jeder Grundlage entbehrten.

Meines Wissens ist dies in Deutschland die einzige Tageszeitung, an der die SPD offiziell beteiligt ist. Die eigenen Presseorgane der SPD sind weitgehend eingestellt worden. Damals spielten unter den Lizenzträgern, besonders in der amerikanischen Zone, Sozialdemokraten die erste Geige, Dirigenten des Pressekonzerts waren aber die amerikanischen Presseoffiziere, die z. T., wie der genannte oberste Pressekontrolleur in Bayern, Langendorf, vor 1933 in der SPD-Presse eine Rolle gespielt hatten.

Der Neuling Helmuth Mosberg wußte von diesen Hintergründen wenig oder nichts, ihm kam es vor allen Dingen darauf an, erst einmal in dieser für ihn völlig fremden Stadt, in diesem für ihn noch unvertrauten Beruf, Fuß zu fassen. Von Frau Glaser erhielt er einen wichtigen Tip. Es bestand die Möglichkeit, die Hungerrationen der Lebensmittelkarten aufzubessern, wenn man, wie ich, rassisch Verfolgter sei. Ich hatte an diese Möglichkeit nie gedacht, aber der knurrende Magen überwand meine Hemmungen. So erhielt ich vom »Jüdischen Hilfskomitee Hof« in der Bismarckstraße 10 am 3. April 1946 eine Registrierbescheinigung und konnte statt der Marken meine Verpflegung in Naturalien bei diesem Hilfskomitee abholen. Es war die Verpflegung, die z. B. auch an jüdische Lagerinsassen in einem DP-Camp ausgegeben wurde. Für einen jungen Mann war diese Verpflegung immer noch ganz unzureichend, aber ich konnte ja nicht stundenlang nach den Rationen auf den Karten anstehen und auch keine Kompensation einsetzen, um meinen Lebensunterhalt zu verbessern. Als ich durch die Kontakte mit dem jüdischen Hilfskomitee die Erfahrung machen konnte, daß auch, wie die Juden sagten, »gewasserte«, d. h. getaufte Juden und ihre Abkömmlinge Hilfe in Anspruch nehmen konnten, weil sie vorher in die Verfolgungsmaßnahmen einbezogen worden waren, hatte ich keinerlei Hemmungen, daran teilzunehmen. So bin ich auch später von dem »Bayrischen Hilfswerk für die durch die Nürnberger Gesetze Betroffenen« registriert worden und bekam noch im Februar 1948 eine »DP-Identification Card« mit der Nummer 534862. Diesen Status hatte ich allerdings mit dem Hintergrund meiner Hoffnung auf eine etwaige Auswanderung in die Vereinigten Staaten (es spukte ja immer noch die Farm in Oregon in unseren Gedanken) erworben.

Im beruflichen Bereich lief eine Art Kontrastprogramm. Ich hatte mich bald eingearbeitet und erhielt von der Frankenpost am 1. Mai 1946 eine Bescheinigung, in der es hieß: »Es wird gebeten, ihn bei seiner journalistischen Tätigkeit soweit als möglich zu unterstützen, besonders auf Reisen bitten wir, ihm schnellste Beförderungsmöglichkeiten und Quartier zu gewährleisten.« Und am 28. Juni 1946 erhielt ich einen regelrechten Anstellungsvertrag als »Schriftleiter« mit einem Gehalt von RM 500 monatlich. Doch es kam auch eine kalte Dusche. Die amerikanische Pressekontrolle teilte mir am 19. Juni 1946 schriftlich mit: »Nach einer neuerlichen Überprüfung Ihres Fragebogens ist es Ihnen nicht mehr gestattet, im Zeitungswesen in leitender Stellung tätig zu sein. Ferner dürfen Ihre Artikel nicht mit Ihrem Namen gezeichnet sein.« Diese Einschränkungen waren für einen 22jährigen zwar nicht sehr erheblich, denn dergleichen Chancen hatte ich nicht eingeräumt bekommen, aber für die Zukunft schien mir das ein Hemmnis zu sein. Meine Vergangenheit als HJ-Scharführer hatte mich eingeholt. Dann hat wohl ein Amerikaner, der die Verhältnisse kannte, für Abhilfe gesorgt. Am 18. November 1946 teilte mir Mr. Leo Fraenkel, US Civ. Team Chief von der Information Control mit, daß ich in der Lizenzpresse »employable« sei. Mein Chefredakteur hielt es für richtig, daß ich keine Namensartikel veröffentlichte, zumal die politische Entwicklung mir nahelegte, nicht mit den Wölfen zu heulen, sondern aufmerksam zu beobachten.

Auf unserer Seite der Zonengrenze wuchsen die antirussischen Ressentiments nicht als neue Erscheinung, sondern sie verbanden sich sehr bald mit einer Gegnerschaft gegenüber allem Kommunistischen jenseits der Zonengrenze. Das, was man von dort hörte, war nicht überprüfbar. Ich habe damals den Versuch gemacht, über meinen zur KPD gehörenden Kollegen genauere Informationen zu erhalten. Bei uns traten die Kommunisten u. a. in den Flüchtlingslagern mit der Parole auf, wenn man sie wähle, würde Stalin Schlesien und Pommern an Deutschland zurückgeben. Ich unterzeichnete ein Eintrittsformular der KPD, aber als ich eine Einladung zu einem sog. Agit/Prop-Lehrgang in der Sowjetzone erhielt, verließ mich doch der Mut, und ich lehnte ein Parteibuch der KPD ab.

Das Verhältnis der amerikanischen Besatzungsmacht zu den Deutschen war wichtiger als die Auseinandersetzungen zwischen den sich erst langsam formierenden Parteien. Im übrigen beherrschte die tägliche Sorge um die Ernährung weitgehend das Denken und erst recht das Handeln (z. B. auf dem schwarzen Markt). Im Sommer 1946 zeichnete sich auch ab, daß die bei der Kapitulation noch vorhandenen Lebensmittelbestände immer kleiner wurden und die Neuerzeugung nicht mit der stark gewachsenen Bevölkerungszahl mitkam. Darüber hinaus mußte man an den Winter denken, Bayern hatte so gut wie keine Kohlenbestände, und ob Lieferungen aus dem Ruhrgebiet zu erwarten waren, war völlig unklar.

Das Zeitungsmachen war aufregend, anstrengend und bei unserem Verpflegungsstand kräftezehrend. Im Unterschied zu unseren Kollegen in der sowjetischen Zone bekamen wir keine Schwerarbeiterkarten oder Freßpakete, bei den Russen »Pajocks« genannt. Meine Kollegen hatten alle eine Frau im Hintergrund, die für sie sorgte, ich als Einzelgänger konnte höchstens bei Besuchen in Mitterteich etwas Kraft schöpfen. Das sollte sich nun ändern.

Dem Kopfsprung in den Journalismus folgte ein Salto in die Ehe. Daß es kein Salto mortale geworden ist, war hauptsächlich das Verdienst meiner Frau. Ich habe damals, und auch später, kaum journalistische Kollegen getroffen, deren Ehen nicht geschieden wurden. Auch unser Anfang sah eher nach Scheidung als nach Zusammenkommen aus. Meine Verlobte studierte in Frankfurt und schrieb mir am 13. Juni 1946 einen Absagebrief. In meinem Tagebuch steht die Eintragung: »Sie hat sich in Frankfurt in einen anderen verliebt und gibt mich auf. Aber ich nicht sie. Zuerst war ich wie vor den Kopf geschlagen, Wut, Trauer, Enttäuschung und Ratlosigkeit stritten in mir. Doch ich habe mich entschlossen, so leicht laß ich mir mein Glück nicht rauben. Am Samstag fahre ich nach Frankfurt, und dann werde ich eine Entscheidung erzwingen, ganz oder gar nicht. Das hat mir hier bei meiner Arbeit gerade noch gefehlt, so in die Ecke gestellt zu werden. Nach der politischen Überprüfung (meine zweite) bei ICD in Nürnberg sind wir so wenige Leute, daß ich mächtig zu tun habe. Die ganze Zeit hier in Hof habe ich mich auf Gisi gefreut und nun so etwas.«

Alles lief ab wie eine Filmkomödie. Ich fuhr nach Frankfurt, meine Dame war noch bei irgendeiner Vorlesung. Ich packte einfach aus dem Schrank ihre Klamotten in einen mitgebrachten Koffer. Als sie nach Hause kam, habe ich ihr erklärt, ich würde sie jetzt nach Hof entführen, ihren Vater hätte ich schon verständigt. Tagebucheintragung: »Es war wie im Kintopp, mit Eifersucht und allen Schikanen. Nach drei Tagen war es endlich geschafft, und nun sitzt die Kleine noch leicht lädiert bei mir im Zimmer. Am Mittwoch fahren wir nach Mitterteich und bestellen das Aufgebot. Die Leute werden staunen. Ich fühle mich ganz gut bei dieser Geschichte, ist doch endlich einmal eine Entscheidung von mir ausgegangen, und das ewige Rücksichtnehmen auf andere wird durch das eigene Interesse abgelöst. Es wird wohl noch eine tolle Zeit werden bis zur Hochzeit, doch das ist gerade das Richtige. Erst an Widerständen kann solch eine Gemeinschaft ausprobiert werden. Es fehlt so ziemlich alles an Aussteuer, aber mit Frechheit und Improvisation werden wir uns schon durchschlagen. Was wird wohl Hanseva dazu sagen?« (Gemeint ist damit mein Vater in China).

Nach gut einem Monat war es tatsächlich so weit, daß wir in Mitterteich heiraten konnten. Die standesamtliche Trauung war schon komisch, die kirchliche beinahe ein Fiasko. Zum Rathaus marschierten wir mit unseren Trauzeugen, einem Scheidungsanwalt und einem geschiedenen Mann, zum Bürgermeister, der dann die Trauung »im Namen des Reiches« vornahm. Das Reich existierte zwar nicht mehr, aber unsere Ehe existiert heute noch.

Am nächsten Tag zur Kirche. Dort hatte ich schon einen intensiven katholischen Brautunterricht über mich ergehen lassen müssen, wo der Sinn der Ehe vor allem mit der Zeugung von Kindern erklärt wurde. Ich war erst am frühen Morgen von Hof nach Mitterteich gefahren, der versprochene Brautstrauß war nicht geliefert worden, und ich mußte vor der kirchlichen Trauung den Vorgarten unseres Wohnhauses plündern, um wenigstens ein paar Blumen für die Braut zu haben. In der Sakristei befragte uns »Hochwürden«, ob wir keine anderen Bindungen hätten und ob auch keine unehelichen Kinder vorhanden seien. Von der Heiligkeit der Handlung sehr beeindruckt, gab ich die absolut ehrliche Antwort, das letztere nicht absolut sicher zu wissen. Der Pfarrer dachte, ich wollte mich über ihn lustig machen. Er weigerte sich, die Trauung vorzunehmen. Erst nach intensivem Zureden durch die beiden Mütter gab er uns dann doch den Segen der Kirche. Vor der Tür hatte sich eine große Kinderschar versammelt, denn es war dort landesüblich, daß Frischgetraute vor der Kirchentür Kleingeld an die Kinder verteilten. Das hatte uns aber niemand gesagt, und wir hatten auch nichts bei uns, so daß wir uns ziemlich blamabel durch eine Nebentür entfernen mußten. All das nahmen wir mit Humor, wir hatten sogar ein für damalige Verhältnisse hervorragendes Festessen, ein Kaninchen. Am Polterabend war schon der kulinarische Höhepunkt ein großes Stück Pferdeleber gewesen. Als der ausgepowerte Bräutigam bei glühender Hitze den schweren Koffer der Frischvermählten in sein Zimmer in Hof vom Bahnhof keuchend bergauf geschleppt hatte, konnte von einer »rauschenden Hochzeitsnacht« keine Rede sein. Die äußeren Umstände waren auch nicht danach, denn mein Zimmer war zwar groß, hatte aber nur ein einziges Bett mit Drahtmatratze, die bei jeder Bewegung schrille Geräusche von sich gab. Im übrigen waren wir beide, obwohl wir schon beinahe 7 Jahre »miteinander gingen«, in sexueller Hinsicht völlig unerfahren. Wir hatten uns jahrelang mit erotischen Gefühlen aufgeladen, nun gingen wir von sexuellen Kenntnissen ziemlich unberührt in die Ehe, in die wir erst langsam hineinwachsen sollten.

Von einer Hochzeitsreise war überhaupt keine Rede. Man bekam damals nirgends Quartier, unsere Lebensmittelmarken reichten hinten und vorne nicht, und außerdem mußte ich in der Zeitung weiterarbeiten. Meine Frau lernte sofort stenografieren und wollte als Reporterin arbeiten. So toll mir mein Gehalt anfänglich erschienen war, für den Unterhalt einer Ehe, von Anschaffungen ganz zu schweigen, reichte es kaum aus.

Am 29. September 1946 habe ich in meinem Tagebuch notiert, daß meine Frau als Reporterin tolle Interviews gemacht hat und ich bei der »Frankenpost« die »gesamte Politik« zu machen hätte.

Am 19. Januar 1947 kam mein Kollege Metzner mit einem Fernschreibertext der Associated Press zu mir. Wir hatten in unserer Zeitung, die Tibor Yost immer technisch auf dem letzten Stand haben wollte, neben dem Hellschreiber der Dana (später Dena) einen Fernschreiber der amerikanischen Nachrichtenagentur AP, später dann auch von UPI aufgestellt. Die Meldungen der amerikanischen Agenturen waren zwar in der ersten Zeit in englischer Sprache abgefaßt, berichteten aber oft schneller als der Hellschreiberdienst der deutschen Agentur. Vor allen Dingen waren die Fernschreiber nicht so wetterabhängig wie die deutsche Nachrichtenübermittlung, die über einen ehemaligen Wehrmachtssender bei Bad Nauheim die Nachrichten ausstrahlte. Metzner brachte einen Bericht über eine amerikanische Kriegsgerichtsverhandlung in Shanghai gegen eine Gruppe ehemaliger deutscher Abwehroffiziere. Unter den Namen, die dabei genannt wurden, war auch der Name meines Vaters. Die Meldung brachte keine näheren Einzelheiten, aber nannte das Strafmaß für meinen Vater – 20 Jahre hard labor. Mein Schicksal war bis zur Kapitulation durch die Abstammung meines Vaters bestimmt worden, und ich hatte nach dem Ende der Naziherrschaft gehofft, daß eine neue, bessere Zukunft für uns bevorstehen würde, weil ja die Verfolgung aufgehört hatte und, wie wir uns einbildeten, eine Art Wiedergutmachung einsetzen müßte. Und nun das Urteil in Shanghai!

Aus dem Mann, der wegen seiner jüdischen Abstammung weder in Deutschland leben und arbeiten durfte noch von seinen Angehörigen als Familienvater »vorzeigbar« war, war nun nach einem amerikanischen Militärgerichtsurteil ein Kriegsverbrecher geworden. Für mich persönlich waren keine Auswirkungen zu erkennen, mein Kollege Metzner behielt diese Information für sich, und ich hatte keinerlei Anlaß, damit hausieren zu gehen. Aber der Schatten war da, der uns so lange begleitet hatte, ich mußte mich erneut daran gewöhnen, zwar meinen Vater als Vorbild anzusehen, nach außen jedoch so zu tun, als ob er wegen einer geheimnisvollen Tätigkeit von uns weit entfernt in China lebe.

Meine nächste Eintragung im Tagebuch lautet: »Heute am 20. April 1947 habe ich wieder Zeitungen an Hanseva abgeschickt. Er ist nach Deutschland zurückgekehrt, um nun im WCP als Drukker arbeiten zu müssen. Er ist in Landsberg/Lech, dort wo Hitler saß, was für eine irrsinnige Paradoxie. Und wir leben weiter, waren drei Wochen in Urlaub in Oberaudorf, hatten schlechtes Wetter und gutes Essen, lernten interessante Menschen (darunter den kommunistischen bayerischen Entnazifizierungsminister) kennen, und er war schon dort im Kriegsverbrechergefängnis, nicht weit von uns. Es ist wie ein böser Traum, ein Traum, weil man es beinahe nicht glauben kann.«

Ein Höhepunkt meiner Berichterstattung war die sog. gesamtdeutsche Ministerpräsidentenkonferenz vom 6. bis 8. Juni in München, wobei Hof als Grenzstation zu den Ländern der sowjetischen Zone eine gewisse Schaltstelle war. Bisher war die Stadt eigentlich relativ unbekannt, nur Verehrer Ernst Wiecherts, viele Ostpreußen wie ich, wußten von seinem beinahe tödlich verlaufenen Krankenhausaufenthalt 1945 in Hof, als er bei der Verlegung aus dem Konzentrationslager Buchenwald nach Dachau in Hof ausgeladen werden mußte. Jetzt, 1947, traf sich der bayerische Ministerpräsident, Hans Ehard, am 23. Mai in Hof mit dem SED-Ministerpräsidenten von Sachsen, Rudolf Friedrichs. Man wollte das Zusammengehörigkeitsgefühl stärken, aber die Ministerpräsidenten der Ostzone stellten politische Forderungen zur Schaffung der wirtschaftlichen und politischen Einheit Deutschlands, die von den westlichen Besatzungsmächten, insbesondere den Franzosen, auf keinen Fall akzeptiert wurden.

Ein anderes unerschöpfliches Thema war die Entnazifizierung. Ich habe damals an einer ganzen Reihe von Verhandlungen gegen Prominente teilgenommen, z. B. den Autokonstrukteur Dr. hc.

August Horch, den Flugzeugkonstrukteur Prof. Dr. hc. Heinkkel und den Herzog von Coburg. Dieser hatte eine Nazi-Funktion als Präsident des Deutschen Roten Kreuzes. Es war meines Wissens, neben dem Prinzen August-Wilhelm von Preußen, das einzige Mitglied eines ehemals regierenden Herrscherhauses in Deutschland, das sich der NSDAP voll verschrieben hatte.

Es hat mich 1990 bei meinem Besuch der Veste Coburg schon eigenartig berührt, daß bei dem Rundgang durch die Räume des Herrschergeschlechtes auch auf ein Bild dieses letzten Herzogs hingewiesen wurde, auf dem er sehr geschönt dargestellt war. Er trug eine Generalsuniform der deutschen Wehrmacht, bei welcher der Maler sowohl das Hoheitszeichen auf der Brust als auch das gleiche Hoheitszeichen auf der Mütze, wohl wegen des Hakenkreuzes, weggelassen hatte. Als ich die Führerin darauf hinwies, daß dieses Bild nicht der Wirklichkeit entspräche, antwortete sie schnippisch: »Wen interessiert das schon, was vor 1945 war.«

Einen ganz anderen Eindruck machte mir da schon der ehemalige Reichsjugendführer Arthur Axmann, den ich allerdings erst in Nürnberg interviewt habe, als er aus dem Internierungslager Langwasser zu mir in die Wohnung kam. Axmann machte keinen Hehl aus seiner positiven Einstellung zum Dritten Reich, gab allerdings zu, daß er sich schwere Vorwürfe wegen des Einsatzes minderjähriger Hitlerjungen im Endkampf um Berlin mache. Axmann wurde von der Hauptspruchkammer Nürnberg als Hauptschuldiger eingestuft, sein Name tauchte dann später mit einem dubiosen Osthandelsgeschäft seines Bruders in Gelsenkirchen noch einmal in der Presse auf. Sein Vorgänger als Reichsjugendführer, Baldur von Schirach, gehörte zu den wenigen Angeklagten in Nürnberg, die sich selber mit einem Reuebekenntnis von ihrem »Führer« und seiner Partei absetzen wollten.

Das Jahr 1947 brachte auch die erste Möglichkeit eines Besuchs bei meinem Vater in Landsberg. Das Wiedersehen, zuerst hinter Gittern, dann in einem Gepäckraum, wo er uns einige Gepäckstücke aus China übergab, war kurz. Wir waren beide gehemmt, wußten nicht recht, was wir nach so vielen Jahren (1939 haben wir uns zum letztenmal gesehen) sagen sollten. Die triste Umgebung mit den vielen MP-Wachen war weiß Gott nicht dazu angetan, Wiedersehensfreude aufkommen zu lassen. Erst auf der Rückfahrt fiel mir so manches ein, was ich ihm hatte sagen wollen. Rückblickend muß ich sagen, diese Begegnung hat das Bild meines Vaters in mir keineswegs erschüttert. War er vorher jahrelang für mich das Vorbild des Offiziers im geheimen Auslandseinsatz gewesen (von mir sicherlich positiv überhöht), so war er jetzt der unschuldig Leidende, das Opfer einer fremden Militärjustiz. Das klingt alles etwas geschwollen, aber damals habe ich so empfunden und mir keine Rechenschaft darüber abgelegt, wie weit mein Vater selber »seines Schicksals Schmied« gewesen ist. Zu diesem beinahe tragisch zu nennenden Ereignis gab es dann auch noch die komische Ergänzung.

Eines Tages erschienen in unserer Hofer Wohnung zwei entlassene Häftlinge aus Landsberg, ehemalige SS-Chargen, die über die Zonengrenze in ihre Heimat wollten. Sie übergaben mir von meinem Vater mehrere Stangen amerikanische Zigaretten. Das war damals ein Vermögen. Erst bei einer Rückfrage bei ihm habe ich dann festgestellt, daß sie dieses Vermögen auf eigene Rechnung halbiert hatten. Aber diese Zigaretten waren für uns die Basis, unsere Ernährung auf dem schwarzen Markt aufzubessern. Der Hintergrund dieses merkwürdigen Ereignisses war die Tatsache, daß die Gefangenen in amerikanischer Haft in Landsberg pro Tag ein Päckchen Zigaretten erhielten, die mein Vater dann aufsparte. Die Deutschen konnten sich nur schlecht mit dem wattigen Weißbrot der amerikanischen Verpflegung abfinden und tauschten diese Zigaretten gern gegen Schwarzbrot, das Angehörige mitbrachten.

In diesen Zusammenhang gehört auch mein einziges großes Schwarzmarktgeschäft. Die Geldreserven der Familie in Mitterteich waren nahezu erschöpft, und auch mein Gehalt bzw. auch die Honorare für Artikel wurden in Reichsmark gezahlt, für die man immer weniger kaufen konnte. Meine Mutter gab mir einen ungefaßten Brillanten mit Amsterdamer Schliff von 1,3 Karat. Dieser Stein gehörte zu den Dingen, die mein Vater bereits vor dem vorauszusehenden Abwertungsverlust des Danziger Guldens als Geldanlage gekauft hatte. Mit diesem Stein fuhr ich in das damalige Schwarzmarktzentrum Bayerns, die Münchener Möhlstraße. Jüdische DPs in Hof hatten mir den Tip gegeben, mich dort an ausreisebereite Juden zu halten, die ihre großen Reichsmarkbestände in Schmuck anlegten, den sie leicht über die Grenzen bringen konnten.

Damals lief bereits eine sehr energische Rekrutierungsaktion der jüdischen Widerstandsgruppen für den Militärdienst in Israel. Ich habe selbst eine Delegation der Widerstandsgruppe »Irgun Zvai Leumi« bei einem Gespräch im Hof erlebt. Sie drohten unverhüllt mit Repressalien, wenn sich nicht alle Männer zwischen 18 und 60 Jahren, die ein Gewehr halten könnten, zur sofortigen Einwanderung nach Israel entschließen würden. Über den Erfolg dieser Aktion weiß ich nichts.

In der Möhlstraße fand ich auch sehr schnell Kontakt, zumal kontrollierende Polizisten nicht zu sehen waren. Der Stein wurde von einigen Männern mit der Lupe begutachtet, die mich belehrten, er habe zwar keinen »Schnee«, er sei zwar lupenrein, aber er sei ein »Brasilianer«. Das sollte bedeuten, daß er nicht reinweiß, sondern etwas gelbliche Farbe hatte. Ich bekam eine von mir in dieser Höhe gar nicht erwartete 5stellige Summe sofort aus der Aktentasche ausgezahlt und fuhr glücklich nach Hof zurück. Meine Mutter war damit erst einmal ihrer Sorgen ledig, und wir konnten vorher für uns unerschwingliche Schwarzmarktware wie Wollstoff für Anzüge, Kaffee und vor allem Fett kaufen. Dabei wurden wir allerdings auch hereingelegt, so kauften wir Tüten mit Milchpulver, wo nur eine oberste Schicht aus Milchpulver bestand, darunter war Sägemehl eingefüllt worden.

Die Versuche meiner Frau, überschüssige Gegenstände bei Bauern gegen Lebensmittel einzutauschen, waren zumeist nicht sehr ertragreich. Ein Glanzstück allerdings war der Tausch meines dunkelblauen Zweireihers von der Marine (Konfirmandenanzug) gegen Speck. Meine Frau hatte dem Bauern, dem das Jackett über dem Bauch nicht zugehen wollte, erklärt, die neueste Mode sei, derartige Jacketts dreireihig zu tragen. Er glaubte ihr das, und wir hatten eine Weile wieder etwas zum Braten unserer Kartoffeln. Kartoffeln waren die Basis unserer Ernährung, ich erinnere mich noch gut, daß ich wegen Brotmangel oft auf der

Herdplatte geröstete Kartoffeln mit Salz zum Frühstück gegessen habe.

1948 war für mich wieder ein ereignisreiches Jahr. Als großes Weihnachtsgeschenk hatte ich 1947 im Dezember einen Bezugsschein für ein Auto erhalten, das verdankte ich meiner Berichterstattung für den »Telegraph« in Berlin. Der Wagen wurde im April 1948 geliefert, er soll einer der ersten 10 von dem Band in Rüsselsheim gewesen sein, denn ich bekam nicht den üblichen VW, sondern einen Opel Olympia. Auch eine Benzinzuteilung war damit verbunden. Allerdings mußte ich noch einmal den Führerschein machen, weil mir der alte von den Amerikanern wegen des großen »Pleitegeiers« darauf zerrissen worden war. Dem Fahrlehrer mußte man Benzin mitbringen. Ich brauchte aber nur 2 Stunden. Er hatte einen kleinen Opel P 4, der mit seiner Knüppelschaltung von mir rasant um jede Ecke gedreht wurde. Als letztes Fahrzeug hatte ich Transportkarren für Torpedos bei der TVA in Eckernförde gefahren, die sehr viel länger und schwerer beweglich waren. Jedenfalls ging mir das Fahren leicht von der Hand, und ich konnte mit einem neuen Führerschein in ein neues Auto steigen. Diesen Führerschein habe ich mir bis heute aufgehoben, weil er beim Vorzeigen in den letzten Jahren immer wieder bei der Polizei großes Kopfschütteln erregte. Als Überschrift stand »Driver License«, und beim zweiten Hinsehen war erst erkenntlich, daß er in Hof ausgestellt war. Dazu kam, daß eine ganze Reihe von Polizeibeamten bei dem Namen Hof/Saale annahmen, es handele sich um ein Dokument aus der DDR. Den regulären Kaufpreis für das Auto in Höhe von mehreren tausend Mark hatte ich nicht, ich bezahlte den Wagen mit Zigaretten aus dem Kriegsverbrechergefängnis Landsberg und den Tausch einer ebenfalls von meinem Vater aus China mitgebrachten Kamelledertasche gegen einen hohen Reichsmarkbetrag.

Für Reichsmark bekam man damals kaum noch etwas Handfestes. ½ Pfund Butter auf dem schwarzen Markt kostete schon 300 Mark, eine einzelne amerikanische Zigarette 20 Mark, das waren Richtpreise. Nach vielen Gerüchten, die natürlich gerade bei uns Journalisten immer wieder kursierten und zu Anfragen bei den Nachrichtenagenturen führten, kam dann am 20. Juni 1948 die

Währungsreform. Das war das entscheidende Ereignis dieses Jahres, nicht etwa die Erarbeitung des Grundgesetzes, wie mein »historischer« Doktorvater in einem seiner Seminare meinte. Die Währungsreform stellte uns wieder auf die Füße. Die berühmten 40 Mark Kopfgeld wurden von meiner Frau sofort in ein Bügeleisen und ein Fahrrad umgesetzt. Plötzlich gab es diese Waren alle wieder in den Geschäften, aus denen sie so lange völlig verschwunden waren. Für uns in Hof war eine mittelbare Folge der Währungsreform die Schließung der Grenze nach Sachsen und Thüringen im Zuge der Berliner Blockade. Während dieser Blokkade bin ich mehrfach mit einem britischen Militärzug von Hannover nach Berlin gefahren, um dort meine Kontakte zu pflegen. Bei der Zeitung »Telegraph« wollte man mich als Redakteur einstellen, Bedingung war aber Eintritt in die SPD. Das lehnte ich ab. Bei der französisch lizensierten Zeitung »Kurier« fand ich meinen alten Betreuer vom Humboldt-Klub wieder, Günther Scholz. Auch er wollte Artikel von mir haben. Außerdem versuchte er, mich für ein politisches Experiment zu gewinnen. Damals liefen Bestrebungen an, aus den Reihen der Jungen Union, der Jungsozialisten und der Jungliberalen eine gemeinsame »Deutsche Union« zu gründen, als Gegengewicht einmal zu dem Partikularismus in den drei Westzonen und auch zu der übermächtigen FDJ in der Ostzone. Die Blockade Berlins schärfte gerade bei uns Jüngeren das Bewußtsein für den drohenden Verlust der nationalen Einheit, und wir suchten nach Abhilfe. Als die Blockade am 12. Mai 1949 von den Russen abgebrochen wurde, bin ich noch einmal an die Zonengrenze nach Hof gefahren, um dort die nächtliche Öffnung der Verkehrswege für meine Nachrichtenagentur zu beschreiben.

Vor der Währungsreform tauchte bei meiner Mutter in Mitterteich plötzlich ein alter Bekannter auf, der ehemalige Oberstleutnant Baun von der Abwehr. Da das Geld für den verkauften Brillanten beinahe aufgebraucht war, half er auch finanziell. Baun war damals mit dem Aufbau einer neuen Abwehr beschäftigt, jetzt allerdings unter amerikanischem Oberbefehl. Die Amerikaner bezahlten Baun nicht mit Geld, das ja relativ wertlos war, sondern mit ganzen Waggonladungen von amerikanischen Zigaretten, die denn umgetauscht wurden. Der Hintergrund von Bauns Besuch bei meiner Mutter war die Absicht, meinen Vater aus amerikanischer Haft in amerikanische Dienste zu überführen. Dieses scheiterte an seiner Weigerung, ohne seine Kameraden das Kriegsverbrechergefängnis Landsberg zu verlassen.

Baun hat sich dann auch mit mir in Bad Berneck bei Bayreuth und später am Tegernsee, zusammen mit seinem Sohn, getroffen, um sich von mir über einige politische Ereignisse aus meinem Umkreis unterrichten zu lassen. Eigentlich ging es aber immer noch um meinen Vater. Einer seiner Mitarbeiter hat mich dann in Nürnberg noch mehrfach aufgesucht und befragt.

Es ist vielleicht angebracht, einiges über Bauns Tätigkeit nach 1945 zu sagen. Der damalige General Gehlen, Chef der Abteilung »Fremde Heere Ost« im Generalstab, der Leiter Frontaufklärungsleitstelle I Ost, Oberstleutnant Baun, und der Stellvertreter Gehlens, General Wessel, hatten sich am 4. April 1945 in Bauns Hauptquartier, Bad Elster in Sachsen, für die Zeit nach der Kapitulation verabredet, den Amerikanern ihre Dienste anzubieten. In dem Buch »Pullach intern« von Hermann Zolling und Heinz Böhne heißt es: »Schließlich vereinbarten die drei künftigen Alliierten der Amerikaner, wie sie sich gegenseitig kontaktieren könnten, falls sie selbst voneinander getrennt würden: Als Kennwort für die Operation wählten sie die Buchstaben FHO, als »lebenden Briefkasten« den katholischen Domprediger Dr. Rudolph Graber, den späteren Bischof von Regensburg. In den Botschaften, die der Professor weiterleiten sollte, stand für den Namen Gehlen Y, für Baun X und für Wessel W«.

Der amerikanische General Siberth, Nachrichtenchef der 12. US-Heeresgruppe, hatte nach der Besetzung Deutschlands Kontakt mit Baun bekommen, während Gehlen noch hinter Stacheldraht saß. Schon damals soll sich zwischen Gehlen und den Abwehrleuten um Baun nicht nur Konkurrenz, sondern auch Abneigung entwickelt haben. Siberth, der nach der Kapitulation, mit Sitz in Kronberg im Taunus, oberster Nachrichtenchef der amerikanischen Zone war, arbeitete sowohl mit Gehlen als auch mit Baun zusammen. Gehlen wurde im August 1945 nach Washington geholt. Der ehemalige Frontaufklärer Baun stellte in dem sog. Bluehouse bei Oberursel die Vorbereitungen für eine deutsche Aufklärungsorganisation in US-Diensten zusammen. Kern des Aufbaus waren die Abteilung I (Aufklärung) und die Abteilung III (Gegenspionage), die Pläne wurden am 10. Oktober 1945 General Siberth vorgelegt. Baun fuhr dann zusammen mit einem amerikanischen Oberst vom 10. bis 28. November 1945 durch die amerikanische Besatzungszone, um ehemalige Abwehroffiziere zu suchen. Ende März 1946 kam die Arbeitsaufnahme seiner beiden Abteilungen, das war der Operationsbeginn des westdeutschen Geheimdienstes für die Amerikaner. Gehlen blieb dagegen beinahe 1 Jahr in den Vereinigten Staaten, wo er dann mit Baun zusammengeführt wurde. Baun sollte die Beschaffung der Nachrichten, Gehlen die Auswertung übernehmen, doch Baun wurde von Gehlen mit Hilfe der Amerikaner »überrundet«. Unter der Tarnbezeichnung Org zog die Organisation Gehlens dann nach Pullach in eine Siedlung für Angehörige des Stabes von Rudolph Hess, die zeitweise auch Residenz des NS-Reichsleiters Martin Bormann gewesen war. Im Sommer 1947 forderten die amerikanischen Verbindungsoffiziere die Org auf, eine Staatsschutzorganisation zu schaffen, die auch kommunistische Infiltranten aufspüren und rote Agentennetze zerschlagen solle. Baun wollte statt dessen einen klassischen Gegenspionageapparat (IIIf) aufziehen. Den großen Ausbau der Organisation Gehlen zum späteren Bundesnachrichtendienst hat Baun nicht mehr erlebt. In einer Tagebucheintragung über den Sommer 1948 heißt es bei mir nur kurz: »Doch in der Zeitung gab es Krach politischer Art, und kurz nach der Währungsreform verließen mit mir drei andere Redakteure die ›Frankenpost‹.«

Diese Notiz hat einen komplexen Hintergrund. Ich will hier nicht auf die in allen Redaktionen wohl mit der Zeit auftretenden internen Intrigen und Zwistigkeiten eingehen. Ich selbst wurde beinahe ein Opfer davon. Durch einen Kollegen wurde ich gebeten, mit ihm nach Frankfurt zu Geheimrat Katzenberger zu fahren, einer früheren Zentrumsgröße, die im Umfeld Adenauers seine reichhaltigen Presseerfahrungen zum Aufbau eines »Dienstes mittlerer Tageszeitungen« einsetzte. Mein Kollege hatte früher mit Katzenberger im Dritten Reich zusammengearbeitet und wollte diese Verbindung reaktivieren. Da ich der einzige Redakteur war, der ein eigenes Auto besaß, sollte ich den Transporteur spielen. Ich interessierte mich natürlich auch für eine Erweiterung meiner Möglichkeiten. Ich bat den Kollegen, mich beim Chefredakteur für zwei Tage abzumelden und fuhr mit ihm nach Frankfurt. Als wir zurückkamen, lag auf meinem Tisch eine Kündigung, fristlose Entlassung wegen meiner Abwesenheit. Als ich nachfragte, gab der Kollege zu, mich nicht ordnungsgemäß abgemeldet zu haben. Ich war aber damals so wütend über diese Art der Behandlung durch Yost, daß ich jeden Gedanken ablehnte, meine Wiedereinstellung bei ihm zu erbitten. Meine Frau sprach noch mit der allgewaltigen Frau Glaser, sie kamen auch überein, daß ich wieder zurückkehren sollte. Ich war aber längst auf einer anderen Spur.

Einer meiner Kollegen arbeitete als Mitarbeiter von dpd (Deutscher Pressedienst), der Nachrichtenagentur für die Zeitungen der britischen Zone. Er hatte mir erzählt, daß der Nürnberger Redaktionsleiter von dpd demnächst seine Stellung verlassen würde. Ich wußte von meinem Vater, daß der Verlagschef von dpd, Hugo Melchers, bis Kriegsende Chef der Auslandsnachrichtenagentur »Transocean« für den Fernen Osten gewesen war und mit meinem Vater guten Kontakt gehalten hatte. Ich schrieb an Melchers, ob evtl. die Stelle in Nürnberg für mich zu haben sei. Er telefonierte sofort mit mir, und ich fuhr nach Hamburg, wo ich dem Chefredakteur Fritz Sänger vorgestellt wurde. Als die eigentlichen »Macher« des Nachrichtendienstes dieser Agentur traf ich zu meiner Überraschung Erich Eggeling (später Nachfolger von Sänger) und meinen alten Bekannten, den Nachrichtenredakteur der Deutschen Allgemeinen Zeitung (DAZ) in Berlin. Mein Vertrag wurde sofort gemacht, ich bekam ein wesentlich besseres Gehalt als bei der »Frankenpost« und konnte bereits nach einem Monat in Nürnberg anfangen. Ich übernahm dort die Leitung der Redaktion Nordbayern für dpd, zu der auch eine eigene kleine Redaktion im Nürnberger Justizpalast gehörte, solange dort die Militärgerichtsprozesse liefen. Als ich triumphierend aus Hamburg zurückkam, hatte meine Frau geglaubt, nun sei alles wieder für die »Frankenpost« bereinigt, doch mich drängte es in die größere Stadt und die neue Aufgabe. Zuerst aber mußte einmal in Nürnberg die Wohnungsfrage gelöst werden.

Schon nach wenigen Tagen wurde ich zu dem wohl interessantesten Mann des Prozeßgeschehens in Nürnberg bestellt, zu den amerikanischen Hauptankläger Mr. Robert Kempner. Er war gefürchtet, wenn nicht verhaßt bei vielen deutschen Angeklagten. Er war vor 1933 in der Politischen Abteilung des preußischen Innenministeriums tätig gewesen und hatte umfangreiche Kenntnisse über die in der deutschen Politik tätigen Personen. Als ich von ihm empfangen wurde, wählte Mr. Kempner sofort den Überraschungsangriff. Er erklärte mir ohne weitere Umstände, er lasse mich beobachten, da ich Kontakt zur Verteidigung hielte. Dieser Eröffnungszug überraschte mich, ich hatte es für einen Prozeßbeobachter für selbstverständlich erachtet, daß auch die Verteidigung Informationen zur Berichterstattung zu liefern hätte. Das war nicht ganz einfach. Die Anklagebehörde verfügte über ein großes Pressebüro, das unaufhörlich Papiere produzierte, um die Schuld der Angeklagten zu beweisen. Die Verteidigung saß in dem verwinkelten Justizgebäude in abseitsgelegenen Fluren, die nur nach mehrfachen Kontrollen durch die MP aufgesucht werden konnten. Dort herrschte nicht nur Personalnot, sondern auch eine deutlich spürbare materielle Knappheit an Ressourcen. In Gesprächen mit den Verteidigern war jedenfalls mehr zu erfahren, als wenn man sich dazu verführen ließ, etwa auf schriftlich verschicktes Material, analog zu dem der Anklagevertretung, zu warten. Als ich Kempner erläuterte, daß ich meine Handlungsweise für selbstverständlich hielte, winkte er ab, er hatte gemerkt, daß sein Überraschungsargument bei mir nicht verfangen hatte. Es kam dann zu einem kurzen Gespräch über die Auffassung, daß die deutsche Presse zu allererst einmal dem deutschen Volk darüber zu berichten habe, was seine führenden Persönlichkeiten für Schandtaten begangen hätten. Und dann kam wieder ein, diesmal versteckt angebrachter Angriff, der mich willfährig machen sollte. So ganz nebenbei erwähnte er nämlich, er wisse von der Verurteilung meines Vaters in Shanghai und habe für den Wilhelmstraßenprozeß, in dem ja der Staatssekretär im Auswärtigen Amt, von Weizsäcker, eine zentrale Rolle spielte, auch den ehemaligen Botschafter in China, Woermann, als Zeugen vorgesehen. (Die Sache mit Woermann ist dann später zu den Akten gelegt worden, man muß aber wissen, daß eine ganze Reihe von Zeugen praktisch wie Häftlinge behandelt worden sind, um sie unter Druck zu setzen.) Nachdem mir Mr. Kempner zu verstehen gegeben hatte, daß ich als Sohn eines verurteilten »Kriegsverbrechers« wohl allen Anlaß hätte, mich vorsichtig zu verhalten und »objektiv« zu berichten, gab er mir bei der Verabschiedung noch die Warnung auf den Weg, er werde mich weiter beobachten lassen. Ich habe meinerseits Mr. Kempner dann im Gerichtssaal beobachtet, wenn er als Anklagevertreter argumentierte und seine Dokumente vorlegte. Er war ein rhetorisch glänzender Staatsanwalt, der keinen psychologischen Trick verabscheute, um seine Ansichten dem Gericht darzulegen. Es ist sicherlich falsch, von einem Ankläger Objektivität zu verlangen. Kempner ließ aber spüren, daß er seine Anklagen nicht nur rational begründen wollte, sondern daß dahinter eine aus seiner Verfolgung in der Vergangenheit gespeiste emotionale Beteiligung, um nicht zu sagen Rachsucht, eine Rolle spielte.

Ein würdiger Diener seines Herrn war der Pressesprecher der Anklagebehörde, George S. Martin. Von Geburt Tscheche, war er im Verlauf des Krieges bei mehreren alliierten Armeen Soldat gewesen und bewegte sich nun in prächtiger ordensgeschmückter Uniform durch die Flure des Justizpalastes, um Lob und Tadel an die deutschen Journalisten zu verteilen. Mit dem nahenden Ende der Prozesse, als ich ihn kennenlernte, blätterte seine Fassade schon erheblich ab. Er war nach der Verehelichung mit einer Frau aus Nürnberg in ständigen Geldverlegenheiten, er hat auch mich anzupumpen versucht.

Der Verteidiger des Staatssekretärs von Weizsäcker, Professor Hellmut Becker, war ein souveräner Mann, den ich Jahre später im Deutschen Bildungsrat als Präsidenten des Deutschen Volkshochschulverbandes wiedertreffen sollte. Seinen Hilfsverteidiger, den Sohn des Hauptangeklagten und späteren Bundespräsidenten Richard von Weizsäcker, habe ich nicht in Erinnerung. Für mich war wichtig, daß mein früherer Chef beim Humboldt-Klub, Klaus Mathy, als Verteidiger im Wilhelmstraßenprozeß tätig war.

Über ihn erhielt ich schnell Informationen und persönlichen Zugang auch zu anderen Verteidigern, wie z. B. zu der »Löwenmutter«, einer deutschen Rechtsanwältin, die ihren Klienten wirklich mit Klauen und Zähnen verteidigte.

Nicht nur im Umfeld der Anklagebehörde gab es schräge Typen, das gleiche gilt für einige Personen, die ich im Zusammenhang mit der Verteidigung der deutschen Angeklagten kennenlernte. Darunter waren Hochstapler, wie eine Dame, die wir die »Königin« nannten, die besonders gern im dpd-Büro Einsichten in unsere Fernschreibberichte nehmen wollte, um daraus Informationen zu gewinnen. Auch der österreichische »Journalist« Petermartin Bleibtreu war eine ausgesprochen dubiose Figur, mit Verbindungen nach allen Seiten. Er war mir einmal nützlich, als er mir den ehemaligen Reichsjugendführer Arthur Axmann aus dem Internierungslager Langwasser in die Wohnung brachte, wo ich ihn in aller Ruhe interviewen konnte. Er hat mich aber auch hereingelegt, als er mir eine lange Geschichte lieferte, wie er, Bleibtreu, Hermann Göring die Giftkapsel zukommen ließ, mit der dieser vor der Hinrichtung Selbstmord beging. Eine ähnliche Behauptung stellte übrigens auch der frühere SS-Gruppenführer Erich von dem Bach-Zelewski auf, dessen Name mir noch als dem des höchsten SS-Führers in Ostpreußen bekannt war, der anläßlich des sog. Röhmputsches einen Rivalen von der Reiter-SS hatte umbringen lassen. In Nürnberg war dieser Herr als der verantwortliche höhere SS- und Polizeiführer für die Niederschlagung des Warschauer Aufstandes als Zeuge lange interniert gewesen. Nach seiner Entlassung fungierte er als Angestellter einer Wach- und Schließgesellschaft und versuchte, seine Bezüge durch den Verkauf von Stories über die Vergiftung Görings und ähnliches aufzubessern.

Durch die Bekanntschaft mit Amerikanern, nicht zuletzt auch im Casino des Justizpalastes, lernte ich Mr. von Eckardt kennen, der auch bei der Anklagebehörde arbeitete, aber, als Sohn eines Emigranten, eine jüngere Generation mit sehr viel mehr Objektivität verkörperte. Über ihn, oder besser gesagt, bei ihm kam es dann auch zu einer persönlichen Bekanntschaft mit dem Lizenzträger der »Nürnberger Nachrichten«, Dr. Josef Drexel. Er war

Chef der Monopolzeitung in Nürnberg, hatte aus seiner Zuchthaushaft während der Nazizeit und seiner tiefen Verbundenheit mit dem Schriftsteller Ernst Niekisch ein politisches Weltbild, das andere als »Nationalbolschewismus« definierten. Ich habe diese Ansicht nie geteilt, für mich war Dr. Drexel eine politische Persönlichkeit eigenen Formats, der sich von niemandem in seiner Gesinnung beeinflussen ließ. Zudem war er ein ausgezeichneter Geschäftsmann, der seine Monopolinteressen rücksichtslos durchsetzte. Eine weitere interessante Bekanntschaft war »die Stimme des Dritten Reiches«, Hans Fritzsche. Fritzsche war nach seinem Freispruch in dem großen Internationalen Militärgerichtsprozeß in Nürnberg von den bayerischen Behörden in das Lager Langwasser eingesperrt worden und dort von der Hauptspruchkammer Nürnberg als »Hauptschuldiger« eingestuft worden. Er hatte viel Bewegungsfreiheit, weil die Leiterin des »Amerikahauses« eine große Zuneigung zu ihm hatte. Er wurde oft aus dem Lager zu Teestunden zu dieser Dame geholt, die dann auch Journalisten eingeladen hatte, um ihrem Schützling die nötige Publizität zu geben. Da mein Vater einmal Herrn Fritzsche während des Dritten Reiches mit seinem soeben gekauften Horch V 8 auf der Fahrt nach Warschau in einen Straßengraben gesteuert hatte, war ihm mein Name geläufig. Für mich bedeutete diese Bekanntschaft wenig, er war meines Erachtens nach ein durch Zufall in die Politik geratener Werbetexter, seine Verhaftung nach dem Freispruch durch das Militärgericht eigentlich ein Skandal. Immerhin brachte mich diese Bekanntschaft zu einem Artikel über das Internierungslager Langwasser in dem früheren Reichsparteitaggelände von Nürnberg. Ein Auszug mag genügen:

Langwasser – ein Irrtum der Demokratie

In diesen Wochen erlebte das Internierungs- und Arbeitslager Nürnberg-Langwasser den Einzug neuer prominenter »Gäste«, unter ihnen Franz von Papen und die 72jährige »Schwester Pia«, eine bekannte Blutordensträgerin. Langwasser ist heute das einzige Lager in Bayern, in dem sich noch politische Gefangene befinden, und es ist daher kein Wunder, daß sich die Öffentlichkeit mit den Zuständen in dem Lager beschäftigt.

Rechtlich gesehen ist die Situation unhaltbar. Rund drei Jahre nach der Kapitulation sitzen hier noch immer Hunderte von Männern, die noch vor keinem Gericht und keiner Spruchkammer zu Haftstrafen verurteilt wurden. Es ist kein Wunder, wenn daher oft die Frage fällt, was denn wohl an diesem demokratischen Rechtsstaat wäre, der wie sein faschistischer Vorgänger politische Gefangene jahrelang ohne ordentliches Gerichtsverfahren und Urteil hinter Stacheldraht halte.

Politisch gesehen ist Langwasser ein großer Irrtum. Es heißt im Säuberungsgesetz, man wolle die Nazis zu Demokraten umerziehen und sie durch Wiederaufbauarbeiten einen Teil ihrer Schuld abtragen lassen. Von wirklicher Arbeitsleistung ist bei den Gefangenen gar keine Rede, sie sind hauptsächlich damit beschäftigt, das Lager ständig auf- und umzubauen, die strengen Sicherheitsvorschriften verhindern in den allermeisten Fällen sinnvolle Arbeit an anderer Stelle. Was aber *die* Umerziehung anbetrifft, so ist die Isolation von vielen Nazis auf einem Haufen, weiß Gott, der schlechteste Weg, sie in Demokraten zu verwandeln. Diejenigen unter den Gefangenen, die eine geistige und seelische Umkehr wirklich erlebten, werden von der verbitterten Majorität überstimmt. Hans Fritzsche hält an jedem Montag Vorträge über den Kriegsverbrecherprozeß. Die Diskussion ist lebhaft, kommt aber meistens nicht über das Negative hinaus, weil hier Gefangene unter sich sprechen, und es ist nur verständlich, wenn sich der ehemalige Kommentator des Großdeutschen Reiches nicht von einem eigenen Häftlingsschicksal nach dem Nürnberger Freispruch distanzieren kann.

Der schwerste Fehler wird jedoch in menschlicher Hinsicht begangen. Der Lagerleiter hat alles getan, um als Mensch mit Menschen zu leben, doch die ministeriellen Anordnungen machen die meisten dieser Bemühungen schnell zunichte. Wodurch entstand die gespannte Atmosphäre in Langwasser? Es ist jahrelang in Zivilkleidung gegangen, jetzt sollen Sträflingsanzüge eingeführt werden. Als Herr Loritz regierte, wurden Hunderte von Gefangenen nach Langwasser gebracht und dort in Holzbaracken ohne Fenster, Betten und Decken auf blankem Fußboden bei bitterer Kälte untergebracht. Nach und nach haben sich die Lagerinsassen ihre Baracken ausgebaut, sie zimmerten Spinde und Bänke, sie unterteilten die Baracken durch Querwände, dadurch wurde es wärmer, und es konnten kleine Gemeinschaften von höchstens vier Mann entstehen. Jetzt müssen alle diese Querwände herausgerissen werden, immer 35 Mann sollen eng zusammengepreßt in einem Raum schlafen und leben. Psychologisch wirkt diese Anordnung verheerend.

Die Gefangenen haben ein Durchschnittsalter von über 52 Jahren. Außer den wenigen Prominenten wie Fritzsche, Axmann, den Hitlerzahnarzt Prof. Blaschke, der in seiner gutgehenden Lagerpraxis 50 Pfennig pro Stunde verdient, oder dem PROMI-Staatssekretär Gutterer sind sie schlecht gekleidet.

Als kürzlich eine Landtagsabordnung Langwasser besichtigte, war das Fazit: Der elektrische Draht muß schärfer geladen und die Bewachungsscheinwerfer heller werden. Ob damit das Problem dieser Gefangenen, auf deren Existenz die gesamte Entnazifizierungsbürokratie ihre weitere Daseinsberechtigung gründet, gelöst werden kann, erscheint mehr als fraglich.«

Auch über Mr. Kempner, über den Obergruppenführer von dem Bach-Zelewski und den Hochstapler Petermartin Bleibtreu habe ich damals Artikel geschrieben, sie sind so zeitgebunden, daß sie hier nicht zitiert werden sollen. Mit Mr. Kempner habe ich noch Briefwechsel und Artikelaustausch nach seiner Rückkehr in die Vereinigten Staaten betrieben, man mußte seine Ansichten nicht teilen, man konnte seine Verfahrensweise als Anklagevertreter verabscheuen, dennoch war er ein interessanter Gesprächspartner und hat durch seinen hohen Bekanntheitsgrad sowohl in den Vereinigten Staaten als auch in Deutschland Einfluß auf Publizistik und Politik nehmen können. Als Journalist konnte ich mich allerdings erst mit ihm auseinandersetzen, als ich nicht mehr bei der Nachrichtenagentur, sondern in der Redaktion einer Zeitung in Nürnberg arbeitete.

In Nürnberg begannen auch nachrichtendienstliche Kontaktaufnahmen, die in allen Fällen nicht von mir aus gingen. Über Mr. von Eckardt wurde ich mit einem leitenden Beamten der Dienststelle ODI (Office of Director of Intelligence) von OMGUS bekannt, der mich bat, für ihn die Presse der französischen Zone auszuwerten. Das Merkwürdige an dieser Bitte war, daß er einen französischen Namen trug, auch fließend französisch sprach und nun offensichtlich für die Amerikaner sein Augenmerk auf die französische Zone richtete. Ich habe nie herausbekommen, was er eigentlich von mir wollte, meine Presseauswertung haben wir in gegenseitigem stillschweigenden Einvernehmen bald abgebrochen. Auch die Organisation Gehlen meldete sich durch einen Beauftragten Bauns bei mir, wir führten politische Gespräche, eine Berichterstattung wurde von mir nicht erwartet. Ich hatte den Eindruck, das Ganze diente nur dazu, um mit meinem Vater weiter Kontakt zu halten.

Jetzt in Nürnberg wurde unter Journalisten viel darüber diskutiert, daß die Amerikaner wohl bald die Lizenzierungspflicht aufheben würden und in Nürnberg, das eine Großstadt mit einem weiten Einzugsbereich war, eine zweite Zeitung neben der allmächtigen »Nürnberger Nachrichten« des Dr. Drexel erscheinen müßte. Ich arbeitete ein Konzept für eine Konkurrenzzeitung aus, wobei ganz klar war, daß neben den mehr links tendierenden Lizenzzeitungen Frankens eigentlich nur eine »bürgerliche« Zeitung eine Chance haben würde. Über diese Thematik habe ich mit Gott und der Welt Gespräche geführt, übrigens auch mit Dr. Drexel, und es zeigte sich, daß in der Industrie nahestehenden Kreisen durchaus Interesse an einer Zeitungsgründung bestand. Ich kam in Verbindung mit Leuten der MAN-Gruppe, die wiederum wohl mit Dr. Reusch von der Gute Hoffnungshütte in Oberhausen in Verbindung standen. Eines Tages erschien bei mir ein Mann als Beauftragter dieser Kreise, und die Sache wurde konkret. Denn diese Gruppe hatte in Nürnberg eine Rotationsmaschine und eine arbeitsfähige Setzerei zur Verfügung. Es gab noch andere Druckereien am Ort, z. B. die, in der das antisemitische Hetzblatt Julius Streichers »Der Stürmer« hergestellt worden war, aber eine Verbindung dorthin kam für mich überhaupt nicht in Frage. Der Industriebeauftragte brachte mich dann mit dem vorgesehenen Chefredakteur zusammen, es war Otmar Best, der letzte Chefredakteur der Deutschen Allgemeinen Zeitung (DAZ) in Berlin. Er hatte ausgerechnet bei den Amerikanern in der Redaktion der »Neuen Zeitung« in München eine journalistische Überlebenschance gefunden.

Wir entwickelten unser Konzept weiter und waren schon nach dem ersten Bekanntwerden heftigen Anfeindungen der Pressekontrolle der amerikanischen Militärregierung ausgesetzt. In Bayern dauerte es mit der Lizenzfreigabe am längsten, als sie dann endlich kam, war unsere Zeitung startbereit. Wir hatten Nullnummern schon zur Probe gedruckt und konnten tatsächlich als eine der ersten lizenzfreien Zeitungen unter dem Titel »Neuer Kurier« erscheinen. Es war offensichtlich, daß es sich um eine Nachfolgezeitung des »Fränkischen Kurier« handelte, der ebenfalls der vorhin genannten Industriegruppe nahegestanden hatte. Der letzte Chefredakteur des »Fränkischen Kurier«, Dr. Kötter, und auch der stellvertretende CSU-Vorsitzende August Haussleiter, der ebenfalls dort Redakteur gewesen war, beanspruchte nun, in »unsere Zeitung« mit maßgeblichen Positionen eintreten zu können. Das wurde abgelehnt, um nicht sofort die Beschuldigungen der amerikanischen Pressekontrolle zu verstärken, es handele sich um das Wiederaufleben eines NS-Organs. Best und ich hatten eine Redaktion zusammengestellt, die solchen Beschuldigungen nicht Raum gab. Unsere politische Linie war liberalkonservativ, im Vorfeld der Vorbereitungen für die erste Bundestagswahl unterstützten wir einen MAN-Direktor, Dr. Wellhausen von der FDP. Weder bei der »Frankenpost« noch bei dpd habe ich mich jemals so ins Zeug gelegt wie beim »Neuen Kurier«. Ich war der verantwortliche Redakteur für Politik und habe sowohl bei der Nachrichtenbearbeitung wie auch beim Schreiben von Leitartikeln, Glossen und Kommentaren all meine Kraft gegeben.

Für den häuslichen Frieden war das nicht gerade zuträglich, ich war kaum noch zu Hause. Während der bedächtige Franke Otmar Best oft stundenlang über einem seiner Leitartikel saß, mußte ich manchmal meine Artikel direkt in die Setzmaschine diktieren, damit die Zeitung immer brandaktuell war. Ich ließ mich auch auf Streit mit den Amerikanern ein, was zur Folge hatte, daß ein als Salontiroler sehr notdürftig getarnter Agent bei unseren Nachbarn Erkundigungen über mich einzog, die aber wohl nichts brachten. Für mich persönlich belastend war es, daß die Auseinandersetzung mit den Amerikanern ausgerechnet mit einem jüdischen Emigranten, dem Jugendoffizier Mr. Lamm stattfand, wobei ich mich plötzlich von früheren HJ-Führern unterstützt fand. Ich geriet in eine völlig verquere Situation, weil einige Leute glaubten, als Sohn eines in Landsberg inhaftierten »Kriegsverbrechers« sei ich wohl der richtige Mann, um die Rechte ehemaliger Nazis zu verteidigen. So erschien bei mir in der Redaktion eines Tages der Chefredakteur der NS-Gauzeitung in Danzig, Zarske, der unter falschem Namen in Deutschland lebte und seine »Legalisierung« anstrebte. Er wollte auch meine Hilfe mit dem Hinweis darauf, daß er ja bei meinem Vater in Warschau hospitiert habe. Ich kannte seinen Namen nur aus einer Geschichte, wonach meine Mutter ihn wegen Belästigung unserer Haustochter bei einer Abendgesellschaft geohrfeigt hatte. Ich sah keinen Anlaß, Herrn Zarske jetzt zu helfen. Der Ton in unserem Blatt war natürlich nach der »Ausgewogenheit« der Lizenzpresse ungewohnt. Man muß aber bedenken, daß wir praktisch parallel zum Höhepunkt des Bundeswahlkampfes auf den Markt kamen und unsere erste Abonnementsnummer schon in die Vorwehen der Regierungsbildung in Bonn fiel.

Mit einem Kommentar am 1. November 1949 wurde ich unwissentlich und unwillentlich ein Vorbote der späteren »Ohne-mich-Bewegung«. Der militärische Befehlshaber der Truppen der Westunion, der französische General Lattre de Tassigny, der in Fürth amerikanische Manöver beobachtet hatte, erklärte nach dem Abschluß der Manöver im Rheinland, man werde im Kriegsfalle nicht mehr Schlachten wie vor 1945 schlagen, sondern vor allen Dingen auch mit Guerillaeinsätzen den Feind bekämpfen. Dieser Krieg »hinter den feindlichen Linien« war mir nach den Erfahrungen der Nürnberger Prozesse und auch der deutschen Truppen in der Sowjetunion Anlaß zu der Forderung: »Wenn man nicht schon aus den Manövern die Lehre ziehen wollte, daß Europa am Eisernen Vorhang verteidigt werden muß, dann hätte man uns wenigstens die Lehre vom Guerillakrieg hinter den feindlichen Linien ersparen sollen. Soll das ein Vorschuß auf die Souveränität sein?«

Hier fand ich Beifall von sehr unterschiedlichen Leuten sehr unterschiedlicher Couleur. Von der Rechten, z.B. von einem

Freund meines Vaters aus China, Wolf Schenke, der mit einer ganzen Reihe von Einzelpersonen wie Prof. Noack aus Würzburg, dem ehemaligen Botschafter Nadolny und Andreas Hermes eine neutralistische Linie Deutschlands zwischen den beiden Machtblöcken verfocht. Auf der politischen Linken formierten sich die Friedenskämpfer, von der Zone gesteuert, bereits in immer neuen Gruppen. Die Nürnberger SPD hatte, wie ihre Hofer Genossen mit Arno Behrisch, auch einen Linksabweichler zu präsentieren, den ehemaligen Oberbürgermeister der Stadt, Hans Ziegler. Ziegler gründete eine »Sozialdemokratische Aktion«, fuhr nach Moskau und wurde dann aus der SPD ausgeschlossen. Haupthelfer dieses Nürnberger »Trojanischen Pferdes« war die Vereinigung der Verfolgten des Naziregimes.

Auf Anregung meines Freundes Günther Scholz aus Berlin fuhr ich zu einem Gründungskongreß der »Deutschen Union« nach Augsburg, wo noch einmal der Versuch gemacht werden sollte, in parteipolitischen Jugendorganisationen tätige Nachwuchspolitiker zu einer einheitlichen Linie in der Deutschlandpolitik zu bringen. Hier spielte sich wieder einmal August Haussleiter in den Vordergrund, der seinen Posten als stellvertretender Vorsitzender der CSU durch Austritt verloren hatte. Der gewählte Vorsitzende, ein Graf Stauffenberg, wurde auch bei mir in Nürnberg gastlich empfangen, er hatte einen bedeutenden Namen, war aber persönlich völlig unbedeutend. Den Lärm in der Öffentlichkeit besorgte Haussleiter nicht nur hier, sondern später auch in der »Deutschen Gemeinschaft« und in der »Aktionsgemeinschaft unabhängiger Deutscher«. Diese Art von rechten Splittergruppen mit neutralistischer Tendenz setzte sich unter Federführung Haussleiters vor allen Dingen durch Spaltungen fort, sie erreichten nichts. Bei mir bewirkten sie eine Abstinenz gegenüber politischen Gruppen, ich war und blieb von diesen Bindungen frei, obwohl sich in Nürnberg einige »Freunde« sehr um mich bemühten. Diese Versuche liefen allerdings nur so lange, wie ich in der Nürnberger Pressepolitik eine Rolle spielte.

Trotz meiner Jugend war ich ein gefragter Diskussionspartner und trat auch in der Riege der alten Herren zusammen mit

Chefredakteur Dr. Josef E. Drexel, Chefredakteur Otmar Best und dem ehemaligen Chefredakteur Dr. Rudolph Kötter unter der Leitung von Egon Jameson im »Forum der Journalisten« im Nürnberger Amerikahaus auf. Ich war völlig ahnungslos, daß hinter den Kulissen bereits das Ende des »Neuen Kurier« vorbereitet wurde. Die Zeitung wurde mit ihrer Nummer 69 am 31. Dezember 1949 eingestellt. Die Überschriften der ersten Seite sind irgendwie für die damalige Situation symptomatisch. Die Schlagzeile lautet »Deutschland nicht als Feind behandelt«, darunter steht eine Betrachtung von Winfried Martini »Das Ende des bürgerlichen Jahrhunderts«, daneben steht dann eine Meldung aus der provisorischen Bundeshauptstadt »Bonn erwartet 1950 Ende des kalten Krieges«. Die Begründung des Abschieds vom »Neuen Kurier« stand schon in meinem Konzept, das ich vor der Gründung der Zeitung ausgearbeitet hatte: »Die Gründung einer Zeitung, wenn sie von Anfang an ein höheres Niveau halten will, erfordert große Mittel und eine längere Anlaufzeit. Finanzielle Schwierigkeiten haben den Entschluß zur Einstellung unaufschiebbar gemacht.« So war es, die industriellen Geldgeber hatten ihre politischen Ziele erreicht, sie waren offensichtlich nicht gewillt, der noch nicht aus einem Defizit herausgekommenen Zeitung, die ja erst ½ Jahr existierte, weiterhin Kredit zu gewähren. Ich war aus meiner sicheren Position bei der Nachrichtenagentur in dieses Experiment eingestiegen und hatte mich vom Optimismus vieler jüngerer Mitarbeiter beflügeln lassen, wir würden auch in diesem Teil Frankens eine gegen die Mehrheitsmeinung anschreibende Tageszeitung gestalten können. Das hatte sich als Irrtum herausgestellt.

Nach Einstellung des »Neuen Kurier« habe ich nicht etwa verzweifelt über diesen Schicksalsschlag gejammert oder gar, was eigentlich notwendig gewesen wäre, über die Hintergründe dieser Kleinkatastrophe nachgedacht. Ich stürzte mich sofort in neue Engagements. Durch einen Hinweis von Otmar Best bekam ich die Möglichkeit, in die politische Redaktion der amerikanischen »Neuen Zeitung« in München einzutreten. Nach einem Besuch bei Dr. Lehmann in der Schellingstraße wurde ich eingestellt und mit einer Reihe von Kollegen bekannt gemacht, deren klangvolle

Namen im deutschen Feuilleton, auch vergangener Jahre, viel bedeuteten. Aber ich sollte ja in die politische Redaktion und wurde dem Nachrichtenredakteur zugeordnet, der einen italienischen Namen trug. Ich nahm am Umbruch teil und machte meine ersten Schreibversuche, die allerdings im Stehsatz landeten. Bei der Teilnahme an der Redaktionskonferenz, die es in dieser Form bei unseren deutschen Zeitungen nicht gab, lernte ich dann auch die internen Kontroversen kennen. Ich selbst hielt mich zurück. Es wurde u. a. auch ein Leitartikel des früheren Berliner Studentenführers Otto Stolz diskutiert, einem der Gründer der Freien Universität. Stolz, ein engagierter Sozialdemokrat, beschimpfte in diesem Artikel die Politiker der CDU und LDP in der Sowjetzone, weil sie sich zu Blockparteien hatten degradieren lassen. Mir erschien diese Meinung sehr überzogen, weil parteipolitsch einseitig und für ein amerikanisches Presseorgan eigentlich nicht recht am Platze.

Meine Bedenken brachte ich in einem Kaffeepausengespräch mit dem Nachrichtenredakteur zum Ausdruck und wies dabei auch darauf hin, daß ja die SED bei der Zwangsvereinigung im Jahre 1946 in der Masse aus SPD-Mitgliedern gebildet worden sei. Der Sozialdemokrat Grotewohl wurde Ministerpräsident, nachdem er die Vereinigung sehr aktiv betrieben hatte. Wenn man das Zahlenverhältnis genauer untersuche, sei doch bei der Abstimmung laut Protokoll des 40. Parteitages der SPD vom 19. und 20. April 1946 nachzulesen, daß alle 445 Delegierten aus der sowjetischen Besatzungszone und 103 Westdelegierte aus freiem Entschluß für die Vereinigung mit der KPD gestimmt hätten. Mein Gesprächspartner hatte nichts Eiligeres zu tun, als diese meine Meinung dem Kollegen Otto Stolz mitzuteilen, der wütend zum Chefredakteur ging und meine sofortige Entlassung forderte. Otto Stolz war ein Choleriker, der auch wegen seiner körperlichen Behinderung sehr dazu neigte, Kritik als Angriff auf seine Person mißzuverstehen. In einer politischen Redaktion voller »ausgewogener Eiertänzer« war er einer der wenigen, der eine politische Überzeugung auch mit Überzeugungskraft zu vertreten verstand.

Am nächsten Tag wurde ich zu Chefredakteur Hans Wallenberg geholt, ich könne doch nicht als Newcomer und junger Spund mit meiner Kritik Unfrieden stiften. Seine Forderung: Ich solle mich bei Otto Stolz entschuldigen. Ich war tatsächlich noch zu jung und unreif, um die Berechtigung von Wallenbergs Verlangen einzusehen. Ich fühlte mich im Recht, da ich die sehr einspurige Denkweise von Stolz nicht teilte und außerdem der Auffassung war, daß die »Neue Zeitung« sich nicht zum Publikationsorgan des SPD-Vorstandes in der hannoverschen Odeonstraße machen dürfte. Ich setzte mich also hin, schrieb nicht etwa eine Entschuldigung, sondern einen Brief an Wallenberg, in dem ich noch einmal meine Position vertrat, wozu ich in dem kurzen Gespräch eigentlich nicht recht gekommen war und mitteilte, daß ich die Redaktion wieder verlassen würde. Mit Stolz hätte ich mich sicherlich einigen können, mit Wallenberg sowieso. Was mich eigentlich empörte, war die Petzerei des Kollegen, der mich hinter meinem Rücken bei Stolz angeschwärzt hatte. Es war mir ja durch ihn die Möglichkeit verbaut worden, über die verschiedenen Anschauungen ein offenes Gespräch zu führen. Im Vollgefühl einer »gekränkten Unschuld« setzte ich mich in den Zug nach Nürnberg und kehrte der »Neuen Zeitung« nach ganzen 4 Tagen den Rücken.

Mein nächster Versuch, in einer amerikanischen Redaktion zu arbeiten, währte etwas länger. In Nürnberg war ich schon während meiner Zeit bei dpd und dann verstärkt nach dem Start des »Neuen Kurier« in einem Freundeskreis junger Journalisten, zu dem auch der spätere Chefredakteur der Frankfurter Rundschau, Werner Holzer, gehörte. Wir hatten viele lebhafte Debatten, und Werner schätzte einerseits die Bratkartoffeln, die meine Frau ihm hin und wieder servierte und andererseits deren Reportagen, die er – damals zuständig für die Nürnbergseite der Münchener »Abendzeitung« – in seinem Blatt unterbrachte. Beinahe zeitgleich mit der Einstellung des »Neuen Kurier« wechselte Holzer von der »Abendzeitung« – zum »Amerikadienst« nach Bad Nauheim. Dort war ein Teil der aus Berlin zuerst nach Nürnberg verlegten Abteilungen des amerikanischen Hauptquartiers untergebracht, das jetzt als HICOG (High Commission of Germany) firmierte. Dort war jetzt Mr. von Eckardt, mit dem ich in Nürnberg auch gesellschaftlich verkehrt hatte, einer der leitenden Männer. Als Holzer ihm von meiner Situation erzählte, wurde mir das Angebot gemacht, nach Bad Nauheim zu kommen und dort zu arbeiten. Am 10. Februar wurde ich als News Editor bei dem »Office of Public Affairs, Information Services Division, Editorial Projection Branch – HICOG« eingestellt. Nach freundlicher Aufnahme durch Mr. von Eckardt half mir Werner Holzer bei der Einarbeitung bei diesem für mich völlig neuartigen Dienststellenbetrieb. Der Schwerpunkt lag bei der Auswahl von Artikeln aus amerikanischen Zeitungen und Zeitschriften, ihrer Übersetzung und ihrer Zusammenfassung im sog. »Amerika-Dienst«, der an deutsche Publikationsorgane kostenlos verteilt wurde. Im winterlichen Bad Nauheim bekam ich durch die Amerikaner ein gutgeheiztes Privatzimmer in einem deutschen Haus zugewiesen. Ich hatte meinen Wagen aus Nürnberg mitgenommen, so daß ich beweglich blieb und zu den Wochenenden auch meine Frau besuchen konnte.

Die Herrlichkeit dauerte nicht lange, das Ende kam mehr durch einen Zufall. Ich hätte ahnen müssen, daß der Schatten, den das Schicksal meines Vaters immer noch auch auf mich warf, gerade in einer amerikanischen Dienststelle auffallen mußte. Mein Vater hatte am 8. Februar 1950 in einem Leserbrief an die »Neue Zeitung« kritisiert, daß eine Mitteilung der Zeitung behauptete, daß im Kriegsverbrechergefängnis Landsberg bei guter Führung ein 5tägiger Urlaub gewährt werden könne. Diese Meldung war falsch und beruhte auf einem Übersetzungsfehler bei der Wiedergabe einer Äußerung des amerikanischen Hochkommissars John J. Mc Cloy am 22. Dezember 1949. Aber da dieser Leserbrief ganz offiziell mit einer schriftlich wiedergegebenen Genehmigung des Gefängniskommandanten abgedruckt wurde, erregte er doch einiges Aufsehen. Mein Vater hatte sich zudem darin als Leiter des Gefangenenblattes »die Parole« zu Wort gemeldet. Dieser Artikel war unmittelbar vor meiner Einstellung in Bad Nauheim erschienen, damals hatte offensichtlich niemand in der amerikanischen Personalabteilung Kenntnis davon. Aber irgendwelche »guten Freunde«, ich nehme an, die gleichen, die mir schon in Nürnberg einen Überwachungsspitzel geschickt hatten, sorgten dafür, daß diese Sache an die richtige Stelle bei HICOG gemeldet wurde. Ende März wurde ich zu dem amerikanischen Chef des Information Service bestellt, den ich vorher noch nie zu Gesicht bekommen hatte. Er legte mir den Zeitungsausschnitt mit dem Leserbrief in der »Neuen Zeitung« auf den Tisch und fragte: »Is that your father?« Als ich es bestätigte, winkte er mich zur Tür hinaus. Wenige Tage später bekam ich dann ein Kündigungsschreiben, in dem als Begründung angeführt wurde: »Termination due to liquidation of HICOG German personnel«. Anders als bei der Neuen Zeitung, wo ich durch meine eigene Kündigung lediglich die Reisekosten ersetzt erhielt, wurde diese Kündigung zwar am 9. März wirksam, ich bekam aber bis zum 31. März mein Gehalt bezahlt.

War ich aus München nach Hause gefahren, überzeugt davon, daß ich richtig gehandelt hätte, so war diesmal meine Heimkehr doch ziemlich belämmert. Aber wirklich klug geworden war ich immer noch nicht, denn ich hatte mir meinen Ärger über die Nürnberger Zeitungsquerelen in einem Artikel von der Seele geschrieben, der in der ersten Ausgabe eines Blättchens mit dem kennzeichnenden Namen »Der Protest« erschien. Da sich mein Einkommen nun auf Zeilenhonorare aus Reportagen beschränkte, verkaufte ich meinen Wagen, um erst einmal die Haushaltskasse abzusichern. So hatte ich zwar wegen der Gefängnishaft meines Vaters meine Stellung verloren, aber dieser Autoverkauf basierte ja aus einer Anschaffung, die allein durch die Zigarettenpäckchen aus dem Kriegsverbrechergefängnis finanziert worden war. Auch eine Art ausgleichende Gerechtigkeit. Ich schaffte mir ein Motorrad an, um beweglich zu sein, denn ich mußte jetzt häufig zu Vorlesungen und Seminaren nach Erlangen fahren.

Die Freunde meines Vaters setzten sich mit mir in Verbindung. Das reichte von der Königsberger »Herzogsacker-Gilde«, einem Traditionsverband des ehemaligen Regiments Kronprinz, von der sich Carl-Elimar Graf zu Eulenburg mit einem Rundschreiben meldete, bis zu einer Gemeinschaft der ehemaligen Ostasiendeutschen unter Paul Stark, der Nachrichten aus China lieferte.

Für mich am interessantesten war die Verbindung mit dem

ehemaligen Senatspräsidenten von Danzig, Dr. Hermann Rauschning, der sich von Oregon aus sowohl mit dem in Amerika laufenden Revisionsbemühungen meines Vaters als auch mit der deutschen Politik befaßte. Er berichtete:

»... Wenig mehr als zehn Jahre nach dieser Danziger Episode wurde ich nach Washington gerufen, wo mir die Frage vorgelegt wurde, ob ich bereit sei, als Kronzeuge gegen die nationalsozialistischen Hauptangeklagten in dem in Vorbereitung befindlichen Verfahren in Nürnberg aufzutreten. Ich lehnte das mit dem Hinweis ab, daß ich das Verfahren, so wie es geplant und was über die Vorbereitung in der Öffentlichkeit bekannt geworden sei, als obersten Rechtsprinzipien zuwiderlaufend und sie kompromittierend beurteilen müßte, daß es sich in Kürze als ein in der Geschichte unerhörter, höchst tragischer Betrug und Selbstbetrug erweisen würde und daß auf so pragmatische Weise Recht schöpfen zu wollen, das Rechtsempfinden tödlich treffen hieße. Ich erwähnte nicht bloß den Kardinalfehler, der inzwischen von so vielen Juristen bemängelt worden ist, die Rechtssprechung ex post facto, sondern ich wies auf die für alle offensichtliche und durch nichts zu verschleiernde Tatsache hin, daß mindestens eine der als Richter fungierenden Nationen sich aller Verbrechen schuldig gemacht habe und noch mache, ja längst vor dem Nationalsozialismus damit vorausgegangen sei, für die die deutschen Persönlichkeiten angeklagt worden seien; ja, daß diese Nation durch ihren Pakt mit dem Nationalsozialismus diesem überhaupt erst ermöglicht habe, einen Angriffskrieg zu führen.

Der mit mir verhandelnde höhere Offizier kritisierte meine – übrigens auch schriftlich zu den Akten gegebene – Erklärung, daß ich mich damit der von der Regierung akzeptierten Politik widersetzte.

Immerhin war es für jemanden, der nicht dem so allgemein und selbstverständlichen Grundsatz gefolgt war: my country, right or wrong, sondern der Überzeugung gelebt hatte, daß Unrecht Unrecht bleibe, auch wenn es dem eigenen Volke augenblicklich zu dienen scheine, ein schwerer Schock zu erfahren, daß das Rechtsprinzip Hitlers: Recht ist, was dem Volke nützt, offenbar seinen Einzug in die amerikanische Nation zu halten begonnen hatte, einer Nation, die wie keine andere sich rühmt, ein »law abiding people«, ein das Recht schützendes und ihm helfendes Volk zu sein. In dem Augenblick, in dem sich die siegreichen Westmächte anschickten, das ganze deutsche Volk als gesamtschuldig für das vom Nationalsozialismus Verbrochene zu bestrafen und Offiziere, Beamte und andere führende Persönlichkeiten als Verbrecher zu bestrafen, weil sie sich nicht der Politik ihres Landes widersetzt hatten (obwohl dies unter den obwaltenden Umständen ihren bürgerlichen oder gar physischen Tod zur Folge gehabt hätte), in demselben Augenblick versucht einer der die Prozedur vorbereitenden richterlichen Beamten die Kritik an ihr mit dem Einwand zu entkräftigen: Immerhin sei es »die akzeptierte Politik des Landes«.

In einem anderen Brief von Dr. Rauschning befaßt er sich auch sehr kritisch mit den amerikanischen Reaktionen auf die Vorgänge in Deutschland. Er schrieb damals:

»Die Art, wie die Verschärfung der europäischen Lage und des Kampfes der Weltgroßmächte um die machtpolitische Schlüsselzone Deutschland in der großen Presse der Vereinigten Staaten immer noch interpretiert wird, sollte von deutscher Seite aus deshalb die schärfste Zurückweisung erfahren, die in der heutigen Lage Deutschland möglich ist, weil sie nicht bloß Deutschland Unrecht tut, sondern den eigensten Lebensinteressen des Westens zuwiderläuft. Sie erfolgt in einem Klima von Halbwahrheit, Verdrehung und Ablenkung von den eigentlichen, beunruhigenden Zentralproblemen, daß man sich nach dem Motiv für eine derartige Behandlung fragen muß. Wem ist damit gedient, wenn eine so führende Zeitung wie die »New York Times« dem Bericht ihrer Topanalysten Sulzberger oder Middleton solche Überschriften voransetzt wie »Die Deutschen benutzen den kalten Krieg, um die Rückkehr zur Macht voranzutreiben.«

Sehr viel optimistischer äußerte sich der aus der Emigration nach Deutschland zurückgekehrte Hubertus Prinz zu Löwenstein, der versuchte, mich nach meiner Enttäuschung mit der »Deutschen Union« für seine »Deutsche Aktion« zu werben. Der Prinz, dessen Gefolgsleute durch eine spektakuläre Landung auf der für Deutsche gesperrten Insel Helgoland die weitere Zerstörung durch britische Bomben verhinderten, wurde später auch Bundestagsabgeordneter der CDU.

Gerade durch die Nürnberger Prozesse bekam ich Kontakte zu sich bildenden Gruppen ehemaliger Militärs oder auch zu Organisationen früherer HJ-Führer. Pauschale Verdächtigungen, es handele sich um unbelehrbare Faschisten, Neonazis oder reaktionäre Militaristen besagten mir wenig, ich wollte den Dingen auf den Grund gehen. Gerade weil ich durch meinen Vater »vorbelastet« war mit Wissen über das Offizierskorps der preußischen Armee und der Reichswehr, war mir der Unterschied zur Jetztzeit klar geworden. Im Frühjahr 1944 stammten 2/3 des Offizierskorps aus dem Mannschaftsstand, eine in der Geschichte des deutschen Heeres einmalige Veränderung. Auch auf den »Adolf-Hitler-Schulen« hatte das NS-Regime ganz bewußt das bürgerliche Bildungsprivileg durchbrechen wollen. Der Anteil der Bürgersöhne dort betrug nur 2,2 %, der der Arbeiterklasse 19,5 %. Schon damals war ich skeptisch, gerade weil ich selbst als »Betroffener« die Schattenseite des Dritten Reiches kennengelernt hatte, wenn man die NS-Zeit nur als nackte Diktatur und Fremdbeherrschung der Deutschen darstellte. Tatsächlich hatten doch meine Mitschüler und Mitstudenten zumindest bis zum Ausbruch des Krieges positiv zu Adolf Hitler gestanden, wenn sie auch die Partei nicht besonders mochten. Die große Mehrheit, die politisch ahnungslos war, hatte jedenfalls vor Ausbruch des Krieges keinen Grund gesehen, gegen Hitler aufzubegehren, und selbst der Aufstand der Offiziere vom 20. Juli 1944 war noch kurz vor der Endkatastrophe bei den meisten Deutschen alles andere als populär gewesen.

Das Thema Fahneneid und Gewissen stand auch im Mittelpunkt der Diskussion, als sich 25 deutsche Generäle auf Einladung der Evangelischen Akademie in Bad Boll zusammengefunden hatten. Man schrieb das Jahr 1950, und es ging um die deutsche Wiederbewaffnung. Ich schrieb damals:

»Im Ganzen gesehen war die Tagung mit ihren Diskussionen kein Schritt vorwärts, denn der hier aufgetretene Riß macht deutlich, warum auch die ›Bruderschaft‹, die meist aus jüngeren Offizieren besteht, die Generäle ablehnt. Und Generäle allein können keinen ›deutschen Beitrag zum System der europäischen Verteidigung‹ leisten. Wichtig war dagegen die Möglichkeit der vielen Gespräche, die nebenbei geführt wurden. Da sah man den Bundesminister für Wiederaufbau, Oberst a. D. Wildermuth, und Axel von dem Busche vom Amt des Grafen Schwerin in Bonn. Da sah man auch die Generäle, die bei einem möglichen Aufbau einer deutschen Truppe eine Rolle spielen werden. Der Personalchef Kuntzen, der jetzt bei Bischof Lilje arbeitet, die Generäle Heinrici, Röhricht, Foertsch und v. Viettinghoff-Scheel, die sich sozusagen ›auf Abruf bereit‹ halten. Da war als Vertreter seines Vaters Heinz Guderian, da war der Militärschriftsteller Wilhelm Kiefer, der Hitler vor 1933 Reichswehrgelder zuschob. Da war August Abel, der Mann des Kaliindustriellen Rechberg und des Führers des Jungdeutschen Ordens, Mahraun, der einen Draht nach Frankreich hat und da war schließlich die Presse, vom ›Spiegel‹ Roman Osten, von der amerikanischen ›Neuen Zeitung‹ Dr. Gerhard Thimm u. a., alle sehr interessiert, denn Generäle stehen heute wieder hoch im Kurs. Sie alle konnten unter dem Dach der Evangelischen Kirche Kontakt aufnehmen. Die Tagung von Bad Boll hatte kein rechtes Ergebnis, aber sie wird Folgen haben.«

Mit Dr. Thimm traf ich einen alten Bekannten meines Vaters aus Warschau, der dort dem 10jährigen Jungen das Tischtennisspielen beigebracht hatte. Bedeutsamer war aber, daß ich einen anderen alten Bekannten von der Abwehr, den ehemaligen Oberstleutnant Horaczek mit seiner Frau in Bad Nauheim wiedergetroffen hatte. Die öffentliche Diskussion um die Gefangenen von Landsberg ließ erwarten, daß auch mein Vater bald seinen Status als »Kriegsverbrecher« verlieren würde, mit welcher Begründung auch immer. Seine ehemaligen Kameraden waren nach wie vor um ihn bemüht, so hatte die Org für den jetzt stellungslosen Beschützer meiner Mutter in Mitterteich eine Stellung als Direktor eines Glaswerkes in Florenz besorgt. Daraus war zu ersehen, daß der Einfluß von Oberstleutnant a. D. Baun sehr weit reichte.

Am 10. Juli wurde mein Vater aus Landsberg entlassen, ich schrieb damals in mein Tagebuch:

»Heute, am 26. Juli 1950, haben wir unseren vierten Hochzeitstag. Gisi war wie immer in Erlangen, aber abends haben wir uns die wunderbare Burgbeleuchtung angesehen und noch einen Schoppen bei Blitz und Donner im ›Weißen Schwänlein‹ getrunken. Es hat sich in den letzten Wochen allerhand ereignet. Hanseva ist frei! Augenblicklich erholt er sich von 5 Jahren ungerechtem Zuchthaus im Kleinen Walsertal. Er schreibt nur noch selten Ansichtspostkarten, das ist ein gutes Zeichen. Ein zweites, ähnlich einschneidendes Ereignis ist noch nicht als sicher anzusehen: Gisi behauptet, wir bekämen ein Kind. Für mich selber hat sich noch nichts Neues ergeben, ich sitze zu Hause und verbohre mich in Bücher. Die Leute haben alle Angst vor einem neuen Krieg auch in Europa und fangen an zu hamstern, als ob das einen Sinn hätte.«

Mein Vater war in seine geliebten Berge gefahren, um etwas Abstand von seiner Haft und neuen Kontakt zu meiner Mutter zu gewinnen, die er seit 1939 nicht mehr gesehen hatte. Ich war zu diesem Zeitpunkt noch nicht gefragt, hätte auch wegen akuten Geldmangels nicht ins Gebirge fahren können. Der Schatten des Vaters war nun von mir genommen. Es war eine merkwürdige Entwicklung in meinem Schicksal, daß der Mann, der wegen seiner Abstammung bei den Nazis und wegen seiner Pflichterfüllung bei den Amerikanern so lange eine »Belastung« für mich gewesen war, jetzt in mein Schicksal eingriff. Ich hatte im Journalistenberuf Höhen und Tiefen erlebt, augenblicklich war ich ganz unten.

Mein Vater mußte beruflich wieder Fuß fassen, für Frau und Tochter konnte er noch nicht sorgen, die gingen erst einmal nach Florenz. Er selbst hatte durch den Kontakt mit Horaczek eine andere Möglichkeit eröffnet, als zur Org zu gehen. Nach der formellen Entlassung über das Heimkehrerlager Friedland am 28. August ging er am 2. September nach Düsseldorf zu Horaczek. Kurz nachdem er dort zu arbeiten begonnen hatte, folgte ich ihm, die Tagebucheintragung dazu vermerkt nur: »Vater bin ich nicht geworden, dafür bin ich bei meinem Vater.«

Nachrichtendienst – Unter falschem Namen

Mein Eintritt in den »Geheimdienst« in Düsseldorf war völlig undramatisch. Keine der in vielen Spionageromanen beschriebenen Initiationsriten wurden praktiziert, die Atmosphäre war weder spannungsgeladen noch geheimnisvoll. Es fehlten die meisten äußeren Kennzeichen jener hervorragenden Romane von John le Carré, der etwa zur gleichen Zeit in Bonn und später in Hamburg für den britischen Dienst arbeitete. Es ist vielleicht bezeichnend, daß in den in englischer Sprache gedruckten Büchern immer nur die Rede vom Foreign Service die Rede ist, in den deutschen Übersetzungen dagegen vom britischen Geheimdienst. Das Geheimnis, ob John le Carré bei MI 5, der Abwehr, oder bei MI 6, dem Secret Intelligence Service, also dem Auslandsnachrichtendienst, tätig gewesen ist, wird zumindest äußerlich gewahrt. Ich will mich keinerswegs mit John le Carré vergleichen, und diese Aufzeichnungen werden mit Sicherheit auch nicht den Riesenerfolg seiner Bücher, etwa von »Der Spion, der aus der Kälte kam«, haben. Ich kam ja nicht aus der Kälte, sondern aus Nürnberg und brachte nach Düsseldorf relativ geringe Erfahrungen für die nachrichtendienstliche Tätigkeit mit.

Im April 1949 war durch den sog. Polizeibrief der alliierten Besatzungsmächte auch für deutsche Stellen die nachrichtendienstliche Betätigung erlaubt worden. Sie sollte sich im Vorfeld des Staatsschutzes abspielen und ausdrücklich ohne jegliche polizeiliche Vollmachten arbeiten. Als ich im Herbst des gleichen Jahres nach Nordrhein-Westfalen kam, gab es dort die erste Keimzelle des späteren Verfassungsschutzamtes, die »I-Stelle«. Diese Informations-Sammelstelle sollte links- und rechtsextreme Bestrebungen beobachten, sie hatte noch keinerlei vergleichbare Arbeitsmöglichkeiten, wie sie der SD (Sicherheitsdienst) des Dritten Reiches, der Geheime Meldedienst des preußischen Innenministeriums oder gar das heute in aller Munde befindliche

Repressionsnetz des Ministeriums für Staatssicherheit der DDR (Stasi) hatten.

Im Grunde genommen hat die oft wiederholte Behauptung, die Nachrichtendienste würden nur das mit großer Geheimnistuerei umkleidete Material der Regierung mitteilen, was diese jeden Morgen bereits in der Presse lesen könnte, einiges für sich. Es war nun gerade meine, oder besser gesagt, unsere Aufgabe, die zeitgebundenen Pressemeldungen in ein System zu bringen, daß eine nachrichtendienstliche Analyse möglich wurde. Auch ging es vor allen Dingen um die Gewinnung von Personaldaten, damit eine gezielte Anwerbung von VM im eigentlichen Organisationsbereich der zu beobachtenden Gruppen möglich wurde.

Der zweite Schwerpunkt meiner Tätigkeit außer der Führung von HVM und VM war, die Gewinnung neuer VM, die nicht über Organisationen, sondern aus Organisationen berichteten. Für diese Tätigkeit benutzte ich die legale Seite meines Daseins in Düsseldorf, d.h. ich trat als Journalist auf. Ich konnte mir ein eigenes Nachrichtennetz schaffen, dessen einzelne Mitglieder erst nach längerer Erprobung in das VM-Netz der Beschaffung der Behörde übernommen wurden. Neben dieser »legalen« Art der Anwerbung von VM gab es natürlich auch immer noch den Versuch der direkten Ansprache. Hiervon hatte ich keinen Gebrauch zu machen, um meine »legale« Existenz als Zeitungsberichterstatter nicht zu gefährden.

Es gab Kollegen, die ganz speziell als VM-Werber eingesetzt wurden, ein hartes Brot. Hinzu kam, daß mit ganz wenigen Ausnahmefällen sog. Selbstanbieter nicht beschäftigt wurden. Es herrschte bei den alten Abwehrleuten ein zu großes Mißtrauen, sie fürchteten die Einschleusung von Agenten der Gegenseite. Ebenso war es, z.B. im Unterschied zu manchen anderen Nachrichtendiensten, bei uns verpönt, Leute als VM in Organisationen einzuschleusen, die das Angebot, eine solche Aufgabe zu übernehmen, mit ihrer politischen Überzeugung begründeten. Diese Problematik stellte sich insbesondere im linken Spektrum der extremen Organisationen. Wir haben es immer abgelehnt, sog. »überzeugte Antikommunisten« in die organisierte Linke einzuschleusen. Die alten Abwehrhasen hatten ganz schlechte Erfahrungen damit gemacht, wenn solche Überzeugungstäter, aus welchen Gründen auch immer, keine sachlich überprüfbaren Informationen lieferten, sondern ihre politische Meinung in ihren Berichten artikulierten.

Die »sauberste« Basis für die Mitarbeit eines VM sah unser Chef immer noch im Austausch von Informationen gegen Geld. In den vielen Jahren meiner Tätigkeit in Düsseldorf hatte ich eine ständig steigende Summe (parallel zu der Vermehrung der VM) für die Honorarzahlungen an wichtige VM zu verwalten.

Der Dienst war interessant und anstrengend (lange nicht so aufregend wie in Spionageromanen), auch die langen Autofahrten in dem doch recht ausgedehnten Nordrhein-Westfalen waren sehr zeitaufwendig, weil die meisten VM berufstätig waren und nur in den Abendstunden aufgesucht werden konnten. Ich hatte viel Zeit zum Nachdenken über meine Situation. Die Trennung von meiner Frau, das Vegetieren in einem möblierten Zimmer und die ungeklärte berufliche Zukunft machten mir zu schaffen.

Meine Frau schrieb mir: »Am Samstag kommt die Motorradanzeige in die Zeitung, Karl-Heinz hofft, die Kiste bis Samstagnachmittag verkauft zu haben. Ich überweise Dir dann das Geld. Doch dazu noch etwas. Dir kann ruhig schon wieder Angst werden, mir ist es schon lange geworden. Ich war neulich beim Kohlenhändler und habe mit ihm ein ernstes Wörtchen wegen Kohlen für die Küche geredet. Erfolg war, daß er mir 10 Zentner Kohlengemisch, Kohlen/Brikett, zuschicken wollte, dazu einen halben Ster Holz, weil wir nicht ein Bröckchen mehr im Keller gehabt haben. Sobald Anfuhr kommt, wollte er mir was zuschicken. Jetzt ist die erste Portion samt Holz gestern gekommen. Ergebnis: 42 Mark. Der Rest wird noch etwa 15 Mark kosten, er soll auch noch diesen Monat kommen. Du kannst Dir ausrechnen, daß seit gestern ein gähnendes Loch in meinem Portemonnaie ist, darum habe ich mich auch gleich hinter die Motorradgeschichte geklemmt. Der Zuschuß, den Du mir in diesem Monat schicken konntest, ging in Schuhen, Einlagen, Schuhbesohlen, Medikamenten, Skripten unter. Das brauchst Du aber nicht wieder Hanseva zu schreiben. Wir müssen sehen, wie wir durchkommen. An Liegestuhl, Wäsche und Strümpfe konnte ich natürlich gar nicht denken. Ich werde mir also ein bißchen Geld abzapfen, aber keine Angst, Du kriegst 80% überwiesen, denn mir liegt am wenigsten daran, daß wir nichts zurückgelegt haben.«

Das Motorrad, meine geliebte »Horex«, wurde verkauft, dabei gab es noch einen tragisch-komischen Zwischenfall. Der Käufer, ein Kommilitone meiner Frau, hatte noch keine große Ahnung von dem Anzug dieser Maschine. Nachdem er den Motor zum Laufen gebracht hatte, setzte er sich mit zuviel Fahrt aus unserer Gartenausfahrt in Richtung Straße in Bewegung und fuhr in eine gerade vorbeikommende Radfahrerin hinein. Sie und das Fahrrad waren leicht beschädigt, großes Geschrei, es war klar, daß er würde zahlen müssen. Vor allen Dingen, weil er noch gar keinen Führerschein hatte. Es handelte sich um eine Putzfrau, die 6 Wochen Arbeitsausfall und damit Lohnausfall geltend machte. Das Motorrad wurde für ihn teuer, aber er war froh, daß sie ihn nicht anzeigte, denn der fehlende Führerschein hätte böse Folgen haben können.

Neben den Geldsorgen hatte ich noch ein anderes Problem, das war meine Dissertation. Der Erlanger Prof. Meier hatte mir ein Thema gegeben, das für mich maßgeschneidert war. Ich sollte eine Arbeit über den Aufbau der Lizenzpresse in Bayern nach dem Kriege vorlegen. Die Unterlagen konnte ich mir durch meine Verbindungen zu OMGUS besorgen. Meine eigenen Erfahrungen sollten nicht in die Arbeit einfließen. Da mein Düsseldorfer Zimmer zu kalt war, saß ich abends oft noch im Büro, um dort auf meine Maschine zu hämmern.

Eine Tagebucheintragung aus der Zeit lautet: »Heute, am 7. Januar 1951, tummeln sich hier in Düsseldorf die Narren schon am hellen Vormittag auf der Straße. Aber man kann nicht über sie lachen, denn sie sammeln Geld. Karneval – Winterhilfswerk. Ich sitze im leeren Büro und versuche hier, an meiner Doktorarbeit über die Lizenzpresse weiterzuschreiben. Alles in die Luft hinein, denn Professor Meier, bei dem ich promovieren will, ist anscheinend nicht abnahmeberechtigt, den Co-Referenten habe ich noch nie gesehen, und der dritte Prüfer ist Staatsekretär geworden, so daß er total ausfällt. Aber ich schreibe erst einmal weiter, denn beruflich habe ich noch nichts anderes. Der Weihnachtsurlaub bei

Gisi war wundervoll, unsere Ehe wird langsam richtig, da mußte scheinbar erst eine Trennung kommen, um uns zu beweisen, daß auch die physische Verbundenheit zur Ehe gehört. Die Fahrt mit der Bahn war ganz kriegsmäßig schauerlich.«

Der Weihnachtsurlaub hatte Folgen. Die nächste Tagebucheintragung lautet:

»Heute, am 22. April 1951, habe ich die endgültige Fassung meiner Dissertation abgeschlossen. Die Abschreiberei nach dem Dienst hat meine Augen schwer mitgenommen. Nun steht vor dem Doktor noch die mündliche Prüfung im Sommer. Doch das Jahr bringt noch ein schwereres Examen, im Oktober werde ich Vater. Gisi und ich haben uns gerade in der Not so eng zusammengefunden, daß ein Kind sozusagen die logische Konsequenz ist. Für unseren Murkel muß noch viel von seinem Vater geschaffen werden, Stellung und Wohnung sind die wichtigsten Dinge. Vielleicht wird der Opa in spe in Kürze endlich in den Sattel kommen, dann wird es auch bei mir klappen. Merkwürdig, wie sich alles blitzschnell wandelt. Meine Schwester wird am 6. Mai eingesegnet. Aber eine Reise nach Florenz ist für mich aus finanziellen Gründen ausgeschlossen.«

»Heute, am 25. Juni, bin ich in Hansevas Zimmer in Düsseldorf-Oberkassel eingezogen. Er ist nach Köln in seine neue Stellung im Deutschen Industrieinstitut gegangen. Nun ist wenigstens er in einer guten Position und kann ans Seßhaftwerden denken. Bei mir wird es wohl noch ein Weilchen dauern. Meine kleine Frau hat es jetzt nicht leicht, und ich kann nicht bei ihr sein! Mir selbst hat die letzte Zeit auch zugesetzt, 12 Pfund minus sind bei meinem Gewicht schon zu viel. Aber die dauernde Nervenanspannung des Wartens auf den Termin der Prüfung, Sparen wegen Sonderausgaben auf Rechnung Murkel und wahrscheinlich auch die Trennung von Gisi wirken sich eben aus als – Triumph der schlanken Linie.«

»Heute, am 11. Juli, habe ich meine Hoffnung begraben müssen, noch im Sommer promovieren zu können. Der Termin ist auf Anfang November gelegt worden. Ich habe nun den Entschluß gefaßt, nicht länger auf eine Klärung der Verhältnisse zu warten, sondern den Wegzug aus Nürnberg in die Wege zu leiten. Ich bin nun schon 10 Monate von meiner Frau getrennt, bald ist das Kind da, einen längeren Aufschub duldet die Wohnungsfrage nicht.«

Meine Terminvorstellungen waren alle bald über den Haufen geworfen. Unser Sohn wurde am 4. November 1951 – verspätet – geboren, mit der Promotionsprüfung klappte es überhaupt nicht. Am 10. Dezember 1951 teilte mir der Promotionsausschuß mit, daß ich in Erlangen nicht den Dr. phil. machen könne, weil meine Arbeit auf dem Gebiet der Zeitungswissenschaft sei, Professor Meier gehöre zur volkswirtschaftlichen Fakultät. Für diese Mitteilung hatte die philosophische Fakultät über 1 Jahr gebraucht und mich hingehalten. Dabei spielte wahrscheinlich auch die Affäre mit dem Staatskommissar Philipp Auerbach eine Rolle, der sich für eine Promotion in Erlangen von einem anderen die Doktorarbeit hatte schreiben lassen, was dann nicht nur festgestellt wurde, sondern auch in die Zeitungen gelangte. Erlangen und seine philosophische Fakultät waren also im Gerede.

Es hat bis in den Dezember 1952 gedauert, bis mir die Fakultät mitteilte, daß meine Doktorarbeit von der Prüfungskommission angenommen worden sei und die mündliche Prüfung am 17. Dezember 1952 stattfinden werde. Diese Mitteilung kam eine Woche vor dem Prüfungstermin. Mein Hauptprüfer sollte ein Neuhistoriker sein, der Professor für Mittelalterliche Geschichte war drei Wochen vor der Prüfung verstorben, und statt des mir vertrauten Professors von Guttenberg wurde mir ein völlig unbekannter Kirchengeschichtler präsentiert, bei dem ich glatt durchfiel. Man legte mir nahe, nach einem halben Jahr noch einmal zur Prüfung zu kommen. Ich habe das abgelehnt, für mich war das Kapitel Erlangen und seine bürokratische Handhabung der Unterschiede zwischen den Fakultäten abgeschlossen.

Die Wohnungsfrage löste sich überraschend. Das Büro wurde in ein größeres Domizil verlegt, ich konnte diese »konspirative Wohnung« jetzt als legale Wohnung im Frühjahr 1952 beziehen. Wir hatten uns gegenüber Nürnberg verschlechtert, die Wohnung lag in einer nicht sehr guten Gegend, hatte kein Bad und nur einen Wasseranschluß in der Küche, aber wir waren endlich wieder zusammen, und unser kleiner Junge konnte in dem nahegelegenen »Volksgarten«, einem schönen Park, täglich ausgefahren werden. Nach der Familienvermehrung bekam ich auch ein etwas besseres Gehalt. Die Lage schien auch im weiteren Umkreis der Familie stabilisiert zu sein, denn mein Vater hatte durch seine Stellung beim Deutschen Industrieinstitut in Köln eine sehr schöne große Wohnung mieten können, Mutter und Schwester kamen aus Florenz zurück und zogen dort ein.

Wir hatten uns alle zu früh gefreut. Meine nächste Tagebucheintragung lautet:

»Heute, am 28. Juli 1952, ist mein Vater in Recklinghausen gestorben. Autounfall, Schädelbasisbruch, ich kam erst drei Stunden nach seinem Tode in Recklinghausen an. Er hat sehr wenig Glück gehabt in seinem unruhigen Leben. Auf dem Totenbett sah er mit dem Kopfverband aus wie ein verwundeter Soldat. Er ist wohl Zeit seines Lebens trotz aller musischen Interessen immer preußischer Offizier geblieben, so ist er auch im Dienst gestorben. Von uns, seiner Familie, hatte er sich gerade in der letzten Zeit fast völlig gelöst, er wollte neue, eigene Wege gehen. Nun ist es schon zu Ende. Er war mir immer nur Vorbild, kaum aber Vater und Freund. Zu wenig waren wir zusammen, und nun ist er auch ohne seine Kinder den letzten Weg gegangen. Ich habe ihn geliebt und er mich sicher auch. Wir konnten es beide gut voreinander verbergen. Für Deutschland aber hat er gelebt und gelitten, er war ein guter Preuße.«

Als ich telefonisch die Nachricht aus dem Prosper-Hospital in Recklinghausen bekam, habe ich zum ersten Mal seit langen Jahren geweint. War es in der Kindheit der Kopfschmerz durch Migräne, der mich mit dem Schädel an die Wand hämmern ließ, bis ich weinen konnte, waren es in Eckernförde der Hunger und die Erschöpfung im Domstaglager gewesen, nun war es der Schmerz um meinen Vater. Zu meiner Tagebucheintragung von damals stehe ich heute noch. Er hatte seine Pflicht für Deutschland getan, obwohl ihn dieses Deutschland in den 12 Jahren des Dritten Reiches eigentlich gar nicht haben wollte. Er ist Deutscher geblieben und wie sein Vater für Deutschland geblieben.

Auch ich bin geblieben. Die Geburt meines Sohnes und der Tod meines Vaters machten aus mir einen Mann mit dem Sinn für das, was man mit einem Modewort Verfassungspatriotismus genannt hat: Erst jetzt war mir wirklich klar, daß ich Deutscher, nichts als Deutscher war. Daß hier meine Heimat war, die es verdiente, geliebt zu werden.

Von nun ab betrieb ich meine »Legalisierung«, was mir durch das Wachstum meiner Behörde verhältnismäßig rasch gelang. Ich wurde Angehöriger des öffentlichen Dienstes. Es gab viel, es gab immer mehr zu tun. Angeblich widmet kein Land der Welt dem politischen Extremismus soviel Aufmerksamkeit wie die Bundesrepublik Deutschland. Das ist aufgrund der nationalsozialistischen Vergangenheit und eines anderen deutschen Staates, des »real existierenden Sozialismus«, bis in die jüngste Gegenwart hinein verständlich. Für die Politik stellt sowohl der politische Extremismus als auch seine Abwehr eine besondere Herausforderung dar. Nicht nur die politischen Extremisten freilich können den demokratischen Verfassungsstaat gefährden, sondern ebenso auch Maßnahmen zu ihrer Abwehr. Anfang der 50er Jahre engagierte sich kaum ein Politiker, Publizist oder Politikwissenschaftler für Formen der plebiszitären Demokratie. Man sprach von der wehrhaften Demokratie, deren äußerliches Kennzeichen später der sog. »Radikalenerlaß« war, der politischen Extremisten den Zugang zum öffentlichen Dienst versperren sollte. Es gab auch eine engagierte Debatte über die Frage, ob man den politischen Extremismus nur geistig bekämpfen sollte oder aber das Instrument des Verbotes konsequent anwenden durfte. Als »Verfassungsschützer«, denn so hieß meine Behörde jetzt, machte ich mir viele Gedanken über die Notwendigkeit des Gebotes, gegen rechts- und linksextremistische Bewegungen gleichermaßen wachsam zu sein. Die Verschiedenheiten politischer extremer Gruppen traten angesichts der Kampfansage an das demokratische Gemeinwesen zurück, die lediglich antifaschistische oder ausschließlich antikommunistische Interpretation alleine genügte nicht. Für uns galt das Opportunitätsgebot. Aus Gründen der Liberalität, der Verhältnismäßigkeit der Mittel oder auch aus taktischen Erwägungen heraus konnten die staatlichen Instanzen innerhalb der rechtlichen Grenzen in der Anwendung der Mittel frei sein. Es gab in meiner Zeit im Verfassungsschutz lediglich zwei Parteiverbote des Bundesverfassungsgerichtes gegen die Sozialistische Reichspartei auf der rechten und die Kommunistische Partei Deutschland auf der linken Seite. Danach kamen später von Verwaltungsgerichten ausgesprochene Vereinigungsverbote, vor dem Jahr 1964 waren es 328. Der sog. »Radikalenerlaß« kam erst 1972 als Schutzvorkehrung zur Fernhaltung von Extremisten, die in den öffentlichen Dienst wollten, zustande.

Fazit

Diese Aufzeichnung über das Schicksal von drei Generationen meiner Familie in diesem Jahrhundert ist sehr persönlich gefärbt. Für sie gilt, besonders für den Teil, der mein Leben schildert, die Feststellung von Günter de Bruyn in seiner »Zwischenbilanz«:

»Als Historiker meiner selbst halte ich heute andere Geschehnisse für wichtiger als zu der Zeit, in der sie geschahen, und an die Übersichtlichkeit, die ich hier anstrebe, war damals nicht zu denken. Da ich mich selbst erst entdecken mußte, wurde alles, was mit mir und um mich geschah, nur in bezug auf mich selbst registriert. Die eigene Verwobenheit ins Historische, die in der Rückschau interessiert, wurde nur am Rande bemerkt; der ausbleibende Brief der Geliebten konnte wichtiger sein als ein verlorener Krieg.«

Die Geschichte in und um Deutschland war für uns drei Generationen allerdings, nicht zuletzt wegen ihrer Auswirkungen auf das persönliche Schicksal, umstürzend genug. Mein Vater erlebte 1918 den Zusammenbruch der Kaiserreiche in Deutschland, Österreich-Ungarn, Rußland und in der Türkei. Die Monarchie in Preußen, für die sein Vater sein Leben gegeben hatte und deren Verteidigung ihm so wichtig erschien, zerbrach unter würdelosen Umständen. Was darauf folgte, die Versuche, den deutschen Osten mit seinen Restbeständen dieser monarchischen Ordnung zu retten, wurden vom Nationalsozialismus unter ebenfalls würdelosen Umständen vereinnahmt. Mein Vater und ich erlebten 1945 den Zusammenbruch der Militärmächte Deutschland, Italien und Japan. Der Kampf war bis zum Letzten geführt worden, die Kämpfe um das Regierungsviertel in Berlin und der Abwurf der Atombomben auf Hiroshima und Nagasaki zerstörten nicht nur mächtige Militärmaschinen durch die Übermacht anderer Militärmaschinen, sie stürzten die besiegten Völker auch in nationale Richtungslosigkeit und verlangten die Umwertung nach den Werten der Sieger. Seit 1989 erlebe ich nun mehr als Zuschauer denn als Beteiligter den Zusammenbruch der Weltmacht Sowjetunion und ihrer Satelliten, das plötzliche Zerplatzen einer herrschenden Ideologie und das klägliche Scheitern des anderen deutschen Staates namens DDR.

Das ist die zweite Vergangenheitsbewältigung in meiner Generation. Die Vergangenheit Deutschlands in der NS-Zeit ist immer noch nicht »aufgearbeitet«, die Vergangenheit jenes Staates östlich der Elbe, dessen »Stasi« zum Symbol seiner Existenz geworden ist, wirkt nicht nur bei seinen Bewohnern, sondern auch bei uns weiter. Daraus ergeben sich mit der Niederschrift dieser Erinnerungen manche Fragen. Die Überschrift »Fazit« könnte darauf hindeuten, daß die Fragen schon beantwortet wären und Schlußfolgerungen gezogen werden können. Für den Historiker ist das nicht ohne weiteres möglich.

Arnold Esch hat recht, wenn er schreibt:

»Das Ende eines totalitären Regimes ein zweites Mal zu erleben, diesmal als Lehrstück gesehen vom scheinbar Trockenen aus, aber doch nahe genug, um sich selbst wiederzuerkennen: ›Das haben wir nicht gewollt‹, ›das haben wir nicht gewußt‹, ›wir haben nur Befehle ausgeführt‹, so sprachen wir 1945, so hörten wir 1989, und nun erwartet man von uns, was wir damals von anderen erwarteten: daß wir es glauben. Und das ist, weil es aus unserer Sicht der eigenen Vergangenheit rückwirken könnte, eher heilsam. Und wir könnten daran auch begreifen, was den Historiker nicht zu kümmern scheint und ihn doch bekümmern sollte: wie ungleichmäßig Schuld und Versuchung und Mühsal über die Generationen der Geschichte verteilt sind.«

Nicht mein Studium der Geschichte, sondern mein Erleben der Geschichte macht mich vorsichtig bei allen Beurteilungen. Schon Ernst Gläser hatte in seinem weltberühmten Roman »Jahrgang 1902« geschrieben: »Wir sind die Generation ohne Gnade.« Das steht auch für meine Generation, obwohl ich doch Gnade erfahren habe. Gnade vor der Geschichte oder von der Geschichte?

Was habe ich denn nun aus der Geschichte gelernt? Als ich historisch und politisch zu denken begann, nach 1945, da fiel mir auf, wie sehr die Abwehr der nationalsozialistischen Vergangenheit gepaart war mit der ungebrochenen Faszination des Hitlerreiches. Wir erlebten das bis in die skurrile Geschichte der gefälschten Tagebücher Hitlers hinein. Und die Kehrseite der Medaille: Das deutsche Volk, ein Volk von Widerstandskämpfern, das deutsche Volk, ein Volk von Verfolgten – wenn damals nur nicht die SS und die Gestapo gewesen wären –, dieses Volk wäre doch gegen Hitler aufgestanden. Es konnte nur nicht. Die gängigen freundlichen Lügen einiger Historiker, die alle so angenehm entlasteten, neudeutsche Geschichtsklitterung, die alles so verständlich machte: »Brauner Terror über Deutschland«, nur das eine nicht: Warum die Deutschen diesen Mann liebten, warum sie ihm ehrlich zujubelten, warum sie für ihn starben – millionenfach. Bin ich nicht selbst bereit gewesen, mich für diesen Staat an der Front zu opfern, der mich und meine Vorfahren zu Ungeziefer erklärt hatte, das vergast werden mußte?

Geschichte ist Aufgabe und Verpflichtung, ein Abbau des Geschichtssinns ist für eine freie Nation sehr gefährlich. Die Geschichte als Spiegel der Vergangenheit, als erzähltes und reflektiertes Leben, übermittelt einen Sinn für komplizierte Wirklichkeit. Geschichtslos in der politischen Welt dazustehen, ist für jemand, der einem der letzten Jahrgänge angehört, die die Erfahrung des Terrorregimes noch mitbekommen haben, eine Einladung zum Irrweg und zum Verderben. Wir sind von dieser Erfahrung geprägt, wir kennen den Terror, den nackten Terror und den idealistisch verklärten Terror, wir erinnern uns an die systematische Vergewaltigung des Menschen als Regierungsprinzip; es ist für uns, die Überlebenden, eine teure Erziehung, eine Erziehung, wie sie hoffentlich nie wieder eine Generation erhalten wird. Soll die Erinnerung an diese Zeit, an die Schreckensjahre des Nationalsozialismus und des Bolschewismus mit uns verlorengehen, oder wird es möglich sein, sie den kommenden Generationen doch noch irgendwie zu vermitteln?

Mein ostpreußischer Generations- und Schicksalsgefährte, Michael Wieck, dessen Schicksal soviel grausamer war als meines, schreibt in seinem Buch »Zeugnis vom Untergang Königsbergs«:

»Natürlich kann man das Böse nicht mit Bösem eliminieren, genausowenig, wie man schwarz mit schwarz auslöschen kann. Hitler war jedoch nur durch Gewalt zu besiegen. Nicht Feinde, sondern sein aus dem Machtrausch entstandener Größenwahn ließen ihn so handeln, wie er handelte. Gewiß kann keiner bestreiten, daß auch Juden Menschen sind. Aber für mich waren »die Juden« Personen, die meine Kindheit behüteten, es waren meine Verwandten, Schulfreunde und Lehrer. Unerträglich waren mir deshalb Reden, bei denen das Schicksal dieser Armen wie teilweise selbst verschuldet hingestellt wurde. Anstatt die Packen der Vergangenheit allmählich abladen zu können, zwang man mich, mit Fakten und Argumenten das schlimme Geschehen überhaupt erst einmal nachzuweisen. Dann wollte jeder ausgerechnet durch mich von jeder Mitschuld freigesprochen werden, seine Rechtfertigungen bestätigt bekommen. Dabei mußte ich feststellen, daß das Tarnkappenreservoir für Selbstgerechtigkeit und Dünkel unerschöpflich ist... Am liebsten versteckte ich mein Judesein, um nicht ständig ins Herz getroffen zu werden. Wenn ich es aber versteckte, erweckte gerade das wieder Schuldgefühle. Nicht zu beschreiben ist das wochenlang andauernde gallige Gefühl, wenn ich ausnahmsweise schwieg, wo ich hätte reden sollen, so unmittelbar Protest hätte erfolgen müssen und fehlende Gelegenheit, Mut, Kraft oder Zeit mich daran hinderten.«

Ich kenne diese Gefühle. Der Widerstand gegen totalitäre Herrschaftsansprüche ist nicht nur legitim, er ist zwingend erforderlich für Menschen, die politisch denken können und die ihr Vaterland lieben. Der Begriff Vaterland ist natürlich »altmodisch«, ich bekenne mich dazu wie mein Großvater und Vater.